하도급법 연구

이론과 실무

| 제2판 |

제2판

하도급법 연구

정재훈 지음

이론과 실무

THE KOREAN SUBCONTRACT LAW

이화여자대학교출판문화원

제2판 머리말

개정판이라면 초판의 연장선상에 있는 한편으로 초판과는 구별되는 새로운 가치와 독창성을 담는 것이 바람직하므로 책의 개정은 충분한 시간적 간격을 두고 이루어져야 한다는 것이 평소 필자의 생각이었다. 그런데 초판이 독자들의 과분한 사랑을 받아 소진되고, 초판의 출간 이후 중요한 법 개정이 있었으며, 하도급법의 새로운 쟁점이 부각됨에 따라 부득이 1년여 만에 개정판을 출간하게 되었다. 이 책의 특징은 다음과 같다.

첫째, 초판 출간 이후 이루어진 법 개정과 함께 새로 나온 판례와 쟁점을 반영했다. 특히 하도급대금 연동제의 신설과 관련하여 앞으로 법 집행 과정에서 예상되는 쟁점을 소개했다(2장 6절).

둘째, 초판의 기본 체제인 하도급법의 기본 개념, 하도급대금과 관련된 작위 및 부작위 의무, 일반적인 작위 및 부작위 의무(1~5장) 등은 기존의 체제를 그대로 유지했으나, 하도급법 집행과 관련된 부분을 6장(하도급법 위반행위에 대한 제재), 7장(하도급법 집행 관련 제도), 8장(하도급법의 역외적용), 9장(하도급법과 공정거래법, 공정거래특별법의 관계), 10장(하도급대금과 민사 문제)으로 분리했다. 그 밖에도 하도급법 관련 판례를 원문 소개와 함께 그 내용을 쉽게 알 수 있도록 본문에 요약해 제시했다.

셋째, 실무상 논란이 있는 쟁점에 대한 해석론을 보완하고, 그간 꾸준히 실무에서 문제가 되었음에도 연구가 부족했던 부분을 새로 추가했다. 특히 하도급법상 경제적 이익의 부당요구(하도급법 제12조)는 초판에 비해 심화된 법리를 다뤘다(5장 6절). 최근 부각되고 있는 하도급법 위반행위 및 행위의 수 판단 문제(6장 6절)와 함께 하도급법의 역외적용(8장), 하도급법과 공정거래법, 공정거래특별법의 관계(9장)를 새로 반영했고, 하도급법상 형벌 조항의 개편 문제(6장 5절)도 다뤘다.

개정판의 출간 과정에서 소중한 의견을 주신 이현규 변호사님(김앤장 법률사무소), 이화여자대학교 경제법교실의 이세경 · 임나진 변호사님과 출판을 맡아준 이화여자대학교출판문화원에 감사의 말씀을 전한다.

끝으로, 그리운 부친 정탁영 선생과 연로하신 모친 권태정 여사에 대한 감사의 마음을 담고, 사랑하는 아내, 아들과 출간의 기쁨을 나누고 싶다.

2023년 11월

정재훈

머리말

1985년 「하도급거래 공정화에 관한 법률」(하도급법)이 제정되어 시행되기 시작한 이래 30년 이상이 지났다. 하도급법은 대기업과 중소기업의 관계를 규율하는 중요한 법률로, 우리 사회에서 건설, 조선, 중공업을 비롯한 전통적인 산업뿐 아니라 최근 등장하는 다양한 산업들에서도 하도급거래는 널리 이루어지고 있어 그 이론적 · 실무적 중요성이 매우 크다.

먼저 이론적으로 하도급법은 공정거래법상 '거래상 지위남용'의 특별법적 성격을 가지고 있고, 이 점에서 가맹사업법, 대규모유통업법, 대리점법과 공통점을 지닌다. 뿐만 아니라 하도급거래의 핵심인 하도급대금은 기본적으로 대금 확정을 위한 민사법적 규율과 중첩되어, 실무상 하도급 사건의 경우 행정소송과 민사소송의 이원화된 형태로 발생하고 있다. 이 점에서 하도급법을 정확하게 이해하고 적용하기 위해서는 관련 법인 공정거래법, 민사법, 행정법에 대한 깊이 있는 이해와 성찰이 필요하다.

또한 하도급법은 이론적인 중요성을 넘어서 공정거래 정책을 비롯하여 공정거래위원회 실무와 법원 실무에서도 중요한 의미를 지닌다. 하도급 정책과 그 집행은 우리 사회 내 소위 '갑을 관계' 정책의 핵심에 위치하며, 실제 공정거래위원회 소회의 사건 및 이에 대한 행정소송에서 하도급법 정책과 그 집행은 상당한 비중을 차지한다. 나아가 많은 법원 민사소송 및 민사 사건 역시 이와 관련된다.

우리 사회에서 하도급거래가 차지하는 비중이 매우 큰데도 그동안 하도급법에 대한 연구는 부족한 편이었다. 개인적으로 필자가 서울고등법원 공정거래전담부에서 근무한 기간(2013~2016년)과 공정거래위원회 비상임위원으로 근무한 기간(2019~2021년)에 하도급 사건을 다루면서 느낀 바는 관련 연구가 부족하고 사건별로 편차가 커서 일관된 법 적용이 이루어지지 못한다는 점이었다. 이러한 문제점에서 출발하여, 이 책은 다음과 같은 특징을 담아내고자 했다.

첫째, 필자가 서울고등법원과 공정거래위원회 비상임위원으로 하도급 사건을 처리하면서 정리한 내용을 기초로, 하도급 사건에서 그동안 나온 판례와 심결례, 기존에 발간된 논문과 단행본을 참고하여 집필했다. 또한 우리와 유사한 하도급법을 두고 있는 일본에서의 관련 논의도 일부 반영했다.

둘째, 구체적인 하도급법령을 출발점으로 해서 그동안 누적된 다양한 사례와 쟁점에 관한 분석 및 연구, 기본적인 판례를 더하는 방식으로 구성했다. 기존 사례와 논의를 일관된 방향으로 정리하고, 여기에 필자의 의견을 더하는 방식으로 방향을 제시했다. 하도급법은 대기업과 중소기업, 원사업자와 수급사업자 간에 치열한 이해관계 대립이 있는 분야이기 때문에 하도급대금, 부당한 위탁취소 등 주요 분야에서의 원사업자와 수급사업자 간 균형 있는 의견을 담아내고자 했다.

셋째, 하도급법에서 그간 누적된 쟁점을 하도급대금 지급의무와 관련된 부분 그리고 일반적 의무와 관련된 부분으로 나누고, 다시 이를 작위의무와 부작위의무로 나누었다. 이는 실제 하도급법 적용이 대금과 관련된 부분을 중심으로 하면서도, 대금 이외에 하도급거래 관계의 공정성을 기하기 위한 부분을 추가하고 있고, 그 의무에서도 작위의무와 부작위의무의 양상은 달라지고 있음을 고려한 것이다.

이 책은 하도급법 연구자, 하도급법을 집행하는 공무원, 하도급법 사건을 처리하는 법률가, 그리고 하도급법 실무와 쟁점에 관심이 있는 학생 등을 대상으로 집필되었으며, 총 7개 장으로 구성되어 있다. 제1장에서 하도급법의 기본 개념인 원사업자, 수급사업자, 위탁에 대해 다루고, 제2장에서 대금 관련 작위의무, 제3장에서 대금 관련 부작위의무, 제4장에서 일반 작위의무, 제5장에서 일반 부작위의무를 다루며, 마지막으로 제6장에서 집행 절차의 문제점을 짚고, 제7장에서 민사 문제에 대해 살펴보았다.

필자는 2021년 미국 캘리포니아대학교 어바인로스쿨에서 연구년을 보내던 기간에 이 책을 집필했다. 체류 기간 동안 연구 및 집필에 필요한 도움을 주신 김성은(Summer Kim) 교수님과 한국법률센터(Korea Law Center)에 감사드린다. 더불어 책의 초고를 읽고 소중한 의견을 주신 이화여자대학교 경제법교실의 김은혜 판사님, 이세경, 임나진, 성윤진 변호사님과 책의 출판을 맡아주신 이화여자대학교출판문화원에도 감사의 말씀을 전한다.

2022년 7월

정재훈

| 차례 |

제 1 장

하도급법의 개념 및 적용 범위

1. 원사업자

법령 하도급법 제2조(정의) 제2, 4, 5항

② 이 법에서 "원사업자"란 다음 각 호의 어느 하나에 해당하는 자를 말한다.

1. 중소기업자(「중소기업기본법」 제2조 제1항 또는 제3항에 따른 자를 말하며, 「중소기업협동조합법」에 따른 중소기업협동조합을 포함한다. 이하 같다)가 아닌 사업자로서 중소기업자에게 제조 등의 위탁을 한 자
2. 중소기업자 중 직전 사업연도의 연간 매출액(관계법률에 따라 시공능력평가액을 적용받는 거래의 경우에는 하도급계약 체결 당시 공시된 시공능력평가액의 합계액[가장 최근에 공시된 것을 말한다]을 말하고, 연간 매출액이나 시공능력평가액이 없는 경우에는 자산총액을 말한다. 이하 이 호에서 같다)이 제조 등의 위탁을 받은 다른 중소기업자의 연간 매출액보다 많은 중소기업자로서 그 다른 중소기업자에게 제조 등의 위탁을 한 자. 다만, 대통령령으로 정하는 연간 매출액에 해당하는 중소기업자는 제외한다.

④ 사업자가 「독점규제 및 공정거래에 관한 법률」 제2조 제12호에 따른 계열회사에 제조 등의 위탁을 하고 그 계열회사가 위탁받은 제조·수리·시공 또는 용역 수행행위의 전부 또는 상당 부분을 제3자에게 다시 위탁한 경우, 그 계열회사가 제2항 각 호의 어느 하나에 해당하지 아니하더라도 제3자가 그 계열회사에 위탁을 한 사업자로부터 직접 제조 등의 위탁을 받는 것으로 하면 제3항에 해당하는 경우에는 그 계열회사와 제3자를 각각 이 법에 따른 원사업자와 수급사업자로 본다.

⑤ 「독점규제 및 공정거래에 관한 법률」 제9조 제1항에 따른 상호출

자제한기업집단에 속하는 회사가 제조 등의 위탁을 하거나 받는 경우에는 다음 각 호에 따른다.

1. 제조 등의 위탁을 한 회사가 제2항 각 호의 어느 하나에 해당하지 아니하더라도 이 법에 따른 원사업자로 본다.
2. 제조 등의 위탁을 받은 회사가 제3항에 해당하더라도 이 법에 따른 수급사업자로 보지 아니한다.

원사업자의 개념

하도급거래 공정화에 관한 법률(이하 "하도급법"이라 한다)의 "원사업자"란 중소기업자[1]가 아닌 사업자로서 중소기업자에게 제조 등의 위탁을 한 자, 혹은 중소기업자 중 직전 사업연도의 연간 매출액[2]이 제조 등의 위탁을 받은 다른 중소기업자의 연간 매출액보다 많은 중소기업자로서 그 다른 중소기업자에게 제조 등의 위탁을 한 자(다만, 대통령령으로 정하는 연간 매출액에 해당하는 중소기업자는 제외)이다.

원사업자는 다음과 같이 분류할 수 있다. 즉 중소기업자가 아닌 사업자(하도급법 제2조 제2항 제1호), 중소기업자이지만 수급사업자에 비해 연간 매출액이 더 많은 기업자(법 제2조 제2항 제2호), 계열회사를 통하여 하도급거래 규제를 우회하는 경우 그 계열회사(법 제2조 제4항), 상호출자제한기업집단 소속 회사(법 제2조 제5항 제1호) 등이다.

하도급법은 법 적용 대상이 되는 사업자 및 하도급거래의 성립 요건을 명시하고, 그 요건을 충족하는 경우에는 일방 거래당사자가 상대방에 비해 거래상 지위가 상대적으로 우월한지, 문제되는 행위가 그 우

1 중소기업기본법 제2조 제1항 또는 제3항에 따른 자를 말하며, 중소기업협동조합법에 따른 중소기업협동조합을 포함한다.

2 관계법률에 따라 시공능력평가액을 적용받는 거래의 경우에는 하도급계약 체결 당시 공시된 시공능력평가액의 합계액(가장 최근에 공시된 것을 말한다)을 말하고, 연간 매출액이나 시공능력평가액이 없는 경우에는 자산총액을 말한다.

월한 지위를 남용하여 이루어진 것인지를 개별적으로 따지지 않고 일괄적으로 하도급법 적용 대상으로 한다(서울고등법원 2016. 12. 21. 선고 2015누2040 판결). 이 점에서 '원사업자 지위'는 거래상 지위남용 규제의 '거래상 우월한 지위'를 대체하고 있다. 또한 대규모유통업에서의 거래 공정화에 관한 법률(이하 "대규모유통업법"이라 한다) 제3조가 대규모유통업자가 납품업자 또는 매장임차인에 대하여 거래상 우월적 지위에 있다고 인정되지 아니하는 거래를 적용 범위에서 제외하는 것과 달리, 하도급법은 이러한 적용 제외 규정을 두고 있지 않다.

한편 2021. 1. 12. 하도급법 시행령 제2조 제4항 개정(같은 날 시행)을 통하여 원사업자에서 제외되는 중소기업자의 범위를, 제조·수리위탁의 경우에는 연간 매출액 20억 원 미만에서 30억 원 미만으로, 건설위탁의 경우에는 연간 매출액 30억 원 미만에서 45억 원 미만으로 각각 상향함으로써 원사업자의 지위에 있었던 중소기업자의 부담을 경감했다.

원사업자와 발주자

하도급법이 발주자에 대하여 적용되는지 문제된다. 이는 발주자가 원사업자로서 하도급거래를 했는지에 따라 결정된다. 후술하는 바와 같이 하도급법은 업에 따른 위탁을 한 경우에 적용된다. 그런데 발주자는 업에 따른 위탁을 하는 것으로 보기 어려운 경우가 많을 것이다. 이와 달리 발주자가 업에 따른 위탁을 했다면 원사업자에 해당할 것이다. 관련 판례도 같은 취지에서 발주자가 원사업자에 해당하는 경우와 그렇지 않은 경우를 구별해야 한다는 취지로 이해할 수 있다.

하도급법 제2조 제1항은 일반적으로 흔히 하도급이라고 부르는 경우, 즉 원사업자가 다른 사업자로부터 제조위탁·수리위탁 또는 건설위탁을 받은 것을 수급사업자에게 다시 위탁을 하는 경우뿐만 아니라 원사업자가 수급사업자에게 제조위탁·수리위탁 또는 건설위탁을 하는 경우도 하도급거래로 규정하여 그 법률을 적용하도록 정하고 있고, 같은 조 제2항에 의하여 그 법률의 적용 범위는 하도급관계냐 아니냐에 따르는 것이 아니라 원사업자의 규모에 의하여 결정됨을 알 수 있으므로 하도급거래법은 그 명칭과는 달리 일반적으로 흔히 말하는 하도급관계뿐만 아니라 원도급관계도 규제하는 것이라고 봄이 상당하다(대법원 2001. 10. 26. 선고 2000다61435 판결, 대법원 2003. 5. 16. 선고 2001다27470 판결).

하도급법 제2조 제1항에 의하면, 일반적으로 흔히 하도급이라고 부르는 경우, 즉 원사업자가 다른 사업자로부터 제조위탁·수리위탁 또는 건설위탁을 받은 것을 수급사업자에게 다시 위탁을 하는 경우뿐만 아니라, 원사업자가 수급사업자에게 제조위탁·수리위탁 또는 건설위탁을 하는 경우도 하도급거래로 규정하여 위 법률을 적용하고 있음을 알 수 있고, 같은 조 제2항에 의하면, 위 법률의 적용 범위는 하도급관계냐 아니냐에 따르는 것이 아니라, 원사업자의 규모에 의하여 결정됨을 알 수 있으며, 같은 조 제10항에서 발주자라는 개념을 원사업자와 구별하여 사용하고 있기는 하나, 같은 조항에 의하면 위 발주자라는 개념 속에는 재하도급의 경우의 원하도급인도 포함됨을 알 수 있으므로, 발주자라는 개념이 있다고 하여 위 법률이 적용되는 하도급거래를 구성하는 원사업자의 개념을 발주자가 아닌 경우로 한정하는 것은 아님이 분명하다 할 것이어서, 위 법률은 그 명칭과는 달리 일반적으로 흔히 말하는 하도급관계뿐만 아니라 원도급관계도 규제하는 것이라고 봄이 상당하고, 따라서 위 법률 제13조의2 또한 원도급관계에 적용된다(대법원 2001. 10. 26. 선고 2000다61435 판결).

2. 수급사업자

법령 하도급법 제2조(정의) 제3, 5항

③ 이 법에서 "수급사업자"란 제2항 각 호에 따른 원사업자로부터 제조 등의 위탁을 받은 중소기업자를 말한다.

⑤ 「독점규제 및 공정거래에 관한 법률」 제9조 제1항에 따른 상호출자제한기업집단에 속하는 회사가 제조 등의 위탁을 하거나 받는 경우에는 다음 각 호에 따른다.

1. 제조 등의 위탁을 한 회사가 제2항 각 호의 어느 하나에 해당하지 아니하더라도 이 법에 따른 원사업자로 본다.
2. 제조 등의 위탁을 받은 회사가 제3항에 해당하더라도 이 법에 따른 수급사업자로 보지 아니한다.

법령 하도급법 제13조(하도급대금의 지급 등) 제11항

⑪ 제1항부터 제10항까지의 규정은 「중견기업 성장촉진 및 경쟁력 강화에 관한 특별법」 제2조 제1호에 따른 중견기업으로 연간 매출액이 대통령령으로 정하는 금액(제1호의 회사와 거래하는 경우에는 3,000억 원으로 한다) 미만인 중견기업이 다음 각 호의 어느 하나에 해당하는 자로부터 제조 등의 위탁을 받은 경우에도 적용한다. 이 경우 제조 등의 위탁을 한 자는 제1항부터 제10항까지, 제19조, 제20조, 제23조 제2항, 제24조의4 제1항, 제24조의5 제6항, 제25조 제1항 및 제3항, 제25조의2, 제25조의3 제1항, 제25조의5 제1항, 제26조 제2항, 제30조 제1항, 제33조, 제35조 제1항을 적용할 때에는 원사업자로 보고, 제조 등의 위탁을 받은 중견기업은 제1항부터 제10

항까지, 제19조, 제21조, 제23조 제2항, 제24조의4 제1항, 제25조의2, 제33조를 적용할 때에는 수급사업자로 본다.

1. 「독점규제 및 공정거래에 관한 법률」 제31조 제1항에 따른 상호출자제한기업집단에 속하는 회사
2. 제1호에 따른 회사가 아닌 사업자로서 연간 매출액이 대통령령으로 정하는 금액을 초과하는 사업자

법령 **중소기업기본법 제2조(중소기업자의 범위)**

① 중소기업을 육성하기 위한 시책(이하 "중소기업시책"이라 한다)의 대상이 되는 중소기업자는 다음 각 호의 어느 하나에 해당하는 기업 또는 조합 등(이하 "중소기업"이라 한다)을 영위하는 자로 한다. 다만, 「독점규제 및 공정거래에 관한 법률」 제14조 제1항에 따른 공시대상기업집단에 속하는 회사 또는 같은 법 제14조의3에 따라 공시대상기업집단의 소속회사로 편입·통지된 것으로 보는 회사는 제외한다.

1. 다음 각 목의 요건을 모두 갖추고 영리를 목적으로 사업을 하는 기업
   가. 업종별로 매출액 또는 자산총액 등이 대통령령으로 정하는 기준에 맞을 것
   나. 지분 소유나 출자 관계 등 소유와 경영의 실질적인 독립성이 대통령령으로 정하는 기준에 맞을 것
2. 「사회적기업 육성법」 제2조 제1호에 따른 사회적기업 중에서 대통령령으로 정하는 사회적기업
3. 「협동조합 기본법」 제2조에 따른 협동조합, 협동조합연합회, 사회적협동조합, 사회적협동조합연합회, 이종협동조합연합회(이 법 제2조 제1항 각 호에 따른 중소기업을 회원으로 하는 경우로 한정한다) 중 대통령령으로 정하는 자

4. 「소비자생활협동조합법」 제2조에 따른 조합, 연합회, 전국연합회 중 대통령령으로 정하는 자
5. 「중소기업협동조합법」 제3조에 따른 협동조합, 사업협동조합, 협동조합연합회 중 대통령령으로 정하는 자

② 중소기업은 대통령령으로 정하는 구분기준에 따라 소기업과 중기업으로 구분한다.

③ 제1항을 적용할 때 중소기업이 그 규모의 확대 등으로 중소기업에 해당하지 아니하게 된 경우 그 사유가 발생한 연도의 다음 연도부터 3년간은 중소기업으로 본다. 다만, 중소기업 외의 기업과 합병하거나 그 밖에 대통령령으로 정하는 사유로 중소기업에 해당하지 아니하게 된 경우에는 그러하지 아니하다.

④ 중소기업시책별 특성에 따라 특히 필요하다고 인정하면 해당 법률에서 정하는 바에 따라 법인·단체 등을 중소기업자로 할 수 있다.

수급사업자의 개념

"수급사업자"란 하도급법 제2항 각 호에 따른 원사업자로부터 제조 등의 위탁을 받은 중소기업자이다. 하도급법 일부 규정은 수급사업자가 중소기업자가 아닌 경우에도 확대 적용되어, 하도급법 제13조 제1항부터 제10항까지의 규정(하도급대금 지급)은 중견기업에 대해서도 적용된다(하도급법 제13조 제11항).

하도급법의 수급사업자에 해당하려면 중소기업자가 되어야 한다. 중소기업자의 요건은 중소기업기본법이 정하고 있으며, 그 내용은 영리를 목적으로 하는 기업에 해당할 것(중소기업기본법 제2조 제1항 제1호), 업종별로 자산총액 및 매출액 기준을 충족할 것(중소기업기본법 시행령 제3조 제1항 제1호), 소유와 경영의 독립성 요건을 충족할 것(중소기업기본법 시행령 제3조 제1항 제2호) 등이다.

수급사업자의 개념과 관련된 판결로 수급사업자가 자회사인 경우

별개의 법인격을 가진 모회사의 매출액을 합산할 수 없다는 서울고등법원 2018. 1. 11. 선고 2017누64523 판결(퓨처북 사건),[3] 중소기업기본법 제2조 제1항의 규정에 의한 중소기업자는 해당하지 아니하게 되었으나 그 제3항에 의하여 중소기업으로 보는 경우는 하도급법상 수급사업자에 포함되지 않는다고 본 대법원 2010. 4. 29. 선고 2008두14296 판결(기아자동차 사건), 수급사업자별로 원사업자와 실질적으로 대등한 지위에 있는지 하나하나 따진 후에 원사업자보다 열위에 있는 사업자에 대하여만 하도급법을 적용하는 것은 오히려 하도급법의 입법취지를 몰각시키거나 입법취지에만 매달려 이미 성립한 당해 법률의 해석을 지나치게 제한하는 것이 되어 받아들일 수 없다고 본 서울고등법원 2016. 12. 21. 선고 2015누2040 판결(대보정보통신 사건)[4] 등이 있다.

외국사업자의 수급사업자 해당성

외국사업자도 수급사업자에 포함되는지는 실무상 문제가 되는데, 외국 법인은 중소기업 또는 중견기업이 될 수 없으므로 하도급법상 수급사업자가 될 수 없다는 견해가 있다.[5] 한편 일본의 경우 하청법이 적용되는 것은 수급사업자가 일본에 소재하는 경우이며, 원사업자의 소재지는 상관없다는 견해도 있다.[6] 이 문제는 국내에 소재하는 법인의 실체에 따라 유형화할 수 있다.

첫째, 외국 법인의 문제이다. 이는 외국 법인 자체가 중소기업기본

---

3 심리불속행 기각.

4 확정. 다만 하도급법의 구체적인 적용 과정에서 위반행위의 내용과 정도 등 구체적 태양 등에 비추어 원사업자가 실질적으로 더 우월한 지위에 있는 수급사업자와 거래하는 경우에는 하도급법의 적용에 따른 시정명령이나 과징금 부과 여부 및 과징금 액수를 결정함에 있어서 그와 같은 사정을 참작할 수 있을 것으로 보인다.

5 정종채, 『하도급법 해설과 쟁점』, 삼일인포마인, 2018, 120쪽.

6 나가사와 데쓰야, 최재원 역, 『거래상 지위남용 규제와 하도급법: 해설과 분석』, 박영사, 2018, 111쪽.

법상 중소기업에 해당하는지의 문제로 귀결된다. 외국 법인은 국내법인 중소기업기본법상 중소기업이 될 수 없으므로 수급사업자가 될 수 없다.

둘째, 외국 법인의 국내 지점 및 영업소의 문제이다. 외국 법인의 국내 지점이나 영업소는 별도의 법인격을 가지고 있지 않으므로 원칙적으로 외국 법인으로 보아야 한다. 따라서 그 점에서 외국 법인의 국내 지점이나 영업소가 수급사업자가 되기 어려운 경우가 많다. 다만, 일률적으로 수급사업자 해당성을 단정하기는 어렵고, 개별적으로 중소기업기본법의 요건을 갖추었는지 판단할 필요가 있다.

셋째, 외국 법인의 자회사 문제이다. 외국 법인이 국내에 자회사를 설립한 경우 그 자회사는 국내 법인이 된다. 국내 법인인 자회사는 중소기업에 해당할 수 있고, 이는 국내 매출과 자산 규모가 중소기업기본법의 요건에 해당하는지에 따라 수급사업자에 해당하는지를 판단하게 된다.[7]

판례 원사업자와 수급사업자의 판단

▣ 서울고등법원 2018. 1. 11. 선고 2017누64523 판결(퓨처북 사건)[8]

원고는 교육지원 서비스업과 도·소매업 등을 영위하는 중소기업자로서 다른 중소기업자인 사업자에게 유아학습용 도구인 음성펜의 제조를 위탁했고, 하도급계약을 체결한 사업연도의 직전 사업연도 매출액이 수급사업자의 매출액보다 많으므로, 하도급법 제2조 제2항 제2호에서 정한 원사업자이다.

수급사업자는 이 사건 제품을 생산하는 중국의 A의 자회사이고, 두 회사의 대표이사가 부부이므로 두 회사는 사실상 동일한 회사이다. A의

7 외국 법인이 출자한 국내 법인은 중소기업의 범위 요건을 충족하면 중소기업자에 해당할 수 있다는 견해. 오승돈, 『하도급법(개정판)』, 지식과감정, 2019, 43쪽.

8 심리불속행 기각.

연간 매출액은 56~100억 원으로서 원고의 매출액 50억 원보다 많으므로, 원고를 하도급법이 적용되는 원사업자라 볼 수 없다(원고의 주장).

수급사업자와 A는 각각 국내법과 외국법에 따라 설립된 별개의 법인으로서 각 그 대표이사가 부부라는 사정만으로 수급사업자가 A의 자회사라거나 사실상 동일한 회사라고 볼 수 없고, 달리 두 회사가 실질적으로 동일한 회사라고 볼 아무런 증거나 법적 근거가 없다. 따라서 두 회사의 매출액을 합산하여 하도급법 적용 여부를 정할 수 없다. 또한 원고와 수급사업자는 모두 중소기업기본법이 정한 중소기업자[9]인데, 이 사건 하도급계약 체결일 직전 사업연도인 2014년 원고의 매출액이 50억 6,300만 원으로서 수급사업자의 같은 기간 매출액 23억 4,900만 원보다 많다. 따라서 원고의 이 부분 주장은 이유 없다.

▣ 대법원 2010. 4. 29. 선고 2008두14296 판결(기아자동차 사건)

구 하도급법(2009. 4. 1. 법률 제9616호로 개정되기 전의 것) 제2조 제1항, 제2항 제1호, 제3항, 구 중소기업기본법(2007. 4. 11. 법률 제8360호로 전부 개정되기 전의 것) 제2조 제1항, 제3항 법률규정의 문언, 내용 및 체계와 더불어, 하도급법의 목적은 공정한 하도급거래 질서를 확립하여 원사업자와 수급사업자가 대등한 지위에서 상호보완적으로 균형 있게 발전할 수 있도록 함으로써 국민경제의 건전한 발전에 이바지하는 데에 있고, 중소기업기본법의 목적은 중소기업이 나아갈 방향과 중소기업의 육성을 위한 시책의 기본적인 사항을 규정함으로써 창의적이고 자주적인 중소기업의 성장을 조장하고 나아가 산업구조의 고도화와 국민경제의 균형 있는 발전을 도모하는 데에 있는 점, 하도급법 제2조 제2항 제1호, 제3항은 하도급법에서 수급사업자란 중소기업기본법 제2조 제1항

9 원고와 수급사업자 모두 자산총액이 5,000억 원 미만, 평균 매출액 등 규모가 800억 원 이하이고, 독점규제 및 공정거래에 관한 법률(이하 "공정거래법"이라 한다) 제14조 제1항에서 정한 상호출자제한기업집단 또는 채무보증제한기업집단에 해당하지 아니하며, 자산총액 5,000억 원 이상인 법인이 주식 등의 100분의 30 이상을 직접적 또는 간접적으로 소유한 경우로서 최다 출자자인 기업에 해당하지도 않는다.

의 규정에 의한 중소기업자를 말한다는 취지로 규정하고 있을 뿐 중소기업기본법 제2조 제3항에 의한 중소기업자를 포함시키고 있지 않은 점 등을 종합적으로 고려하여 보면, 하도급법에서의 수급사업자에 중소기업기본법 제2조 제1항의 규정에 의한 중소기업자는 해당하지 아니하게 되었으나 그 제3항에 의하여 중소기업으로 보는 경우는 포함되지 아니한다고 해석함이 상당하다.

3. 하도급거래

법령 **하도급법 제2조(정의) 제1항**

① 이 법에서 "하도급거래"란 원사업자가 수급사업자에게 제조위탁(가공위탁을 포함한다. 이하 같다) · 수리위탁 · 건설위탁 또는 용역위탁을 하거나 원사업자가 다른 사업자로부터 제조위탁 · 수리위탁 · 건설위탁 또는 용역위탁을 받은 것을 수급사업자에게 다시 위탁한 경우, 그 위탁(이하 "제조 등의 위탁"이라 한다)을 받은 수급사업자가 위탁받은 것(이하 "목적물 등"이라 한다)을 제조 · 수리 · 시공하거나 용역 수행하여 원사업자에게 납품 · 인도 또는 제공(이하 "납품 등"이라 한다)하고 그 대가(이하 "하도급대금"이라 한다)를 받는 행위를 말한다.

가. 기본 요건 1: 위탁

하도급에서 위탁의 개념

"하도급거래"란 원사업자가 수급사업자에게 제조위탁(가공위탁을 포함한다)·수리위탁·건설위탁 또는 용역위탁을 하거나 원사업자가 다른 사업자로부터 제조위탁·수리위탁·건설위탁 또는 용역위탁을 받은 것을 수급사업자에게 다시 위탁한 경우, 그 위탁받은 수급사업자가 위탁받은 것을 제조·수리·시공하거나 용역 수행하여 원사업자에게 납품·인도 또는 제공하고 그 대가를 받는 행위이다.

하도급거래의 핵심 개념인 '위탁'의 정의 규정은 하도급법에 없다. 따라서 하도급법의 개별 규정을 통해 파악해야 하는데, 여기에서 알 수 있듯이 하도급법상 위탁은 민법상 도급이나 위임과 다르다. 하도급법의 규율 대상인 하도급거래의 핵심이 위탁에 있음에도 법에 정의 규정이 없음은 바람직하지 않다.

위탁은 통상적으로 어떤 일이나 사물의 처리를 남에게 의뢰하는 행위로 본다.[10] 또한 위탁을 다른 사업자에게 '사양, 내용 등을 지정'하고 물품 등의 제조 등을 의뢰하는 행위로 이해하고, 규격, 품질, 성능, 모양, 디자인, 브랜드 등을 지정하는 것도 위탁에 해당한다고 보는 견해도 있다.[11]

하도급의 위탁 판단

하도급법상 '위탁'의 개념은 해석론에 맡겨져 있다. 위탁 여부의 판단 기준은 다음과 같다.

첫째, 구체성·특정성 기준이다. 위탁은 위임과 같이 구체성·특정성을 특징으로 한다. 구체성·특정성이 높은 경우 위탁에 해당할 가능성이 높고, 구체성·특정성이 낮고 범용성이 높은 경우 위탁에 해당할 가능성이 낮아진다. 특히 하도급 위탁 중 '제조위탁'은 범용성이 높은 사

10 오승돈, 2019, 51쪽.

11 나가사와 데쓰야, 최재원 역, 2018, 22쪽.

례가 많아서 '위탁' 여부 판단이 어려울 수 있다.

둘째, 전용곤란성 기준이다. 같은 취지에서, 하도급법상 위탁에 해당하는지는 수급사업자가 작업한 위탁목적물의 전용(轉用)이 곤란한지에 따라 판단하여야 하므로, 원사업자가 사양을 지정하지 않고 작업을 의뢰한 경우 또는 사양을 지정했더라도 손실 없이 쉽게 전용이 가능한 경우는 위탁에 해당하지 않는다는 견해가 있다.[12] 사양 등을 지정하지 않고 물품제조 등을 의뢰하는 경우 수급사업자는 범용품(汎用品)으로서 당해 물품을 다른 곳에 판매하는 등 전용하는 것이 통상 가능하기 때문에 그러한 경우에는 수급사업자를 보호할 필요성이 높지 않고 하도급법의 적용 대상이 되지 않는다는 견해도 있다.[13]

셋째, 원사업자의 관여 정도 및 수급사업자의 자율성 여부이다. 원사업자의 관여 정도가 높을수록(그 결과 수급사업자의 자율성이 낮을수록) 위탁에 가깝고, 수급사업자의 자율성이 높을수록 위탁에 해당하지 않을 가능성이 높다. 예를 들면 위탁 대상 물품의 사양에 대하여 원사업자의 의견을 들은 후에 수급사업자가 최종적인 사양을 결정하여 물품을 생산한 다음 원사업자에게 구매를 권유한 경우에는 위탁으로 보기 어렵다.[14]

넷째, 직접적·실질적 거래관계 기준이다. 대법원 2020. 5. 14. 선고 2020두31217 판결[15]은 하도급법상 하도급거래에 해당하려면 원사업자와 수급사업자 사이에 직접적·실질적 계약관계가 있어야 하므로, 원사업자가 수급사업자에게 위탁한 공사 등을 수급사업자가 다시 재수

---

12 오승돈, 2019, 52쪽.

13 나가사와 데쓰야, 최재원 역, 2018, 23쪽.

14 법무법인화우, 『하도급법 기업거래 실무가이드』, 공정경쟁연합회, 2020, 23쪽.

15 원고와 수급사업자 사이의 계약이 단지 명목적·형식적인 것에 불과하고 원고와 재수급사업자 사이에 직접적·실질적 거래관계가 있다고 볼 만한 증거가 없으므로 재위탁 계약 부분은 하도급법상 하도급거래에 해당한다고 보기 어렵다고 판단한 사건이다.

급사업자에게 위탁한 경우에도 원사업자와 재수급사업자 사이에 하도급거래가 있다고 하려면 원사업자와 수급사업자 사이의 거래관계는 단순히 명목적·형식적인 것에 불과하고 그 직접적 ·실질적 거래관계는 원사업자와 재수급사업자 사이에 있다고 볼 만한 특별한 사정이 있어야 한다고 판단한 원심 판결이 정당하다고 보았다.

다섯째, 위탁인지 아닌지 판단이 어려운 경우에 지침은 다음과 같은 기준을 제시하고 있다. 즉 거래관행상 시방서 등 성능, 품질, 규격 등을 지정한 주문서가 없더라도 지정된 시간과 장소에 납품하도록 제조를 위탁하는 경우(레미콘, 아스콘 등), 규격화·표준화된 자재라 하더라도 특별히 사양서, 도면, 시방서 등을 첨부하여 제조를 위탁하는 경우, 단순한 건설자재인 시멘트, 자갈, 모래는 제외되지만, 규격, 품질 등을 지정하여 골재 등의 제조를 위탁하거나 석산 등을 제공하여 임가공 위탁하는 경우는 모두 위탁에 해당한다.[16]

판례 하도급 위탁 여부의 판단

▣ 대법원 2002. 4. 12. 선고 2001두3655 판결

일반적으로 판매되는 상품에 로고를 인쇄하는 등 일정한 가공을 하여 납품하게 하는 경우 그 로고를 쉽게 제거할 수 없거나, 기술적으로 제거할 수 있더라도 상품가치가 손상될 가능성이 큰 경우에는 하도급법상 위탁에 해당한다.

▣ 서울고등법원 2004. 7. 15. 선고 2003누5602 판결

의류 제조업자가 원단의 규격 또는 품질 등을 지정하여 그 제조를 위탁하는 경우에는 그 원단이 대량생산 품목으로 샘플 등에 의하여 단순 주

16 하도급거래공정화지침(2023. 2. 9. 공정거래위원회 예규 제421호) III. 1. 가.

문한 것이거나, 제조위탁을 받은 자가 위탁을 받은 목적물을 제3자에게 제조위탁하지 않고 단순 구매하여 납품한 것이라는 등의 특별한 사정이 없는 한 제조위탁에 해당한다.

▣ 서울고등법원 2008. 7. 16. 선고 2007누31661 판결

원사업자가 수급사업자에게 도면을 제공한 경우 또는 수급사업자에게 도면을 작성하게 한 후 원사업자의 승인을 받도록 한 경우는 원사업자가 사양을 지정한 것으로 인정되어 하도급법상 위탁에 해당한다.

▣ 서울고등법원 2008. 6. 18. 선고 2008누3816 판결

원사업자가 수급사업자에 의해 제시된 샘플 중 하나를 선택하고, 이를 기준으로 색상, 크기, 수량, 원·부자재의 종류, 치수, 제작 방법 등을 지정한 경우에 하도급법상 위탁에 해당한다.

나. 기본 요건 2: 업(業)

업에 따른 위탁

하도급법은 '업으로 하는 사업자'가 '업에 따른' 물품의 제조, 건설공사 등을 위탁하는 사안에 적용된다. 따라서 '업에 따른' 위탁의 요건을 갖추어야 한다. '업'이란 반복적·계속적으로 행하는 통상 사업의 수행이다. 그럼 그것이 업인지, 또는 업에 따른 것인지는 어떤 기준으로 판단하는가? 이는 특히 자가(自家)사용에서 문제가 되며, 다음과 같은 기준을 만족해야 한다.

첫째, 형식보다 실질을 보아야 한다. 또 같은 취지에서, 회사의 정관이나 상업등기에 기재되어 있는 것으로는 부족하고 실제 전문적으로 영위하는 사업에 대하여만 '업으로 하거나, 업에 따른 위탁'이 이루어

지는 것으로 보아야 한다는 견해가 있다.[17]

둘째, 반복성 · 계속성과 함께 사회통념을 고려해야 한다. 일본 하청법의 경우에는 '업으로서'의 의미에 대하여 어떤 행위를 반복적 · 계속적으로 행하고 있어 사회통념상 사업의 수행으로 볼 수 있는 경우로 해석하는 견해가 유력하다.[18] 원사업자가 관련 사업을 영위하지 않는다면 '업에 따른' 위탁으로 볼 수 없다. 즉 행정기관이나 공기업이 자신의 사무실로 사용하기 위하여 도급계약을 체결한 경우 등은 업에 따른 위탁에 해당하지 않는다.[19]

셋째, 자가사용을 위한 것이지만 반복성과 계속성이 인정되는 경우이다. 영리 목적이 아니거나 본업에 속하지 아니하는 물품, 또는 외부 판매용이 아니라 자가사용을 위한 물품이라도 사업자가 해당 물품의 제조 등을 상당한 횟수로 반복하고 있거나 반복 · 계속할 의사로 행하는 경우라면 '업으로' 요건에 해당할 수 있다는 견해가 있다.[20]

넷째, 위와 같은 '반복 · 계속성'에 더하여 '영업성'도 업으로 하는지를 판단함에 중요한 징표가 될 수 있다. 통상 사업자의 '업(業)'이란 '영업(營業)'과 다르지 않기 때문이다. 이 문제에 관련된 하도급법상 뚜렷한 선례는 발견되지 않지만, 다른 법률에서 '영업성'이 고려된 사례는 있다. 예를 들면, 「파견근로자 보호 등에 관한 법률」 제2조 제2호의 "근로자파견사업이란 근로자파견을 업으로 하는 것을 말한다"는 규정에 대하여 '근로자파견을 업으로 하는 자란 반복 · 계속하여 영업으로 근로자파견행위를 하는 자를 말한다'고 판시한 사례(대법원 2022. 7. 14. 선

17 정종채, 2018, 165쪽.

18 鈴木満, 『獨占禁止法 · 下請法: 豊富な事例で分かる違反行為の判断基準と実務上の留意点』, 第一法規, 2019, p. 571.

19 법무법인화우, 2020, 14쪽.

20 오승돈, 2019, 53쪽.

고 2019다299393 판결), 소득세법상 '사업'이라는 문언에 대하여 '사업에의 해당 여부는 거래행위의 영리성·계속성·반복성의 유무 등 제반사정을 고려하여 사회통념에 비추어 판단하여야 한다'고 판시한 사례(대법원 2005. 8. 19. 선고 2003두14505 판결), 상법상 '영업으로 한다'고 함은 영리를 목적으로 동종의 행위를 계속 반복적으로 하는 것을 의미한다고 판시한 사례(대법원 2020. 3. 12. 선고 2019다283794 판결) 등이다. 이와 달리 완전히 무상(無償)으로 제공된다면 업의 개념에 해당한다고 보기 어려울 수도 있다.[21]

자가사용과 '업'의 관계

고객에게 제공하기 위하여 이루어지는 위탁의 경우는 대부분 계속적·반복적이어서 '업'에 해당한다. 반면에 고객에게 제공하기 위한 것이 아니라 자가사용을 위한 위탁인 경우 그것이 하도급법상 위탁에 해당하는지는 '자신의 업'에 포함되는지에 따라 결정된다.[22] 또한 자가사용을 위한 위탁이 업에 해당하는지를 판단함에 있어 사업의 규모도 중요한 판단의 요소가 된다.[23] 다음과 같이 유형별로 나뉜다.

첫째, 자가사용 생산설비 제조이다. 이는 자가사용을 위한 기계 등 생산설비의 제조를 위탁한 경우이다(생산설비 제조위탁). 그 기계의 제조가 위탁자의 업에 포함된다면 하도급법상 위탁(제조위탁)에 포함될 수 있다.[24]

---

21 日本 公正取引委員會, 『下請取引適正化推進講習會』, 公正取引委員会·中小企業庁, 2022. 11., p. 13.

22 법무법인화우, 2020, 20쪽; 나가사와 데쓰야, 최재원 역, 2018, 28쪽.

23 白石忠志·論点体系, 『獨占禁止法』, 第一法規, 2021, p. 769.

24 자기 생산설비의 제조를 위탁한 경우는 원칙적으로 하도급법상 위탁에 해당하지 않지만, 위탁회사가 해당 생산설비의 제조를 업으로 한다면 하도급법상 제조위탁에 포함된다는 견해로는 정종채, 2018, 169쪽 참조.

둘째, 자가사용 일반물품 제조이다. 이는 자가사용·자가소비하는 일반물품의 제조를 위탁한 경우이다(일반물품 제조위탁). 그 물품의 제조가 위탁자의 업에 포함된다면 하도급법상 위탁(제조위탁)에 포함될 수 있다.[25] 위탁자가 그 물품을 스스로 생산하면서(업의 요건에 해당한다) 필요에 따라 이를 수탁자에게 위탁한 경우가 대표적이다. 원사업자가 자가사용 물품의 제조를 업으로 행하고 있다고 인정되려면 사내에 자체 제작 부분을 설치하는 등 업무의 수행이라고 볼 수 있는 수준이어야 한다는 견해가 있다.[26]

셋째, 자가사용 일반물품 수리이다. 이는 자가사용 및 자가소비하는 일반물품의 수리를 위탁한 경우이다(일반물품 수리위탁). 그 물건의 수리가 위탁자의 업에 포함된다면 하도급법상 위탁(수리위탁)에 포함될 수 있다.[27] 위탁자가 그 물품을 스스로 수리하면서(업의 요건에 해당한다) 필요에 따라 이를 수탁자에게 위탁한 경우가 대표적이다. 일본 하청법에 있어서는, 물품 수리 청부(수탁)의 경우 원사업자에게 고객이 존재하고 업무성의 존재도 명확하지만, 자가사용 물품 수리의 경우에는 원사업자에게 고객이 존재하지 않고 자가사용 물품의 수리를 스스로 반복·계속해서 하고 있을 때에만 하도급법 적용 대상이 된다는 견해가 있다.[28]

하도급법 제2조 제8항[29]에서는 자가사용 물품에 대한 수리행위의

---

25 자가사용 및 자가소비하는 물품인 경우, 그 물품을 제조하고 있는 사업자가 그 제조를 다른 사업자에게 위탁한 경우 제조위탁으로 보는 견해로는 김홍석·구상모, 『하도급법』, 화산미디어, 2010, 27쪽; 정종채, 2018, 169쪽 참조.

26 나가사와 데쓰야, 최재원 역, 2018, 28쪽.

27 자가사용 및 자가소비하는 물품인 경우, 그 물품을 수리하고 있는 사업자가 그 수리행위를 다른 사업자에게 위탁한 경우 수리위탁으로 보는 견해로는 김홍석·구상모, 2010, 29쪽; 정종채, 2018, 169쪽 참조.

28 나가사와 데쓰야, 최재원 역, 2018, 59쪽.

29 ⑧ 이 법에서 "수리위탁"이란 사업자가 주문을 받아 물품을 수리하는 것을 업으로 하

전부를 위탁하는 경우도 수리위탁으로 규정한다. 그런데 수리행위의 전부를 위탁한다면 위탁자가 '업으로' 수리행위를 하고 있다고 보기 어렵다는 점에서, 위 규정은 '업으로 위탁'할 것을 요하는 요건과 모순된다는 견해도 있다.[30]

넷째, 자가사용 건물신축이다. 건물신축 등의 경우는 목적 및 대상의 유형에 따라 다시 다음의 세 가지로 나누어볼 필요가 있다. 먼저 일반 사업자가 자가사용을 위한 건물(사옥 등)을 위탁하는 경우는 하도급법상 건설위탁에 해당하지 않는다(자가사용으로 업에 해당하지 않는다). 예를 들면 자동차 제조업체가 사옥의 건축을 위탁한 경우 업에 따른 위탁이 되기 어렵다.[31] 다음으로 건설업을 영위하는 사업자가 제3자에게 분양하기 위한 아파트 신축공사 등을 다른 건설업자에게 위탁하는 경우 건설위탁에 해당함은 의문이 없다(자가사용이 아니다). 지침도 건설위탁으로 보고 있다.[32] 마지막으로 건설업을 영위하는 사업자가 자가사용을 위한 건물의 건설을 위탁하는 경우이다. 유통업과 건설업을 영위하는 사업자가 유통업을 위한 건물을 건축하면서 이를 위탁한 경우 건설위탁에 해당하지만, 건설업을 영위하는 사업자가 사옥용 빌딩에 대한 건설을 위탁하는 경우 건설위탁으로 보기 어렵다는 견해가 있는 반면,[33] 이러한 구별 없이 모두 건설위탁에 해당한다는 견해도 있다.[34]

거나 자기가 사용하는 물품을 수리하는 것을 업으로 하는 경우에 그 수리행위의 전부 또는 일부를 다른 사업자에게 위탁하는 것을 말한다.

30 오승돈, 2019, 64쪽.

31 법무법인화우, 2020, 20쪽.

32 하도급거래공정화지침(2023. 2. 9. 공정거래위원회 예규 제421호).

33 정종채, 2018, 170쪽.

34 송정원, 『하도급거래 공정화에 관한 법률(해설)』, 나무와샘, 2000, 38쪽.

다. 기본 요건 3: 수급사업자에 대한 위탁

'수급사업자'에 대한 위탁과 관련하여 '원사업자의 사업장 내에서 종사하는 수급사업자의 종업원에 대한 업무위탁' 사안을 보면 다음과 같은 견해가 있다. 즉 종업원이 수급사업자의 지휘명령 아래 업무에 종사하고 있는 경우 위탁의 상대방은 수급사업자이지만, 원사업자가 파견근로자의 파견을 받아 원사업자의 지휘명령 아래 당해 파견근로자에게 업무를 시키는 경우는 수급사업자에 대한 위탁으로 볼 수 없다는 견해이다.[35]

4. 하도급법상 위탁의 종류

가. 제조위탁

> **법령** 하도급법 제2조(정의) 제6, 7항
>
> ⑥ 이 법에서 "제조위탁"이란 다음 각 호의 어느 하나에 해당하는 행위를 업으로 하는 사업자가 그 업에 따른 물품의 제조를 다른 사업자에게 위탁하는 것을 말한다. 이 경우 그 업에 따른 물품의 범위는 공정거래위원회가 정하여 고시한다.
>
> 1. 물품의 제조
> 2. 물품의 판매
> 3. 물품의 수리

35 나가사와 데쓰야, 최재원 역, 2018, 25, 26쪽.

4. 건설

⑦ 제6항에도 불구하고 대통령령으로 정하는 물품에 대하여는 대통령령으로 정하는 특별시, 광역시 등의 지역에 한하여 제6항을 적용한다.

고시 공정거래위원회고시 제2015-15호(2015. 10. 23.) 제1항

I. 제조위탁의 대상이 되는 물품의 범위

1. 사업자가 물품의 제조, 판매, 수리를 업으로 하는 경우

가. 제조, 수리, 판매의 대상이 되는 완제품. 단 당해 물품의 생산을 위한 기계·설비는 제외한다.

나. 물품의 제조·수리 과정에서 투입되는 중간재로서 규격 또는 품질 등을 지정하여 주문한 원자재, 부품, 반제품 등. 단 대량생산 품목으로 샘플 등에 의해 단순 주문한 것은 제외한다.

다. 물품의 제조를 위한 금형, 사형, 목형 등

라. 물품의 구성에 부수되는 포장용기, 라벨, 견본품, 사용안내서 등

마. 상기 물품의 제조·수리를 위한 도장, 도금, 주조, 단조, 조립, 염색, 봉제 등 (임)가공

2. 사업자가 건설을 업으로 하는 경우

가. 건설공사에 소요되는 자재, 부품 또는 시설물로서 규격 또는 성능 등을 지정한 도면, 설계도, 시방서 등에 따라 주문 제작한 것(가드레일, 표지판, 밸브, 갑문, 엘리베이터 등)

나. 건설공사에 투입되는 자재로서 거래 관행상 별도의 시방서 등의 첨부 없이 규격 또는 품질 등을 지정하여 주문한 것(레미콘, 아스콘 등)

다. 건축공사에 설치되는 부속시설물로서 규격 등을 지정한 도면, 시방서 및 사양서 등에 의하여 주문한 것(신발장, 거실장, 창틀 등)

제조위탁의 개념

제조위탁의 대상이 되는 물품의 범위에 있어 사업자가 물품의 제조, 판매, 수리를 업으로 하는 경우로는 제조·판매·수리의 대상이 되는 완제품(주문자상표부착방식 제조 포함)을 제조위탁하는 경우,[36] 물품의 제조·수리 과정에서 투입되는 중간재(원자재, 부품, 반제품 등)를 규격 또는 품질 등을 지정하여 제조위탁하는 경우,[37] 물품의 제조에 필요한 금형, 사형, 목형 등을 제조위탁하는 경우, 물품의 제조 과정에서 도장, 가공, 조립, 주·단조, 도금 등을 위탁하는 경우, 수리업자가 물품의 수리에 필요한 부품 등의 제조를 위탁하는 경우,[38] 물품의 제조나 판매에 부속되는 포장용기, 라벨, 견본품 및 사용안내서 등을 제조위탁하는 경우[39] 등이 해당한다.

한편 사업자가 건설을 업으로 하는 경우로는 건설에 소요되는 시설물을 제조위탁하는 경우가 해당하며, 그 사례로는 규격 또는 성능 등을 지정한 도면, 설계도, 시방서 등에 의해 특수한 용도로 주문 제작한 것,[40]

---

36 ① 자기소비용의 단순한 일반사무용품 구매, 혹은 물품의 생산을 위해 기계·설비 등을 단순히 제조위탁하는 경우는 해당하지 않음, ② 위탁받은 목적물을 제3자에게 제조위탁하지 않고 단순 구매하여 납품한 경우는 해당하지 않음, ③ 위탁받은 사업자가 자체 개발한 신제품을 위탁한 사업자의 승인하에 제조하는 경우는 해당함.

37 ① 자동차·기계·전자 제조업자 등이 부품제조를 의뢰하거나 부품의 조립 등 임가공을 위탁하는 경우, ② 섬유·의류 제조업자가 원단의 제조를 위탁하거나 염색 또는 봉제 등 임가공을 위탁하는 경우.

38 ① 차량수리업자가 차량의 수리에 필요한 핸들, 브레이크 카바 등 자동차부품을 제조위탁하는 경우, ② 선박수리업자가 선박의 수리에 필요한 부품·선각의 제조 및 도장, 용접 등을 위탁하는 경우, ③ 발전기 수리업자가 발전기의 수리에 필요한 부품 등을 제조위탁하는 경우.

39 여기서 제시한 여섯 가지 경우와 관련하여 위탁받은 사업자가 제조설비를 가지고 있지 않더라도 위탁받은 물품의 제조에 대해서 전적인 책임을 진다면 제조위탁을 받은 것으로 본다. 다만, 무역업자가 제조업자의 요청으로 단순히 수출을 대행하는 경우에는 제조위탁으로 보지 아니한다.

40 방음벽, 갑문, 수문, 가드레일, 표지판, 주차기, 엘리베이터 등.

건축공사에 설치되는 부속시설물로서 규격 등을 지정한 도면, 시방서 및 사양서 등에 의해 주문한 것,[41] 건설자재·부품에 대하여 규격 등을 지정한 도면, 시방서 및 사양서 등에 의해 주문한 것[42] 등이 포함된다.[43]

제조위탁의 범위와 관련된 판결 중 제조위탁을 부정한 사례로, 수급사업자는 미생물 및 화공약품의 제조·판매업 등을 영위하는 법인으로서 수급사업자가 위탁받아 담당한 업무는 자동차의 도장이 아니라 자동차 도장 후 잉여 분무도료를 수거·회수할 목적으로 사용되는 CWS 공정의 일부분에 불과하여 갑 회사의 위와 같은 행위를 차량이나 차량의 부품 등을 도장하는 것과 같이 투입된 원재료에 물리적·화학적 작용을 가하여 성질이 다른 새로운 제품으로 전환시키는 차량의 제조활동이라고 볼 수는 없으므로, 수급사업자와 원사업자 사이의 미생물제 등 공급계약은 구 하도급법상 제조위탁에 해당한다고 할 수 없다고 본 특허법원 2019. 9. 6. 선고 2018나1305 판결(현대자동차 사건),[44] 규격표준화된 철근 구매거래를 제조위탁에 해당하지 않는다고 본 서울고등법원 2018. 12. 19. 선고 2018누52756 판결(이수건설 사건),[45] 실질적으로 단순구매계약에 해당할 뿐 제조위탁이 아니라고 본 서울고등법원

---

41 주방가구, 신발장, 거실장, 창틀 등.

42 ① 거래관행상 시방서 등 성능, 품질, 규격 등을 지정한 주문서가 없더라도 지정된 시간과 장소에 납품하도록 제조를 위탁하는 것은 해당한다(예: 레미콘, 아스콘 등). ② 규격화·표준화된 자재라 하더라도 특별히 사양서, 도면, 시방서 등을 첨부하여 제조위탁하는 경우에는 포함된다. ③ 단순한 건설자재인 시멘트, 자갈, 모래는 제외되나, 규격·품질 등을 지정하여 골재 등을 제조위탁하거나 석산 등을 제공하여 임가공위탁하는 경우는 해당한다.

43 하도급거래공정화지침(2023. 2. 9. 공정거래위원회 예규 제421호) III. 1. 가.

44 상고 기각. 미생물제 등 공급계약이 제조위탁에 해당하지 않는다고 판단한 사례이다.

45 대법원 2019. 4. 24.자 2019두31938 판결로 심리불속행 기각. 규격·표준화된 철근의 품명과 규격을 적시하고 있는 반면, 이보다 더 상세하고 특화된 사양서, 도면, 시방서 또는 이에 준하는 문서에 의하여 주문이 이루어진 것으로는 보이지 아니한다는 점을 지적하고 있다.

2018. 12. 5. 선고 2018누38378 판결(포스코 건설 사건)[46] 등이 있다.

반면, 제조위탁을 인정한 사례로, 제품이 범용이 가능한 펌웨어를 기반으로 한 것이더라도 원고가 의뢰한 소프트웨어를 탑재하고 원고의 상표인 'Let me fly'를 제품 겉면에 인쇄하도록 위탁하여 제작되고 공급된 것이라면 이는 반제품에 일부 공정을 추가하여 완제품을 만들어낸 가공위탁으로서 제조위탁에 해당한다고 본 서울고등법원 2018. 1. 11. 선고 2017누64523 판결(퓨처북 사건)[47] 등이 있다.

부수적 작업과 제조위탁의 범위

제조위탁과 관련된 부수적 작업은 다양한데, 먼저 제조위탁에 포함되는 부수적 작업의 판단 기준은 유기적 결합 여부이다. 같은 취지에서, 제조위탁과 유기적으로 결합하여 전체적인 제조공정을 이루고 있다면 단위 작업은 제조에 해당하는 것으로 볼 수 있다는 견해가 있다.[48] 공정거래위원회 2020. 8. 10. 의결 제2020-214호(삼성중공업 사건)도 단위 작업 자체로는 물품의 제조나 그것에 일정한 공작을 더하는 것으로 보기 어려운 경우라고 하더라도, 그러한 작업들이 유기적으로 결합하여 전체적인 제조공정을 이루고 있는 경우 해당 작업은 제조위탁의 범위에 해당한다고 판단했다. 다만, 이러한 해석의 법적 근거가 부족한 점은 단점이다.

부수적 작업 중 실무상 자주 문제가 된 족장 작업, 운반 작업, 크레인 작업 등의 문제는, 운반이나 검사 등 제조공정 중 작업은 '제조'에

46 대법원 2019. 4. 25.자 2019두31150 판결로 심리불속행 기각. 이 판결은 성능보장 및 하자보증 등 하자담보책임이 부과되었다고 하더라도 매매계약에도 하자담보책임이 부과되는 점에 비추어보면 하자담보책임 부과 여부는 제조위탁에 영향을 미치지 않는다고 보았다.

47 심리불속행 기각.

48 오승돈, 2019. 57쪽; 정종채, 2018, 149쪽.

해당하는 것으로 보는 견해가 있다.[49] 또, 제조공정 중에 이루어지는 운반이나 검사 등의 작업에 대하여 단위 작업 자체로는 물품에 일정한 공작을 더하는 것이라고 보기 어렵더라도 전체적으로 결합하여 제조공정을 이루고 있다면 제조에 해당한다고 보는 견해도 있다. 일본 공정취인위원회는 제조공정의 일환으로 생산라인 간 제작품의 이동 작업을 다른 사업자에게 위탁하는 경우 제조위탁으로 본다.[50]

구체적으로 족장 작업과 관련하여, 이 작업이 제조위탁에 포함되지 않는다고 보아 심의 절차의 종료를 결정한 사건이 있는 반면,[51] 족장 작업이 제조위탁에 포함된다고 본 심결례로는 삼성중공업 사건,[52] 대우조선해양 사건[53] 등이 있다. 또한 운반 작업에 대하여, 일본 공정취인위원회는 동일 공장 내에서 제조공정의 일환으로 생산라인 간 제작품의 이동 작업을 다른 사업자에게 위탁하는 경우를 제조위탁으로 본다. 이에 대하여 운송은 제조가 아니라 역무 제공이므로 제조공정의 일부를 이루는 경우가 아닌 이상 제조에 해당하지 않는 것으로 보아야 한다는 반대론도 있다.[54]

금형, 주물, 주형과 제조위탁

물품의 제조를 위한 금형, 주물, 주형 등의 위탁이 업에 따른 위탁인지가 문제가 된다. 물품의 제조를 업으로 본다면 물품의 제조를 위해 필요한 주물, 주형의 위탁은 업에 따른 위탁이 아닐 수 있다. 반면 물품의 제조에 있어 주물, 주형의 제조가 그에 수반되는 필수적인 성격을

49 오승돈, 2019. 57쪽; 정종채, 2018, 149쪽.

50 정종채, 2018, 149쪽.

51 공정거래위원회 2018서제2222 사건.

52 공정거래위원회 2020. 8. 10. 의결 제2020-214호.

53 공정거래위원회 2019. 2. 28. 의결 2019-042호.

54 나가사와 데쓰야, 최재원 역, 2018, 35쪽.

지니므로 업에 따른 위탁으로 볼 수도 있다.

한편 금형은 부품 등과 달리 그 자체로는 원사업자의 사업상 목적물을 물리적으로 구성하지 않는다. 이러한 이유에서 일본 하청법의 경우 제정 당시에는 제조위탁 대상에 금형을 포함하지 않았으나, 금형이 물품의 제조를 위하여 사용되고 다른 물품의 제조를 위하여 전용될 수 없기 때문에 금형을 제조하는 수급사업자의 보호 필요성이 부품을 제조하는 수급사업자와 동일하다고 보아 이후 하도급법 대상에 포함했다.[55]

고시는 물품의 제조를 위한 금형, 사형, 목형의 위탁은 업의 성격이 있는 것으로 보아 제조위탁의 대상으로 본다.[56] 같은 취지에서 완제품뿐 아니라 일정한 중간재,[57] 포장용기 등,[58] 도장 등[59]도 제조위탁의 범위에 포함한다.

제조위탁의 한계(임대 등)

하도급법에서 "제조위탁"이란 물품의 제조, 물품의 판매, 물품의 수리, 건설의 어느 하나에 해당하는 행위를 업으로 하는 사업자가 그 업에 따른 물품의 제조를 다른 사업자에게 위탁하는 것이다. 여기서 제조위탁 중 '물품의 판매'에 '임대'가 포함되는지가 문제가 되는데, 문언상 임대는 포함되지 않으므로 렌터카 사업자가 임대용 차량의 제조를 위탁하는 경우는 하도급법상 '제조위탁'에 해당하지 않는다는 견해

55 나가사와 데쓰야, 최재원 역, 2018, 33쪽.

56 제조위탁의 대상이 되는 물품의 범위 고시(공정거래위원회 2015. 10. 23. 제2015-15호).

57 물품의 제조·수리 과정에서 투입되는 중간재로서 규격 또는 품질 등을 지정하여 주문한 원자재, 부품, 반제품 등. 단 대량생산 품목으로 샘플 등에 의해 단순 주문한 것은 제외한다.

58 물품의 구성에 부수되는 포장용기, 라벨, 견본품, 사용안내서 등.

59 상기 물품의 제조·수리를 위한 도장, 도금, 주조, 단조, 조립, 염색, 봉제 등 (임)가공.

가 있다.[60]

일본의 경우 원사업자의 업무가 물품의 수리인 경우 제조위탁의 대상물은 수리에 필요한 부품 또는 원재료에 한정된다. 수리를 위하여 반제품이 필요한 경우는 수리의 수준을 넘어서는 제조라고 평가하여 제조위탁 대상에서 제외한다.[61]

관련 고시의 법규성

제조위탁의 범위에 관한 고시는 법규성을 가지는가? 고시의 법규성은 법의 해석 및 적용에 영향을 미친다. 고시에 법규성이 없다면 고시에 한정되거나 구속되지 않고, 제조위탁에 포함되는지를 실질적으로 판단해야 한다. 반면 고시에 법규성이 있다면 이에 구속된 상태에서 해석이 이루어져야 한다.

하도급법 제2조 제6항은 "물품의 범위는 공정거래위원회가 정하여 고시한다."고 규정하고 있다. 이는 제조위탁을 위한 '물품의 범위'를 법률이 최소한으로 고시에 위임한 것이며, 따라서 법률의 위임이 있으므로 법규성이 있는 것으로 보아야 한다. 제조위탁에 관한 서울고등법원 2017. 8. 25. 선고 2017나2017175 판결도 제조위탁에 관한 고시에 법규성이 있음을 전제로 한다. 이처럼 고시의 법규성이 인정되므로, 하도급거래 중 제조위탁의 범위는 고시에 규정된 범위에 한정된다(하도급법 제2조 제6항). 가령 제조위탁의 대상이 되는 물품의 범위 고시에 의하면 당해 물품의 생산을 위한 기계·설비는 제조위탁 대상 물품에서 제외된다.

고시에 법규성이 있으므로 고시에서 규정한 범위는 열거적 규정으

---

60 오승돈, 2019, 57쪽.

61 나가사와 데쓰야, 최재원 역, 2018, 41쪽.

로 이해하는 것이 자연스럽다. 다만, 실제 발생하는 다양한 사례 중 고시만으로 판단하기 어려운 경우, 혹은 고시를 문언에 비하여 넓고 유연하게 해석하는 경우도 있는데, 이는 후술하는 '부수적 작업' 등의 문제에서 드러난다.

판례 제조위탁 범위의 판단

▣ 대법원 2023. 6. 1. 선고 2019다270750 판결, 특허법원 2019. 9. 6. 선고 2018나1305 판결(현대자동차 사건)[62]

구 하도급법 제2조 제6항 및 이에 따라 제정된 '제조위탁의 대상이 되는 물품의 범위 고시'(공정거래위원회 고시 제2015-15호)의 내용을 종합하여 보면, 구 하도급법이 규율 대상으로 하는 제조위탁은 원사업자가 '업에 따라 제조하는 물품'의 제조·판매·수리를 수급사업자에게 위탁하는 경우로서 그 개념 속에는 임가공까지 포함되며, 한국표준산업분류(통계청 고시 제2017-13호)에 따른 제조업은 원재료(물질 또는 구성요소)에 물리적·화학적 작용을 가하여 투입된 원재료를 성질이 다른 새로운 제품으로 전환시키는 산업활동을 말하고, 상품의 본질적 성질을 변화시키지 않는 처리활동(상품을 선별, 정리, 분할, 포장, 재포장하는 경우) 등은 제조활동으로 보지 않으므로, 결국 위 제조 내지 가공에는 원재료에 물리적·화학적 작용을 가하여 투입된 원재료를 성질이 다른 새로운 제품으로 전환시키는 행위 태양(態樣)이 있어야 하는데, 을 회사는 각종 차량의 제조·판매업을 영위하는 법인으로서 CWS 관리 업무는 차량을 제조하는 과정에서 이용되는 순환수의 수질을 관리하기 위한 업무의 일환이므로 이는 을 회사가 업으로 제조·판매하는 물품(자동차)에 관한 내용이 아니라 물품(자동차)을 제조하는 설비의 유지·관리에 관한 업무이고, '제조위탁의 대상이 되는 물품의 범위 고시'는 이러한 생산

62 상고 기각. 미생물제 등 공급계약이 제조위탁에 해당하지 않는다고 판단한 사례이다.

설비의 제조·수리·판매는 제조위탁의 대상이 되는 물품에서 배제하고 있으며, 갑 회사는 미생물 및 화공약품의 제조·판매업 등을 영위하는 법인으로서 갑 회사가 위탁받아 담당한 업무는 자동차의 도장이 아니라 자동차 도장 후 잉여 분무도료를 수거·회수할 목적으로 사용되는 CWS 공정의 일부분에 불과하여 갑 회사의 위와 같은 행위를 차량이나 차량의 부품 등을 도장하는 것과 같이 투입된 원재료에 물리적·화학적 작용을 가하여 성질이 다른 새로운 제품으로 전환시키는 차량의 제조활동이라고 볼 수는 없으므로, 갑 회사와 을 회사 사이의 미생물제 등 공급계약은 구 하도급법상 제조위탁에 해당한다고 할 수 없다.

▣ 서울고등법원 2018. 1. 11. 선고 2017누64523 판결(퓨처북 사건)[63]

이 사건 제품은 공용으로 사용되는 펌웨어가 담긴 음성펜에 원고가 의뢰한 소프트웨어를 탑재한 것에 불과하여 범용성을 가진 기성 제품이므로 하도급법이 적용되는 제조위탁(가공위탁을 포함)에 해당하지 않는다(원고의 주장).

하도급법 제2조 제1항의 '제조위탁'은 '가공위탁'을 포함하는 개념인데, 이 사건 제품이 범용이 가능한 펌웨어를 기반으로 한 것이더라도 원고가 의뢰한 소프트웨어를 탑재하고 원고의 상표인 'Let me fly'를 제품 겉면에 인쇄하도록 위탁하여 제작되고 공급된 것이라면 이는 반제품에 일부 공정을 추가하여 완제품을 만들어낸 가공위탁으로서 제조위탁에 해당한다(이 사건 제품에 인쇄된 상표를 지울 수 있다고 하더라도 가공위탁의 성격이 달라지지는 않는다). 또한 이 사건 상품공급계약에도 원고가 시노텍코리아에 상품을 '제작'하도록 하여 '제조자'로서의 책임을 부담하도록 규정했고, 그 대금은 제작·개발·공급에 대한 대가를 포함하고 있다. 따라서 하도급법이 정한 제조위탁에 해당하지 않음을 전제로 한 원고의 이 부분 주장도 받아들일 수 없다.

63 심리불속행 기각.

나. 수리위탁

법령 **하도급법 제2조(정의) 제8항**

⑧ 이 법에서 "수리위탁"이란 사업자가 주문을 받아 물품을 수리하는 것을 업으로 하거나 자기가 사용하는 물품을 수리하는 것을 업으로 하는 경우에 그 수리행위의 전부 또는 일부를 다른 사업자에게 위탁하는 것을 말한다.

수리위탁의 개념

"수리위탁"이란 사업자가 주문을 받아 물품을 수리하는 것을 업으로 하거나 자기가 사용하는 물품을 수리하는 것을 업으로 하는 경우에 그 수리행위의 전부 또는 일부를 다른 사업자에게 위탁하는 것으로서, ① 차량수리업자가 차량의 수리를 다른 사업자에게 위탁하는 경우, ② 선박수리업자가 선박의 수리를 다른 사업자에게 위탁하는 경우, ③ 발전기수리업자가 발전기의 수리를 다른 사업자에게 위탁하는 경우 등이 이에 해당한다.[64]

다. 건설위탁

법령 **하도급법 제2조(정의) 제9항**

⑨ 이 법에서 "건설위탁"이란 다음 각 호의 어느 하나에 해당하는 사

64 하도급거래공정화지침(2023. 2. 9. 공정거래위원회 예규 제421호) III. 1. 나.

업자(이하 "건설업자"라 한다)가 그 업에 따른 건설공사의 전부 또는 일부를 다른 건설업자에게 위탁하거나 건설업자가 대통령령으로 정하는 건설공사를 다른 사업자에게 위탁하는 것을 말한다.

1. 「건설산업기본법」 제2조 제7호에 따른 건설사업자
2. 「전기공사업법」 제2조 제3호에 따른 공사업자
3. 「정보통신공사업법」 제2조 제4호에 따른 정보통신공사업자
4. 「소방시설공사업법」 제4조 제1항에 따라 소방시설공사업의 등록을 한 자
5. 그 밖에 대통령령으로 정하는 사업자

건설위탁의 개념

"건설위탁"이란 하도급법 제2조 제9항 각 호의 어느 하나에 해당하는 사업자(건설업자)가 그 업에 따른 건설공사의 전부 또는 일부를 다른 건설업자에게 위탁하거나 건설업자가 대통령령으로 정하는 건설공사를 다른 사업자에게 위탁하는 것이다. 건설위탁은 두 가지 유형으로 구성되어 있는데, 하나는 건설업자가 건설업자에게 위탁하는 경우이고, 다른 하나는 건설업자가 법정된 건설공사를 일반 사업자에게 위탁하는 경우 등이다.

첫 번째 유형에 포함되는 경우로는 건설산업기본법 제2조 제7호에 따른 건설사업자, 전기공사업법 제2조 제3호에 따른 전기공사업자, 정보통신공사업법 제2조 제4호에 따른 정보통신공사업자, 소방시설공사업법 제4조 제1항에 따라 소방시설공사업의 등록을 한 자와 대통령령(시행령 제2조 제7항)으로 지정된 주택법 제4조에 따른 등록사업자, 환경기술 및 환경산업 지원법 제15조에 따른 등록업자, 하수도법 제51조 및 가축분뇨의 관리 및 이용에 관한 법률 제34조에 따른 등록업자, 에너지이용 합리화법 제37조에 따른 등록업자, 도시가스사업법 제12조

에 따른 시공자, 액화석유가스의 안전관리 및 사업법 제35조에 따른 시공자가 있다.

관련 판례로, 하도급법 제2조 제9항은 그 법에서, '건설위탁'이라 함은 동항 소정의 '건설업자'가 그 업에 따른 건설공사의 전부 또는 일부를 다른 건설업자에게 위탁하는 것과, 건설업자가 대통령령이 정하는 건설공사를 다른 사업자에게 위탁하는 것을 말한다고 규정하고 있는데, 이는 같은 법 제2조 제9항 각 호의 건설업자 사이에 동일한 업종 내에서 전부 또는 일부를 다른 건설업자에게 위탁하는 경우(다만, 대통령령이 정하는 경미한 공사는 제외)를 가리키는 것이라고 해석함이 상당하다고 판시한 예가 있다(대법원 2003. 5. 16. 선고 2001다27470 판결). 또한, 일반건설업자로서 토목건축공사업의 면허를 소지한 원사업자는 토목공사업과 건축공사업의 업무내용에 속한 공사를 모두 시공할 수 있으므로 이러한 원사업자와 전문건설업자인 건설회사 사이의 건설위탁은 하도급법상 건설위탁에 해당한다고 본 서울고등법원 2006. 11. 9. 선고 2006누2420 판결(부영 사건)[65]이 있다.

두 번째 유형(건설업자가 법정된 건설공사를 사업자에게 위탁하는 경우)[66]과 관련해, 법정된 건설공사의 범위에 대하여 시행령 제2조 제6항은 건설산업기본법 시행령 제8조에 따른 경미한 공사, 전기공사업법 시행령 제5조에 따른 경미한 공사를 포함한다.

심사지침 **건설위탁**

법 적용 대상이 되는 건설위탁을 예시하면 다음과 같다.

65 대법원 2008. 10. 9. 선고 2006두19617 판결로 상고기각.

66 하도급법 제9조 제2항 후문은 건설업자가 대통령령으로 정하는 건설공사를 다른 사업자에게 위탁하는 것을 건설위탁에 포함한다.

(1) 「건설산업기본법」상 건설사업자의 건설위탁으로, (가) 「건설산업기본법」 제9조(건설업의 등록 등)에 따라 종합공사를 시공하는 업종 또는 전문공사를 시공하는 업종을 등록한 건설사업자가 시공 자격이 있는 공종에 대하여 당해 공종의 시공 자격을 가진 다른 등록업자에게 시공위탁한 경우, (나) 건설사업자가 시공 자격이 없는 공종을 부대공사로 도급받아 동 공종에 대한 시공 자격이 있는 다른 사업자에게 시공위탁한 경우[67]가 있다.

(2) 전기공사업자의 건설위탁으로 「전기공사업법」 제2조 제3호에 따른 공사업자가 도급받은 전기공사의 전부 또는 일부를 전기공사업 등록을 한 다른 사업자에게 시공위탁한 경우가 있고, (3) 정보통신공사업자의 건설위탁으로 「정보통신공사업법」 제2조 제4호에 따른 정보통신공사업자가 도급받은 정보통신공사의 전부 또는 일부를 정보통신공사업 등록을 한 다른 사업자에게 시공위탁한 경우가 있고, (4) 소방시설공사업자의 건설위탁으로 「소방시설공사업법」 제2조 제1항 제2호에 따른 소방시설공사업 등록을 한 사업자가 도급받은 소방시설공사의 전부 또는 일부를 소방시설공사업 등록을 한 다른 사업자에게 시공위탁한 경우가 있다.

(5) 주택건설 등록업자의 건설위탁으로 「주택법」 제9조에 따른 주택건설사업 등록사업자가 그 업에 따른 주택건설공사의 전부 또는 일부를 시공 자격이 있는 다른 사업자에게 시공위탁한 경우가 있고, (6) 환경 관련 시설업자의 건설위탁으로 「환경기술 및 환경산업 지원법」 제15조에 따른 등록업자가 그 업에 따른 해당 환경 전문 공사의 전부 또는 일부를 시공 자격이 있는 다른 사업자에게 시공위탁한 경우가 있고,

---

67 ① 전기공사업 등록증을 소지하지 아니한 종합건설사업자가 전기공사가 주인 공사를 전기공사업 등록증을 소지한 사업자에게 전기공사를 시공하도록 의뢰한 경우는 시공을 위탁한 종합건설사업자가 전기공사업 등록증을 소지하지 아니했으므로 이는 "건설위탁"으로 보지 않는다. 다만, 전기공사가 부대적인 공사인 경우에는 "건설위탁"으로 본다. ② 토공사업에만 등록한 전문건설사업자가 습식공사업에 등록한 전문건설사업자에게 습식공사를 시공의뢰한 경우에는 건설위탁으로 보지 않는다.

(7) 에너지 관련 건설업자의 건설위탁으로 「에너지이용 합리화법」 제37조에 따른 등록업자, 「도시가스사업법」 제12조에 따른 시공자가 그 업에 따른 해당 에너지 관련 시설공사를 시공 자격이 있는 다른 사업자에게 시공위탁한 경우가 있다.

(8) 경미한 공사의 건설위탁으로 「건설산업기본법」상의 건설사업자 및 「전기공사업법」상의 공사업자가 「건설산업기본법 시행령」 제8조 및 「전기공사업법 시행령」 제5조의 규정에 의한 경미한 공사를 상기 법령에 의한 등록을 하지 아니한 사업자에게 위탁한 경우가 있고, (9) 자체 발주공사의 건설위탁으로 건설업을 영위하는 사업자가 아파트신축공사 등 건설공사를 자기가 발주하여 다른 건설사업자에게 공사의 전부 또는 일부를 위탁한 경우가 있다.[68]

라. 용역위탁

법령 **하도급법 제2조(정의) 제11, 12, 13항**

⑪ 이 법에서 "용역위탁"이란 지식 · 정보성과물의 작성 또는 역무의 공급(이하 "용역"이라 한다)을 업으로 하는 사업자(이하 "용역업자"라 한다)가 그 업에 따른 용역 수행행위의 전부 또는 일부를 다른 용역업자에게 위탁하는 것을 말한다.

⑫ 이 법에서 "지식 · 정보성과물"이란 다음 각 호의 어느 하나에 해당하는 것을 말한다.

1. 정보프로그램(「소프트웨어산업 진흥법」 제2조 제1호에 따른 소프트웨어로, 특정한 결과를 얻기 위하여 컴퓨터 · 전자계산기 등 정보처리능력을 가진 장치에 내재된 일련의 지시 · 명령으로 조합된 것을 말한다.)

68 하도급거래공정화지침(2023. 2. 9. 공정거래위원회 예규 제421호).

2. 영화, 방송프로그램, 그 밖에 영상·음성 또는 음향으로 구성되는 성과물
3. 문자·도형·기호의 결합 또는 문자·도형·기호와 색채의 결합으로 구성되는 성과물(「건축사법」 제2조 제3호에 따른 설계 및 「엔지니어링산업 진흥법」 제2조 제1호에 따른 엔지니어링활동 중 설계를 포함한다.)
4. 그 밖에 제1호부터 제3호까지의 규정에 준하는 것으로서 공정거래위원회가 정하여 고시하는 것

⑬ 이 법에서 "역무"란 다음 각 호의 어느 하나에 해당하는 활동을 말한다.

1. 「엔지니어링산업 진흥법」 제2조 제1호에 따른 엔지니어링활동(설계는 제외한다.)
2. 「화물자동차 운수사업법」에 따라 화물자동차를 이용하여 화물을 운송 또는 주선하는 활동
3. 「건축법」에 따라 건축물을 유지·관리하는 활동
4. 「경비업법」에 따라 시설·장소·물건 등에 대한 위험의 발생 등을 방지하거나 사람의 생명 또는 신체에 대한 위해의 발생을 방지하고 그 신변을 보호하기 위하여 하는 활동
5. 그 밖에 원사업자로부터 위탁받은 사무를 완성하기 위하여 노무를 제공하는 활동으로서 공정거래위원회가 정하여 고시하는 활동

심사지침 **용역위탁 중 지식·정보성과물의 위탁**

용역위탁 중 지식·정보성과물의 범위에는 정보프로그램 작성을 업으로 하는 사업자가 다른 사업자에게 성과물의 작성을 위탁하는 경우,[69]

69 가. 「소프트웨어산업 진흥법」 제2조 제1호 규정에 의한 소프트웨어(패키지 소프트웨어

영화, 방송프로그램, 그 밖에 영상·음성 또는 음향에 의하여 구성되어지는 성과물의 작성 등을 업으로 하는 사업자가 다른 사업자에게 성과물의 기획·편성·제작 등을 위탁하는 경우,[70] 문자·도형·기호의 결합 또는 문자·도형·기호와 색채의 결합으로 구성되어지는 성과물(이들의 복합체를 포함한다)의 작성 등을 업으로 하는 사업자가 다른 사업자에게 성과물의 기획·편성·제작 등을 위탁하는 경우,[71] 건축기술, 엔지니어링 및 관련기술 서비스·연구·개발을 업으로 하는 사업자가 다른 사업자에게 위탁하는 경우,[72] 이상에서 열거한 지식·정보성과물의 공급 및 작성을 위탁받은 사업자가 위탁받은 역무의 전부 또는 일부를 다른 사업자에게 위탁하는 경우 등이 포함된다.[73]

지식·정보성과물 작성위탁의 법 적용 예시로, (1) 사업자가 정보프

[게임소프트웨어 포함], 임베디드 소프트웨어의 개발·공급, 특정고객의 주문에 의한 주문형 소프트웨어의 개발·공급[데이터베이스 및 웹사이트의 개발·공급 포함], 상용소프트웨어 구매를 수반한 소프트웨어 설계·개발을 포함한다), 소프트웨어 개발을 위한 제안서·마스터플랜, 시스템 구축 관련 설계(하드웨어, 소프트웨어, 네트워크 등), 시스템 개발(하드웨어, 소프트웨어, 네트워크 설치 등 및 상용소프트웨어 구매를 수반한 시스템 개발을 포함한다) / 나. 「저작권법」 제2조 제16호 규정에 의한 컴퓨터프로그램저작물.

70 가. 「영화 및 비디오물의 진흥에 관한 법률」 제2조 제1호 규정에 의한 영화 및 동법 제2조 제12호 규정에 의한 비디오물(컴퓨터프로그램에 의한 것을 포함한다) / 나. 「게임산업진흥에 관한 법률」 제2조 제1호 규정에 의한 게임물 / 다. 「방송법」 제2조 제17호 규정에 의한 방송프로그램(텔레비전방송, 라디오방송, 데이터방송, 이동멀티미디어방송, 「인터넷 멀티미디어 방송사업법」 제2조 제1호에 따른 인터넷멀티미디어방송을 포함한다) / 라. 「음악산업진흥에 관한 법률」 제2조 제3호 규정에 의한 음원, 동법 제2조 제4호 규정에 의한 음반, 동법 제2조 제5호 규정에 의한 음악파일, 동법 제2조 제6호 규정에 의한 음악영상물, 동법 제2조 제7호 규정에 의한 음악영상파일 / 마. TV, 홍보영상, 라디오, 신문, 잡지, 온라인광고 등의 광고제작·편집물(콘티, 썸네일 등의 작업 및 편집, 음향 등 후반작업(Post Production)을 포함한다) / 바. 전자상거래 콘텐츠.

71 가. 「디자인보호법」 제2조 제1호 규정에 의한 디자인 / 나. 「상표법」 제2조 제1호 규정에 의한 상표 / 다. 「공간정보의 구축 및 관리 등에 관한 법률」 제2조 제10호 규정에 의한 지도 / 라. 「저작권법」 제2항 제17호 규정에 의한 편집물 / 마. 설계도면.

72 가. 기술시험(결과)서, 검사보고서, 분석보고서, 평가보고서 등의 작성 / 나. 번역물 등의 작성 / 다. 시장 및 여론조사보고서 등의 작성.

73 용역위탁 중 지식·정보성과물의 범위 고시(공정거래위원회 2018. 12. 6. 제2018-21호).

로그램 작성을 업으로 하는 경우로, (가) 「소프트웨어산업 진흥법」 제2조 제1호의 규정에 의한 소프트웨어(컴퓨터 · 통신 · 자동화 등의 장비와 그 주변장치에 대하여 명령 · 제어 · 입력 · 처리 · 저장 · 출력 · 상호작용이 가능하도록 하게 하는 지시 · 명령[음성이나 영상정보 등을 포함한다]의 집합과 이를 작성하기 위하여 사용된 기술서나 그 밖의 관련 자료를 말한다. 이하 같다)의 작성을 위탁하는 것,[74] (나) 「국가정보화 기본법」 제3조 제1호의 규정에 의한 "정보"(특정 목적을 위하여 광(光) 또는 전자적 방식으로 처리되어 부호 · 문자 · 음성 · 음향 및 영상 등으로 표현된 모든 종류의 자료 또는 지식을 말한다)의 작성을 다른 사업자에게 위탁하는 것 등이 포함되고, (2) 사업자가 영화, 방송프로그램, 그 밖에 영상 · 음성 또는 음향에 의하여 구성되어지는 성과물의 작성을 업으로 하는 경우 영화, 방송프로그램, 영상광고 등의 제작을 다른 사업자에게 위탁하는 것이 포함되고, (3) 사업자가 문자 · 도형 · 기호의 결합 또는 이것들과 색채의 결합에 의하여 구성되어지는 성과물의 작성을 업으로 하는 경우에 (가) 「건축사법」 제2조 제3호의 규정에 의한 설계도서의 작성을 다른 사업자에게 위탁하는 것,[75] (나) 「엔지니어링산업 진흥법」 제2조 제1호의 규정에 의한 엔지니어링 활동 중 설계를 다른 사업자에게 위탁하는 것,[76] (다) 애니메이션, 만화 등의 제작을 다른 사업자에게 위탁하는 것이 포함되고, (라) 상품의 형태, 용기, 포장 및 광고 등에 사용되는 디자인의 제작을 다른 사업자에게 위탁하는 것 등이 포함된다.[77]

---

74 소프트웨어 개발을 위한 제안서 · 마스터플랜, 시스템 구축 관련 설계(하드웨어, 소프트웨어, 네트워크 등), 시스템 개발(하드웨어 및 소프트웨어 개발, 네트워크 설치 등).

75 건축물의 건축 · 대수선, 건축설비의 설치 또는 공작물의 축조를 위한 도면, 구조계획서 및 공사시방서.

76 과학기술의 지식을 응용한 사업 및 시설물에 관한 설계.

77 하도급거래공정화지침(2023. 2. 9. 공정거래위원회 예규 제421호) III. 1. 라.

용역위탁의 개념

"용역위탁"이란 지식·정보성과물의 작성 또는 역무의 공급(용역)을 업으로 하는 사업자(용역업자)가 그 업에 따른 용역 수행행위의 전부 또는 일부를 다른 용역업자에게 위탁하는 것이다. 실제 지식·정보성과물의 작성위탁과 용역위탁이 혼재되어 있어서 그 구별이 어려운 경우도 있다. 이때는 창조성을 기준으로 하여 창조성이 높거나 상당 수준인 경우에는 지식·정보성과물의 작성 위탁으로, 이에 부수되는 용역인 경우에는 용역위탁으로 볼 수 있다.[78]

판례 용역위탁 범위의 판단

▣ 대법원 2016. 9. 30. 선고 2015두53961 판결(포스텍 사건)[79]

하도급법에서 '용역위탁'의 대상은 "지식·정보성과물의 작성 또는 역무의 공급"으로 되어 있고(제2조 제11항), 그 경우 '역무'에는 "공정거래위원회가 정하여 고시하는 활동"도 포함된다(제2조 제13항 제5호). 그에 따라 공정거래위원회가 정한 구 용역위탁 중 역무의 범위 고시(2014. 12. 23. 공정거래위원회고시 제2014-16호로 개정되기 전의 것, 이하 "이 사건 고시"라 한다)에서는, "소프트웨어산업 진흥법 제2조 제4호의 규정에 의한 소프트웨어사업자가 다른 사업자에게 위탁하는 활동"으로서 "컴퓨터 관련 서비스를 업으로 하는 사업자가 수요자의 요구에 의하여 컨설팅, 요구분석, 시스템통합 시험 및 설치, 일정 기간 시스템의 운영 및 유지·보수를 위탁하는 활동" 등을 용역위탁에 해당하는 '역무'에 속하는 것으로 규정하면서 "단, 하도급법 제2조 제12항 제1호에 의한 '정보프로그램'은 제외한다."고 규정했다(위 고시 I의 4. '가'항, 이하 "이 사건 고

78 창조성 관련 사항과 단순 노무적 사항으로 구별하는 견해로는 정종채, 2018, 158, 159쪽 참조.

79 원심은 서울고등법원 2015. 9. 17. 204누6939 판결.

시 조항"이라 한다). 그리고 거기에 인용된 위 하도급법 조항에서는 '정보프로그램'을 "소프트웨어산업 진흥법 제2조 제1호에 따른 소프트웨어, 특정한 결과를 얻기 위한 컴퓨터·전자계산기 등 정보처리능력을 가진 장치에 내재된 일련의 지시·명령으로 조합된 것을 말한다."고 규정하고, 소프트웨어산업 진흥법 제2조 제1호는 '소프트웨어'란 "컴퓨터, 통신, 자동화 등의 장비와 그 주변장치에 대하여 명령·제어·입력·처리·저장·출력·상호작용이 가능하게 하는 지시·명령(음성이나 영상정보 등을 포함한다)의 집합과 이를 작성하기 위하여 사용된 기술서나 그 밖의 관련 자료를 말한다."고 규정하고 있다.

위와 같은 관련 규정의 문언과 취지를 위에서 본 법리에 비추어 살펴보면, 이 사건 고시 조항이 '컴퓨터 관련 서비스를 업으로 하는 사업자가 수요자의 요구에 의하여 컨설팅, 요구분석, 시스템통합 시험 및 설치, 일정 기간 시스템 운영 및 유지·보수를 위탁하는 활동'을 용역위탁 중 역무에 포함되는 것으로 정했다 하더라도, 컴퓨터·통신·자동화 등 장비 중 컴퓨터 시스템에 관련된 것만이 거기에서 정한 역무에 해당한다고 볼 수는 없다.

그런데 이 사건 고시 조항의 단서에서 명시적으로 "하도급법 제2조 제12항 제1호에 의한 '정보프로그램'은 제외한다."고 규정하고 있으므로, 위에서 본 침익적 행정처분의 근거 법령 해석에 관한 법리에 따르면 원사업자가 수급사업자에게 "컴퓨터·통신·자동화 등 장비에 대한 정보프로그램, 즉 소프트웨어산업 진흥법 제2조 제1호에 따른 소프트웨어의 유지·보수" 업무를 위탁했다 하더라도 이는 이 사건 고시 조항에서 정한 '역무'의 공급으로 볼 수 없으므로 하도급법이 정한 '용역위탁'에 해당하지 아니한다고 보아야 한다.

그러므로 설령 원사업자가 수급사업자에게 소프트웨어 등의 유지·보수를 위탁하면서 수급사업자가 그 사무를 개시하기 전에 법령이 정한 서면을 교부하지 아니했다 하더라도 이를 들어 하도급법에 따라 시정조치를 하거나 과징금을 부과할 수는 없다고 할 것이다.

☞ 해설: 역무의 공급으로서 용역위탁에 해당하는지가 문제가 된 사건이다. 구 고시(2014. 12. 23. 공정거래위원회고시 제2014-16호로 개정되기 전의 것)상 컴퓨터 시스템에 대한 부분만이 역무에 포함되었다. 이 사건에서 원고의 계약에는 컴퓨터 시스템 이외의 부분인 "컴퓨터 · 통신 · 자동화 등 장비에 대한 정보프로그램, 즉 소프트웨어산업 진흥법 제2조 제1호에 따른 소프트웨어의 유지 · 보수"가 포함되어 있다. 이 점에서 원고의 계약에 하도급법이 적용되지 않는다는 점에 원심과 대법원의 견해가 일치했다. 다만, 그 이후 개정된 고시는 이 사건 당시보다 적용 범위를 넓게 규정하여 "소프트웨어산업 진흥법 제2조 제1호 규정에 의한 소프트웨어,[80] 소프트웨어 개발을 위한 제안서 · 마스터플랜, 시스템 구축 관련 설계(하드웨어, 소프트웨어, 네트워크 등), 시스템 개발(하드웨어, 소프트웨어, 네트워크 설치 등 및 상용소프트웨어 구매를 수반한 시스템 개발을 포함한다)"을 포함하고 있다.

80 패키지 소프트웨어(게임소프트웨어 포함), 임베디드 소프트웨어의 개발 · 공급, 특정 고객의 주문에 의한 주문형 소프트웨어의 개발 · 공급(데이터베이스 및 웹사이트의 개발 · 공급 포함), 상용소프트웨어 구매를 수반한 소프트웨어 설계 · 개발을 포함한다.

제 2 장

원사업자의 하도급대금 관련 작위의무

1. 선급금의 지급

법령 **하도급법 제6조(선급금의 지급)**

① 수급사업자에게 제조 등의 위탁을 한 원사업자가 발주자로부터 선급금을 받은 경우에는 수급사업자가 제조·수리·시공 또는 용역수행을 시작할 수 있도록 그가 받은 선급금의 내용과 비율에 따라 선급금을 받은 날(제조 등의 위탁을 하기 전에 선급금을 받은 경우에는 제조 등의 위탁을 한 날)부터 15일 이내에 선급금을 수급사업자에게 지급하여야 한다.

② 원사업자가 발주자로부터 받은 선급금을 제1항에 따른 기한이 지난 후에 지급하는 경우에는 그 초과 기간에 대하여 연 100분의 40 이내에서 「은행법」에 따른 은행이 적용하는 연체금리 등 경제 사정을 고려하여 공정거래위원회가 정하여 고시하는 이율에 따른 이자를 지급하여야 한다.

③ 원사업자가 제1항에 따른 선급금을 어음 또는 어음대체결제수단을 이용하여 지급하는 경우의 어음할인료·수수료의 지급 및 어음할인율·수수료율에 관하여는 제13조 제6항·제7항·제9항 및 제10항을 준용한다. 이 경우 "목적물 등의 수령일부터 60일"은 "원사업자가 발주자로부터 선급금을 받은 날부터 15일"로 본다.

선급금은 자금 사정이 좋지 않은 수급인에게 자재 확보 및 노임 지급 등에 어려움이 없이 공사를 원활하게 진행할 수 있도록 하기 위하여 도급인이 장차 지급할 공사대금을 수급인에게 미리 지급하여주는 것으로서, 구체적인 기성고(既成高)와 관련하여 지급된 공사대금이 아니라 전체 공사와 관련하여 지급된 공사대금이다(대법원 2014. 1. 23. 선고

2013다214437 판결).

선급금과 관련된 판결로, 선금이 지급된 경우에는 특별한 사정이 없는 한 기성부분 대가 지급 시마다 계약금액에 대한 기성부분 대가 상당액의 비율에 따라 안분 정산하여 그 금액 상당을 선금 중 일부로 충당하고 나머지 공사대금을 지급받도록 해야 한다는 대법원 2002. 9. 4. 선고 2001다1386 판결, 도급인이 하수급인에게 하도급대금을 직접 지급하는 사유가 발생한 경우 이에 해당하는 금원을 선급금 충당의 대상이 되는 기성공사대금의 내역에서 제외하기로 하는 예외적 정산약정을 한 때에는 도급인은 미정산 선급금이 기성공사대금에 충당되었음을 이유로 하수급인에게 부담하는 하도급대금 지급의무를 면할 수 없지만, 도급인이 하도급대금을 직접 지급하는 사유가 발생하기 전에 선급금이 기성공사대금에 충당되어 도급대금채무가 모두 소멸한 경우에는 도급인은 더 이상 하수급인에 대한 하도급대금 지급의무를 부담하지 않는다는 대법원 2014. 1. 23. 선고 2013다214437 판결, 원사업자와 수급사업자가 선급금을 지급하지 않기로 하는 계약을 체결했다 하더라도 원사업자의 선급금 지급의무가 면제되는 것은 아니라는 서울고등법원 2009. 11. 4. 선고 2009누7099 판결,[1] 원사업자의 선급금 지급의무는 수급사업자의 선급금 보증서 제출의무와 동시이행 관계로 볼 수 없다는 서울고등법원 2020. 12. 2. 선고 2020누40138 판결(라마종합건설 사건)[2] 등이 있다.

선급금 지체 책임과 동시이행 관계

원사업자의 선급금 지급의무와 수급사업자의 선급금 반환보증서 제

1 대법원 2010. 3. 25. 선고 2009두23181 판결로 심리불속행 기각.

2 확정.

출의무가 법령상 또는 계약상 동시이행 관계에 있는 경우, 수급사업자가 지급보증서 제출의무의 이행제공을 할 때까지 원사업자는 선급금 지급의무의 이행지체 책임을 지지 않는다.[3] 법령상 동시이행 관계에 있는 예로는 건설산업기본법 제34조 제4항[4]이 있다. 동시이행 관계는 법령상 동시이행 관계가 명시된 경우에 한정되지 않고, 이행상의 견련(牽連)관계가 있는 경우도 포함한다. 이는 하도급대금 지급의무 부분에서 검토하는 바와 같다.

선급금 지연이자에 대한 고시도 동시이행 관계를 반영한다. 법정지급기일(원사업자가 발주자로부터 선급금을 지급받은 날로부터 15일, 제조 등의 위탁을 하기 전에 선급금을 받은 경우에는 위탁한 날로부터 15일)을 초과하여 선급금을 지급한 경우에는 법정지급기일을 초과한 날로부터 지급기일까지의 기간 일수를 산정하여 이자를 부과한다. 다만, 원사업자가 발주자로부터 선급금을 지급받은 후 수급사업자에게 선급금 반환을 보증하는 증서(이하 "선급금 보증서"라 한다) 제출을 요청한 날로부터 수급사업자가 선급금 보증서를 제출한 날까지의 기간 일수는 지연이자 계산 시 공제할 수 있다.[5]

원사업자가 수급사업자로부터 선급금 보증서를 제출받지 못한 상태에서 선급금을 지출할 것을 기대하기 어렵다는 점에서 이 부분 고시는 타당하다. 다만, 지연이자 계산에서 공제되는 금액을 '보증서 제출 요청일부터 보증서 제출일까지'로 정한 지침은 부당하며, '법정 지급기일

---

3 오승돈, 2019, 103쪽.

4 수급인이 발주자로부터 선급금을 받은 때에는 하수급인이 자재를 구입하거나 현장노동자를 고용하는 등 하도급공사를 시작할 수 있도록 수급인이 받은 선급금의 내용과 비율에 따라 선급금을 받은 날(하도급계약을 체결하기 전에 선급금을 지급받은 경우에는 하도급계약을 체결한 날)부터 15일 이내에 하수급인에게 선급금을 지급하여야 한다. 이 경우 수급인은 하수급인이 선급금을 반환하여야 할 경우에 대비하여 하수급인에게 보증을 요구할 수 있다.

5 하도급거래공정화지침(2023. 2. 9. 공정거래위원회 예규 제421호) III. 6.

부터 보증서 제출일까지'의 기간을 공제해야 한다는 비판론이 있다.[6] 법정지급기일이 도래하지 않은 부분을 공제하는 것은 수급사업자에게 불리하다는 취지이다.

판례 선급금 지급의무의 판단

■ **대법원 2002. 9. 4. 선고 2001다1386 판결**

공사도급계약에서 지급되는 선금은 자금 사정이 좋지 않은 수급인으로 하여금 자재 확보, 노임 지급 등에 어려움이 없이 공사를 원활하게 진행할 수 있도록 하기 위하여, 도급인이 장차 지급할 공사대금을 수급인에게 미리 지급하여주는 선급공사대금이라고 할 것이다. 만약 선금을 수급인이 지급받을 기성고 해당 중도금 중 최초분부터 전액 우선 충당하게 되면 위와 같은 선금 지급의 목적을 달성할 수 없는 점을 감안하면, 선금이 지급된 경우에는 특별한 사정이 없는 한 기성부분 대가 지급 시마다 계약금액에 대한 기성부분 대가 상당액의 비율에 따라 안분정산하여 그 금액 상당을 선금 중 일부로 충당하고 나머지 공사대금을 지급받도록 함이 상당하다.

■ **서울고등법원 2009. 11. 4. 선고 2009누7099 판결**[7]

원고가 A석재와의 사이에 선급금을 지급하지 아니하는 내용의 계약을 체결했더라도, 구 하도급법 제1항에 규정된 구 하도급법의 입법목적 및 원사업자가 발주자로부터 선급금을 받은 경우 예외 없이 수급사업자에게 선급금의 내용과 비율에 따라 선급금을 지급하도록 규정하고 있는 구 하도급법 제6조의 내용에 비추어보면, 원고는 A석재에게 선급금을 지급하여야 한다고 봄이 상당하다.

---

6 법무법인화우, 2020, 294쪽; 오승돈, 2019, 104쪽.

7 대법원 2010. 3. 25. 선고 2009두23181 판결로 심리불속행 기각.

☞ 해설: 원사업자와 수급사업자가 선급금을 지급하지 않기로 하는 계약을 체결했다 하더라도 원사업자의 선급금 지급의무가 면제되는 것은 아니라는 취지이다. 하도급법 제6조가 강행규정임을 고려한 판례이다.

▣ 대법원 2014. 1. 23. 선고 2013다214437 판결

공사도급계약에서 수수되는 이른바 선급금은 자금 사정이 좋지 않은 수급인에게 자재 확보 및 노임 지급 등에 어려움이 없이 공사를 원활하게 진행할 수 있도록 하기 위하여 도급인이 장차 지급할 공사대금을 수급인에게 미리 지급하여주는 것으로서, 구체적인 기성고와 관련하여 지급된 공사대금이 아니라 전체 공사와 관련하여 지급된 공사대금이다.

이러한 점에 비추어 선급금을 지급한 후 계약이 해제 또는 해지되는 등의 사유로 수급인이 도중에 선급금을 반환하여야 할 사유가 발생했다면, 특별한 사정이 없는 한 별도의 상계 의사표시 없이도 그때까지의 기성고에 해당하는 공사대금 중 미지급액은 선급금으로 충당하고 도급인은 나머지 공사대금이 있는 경우 그 금액에 한하여 지급할 의무를 부담하게 된다. 이때 선급금의 충당 대상이 되는 기성공사대금의 내역을 어떻게 정할 것인지는 도급계약 당사자의 약정에 따라야 하고, 도급인이 하수급인에게 하도급대금을 직접 지급하는 사유가 발생한 경우 이에 해당하는 금원을 선급금 충당의 대상이 되는 기성공사대금의 내역에서 제외하기로 하는 예외적 정산약정을 한 때에는 도급인은 미정산 선급금이 기성공사대금에 충당되었음을 이유로 하수급인에게 부담하는 하도급대금 지급의무를 면할 수 없다.

그러나 이러한 정산약정 역시 특별한 사정이 없는 한 도급인에게 도급대금채무를 넘는 새로운 부담을 지우지 않는 범위 내에서 하수급인을 수급인에 우선하여 보호하려는 약정이라고 보아야 하므로, 도급인이 하도급대금을 직접 지급하는 사유가 발생하기 전에 선급금이 기성공사대금에 충당되어 도급대금채무가 모두 소멸한 경우에는 도급인은 더 이상 하수급인에 대한 하도급대금 지급의무를 부담하지 않게 된다.

2. 하도급대금의 지급

하도급대금 관련 규제의 방향

하도급대금 관련 규정은 하도급법의 핵심이며, 다양한 쟁점이 있다. 이와 관련해서는 다음에 유의할 필요가 있다.

첫째, 하도급대금 미지급 문제는 기본적으로 민사법에 근거하여 판단함으로써 민사법과 하도급법 사이에 불필요한 간극이 발생하지 않도록 해야 한다.

둘째, 하도급법의 조문체계상 하도급법은 정당성, 상당성, 부당성 등 판단을 요하는 조문과 그렇지 않은 조문으로 구성되어 있다. 법 제13조는 부당성 판단이 필요하지 않으며, 이 점에서 부당성 판단이 중요한 다른 조문, 예를 들면 하도급법 제4조 제1항(부당한 대금 결정) 등과 비교된다. 대금을 결정하는 과정에서 대금이 정당한지를 판단하는 데에는 부당성을 판단하는 것이 중요하다. 이와 달리 이미 정해진 대금을 하도급 납품 등이 끝난 다음에 지급하지 않는 문제에 대해서는 부당성 판단이 중요하지 않을 수 있다.

셋째, 하도급법상 대금 지급의무는 건설산업기본법 제34조[8]에 따른

---

8 건설산업기본법 제34조(하도급대금의 지급 등)

① 수급인은 도급받은 건설공사에 대한 준공금 또는 기성금을 받으면 다음 각 호의 구분에 따라 해당 금액을 그 준공금 또는 기성금을 받은 날(수급인이 발주자로부터 공사대금을 어음으로 받은 경우에는 그 어음만기일을 말한다)부터 15일 이내에 하수급인에게 현금으로 지급하여야 한다.

1. 준공금을 받은 경우: 하도급대금
2. 기성금을 받은 경우: 하수급인이 시공한 부분에 해당하는 금액

② 수급인은 하도급계약을 할 때 하수급인에게 국토교통부령으로 정하는 바에 따라 적정한 하도급대금의 지급을 보증하는 보증서를 주어야 한다. 다만, 국토교통부령으로 정하는 경우에는 하도급대금 지급보증서를 주지 아니할 수 있다.

③ 건설공사의 도급계약 당사자는 제2항에 따른 하도급대금 지급보증서 발급에 드는

대금 지급의무와 별개이다. 따라서 건설산업기본법상 지급의무와 하도급법상 지급의무는 일치하지 않을 수 있다.

넷째, 원사업자와 수급사업자 사이에 정산 합의가 있어 이에 따라 하도급대금을 지급하지 않은 경우 그것이 진정한 합의라면 이에 대해 지급의무 위반을 인정하기 어렵다. 다만, 진정한 합의 여부를 판단함에 있어 계약에 관련된 제반 사정을 고려하고, 수급사업자의 진정한 의사에 반하여 지급되지 않은 것인지를 판단할 필요가 있다.

하도급법 제13조와 부당성 판단

하도급법 제13조 제1항에는 부당성 판단 요건이 규정되어 있지 않다. 대법원 1999. 3. 9. 선고 98두17036 판결, 대법원 1995. 6. 16. 선고 94누10320 판결도 부당성 판단이 필요하지 않다는 취지에서 원사업자가 대금 지급기일에 하도급대금의 지급을 거절하거나 그 지급을 미루고 있는 사실 자체에 의하여 법 위반행위가 있는지 여부를 판단하면 충분하고, 원사업자가 하도급대금의 지급을 거절하거나 그 지급을 미룰 만한 상당한 이유가 있는지 여부에 대하여까지 나아가 판단할 필요가 없다고 보았다.

따라서 하도급대금의 미지급 여부를 판단함에 있어서는 민사법을 고려해야 전체 법체계상 조화와 균형을 기할 수 있다. 변제, 상계, 공탁 등 채권소멸 사유가 있는 경우에는 채권소멸의 효과로 그 부분의 하도

금액을 대통령령으로 정하는 바에 따라 해당 건설공사의 도급금액 산출내역서에 분명하게 적어야 한다.

④ 수급인이 발주자로부터 선급금을 받은 때에는 하수급인이 자재를 구입하거나 현장노동자를 고용하는 등 하도급공사를 시작할 수 있도록 수급인이 받은 선급금의 내용과 비율에 따라 선급금을 받은 날(하도급계약을 체결하기 전에 선급금을 지급받은 경우에는 하도급계약을 체결한 날)부터 15일 이내에 하수급인에게 선급금을 지급하여야 한다. 이 경우 수급인은 하수급인이 선급금을 반환하여야 할 경우에 대비하여 하수급인에게 보증을 요구할 수 있다.

급대금 지급채무가 소멸하여 하도급대금 미지급에 해당하지 않는다. 채권성립의 장애사유가 있는 경우, 그리고 동시이행항변권 등 채권 행사의 저지사유가 있는 경우에도 하도급대금 미지급으로 보기 어렵다. 이 점에서 민사법에서 논의되는 채권의 소멸, 장애, 저지사유는 하도급법에도 그대로 적용된다.

한편 채권의 소멸사유는 미지급대금의 범위를 판단하는 과정에 적용되는 것이어서, 미지급금액이 확정된 이후 그 부당성을 판단하는 문제와 구별된다. 하도급법 제13조 제1항에는 부당성 판단의 요건이 없으나, 대금이 지급된 경우에는 객관적 구성 요건 단계에서 미지급대금이 존재하지 않게 된다. 이는 부당성 판단에 선행하는 사실 확정의 문제에 해당한다.

판례 하도급대금 미지급과 부당성의 판단

▣ 대법원 1999. 3. 9. 선고 98두17036 판결

하도급법 제13조는 원사업자의 하도급대금 지급의무 등에 관하여 규정하면서 '상당한 이유가 있는 경우 하도급대금의 지급거절이나 그 지연을 인정한다'는 예외규정을 두고 있지는 않다. 그와 같이 법에 명문의 규정이 없는 사유를 들어 원사업자의 법 위반행위 여부를 판단할 경우 위 법률의 입법취지와 법률 제13조의 규정취지에 반하여 법의 실효성을 저해하는 점에 비추어보면, 원사업자가 지급기일을 경과하여 수급사업자에게 하도급대금을 지급하지 아니하는 경우 그 자체가 법 위반행위가 되어 제재대상이 된다.

따라서 공정거래위원회로서는 특단의 사정이 없는 한 원사업자가 대금 지급기일에 하도급대금의 지급을 거절하거나 그 지급을 미루고 있는 사실 자체에 의하여 법 위반행위가 있는지 여부를 판단하면 충분하고, 원사업자가 하도급대금의 지급을 거절하거나 그 지급을 미룰 만한 상당한 이유가 있는지 여부에 대하여까지 나아가 판단할 필요는 없는 것이다(대법원 1995. 6. 16. 선고 94누10320 판결 참조).

그럼에도 불구하고 원심은 이와 반대의 견해에 입각하여, 소외 회사들이 하도급받은 공사를 당초 약정한 기간 내에 완료하지 못했고 그 공사 지연에 대한 귀책사유도 전혀 없다고 보기 어려우므로 그에 따른 지체상금을 원고에게 지급할 채무가 있으며, 따라서 그와 같은 지체상금채권을 자동채권으로 한 원고의 상계에 따라 그 대등액의 한도 내에서 원고의 소외 회사들에 대한 각 하도급대금 지급채무도 소급하여 소멸하게 되므로 원고가 소외 회사들에게 추가로 지급하여야 할 하도급금액은 그 한도 내에서는 처음부터 존재하지 않았던 것과 마찬가지가 된다는 이유를 들어서, 피고가 그 지급의무 없는 하도급대금 부분까지 지급을 명함으로써 이 사건 각 시정명령 전체가 위법하다고 판단하여 그 취소를 명했다. 그와 같은 원심 판결에는 위 법률의 입법취지 및 법률 제9조, 제13조에 관한 법리를 오해한 위법이 있다고 할 것이고, 이 점을 지적하는 논지는 이유가 있다.

▣ 대법원 1995. 6. 16. 선고 94누10320 판결

원사업자가 지급기일을 경과하여 수급사업자에게 하도급대금을 지급하지 아니하는 경우 그 자체가 하도급법 위반행위가 되어 제재대상이 된다. 따라서 공정거래위원회로서는 특단의 사정이 없는 한 원사업자가 대금 지급기일에 하도급대금의 지급을 거절하거나 그 지급을 미루고 있는 사실 자체에 의하여 법 위반행위가 있는지 여부를 판단하면 되지, 원사업자가 하도급대금의 지급을 거절하거나 그 지급을 미룰 만한 상당한 이유가 있는지 여부에 대하여까지 나아가 판단할 필요는 없다.

☞ 해설: 이 판결의 의미는 일단 하도급대금 미지급이 인정된다는 전제에서 부당성 판단이 불필요하다는 의미이다. 채권의 소멸 사유 등으로 하도급대금 미지급이 인정되지 않는다면 부당성 판단까지 나아갈 필요

없이 법 위반이 인정되지 않는다.

가. 하도급대금 지급 시기

법령 **하도급법 제13조(하도급대금의 지급 등) 제1, 2, 3항**

① 원사업자가 수급사업자에게 제조 등의 위탁을 하는 경우에는 목적물 등의 수령일(건설위탁의 경우에는 인수일을, 용역위탁의 경우에는 수급사업자가 위탁받은 용역의 수행을 마친 날을, 납품 등이 잦아 원사업자와 수급사업자가 월 1회 이상 세금계산서의 발행일을 정한 경우에는 그 정한 날을 말한다. 이하 같다)부터 60일 이내의 가능한 짧은 기한으로 정한 지급기일까지 하도급대금을 지급하여야 한다. 다만, 다음 각 호의 어느 하나에 해당하는 경우에는 그러하지 아니하다.

1. 원사업자와 수급사업자가 대등한 지위에서 지급기일을 정한 것으로 인정되는 경우
2. 해당 업종의 특수성과 경제여건에 비추어 그 지급기일이 정당한 것으로 인정되는 경우

② 하도급대금의 지급기일이 정하여져 있지 아니한 경우에는 목적물 등의 수령일을 하도급대금의 지급기일로 보고, 목적물 등의 수령일부터 60일이 지난 후에 하도급대금의 지급기일을 정한 경우(제1항 단서에 해당되는 경우는 제외한다)에는 목적물 등의 수령일부터 60일이 되는 날을 하도급대금의 지급기일로 본다.

③ 원사업자는 수급사업자에게 제조 등의 위탁을 한 경우 원사업자가 발주자로부터 제조·수리·시공 또는 용역수행행위의 완료에 따라 준공금 등을 받았을 때에는 하도급대금을, 제조·수리·시공 또는 용역수행행위의 진척에 따라 기성금 등을 받았을 때에는 수급사업자가 제조·수리·시공 또는 용역수행한 부분에 상당하는 금액을

그 준공금이나 기성금 등을 지급받은 날부터 15일(하도급대금의 지급기일이 그 전에 도래하는 경우에는 그 지급기일) 이내에 수급사업자에게 지급하여야 한다.

2023. 1. 12. 시행된 개정 하도급법은 원사업자가 공시대상기업집단(자산 5조원 이상) 소속 회사인 경우 수급사업자에게 지급하는 하도급대금의 지급수단, 지급금액 및 지급기간 등의 결제조건을 공시하도록 하고 있다(제13조의3 신설).

목적물 수령일(지급기일 산정 기준일) 판단

하도급법 제13조 제1항은 목적물 등의 수령일(건설위탁은 목적물의 인수일)로부터 60일 이내에 하도급대금을 지급하도록 하고 있다. 목적물의 수령일에 대하여, 하도급법 제13조 제1항은 건설위탁의 경우에는 인수일로, 용역위탁의 경우에는 수급사업자가 위탁받은 용역의 수행을 마친 날로, 납품 등이 잦아 원사업자와 수급사업자가 월 1회 이상 세금계산서의 발행일을 정한 경우에는 그 정한 날로 특정하고 있다.

하도급거래공정화지침은 구체적으로, 제조위탁과 수리위탁의 경우에는 원사업자가 수급사업자로부터 목적물 등의 납품을 받은 날, 건설위탁의 경우에는 원사업자가 수급사업자로부터 준공 또는 기성부분의 통지를 받고 검사를 완료한 날(법 제8조 제2항 단서의 규정에 의한 목적물의 인수일)로 특정하고 있다. 물품에 대한 하도급과 건설에 대한 하도급의 차이를 고려한 규정이다. 다만, 납품이 빈번하여 상호 합의하에 월 1회 이상 세금계산서를 발행하도록 정하고 있는 경우에는 일괄 마감하는 날(세금계산서 발행일)로 명시하고 있다.[9]

---

9 하도급거래공정화지침(2023. 2. 9. 공정거래위원회 예규 제421호) III. 11. 다.

참고 사례로, 건설위탁의 경우 수급사업자로부터 기성부분을 통지받은 날도 목적물 인수일로 보기 때문에 그로부터 60일 이내에 하도급대금을 지급해야 한다는 서울고등법원 2021. 6. 2. 선고 2020누47641 판결(중해건설 사건),[10] 아파트건축공사에서 행정청의 사용승인일을 목적물 수령일로 볼 수 있다고 본 서울고등법원 2019. 11. 27. 선고 2019누34892 판결[11] 등이 있다.

하도급법 제13조 제1항 제1, 2호 예외 사유의 적용

목적물 수령일로부터 60일 이내에 하도급대금을 지급해야 하지만, 하도급법 제13조 제1항 제1호는 원사업자와 수급사업자가 대등한 지위에서 지급기일을 정한 것으로 인정되는 경우, 제2호는 해당 업종의 특수성과 경제여건에 비추어 그 지급기일이 정당한 것으로 인정되는 경우에 예외를 인정하고 있다.

목적물 수령일로부터 60일을 초과한 후 원사업자와 수급사업자가 대금지급기일을 달리 정하는 합의를 한 경우 하도급법 제13조 제1항 제1호의 예외사유에 해당하지 않는다고 본 서울고등법원 2021. 5. 26. 선고 2019누66042 판결(썬라이즈 사건),[12] 성능확인과 관련된 조항이 있는 경우 증거에 비추어 하도급법 제13조 제1항 제2호에 해당하지 않는다고 본 서울고등법원 2018. 12. 5. 선고 2018누38378 판결(포스코 건설 사건)[13] 등이 있다.

10 확정.

11 대법원 2020. 4. 9.자 2019두61854 판결로 심리불속행 기각.

12 대법원 2021. 10. 14.자 2021두43927 판결로 심리불속행 기각.

13 대법원 2019. 4. 25.자 2019두31150 판결로 심리불속행 기각.

목적물 수령일과 검사 통지일의 관계

하도급법 제13조는 '수령일'을 기준으로 하며, 하도급법 제9조는 목적물 검사를 규정[14]한다. 그렇다면 수령일과 검사일(또는 검사 결과 통지일)의 관계는 어떻게 되는가?

수령일이 검사와 무관하게 물리적으로 수령한 날이라는 견해[15]가 있는가 하면, 이와 달리 목적물을 수령하여 검사를 완료한 날(또는 물리적 수령일로부터 검사 결과를 통지하지 않은 상태에서 10일이 경과한 날)이라는 견해[16]도 있다. 대법원 2002. 11. 26. 선고 2001두3099 판결은 검사 결과 통지와 대금채무 발생을 다룬 사례로 이 문제에 대하여 명시적인 판단을 한 것은 아니지만, 검사에 합격한 것으로 봄으로써 하도급법이 적용되는 범위 안에서는 그로 인한 대금채무도 발생한 것으로 본다고 판시하여 그 취지는 앞의 견해 중 두 번째에 가까운 것으로 보인다.

판례 목적물 수령일과 검사 통지일 간 관계의 판단

▣ 대법원 2002. 11. 26. 선고 2001두3099 판결(청광종합건설 사건)

하도급법 제9조 제2항에서 '원사업자가 수급사업자로부터 목적물을 수령하고도 정당한 사유 없이 10일 이내에 수급사업자에게 서면으로 검

---

14 하도급법 제9조(검사의 기준·방법 및 시기)

① 수급사업자가 납품 등을 한 목적물 등에 대한 검사의 기준 및 방법은 원사업자와 수급사업자가 협의하여 객관적이고 공정·타당하게 정하여야 한다.

② 원사업자는 정당한 사유가 있는 경우 외에는 수급사업자로부터 목적물 등을 수령한 날(제조위탁의 경우에는 기성부분을 통지받은 날을 포함하고, 건설위탁의 경우에는 수급사업자로부터 공사의 준공 또는 기성부분을 통지받은 날을 말한다)부터 10일 이내에 검사 결과를 수급사업자에게 서면으로 통지하여야 하며, 이 기간 내에 통지하지 아니한 경우에는 검사에 합격한 것으로 본다. 다만, 용역위탁 가운데 역무의 공급을 위탁하는 경우에는 이를 적용하지 아니한다.

15 송정원, 2000, 109쪽.

16 정종채, 2018, 214쪽.

사 결과를 통지하지 아니한 경우에는 검사에 합격한 것으로 본다'고 규정한 취지는, 검사에 합격한 것으로 봄으로써 하도급법이 적용되는 범위 안에서는 그로 인한 대금채무도 발생한 것으로 본다는 의미라고 풀이함이 상당하다.

▣ 서울고등법원 2008. 6. 18. 선고 2008누3816 판결[17]

목적물 수령 후 10일 이내에 수급사업자에게 서면으로 검사 결과를 통보하지 않은 경우에는 검사에 합격한 것으로 봄으로써 대금채무가 발생한다.

나. 현금결제 비율 유지의무

법령 하도급법 제13조(하도급대금의 지급 등) 제4항

④ 원사업자가 수급사업자에게 하도급대금을 지급할 때에는 원사업자가 발주자로부터 해당 제조 등의 위탁과 관련하여 받은 현금비율 미만으로 지급하여서는 아니된다.

현금결제 비율 유지는 발주자와 원사업자 사이의 현금 교부를 전제로 한다. 따라서 원사업자 자신이 이미 공사대금의 전부 또는 일부를 현금으로 받은 것을 전제로 그 받은 범위 내에서 수급사업자에게 하도급대금의 전부 또는 일부를 현금으로 주어야 하므로 원사업자가 발주자로부터 공사대금을 한 푼도 받지 못했지만 수급사업자에게 먼저 어음 등을 발행해주거나 발주자로부터 수령한 현금보다 많은 금액을 어

17 대법원 2008. 9. 25.자 2008두12948 판결로 심리불속행 기각.

음발행 등의 방법으로 수급사업자에게 지급하고, 이에 상응하는 원도급대금을 발주자로부터 받기 전에 이를 현금으로 결제해주었을 경우는 현금결제 비율 유지 위반으로 보기 어렵다(서울고등법원 2017. 3. 30. 선고 2016누37753 판결).[18]

판례 현금결제 비율 유지의 판단

■ **서울고등법원 2017. 3. 30. 선고 2016누37753 판결(두산건설 사건)**[19]

갑 제12호증의 기재 및 변론 전체의 취지에 의하여 인정되는 아래 사정들을 종합하면, 원사업자가 발주자로부터 공사대금을 한 푼도 받지 못했지만 수급사업자에게 먼저 어음 등을 발행해주거나 발주자로부터 수령한 현금보다 많은 금액을 어음발행 등의 방법으로 수급사업자에게 지급하고, 이에 상응하는 원도급대금을 발주자로부터 받기 전에 이를 현금으로 결제해주었을 경우는 현금결제 비율 유지의무 위반에 해당하지 않는다고 봄이 상당하다.

하도급법 제13조 제4항은 "원사업자가 수급사업자에게 하도급대금을 지급할 때에는 원사업자가 발주자로부터 해당 제조 등의 위탁과 관련하여 받은 현금비율 미만으로 지급하여서는 아니된다."고 규정하고 있다. 위 문언을 하도급법 제13조 제1, 2, 3, 5항의 내용과 함께 살펴보면 원사업자 자신이 이미 공사대금의 전부 또는 일부를 현금으로 받은 것을 전제로 그 받은 범위 내에서 수급사업자에게 하도급대금의 전부 또는 일부를 현금으로 주어야 한다는 의미로 해석된다.

하도급법 제13조 제4항에 관한 위와 같은 해석을 토대로, 갑 제2호증, 갑 제33호증, 갑 제34호증의 1 내지 24, 갑 제35호증의 1, 갑 제36호증, 갑 제37호증의 1, 갑 제38호증의 1, 갑 제39호증의 2, 갑 제61호증, 갑

18 대법원 심리불속행 기각.

19 대법원 심리불속행 기각.

제62호증의 1 내지 10, 갑 제63호증, 갑 제64호증의 1 내지 12, 갑 제65호증의 1, 2의 각 기재와 변론 전체의 취지에 의하여 인정되는 아래의 사정들을 종합하면, 피고가 이 사건 금지명령 제4항의 전제로 삼은 원고의 현금결제 비율 유지의무 위반행위에는 한국외국어대학교 글로벌캠퍼스 다목적관 신축공사(이하 "한국외대 공사"라 한다)와 같이 하도급법 제13조 제4항 위반에 해당하지 않는 행위가 존재한다.

다. 어음만기일 유지의무

법령 **하도급법 제13조(하도급대금의 지급 등) 제5항**

⑤ 원사업자가 하도급대금을 어음으로 지급하는 경우에는 해당 제조 등의 위탁과 관련하여 발주자로부터 원사업자가 받은 어음의 지급기간(발행일로부터 만기일까지)을 초과하는 어음을 지급하여서는 아니된다.

심사지침 **어음만기일의 유형**

첫째, 원사업자가 발주자로부터 교부받은 어음의 지급기간(발행일로부터 만기일까지)이 일정하지 아니한 경우 수급사업자에게 하도급대금을 지급함에 있어서는 하도급대금을 지급하기 직전에 원사업자가 발주자로부터 교부받은 어음의 지급기간을 초과하는 어음으로 하도급대금을 지급하여서는 아니된다. 원사업자가 발주자로부터 제1회 도급대금을 지급받기 전까지 수급사업자에게 하도급대금을 지급하는 경우에는 예외로 할 수 있다. 다만, 원사업자가 수급사업자에게 금회 하도급대금을 지급한 후 차회 하도급대금을 지급하기 전까지 발주자로부터 2회 이상 도급대금을 지급받은 경우에는 각각의 어음 지급기간을 산술평균하여 적용한다.

둘째, 원사업자가 다수의 발주자에게 납품하는 물품을 다수의 수급사업자에게 제조 등 위탁하는 경우에 특정 수급사업자가 납품한 물품을 공급받는 발주자가 명확한 경우에는 당해 발주자로부터 원사업자가 받은 어음 지급기간을 적용하고, 불명확할 경우에는 원사업자가 다수의 발주자로부터 교부받은 어음 지급기간을 산술평균하여 적용한다.

셋째, 발주자가 타인 발행의 어음으로 도급대금을 지급한 경우에 어음의 지급기간은 원사업자가 어음을 교부받은 날로부터 만기일까지로 본다.

넷째, 원사업자가 발주자로부터 선급금을 지급받았을 때에 어음이 포함되어 있는 경우 교부받은 어음의 지급기간을 초과하는 어음으로 수급사업자에게 교부하여서는 아니된다.[20]

라. 어음할인료 지급의무

법령 **하도급법 제13조(하도급대금의 지급 등) 제6, 9항**

⑥ 원사업자가 하도급대금을 어음으로 지급하는 경우에 그 어음은 법률에 근거하여 설립된 금융기관에서 할인이 가능한 것이어야 하며, 어음을 교부한 날부터 어음의 만기일까지의 기간에 대한 할인료를 어음을 교부하는 날에 수급사업자에게 지급하여야 한다. 다만, 목적물 등의 수령일부터 60일(제1항 단서에 따라 지급기일이 정하여진 경우에는 그 지급기일을, 발주자로부터 준공금이나 기성금 등을 받은 경우에는 제3항에서 정한 기일을 말한다. 이하 이 조에서 같다) 이내에 어음을 교부하는 경우에는 목적물 등의 수령일부터 60일이 지난 날 이후부터 어음의

20 하도급거래공정화지침(2023. 2. 9. 공정거래위원회 예규 제421호) III. 13.

만기일까지의 기간에 대한 할인료를 목적물 등의 수령일부터 60일 이내에 수급사업자에게 지급하여야 한다.

⑨ 제6항에서 적용하는 할인율은 연 100분의 40 이내에서 법률에 근거하여 설립된 금융기관에서 적용되는 상업어음할인율을 고려하여 공정거래위원회가 정하여 고시한다.

어음에 대한 할인료 지급의무, 상계(법 제13조 제6항)

하도급법 제13조 제6항 전단은 일반적인 어음교부의 사안이다. 수급사업자에 대한 지급대상은 어음교부일부터 어음만기일까지의 기간에 대한 할인료이고, 지급 시기는 어음을 교부하는 날로 규정하고 있다(제1유형). 하도급대금의 지급을 위한 어음교부일부터 현실적인 대금 지급이 이루어지는 어음만기일까지의 기간에 대하여 원사업자는 이익을 보게 되고 수급사업자는 손실을 보게 되는데, 이를 보상하도록 한 규정이다.

한편 하도급법 제13조 제6항 후단은 목적물 수령일로부터 60일 이내에 어음을 교부하는 사안이다. 수급사업자에 대한 지급대상은 목적물 수령일로부터 60일이 지난 날부터 어음만기일까지의 기간에 대한 할인료이고, 지급 시기는 목적물 수령일부터 60일 이내가 된다(제2유형). 그런데 이 규정은 특수한 경우로, 실제 목적물 수령일로부터 60일까지 기간에는 대금 지급의무가 없다. 이 기간 중에 어음교부가 이루어진 결과 실제 대금 지급의무가 발생하는 목적물 수령일로부터 60일부터 현실적인 대금 지급이 이루어지는 어음만기일까지 기간에 대하여만 원사업자가 이익을 보게 되고 수급사업자는 손실을 보게 되는데, 이를 보상하도록 한 규정이다.

마지막으로 할인료에 대하여 상계가 이루어진 경우에도 하도급대금과 같은 법리가 그대로 적용된다. 그 결과 제1유형의 경우에는 어음교부일 이전에 상계적상에 이르면 위반행위가 성립하지 않는다. 그 이후 상계적상에 이르면 위반행위는 인정되지만 지급명령은 채무소멸로 내릴 수 없다. 제2유형의 경우에는 수령일로부터 60일 이내에 상계적상에 이르면 위반행위가 성립하지 않는다. 그러나 그 이후 상계적상에 이르면 위반행위가 인정되고 채무가 소멸되었으므로 지급명령은 내릴 수 없게 된다.

관련 사례로, 하도급대금을 만기일이 법정지급기일을 초과하는 어음으로 지급하면서 그 초과 기간에 대한 할인료를 기한 내에 지급하지 아니한 행위에 대하여 하도급법 제13조 제6항 위반을 인정한 서울고등법원 2017. 11. 29. 선고 2017누57457 판결(선창아이티에스 사건)[21] 등이 있다.

마. 어음결제수단 지급 시 수수료 지급의무

법령 **하도급법 제2조(정의) 제14항**

⑭ 이 법에서 "어음대체결제수단"이란 원사업자가 하도급대금을 지급할 때 어음을 대체하여 사용하는 결제수단으로서 다음 각 호의 어느 하나에 해당하는 것을 말한다.

1. 기업구매전용카드: 원사업자가 하도급대금을 지급하기 위하여 「여신전문금융업법」에 따른 신용카드업자로부터 발급받는 신용카드 또는 직불카드로서 일반적인 신용카드가맹점에서는 사용할 수 없고, 원사업자·수급사업자 및 신용카드업자 간의 계약에 따라 해당 수급사업자에 대한 하도급대금의 지급만을 목적

21 확정.

으로 발급하는 것

2. 외상매출채권 담보대출: 수급사업자가 하도급대금을 받기 위하여 원사업자에 대한 외상매출채권을 담보로 금융기관에서 대출을 받고, 원사업자가 하도급대금으로 수급사업자에 대한 금융기관의 대출금을 상환하는 것으로서 한국은행총재가 정한 조건에 따라 대출이 이루어지는 것
3. 구매론: 원사업자가 금융기관과 대출한도를 약정하여 대출받은 금액으로 정보처리시스템을 이용하여 수급사업자에게 하도급대금을 결제하고 만기일에 대출금을 금융기관에 상환하는 것
4. 그 밖에 하도급대금을 지급할 때 어음을 대체하여 사용되는 결제수단으로서 공정거래위원회가 정하여 고시하는 것

법령 하도급법 제13조(하도급대금의 지급 등) 제7, 10항

⑦ 원사업자는 하도급대금을 어음대체결제수단을 이용하여 지급하는 경우에는 지급일(기업구매전용카드의 경우는 카드결제 승인일을, 외상매출채권 담보대출의 경우는 납품 등의 명세 전송일을, 구매론의 경우는 구매자금 결제일을 말한다. 이하 같다)부터 하도급대금 상환기일까지의 기간에 대한 수수료(대출이자를 포함한다. 이하 같다)를 지급일에 수급사업자에게 지급하여야 한다. 다만, 목적물 등의 수령일부터 60일 이내에 어음대체결제수단을 이용하여 지급하는 경우에는 목적물 등의 수령일부터 60일이 지난 날 이후부터 하도급대금 상환기일까지의 기간에 대한 수수료를 목적물 등의 수령일부터 60일 이내에 수급사업자에게 지급하여야 한다.

⑩ 제7항에서 적용하는 수수료율은 원사업자가 금융기관(「여신전문금융업법」 제2조 제2호의2에 따른 신용카드업자를 포함한다)과 체결한 어음대체결제수단의 약정상 수수료율로 한다.

바. 지연이자 지급의무

> **법령** 하도급법 제13조(하도급대금의 지급 등) 제8항
>
> ⑧ 원사업자가 하도급대금을 목적물 등의 수령일부터 60일이 지난 후에 지급하는 경우에는 그 초과 기간에 대하여 연 100분의 40 이내에서 「은행법」에 따른 은행이 적용하는 연체금리 등 경제 사정을 고려하여 공정거래위원회가 정하여 고시하는 이율에 따른 이자를 지급하여야 한다.

관련 사례로, 하도급법 제13조 제8항(지연손해금의 지급)은 발주자가 원사업자의 파산 등으로 수급사업자에게 하도급대금을 직접 지급하는 경우에 적용될 수 없다는 대법원 2005. 7. 28. 선고 2004다64050 판결, 이미 하도급법 위반행위의 결과가 제거된 경우라고 하더라도 재발 방지를 위한 시정명령을 내릴 수 있다는 전제에서 공정거래위원회가 원사업자인 원고의 하도급법 위반행위에 대한 조사를 시작한 후에야 지연이자를 지급한 점에 비추어보면, 향후 이와 동일 또는 유사한 위반행위가 반복될 우려가 없다고 보기 어려우므로 원고의 지연이자 미지급 행위에 대하여 한 시정명령 부분은 적법하다는 서울고등법원 2017. 3. 17. 선고 2016누38107 판결(금광기업 사건),[22] 지연이자 산정기준일은 세금계산서 발행일이 아니라 인수일이므로 공정거래위원회의 지연이자와 관련된 처분이 위법하다고 본 서울고등법원 2018. 7. 5. 선고 2018누30749 판결(보배건설 사건)[23] 등이 있다.

---

22 심리불속행 기각.

23 확정.

하도급법상 가중된 지연손해금

하도급법에서 지연이자를 가중하여 지급하도록 하는 경우 이러한 지연이자 지급의무의 성격이 문제가 된다. 지연이자는 순수한 이자의 성격이 아니고, 법 위반행위에 대한 제재금의 성격이 강하다는 견해도 있다.[24] 이때 채무불이행에 따른 손해배상 책임을 가중한 것인지, 불법행위에 따른 손해배상 책임인지가 문제가 된다. 불법행위라면 원사업자가 이를 수동채권으로 하여 상계할 수 없다는 점에 차이가 있다.[25]

하도급법상 지급명령의 성격과 공법상 의무의 성격에 관하여, 하도급계약에 따른 채권이 아니라 불법행위로 인한 손해배상채권으로 본 사례(서울고등법원 2015. 1. 16. 선고 2013누8778 판결, 성동조선해양 사건)도 있다(하도급법상 지급명령의 성격에 대하여는 지급명령 부분 참조). 부당한 대금감액의 사안에서 대법원 2011. 1. 27. 선고 2010다53457 판결은 하도급법의 입법 목적과 입법 취지 등에 비추어보면, 같은 법 제11조 제2항 각 호에 해당하는 행위를 한 원사업자가 우월적 지위를 이용하여 수급사업자의 자발적 동의에 의하지 않고 하도급대금을 부당하게 감액한 경우에는 그 하도급대금의 감액 약정이 민법상 유효한지 여부와 관계없이 그 자체가 하도급법 제11조를 위반한 불공정 거래행위에 해당하는 것으로서 위 규정에 의하여 보호되는 수급사업자의 권리나 이익을 침해하는 불법행위를 구성하고, 원사업자는 이로 인하여 수급사업자가 입은 손해를 배상할 책임이 있다고 판시하여 불법행위에 따른 손해배상의 문제로 본다.

반면 하도급법 제13조 제8항이 규정하고 있는 지연이자는 지연손해금으로, 민법상 당연히 발생하는 지연손해금을 가중한 법정 지연손해

---

24 법무법인화우, 2020, 276쪽.

25 민법 제496조(불법행위채권을 수동채권으로 하는 상계의 금지) 채무가 고의의 불법행위로 인한 것인 때에는 그 채무자는 상계로 채권자에게 대항하지 못한다.

금으로 본다면 그 기본성격은 불법행위에 따른 손해배상이 아니라 채무불이행에 따른 손해배상으로 이해할 여지도 있다.

한편 민사판결의 지연손해금과 하도급법상 고시이율에 따른 지연손해금의 관계에 대하여 공정거래위원회는 법정이율에 의한 지연손해금의 지급을 명하는 민사판결에도 불구하고 고시이율에 의한 지연손해금과 법정이율에 의한 지연손해금의 차액을 지급하라는 시정명령을 할 수 있다는 것이 판례의 입장이다(대법원 2015. 12. 10. 선고 2013두35013 판결).

판례 고시이율에 따른 지연손해금 지급의무의 판단

▣ 대법원 2015. 12. 10. 선고 2013두35013 판결(선경이앤씨 사건)

하도급법이 적용되는 하도급거래에서 발생한 하도급대금의 지급이 지체된 경우에 수급사업자는 원사업자를 상대로 하도급법 제13조 제8항에 따라 공정거래위원회가 정하여 고시하는 고시이율에 의한 지연손해금을 청구할 수 있고, 수급사업자가 민법 또는 상법상의 이율이나 소송촉진 등에 관한 특례법 제3조 제1항에서 정한 이율(이하 이들을 "법정이율"이라 한다)과 고시이율 사이의 차액에 해당하는 지연손해금을 포기했다는 등의 특별한 사정이 없는 한, 공정거래위원회의 시정명령 이후에 수급사업자의 원사업자에 대한 하도급대금 청구소송에서 법정이율에 의한 지연손해금의 지급을 명하는 판결이 확정되었다고 하더라도 그러한 사정만으로 공정거래위원회의 시정명령 중 고시이율과 법정이율의 차액에 해당하는 지연손해금의 지급을 명하는 부분이 위법하게 된다고 할 수 없으며(대법원 2010. 10. 28. 선고 2010두16561 판결 참조), 이는 수급사업자의 원사업자에 대한 하도급대금 청구소송에서 법정이율에 의한 지연손해금의 지급을 명하는 판결이 확정된 후에 공정거래위원회가 시정명령을 하는 경우에도 마찬가지라고 할 것이다.

원심이 같은 취지에서, 중앙엘리베이터가 고시이율에 의한 지연손해금 청구를 포기하는 등 그 권리를 상실했다고 볼 만한 자료가 없으므로 피고는 법정이율에 의한 지연손해금의 지급을 명하는 민사판결에도 불구하고 고시이율에 의한 지연손해금과 법정이율에 의한 지연손해금의 차액을 지급하라는 시정명령을 할 수 있다고 판단한 것은 정당하고, 거기에 상고이유의 주장과 같이 시정명령의 대상이 되는 지연손해금의 범위에 관한 법리를 오해한 위법이 없다.

사. 원사업자의 항변: 채권소멸, 저지사유 등

원사업자와 수급사업자의 이익균형을 위하여 수급사업자의 하도급대금 보호와 더불어 원사업자가 수급사업자에 대하여 가지는 항변도 적정하게 보호될 필요가 있다. 이러한 이익균형의 문제는 여기에서 보는 원사업자의 항변 사유, 부당한 위탁취소에서 수급사업자의 책임 소재, 기술자료 사용·제공 행위에서 수급사업자와 원사업자의 소유 문제 등에서 드러난다. 그동안 채권소멸 사유 중 상계[26]와 동시이행항변권은 그 법리의 난이도에 따라 공정거래위원회 집행 과정에서 적정하게 반영되지 못한 측면도 있다. 이 점은 장래 개선될 필요가 있을 것이다. 이와 더불어 이익균형을 위한 에스크로(escrow) 제도의 활용 등도 검토될 수 있을 것이다.[27]

---

26 원사업자가 수급사업자에 대하여 반대채권(자동채권)을 가지는 경우 그 사유가 명백하다면 공정거래위원회 심의 과정에서 다투지만, 그렇지 않은 경우에는 일단 하도급대금을 먼저 지급하는 경향도 있고, 이 결과 상계의 담보적 기능이 제한되고 있다. 다른 한편 하도급대금을 전액 변제공탁한 후 이를 가압류하는 우회적인 방법도 적용되는 것으로 보인다.

27 상계 등으로 다툼이 있는 하도급대금에 대하여 원사업자가 제3자에게 보관하고, 일정한 사유가 있는 경우 수급사업자에게 출급하도록 하는 제도 등이다. 다만, 이때도 수급사업자가 하도급대금을 지급받지 못하여 도산하는 일이 없도록 그 출급사유를 유연하게 운영할 필요가 있을 것이다. 이러한 균형적 제도로 원사업자가 하도급대금

1) 채권소멸 사유로서 변제: 변제와 하도급대금 지급의무

하도급대금은 목적물 수령일로부터 60일 이내에 지급하여야 한다. 변제의 경우 60일 이내에 지급하면 행위는 적법하다. 한편 60일 이후 공정거래위원회의 처분일 이전에 대금을 지급한 경우에는 지급 지연 사실이 인정되므로 시정명령은 적법하다. 다만, 지급명령에서는 변제한 금액을 공제해야 하고, 잔존 금액이 없으면 지급명령을 할 수 없다. 이때 지급명령 등 처분일 이후에 변제한 것은 지급명령의 적법성에 영향을 미치지 않는다. 즉 지급명령은 적법하고, 변제로 지급명령이 이행된 것으로 볼 수 있다.

2) 채권소멸 사유로서 상계: 상계와 하도급대금 지급의무

목적물 수령일로부터 60일 이내에 상계의 의사표시를 한 경우(유형 1)

상계의 경우 원사업자의 자동채권(반대채권)이 존재한다는 전제하에 목적물 수령일로부터 60일 이내에 상계의 의사표시를 하면 수동채권인 수급사업자의 하도급대금채권은 소멸하므로, 하도급대금 지급의 지연행위로 보기 어렵다.

목적물 수령일로부터 60일 경과일 이후부터 처분일 이전에 상계의 의사표시를 한 경우(유형 2)

목적물 수령일로부터 60일 이후 처분일 이전에 상계의 의사표시를 하면 하도급법 제13조 제1항 위반행위가 인정되는지에 대해 아래와 같은 양론이 있을 수 있다. 위반행위의 성립과 별도로 지급명령에서 상

을 전액 변제공탁한 후 이를 가압류함으로써 수급사업자의 출급이 차단되는 상황도 피할 수 있다.

계한 금액(상계로 소멸한 채권 금액)을 공제해야 함이 확고한 판례이다(대법원 2015. 12. 10. 선고 2013두35013 판결 등 다수).

첫째, 위법성이 인정된다는 견해(1설, 위법설)이다. 그 결과 지급명령 등 시정명령도 가능하다.

둘째, 상계적상과 상계의 의사표시가 시정명령 등 처분일 이전에 있었으면 위반행위가 성립하지 않고, 지급명령도 가능하지 않다는 견해이다(2설, 단순 적법설). 상계적상이 지급기일 이전에 있었는지 이후에 있었는지에 따라 구별하지 않는 견해로, 여기서도 처분일 이후에 상계의 의사표시를 한 경우까지 위법성을 부정하지는 않는다. 단순 적법설에 따르면 상계적상이 목적물 수령일로부터 60일 이전에 있었고 처분일 이전에 상계의 의사표시를 했다면 위반행위는 성립하지 않으며 지급명령은 가능하지 않다. 상계적상이 목적물 수령일 이후 60일부터 처분일 사이에 있었고 처분일 이전에 상계의 의사표시를 한 경우에도 위반행위는 성립하지 않으며, 이때 지급명령도 가능하지 않다. 즉 두 경우를 나누지 않고 모두 위반행위가 성립하지 않으며 지급명령도 가능하지 않다.

셋째, 상계의 의사표시가 처분일 이전에 있었더라도 상계적상이 지급기일(목적물 수령일로부터 60일) 내에 있었는지에 따라 결론을 달리한다는 견해이다(3설, 제한적 적법설, 상계적상 기준설). 이 견해도 상계의 의사표시가 최소한 처분일 이전에 있었음을 전제로 하여, 지급기일 이전 상계적상이 존재한 경우에 한하여 위법성을 부정한다. 이 견해에 따르면 다음과 같이 유형을 두 가지로 나눌 수 있다. 하나는 지급기일 이전에 상계적상이 있었고 처분일 이전 상계의 의사표시를 한 경우 위반행위가 성립하지 않으며 지급명령도 위법하다(지급기일 이전에 변제가 이루어진 경우에 준한다)는 것이고, 다른 하나는 지급기일 이후 상계적상이 있었고 처분일 이전 상계의 의사표시를 한 경우에 위반행위는 성립하지만 지급명령은 위법하다(지급기일과 처분일 사이에 변제가 이루어진 경우에 준한다)는 것이다.

평가(상계적상, 상계의 의사표시와 처분일, 유형 2 관련)

상계의 의사표시와 처분일의 관계에 대해서는 다음의 두 가지 평가가 있을 수 있다.

첫째, 처분일 이후 상계의 의사표시가 있었다면 공정거래위원회가 처분 단계에서 이를 고려하는 것이 불가능하다. 그러므로 처분일 이후 상계의 의사표시가 있었다는 사정으로 행정처분의 적법성이 달라지는 것은 타당하지 않다. 그 점에서 상계의 의사표시가 최소한 처분일 이전에 있어야 처분의 적법성에 영향을 미칠 수 있다.

둘째, 처분일 이전에 상계의 의사표시가 있었던 경우에는 민사법과 조화롭게 해석하는 절충설(상계적상 기준설)이 타당하다. 상계의 의사표시를 하면 상계적상일로 채권소멸의 효과가 소급한다. 즉 상계는 변제와 같은 채권소멸 사유이다. 그 점에서 변제와 상계는 같은 기준을 적용하는 것이 일관성이 있고 민사법과도 조화된다. 지급기일 이전 변제가 이루어진 경우 위반행위를 부정하는 것과 균형상, 지급기일 이전 상계적상이 있었고 처분일 이전에 상계의 의사표시가 있었던 경우에는 위반행위를 부정하는 것이 타당하다. 한편 지급기일 이후 변제가 이루어진 경우 위반행위는 성립하지만 지급명령을 할 수 없는 것과 균형상, 지급기일 이후 상계적상이 있었고 처분일 이전에 상계의 의사표시가 있었던 경우에는 위반행위가 성립하지만 지급명령은 할 수 없다고 보는 것이 타당하다.

판례의 이해(상계적상, 상계의 의사표시와 처분일, 유형 2 관련)

서울고등법원 2016. 9. 23. 선고 2014누70831 판결은 지급기일 이내에 상계적상이 있었고 처분일 이전에 상계의 의사표시를 한 경우에는 위반행위가 성립하지 않는다고 본다. 이 판례가 명시적으로 다룬 부분은 '지급기일 이전 상계적상이 있고 처분일 이전 상계의 의사표시를 한 경우' 법 위반이 아니라는 취지이다. 전체적인 판례 취지에 비추어 보면 지급기일 이후 상계적상이 있었고 처분일 이후 상계의 의사표시를 한 경우에는 위반행위가 성립한다는 취지로 이해할 수 있다. 그 점에서 이 판결은 위의 3설(제한적 적법설, 상계적상 기준설)과 가깝다.

서울고등법원 2011. 3. 30. 선고 2010누10336 판결(에스케이니트 사건)[28]에서 원고는 지급명령 이전에 수급사업자에 대하여 재고원단 대금채권과 추가공급원단 대금채권에 기하여 이 사건 하도급채무와 상계하거나 이 사건 하도급채무에서 공제하겠다는 의사표시를 했다. 이에 법원은 하도급채무는 이미 정산된 것으로 인정된 재고원단 대금채권과 추가공급원단 대금채권의 합계만큼 소멸했다고 봄이 옳다고 판단했다. 또한 이 사건은 지급명령만 부과된 사건으로, 처분일 이전에 상계 의사표시를 한 경우 지급명령이 가능하지 않다고 판단했다. 그러므로 지급명령의 적법성을 떠나서 법 위반 여부에 대하여는 명시적 판단이 없는 것으로 보인다. 그 점에서 이 판결은 위의 2설 및 3설과 부합하지만 상계적상이 지급기일 이전에 있었는가에 따라 위법성 판단이 어떻게 달라지는지와 관련된 판시사항은 포함되지 않았다.

대법원 2015. 12. 10. 선고 2013두35013 판결(선경이앤씨 사건)은 시정명령 전에 원고의 상계의 의사표시가 있었기 때문에 원고의 하도급대금채무 중 1,140만 원은 시정명령 당시 이미 상계로 소멸되었는데도, 피고는 위반행위의 결과가 더 이상 존재하지 않는 640만 원을 포함한 1억 4,372만 원을 미지급 하도급대금으로 보고 그에 대한 지연손해

28 대법원 2011. 8. 18.자 2011두9652 판결로 심리불속행 기각.

금의 지급을 명했으므로, 이 사건 시정명령 중 640만 원에 대하여서도 지연손해금의 지급을 명한 부분은 위법하다고 할 것이라고 판시했다. 이 판결에 따르면 처분일 이전에 상계의 의사표시를 한 경우 지급명령은 위법하다. 이 판결에서 문제가 된 원사업자의 자동채권은 지체상금채권과 하자보수에 갈음하는 손해배상채권으로, 상계적상이 지급기일 이전에 있었던 사안으로 볼 수 있다. 위의 1설에 따르면 위반행위가 인정되지만 2, 3설에 따르면 위반행위가 인정되지 않는다.

처분일 이후 상계의 의사표시를 한 경우(유형 3)

처분일 이후에 상계의 의사표시가 있었다면 위반행위가 인정되고 지급명령도 적법하다. 처분일 이후에 있을 상계의 의사표시까지 고려하여 공정거래위원회가 처분하기를 기대할 수는 없다. 서울고등법원 2016. 9. 23. 선고 2014누70831 판결도 상계의 의사표시가 처분 이후에 이루어진 경우에는 지급명령의 효력에 영향을 미치지 않는다고 판단했다. 따라서 이 판결 역시 처분일 이후 상계의 의사표시가 이루어진 사안에서 처분의 적법성을 인정한 것으로 이해할 여지가 있다.

한편 대법원 2020. 8. 20. 선고 2017두38553 판결도 참조할 필요가 있다. 이 사건의 원심은 원고가 상계의 자동채권으로 주장하는 참가인에 대한 손해배상채권이 하자이행보증금을 초과하여 인정되지 않으므로, 이 사건 하도급대금채권 중 하자이행보증금을 제외하고 남은 10억 2,247만 원의 전부 또는 일부가 이 사건 지급명령 당시 이미 상계로 소멸했다고 보기는 어렵고, 이 사건 지급명령 중 위 금액과 그 지연이자에 관한 부분은 적법하다고 판단했다.

이에 대하여 대법원도 하도급법 제25조 제1항에 따른 공정거래위원회의 시정명령이 적법하기 위해서는 단순히 하도급대금채무의 발생과 지급 지연 같은 위 법 제13조 등의 위반행위가 있었던 것만으로는 부족하고, 하도급대금채무의 불발생 또는 변제, 상계, 정산 등의 사유로 하도급대금채무가 소멸하지 않고 시정명령 당시까지도 위반행위의 결과가 남아 있어야 한다(대법원 2002. 11. 26. 선고 2001두3099 판결, 대법원 2008. 10. 9. 선고 2006두19617 판결 참조)는 전제에서, 원심이 이 사건 시정명령 당시를 기준으로 원고의 하도급대금채무가 원고가 주장하는 상계로 소멸되었다고 볼 수 없고, 이 사건 하도급대금채권 중 위 하자이행보증금을 제외하고 남은 10억 2,247만 원과 그 지연이자에 대한 피고의 지급명령 부분을 적법하다고 판단한 것은 정당하다고 보았다. 이 판결에 의하더라도 지급명령 이후에 상계의 의사표시가 이루어졌다는 사정으로 지급명령을 위법하다고 보기는 어려울 것이다.

지급명령이 적법하다고 볼 경우 원사업자의 상계, 그리고 이로 인한 채무의 소멸을 어떻게 처리할 것인가? 지급명령 이후에 변제가 이루어진 경우는 지급명령의 이행으로 볼 수 있다. 지급명령의 이행은 변제에 한정되지 않고 상계 등 다른 채권소멸 사유도 포함한다. 따라서 상계를 통하여 지급명령을 실질적으로 이행한 것으로 처리할 수 있다.

그 밖에 처분일 이후 상계의 의사표시를 했으나[29] 상계적상이 처분일 이전, 특히 지급기일 이전인 경우는 민사법적으로는 지급기일 이전에 하도급채권의 소멸효과가 발생했음에도 상계의 의사표시가 늦어져서 행정처분에 반영되지 못한 경우이다. 물론 처분일 이전에 상계의 의사표시를 한 원사업자와 그렇지 않은 원사업자 사이에 차이가 생기는 것은 불가피하더라도, 이러한 경우에 하도급법상 벌점부과 및 이에 기초한 입찰 참가 자격제한, 상습법위반사업자 명단공표 등이 정당한지는 신중한 검토가 필요할 것이다.

---

29 그 점에서 원사업자는 공정거래위원회 심의 과정에서 상계 의사표시를 하거나, 그렇지 않더라도 수급사업자에게 상계의 의사표시를 고지할 필요가 있게 된다.

판례 상계와 하도급대금 미지급의 판단

▣ 대법원 2002. 11. 26. 선고 2001두3099 판결

대금 지급기한(60일) 후에 상계권이 행사되면 일단 하도급법 제13조 제1항 위반은 성립하고, 대신 상계에 따라 하도급대금의 미지급이라는 위반행위의 결과가 더 이상 존재하지 않으므로 시정명령(지급명령)을 할 여지가 없을 뿐이다(대법원 2002. 11. 26. 선고 2001두3099 판결 참조).

▣ 대법원 2015. 12. 10. 선고 2013두35013 판결(선경이앤씨 사건)

하도급법 제25조 제1항에 따르면 공정거래위원회는 하도급법 제13조 등의 규정을 위반한 원사업자에 대하여 하도급대금 등의 지급, 법 위반행위의 중지, 향후 재발 방지, 그 밖에 시정에 필요한 조치를 권고하거나 명할 수 있다고 규정하고 있는바, 하도급법이 제13조 등의 위반행위 그 자체에 대하여 과징금을 부과하고(제25조의3 제1항) 형사처벌을 하도록(제30조 제1항 제1호) 규정하고 있는 것과 별도로 그 위반행위를 이유로 한 시정명령의 불이행에 대하여도 형사처벌을 하도록(제30조 제2항 제2호) 규정하고 있는 점과 이익침해적 제재규정의 엄격해석 원칙 등에 비추어볼 때, 비록 하도급법 제13조 등의 위반행위가 있었더라도 그 위반행위의 결과가 더 이상 존재하지 않는다면 하도급법 제25조 제1항에 의한 시정명령을 할 수 없다고 보아야 한다(대법원 2011. 3. 10. 선고 2009두1990 판결 등 참조).

원심 판결의 이유와 원심이 적법하게 채택한 증거에 의하면, ① 중앙엘리베이터가 원고를 상대로 제기한 하도급대금 청구소송에서 원고는 지체상금채권과 하자보수에 갈음한 손해배상채권 등을 자동채권으로 하여 상계항변을 했고, 그러한 의사표시가 담긴 2012. 7. 2.자 준비서면이 중앙엘리베이터에 송달된 사실, ② 위 민사소송의 제1심에서 원고의 상계항변 중 지체상금채권 500만 원 부분이 받아들여져 원고는 중앙엘리베이터에 1억 4,372만 원 및 이에 대한 법정이율에 따른 지연손해금을 지급하라는 판결이 선고된 사실, ③ 이에 피고는 원고의 미지급 하도급대금을 1억 4,372만 원으로 보고 목적물 수령일부터 60일을 초과한 기간에 대하여 지연손해금의 지급을 명하는 이 사건 시정명령을 한 사실, ④ 그 후 위 민사소송의 항소심에서 원고의 상계항변 중 지체상금 채권 400만 원과 하자보수에 갈음한 손해배상채권 240만 원 합계 640만 원 부분이 추가로 받아들여져 원고는 중앙엘리베이터에 1억 3,732만 원과 이에 대한 법정이율에 따른 지연손해금을 지급하라는 내용의 판결이 선고되고, 그 무렵 확정된 사실을 알 수 있다.
이 사건 시정명령 전에 원고의 상계의 의사표시가 있었기 때문에 원고의 하도급대금채무 중 1,140만 원은 시정명령 당시에 이미 상계로 소멸되었는데도, 피고는 위반행위의 결과가 더 이상 존재하지 않는 640만 원을 포함한 1억 4,372만 원을 미지급 하도급대금으로 보고 그에 대한 지연손해금의 지급을 명했으므로, 이 사건 시정명령 중 640만 원에 대하여서도 지연손해금의 지급을 명한 부분은 위법하다고 할 것이다.

▣ 서울고등법원 2015. 10. 15. 선고 2014누8447 판결(한국고벨 사건)

하도급대금을 어음 등으로 지급한 경우 할인료를 지급하지 않은 부분에 대하여 하도급법상 목적물의 수령일이 언제인지가 쟁점이 되었다. 목적물 수령일 또는 제작납품일을 기준으로 할인료를 산정한 것은 적법하다. 특별한 사정이 없는 한 세금계산서의 기재 내용대로 재화 또는 용역의 공급이 있었던 것으로 볼 수 있다.
회생채권자가 관리인에 대하여 채무자회생법 제144조에 따라 신고기간 안에 상계할 수 있는데, 신고기간 만료 전에 상계의 의사표시가 없었으므로 배척한다.

▣ 서울고등법원 2016. 9. 23. 선고 2014누70831 판결(롯데알미늄 사건)[30]

원고가 수급사업자인 세성에 대한 자동채권을 가지고 있었고, 이 채권

30 확정.

이 원사업자가 수급사업자에게 주어야 하는 하도급대금의 지급기일(목적물 수령일로부터 60일 후) 이내에 상계적상에 있었던 이상 비록 상계의 의사표시가 그 후에 이루어졌다고 하더라도, 이 사건 처분일 이전의 적법한 상계의 의사표시로 하도급대금은 목적물 수령일로부터 60일 이전에 해당하는 각 상계적상일로 소급하여 소멸하므로, 하도급법 제13조의 위반에 해당한다고 할 수 없다.

원고는 이 사건 처분일(2014. 10. 29.) 이후인 2014. 11. 27. 무렵 내용증명 우편으로 세성에 대하여, 위 잔여채권을 자동채권으로 하여 원고의 세성에 대한 미지급 지연이자 및 어음할인료를 상계하겠다는 상계의 의사표시를 한 사실이 인정되나, 위 상계의 의사표시는 이 사건 처분 이후에 이루어진 것이므로 이로써 이 사건 처분 중 시정명령(즉 이 사건 의결 주문 제3, 4항의 지급명령)의 효력에 영향을 미치지 아니한다.

☞ 해설: 이 판결은 다음을 시사하고 있다.

첫째, 목적물 수령일로부터 60일 이내에 상계적상이 발생하고, 처분일 이전에 상계의 의사표시를 한 경우에 법 위반이 아니며, 지급명령도 불가하다.

둘째, 처분일 이후에 상계의 의사표시를 한 경우 위반행위가 인정되며, 이 부분에 대한 지급명령도 적법하다.

▣ 서울고등법원 2017. 2. 1. 선고 2015누48770 판결(브이엘엔코 사건)[31]

피고는 2015. 6. 2. 의결 제2015-176호로 이 사건 하도급대금 미지급 행위가 하도급법(2012. 6. 1. 법률 제11461호로 개정된 것) 제13조 제1항 및 제8항에 위배되는 하도급대금 및 지연이자 미지급행위에 해당한다는 이유로, 원고에게 이 사건 하도급대금 10억 7,628만 4,000원 및 이에 대한 법정지급기일을 도과한 날인 2014. 5. 31.부터 실제 지급하는 날까지 연 20%의 비율로 계산한 지연이자의 지급을 명하는 [별지] 기재

---

31 대법원 2020. 8. 20. 선고 2017두38553 판결로 상고기각.

제2항 시정명령을 했다(피고는 위 의결로 원고의 불완전서면 교부행위 및 어음대체결제수단 수수료 미지급행위에 대하여도 각 [별지] 기재 제1항, 제3항의 시정명령을 했으나 원고는 이 사건 하도급대금 미지급행위에 대한 [별지] 기재 제2항 시정명령에 대하여만 다투고 있다. 이하 이 사건 하도급대금 미지급행위에 대한 위 지급명령을 "이 사건 지급명령"이라 한다). 다만, 피고는 원고가 고의적으로 하도급대금 지급을 취소했다기보다는 제품 하자와 관련된 분쟁이 있었고 실제 제품 하자 여부가 민사적으로 다투어지고 있는 점 등을 고려하여 원고에게 과징금은 부과하지 아니했다.

위에서 인정한 사실과 위에서 든 증거, 갑 제13호증, 을나 제9 내지 11, 27호증의 각 기재 및 변론 전체의 취지에 의하여 인정되는 다음과 같은 사정을 종합하면 이 사건 납품상품에 일부 하자가 있다고 하더라도 그 하자로 인하여 이 사건 납품계약의 목적을 달성할 수 없을 정도에 이르러 참가인이 납품의무를 이행하지 않은 것이라고 볼 수 없고, 달리 이를 인정할 증거가 없다. 따라서 참가인이 이 사건 납품계약상 제품 생산 및 납품의무를 이행하지 아니하여 원고의 대금 지급의무가 발생하지 않았다는 원고의 이 부분 주장은 이유 없다(실질적으로 불완전이행을 다루고 있다).

피고는 참가인이 원고에게 납품한 2014. 3.분 납품상품에 대한 대금인 이 사건 하도급대금 10억 7,628만 4,000원 전부의 법정지급기일이 2014. 5. 31.(원고가 참가인으로부터 납품상품을 받은 날로부터 60일이 도과한 날)이라는 전제 아래 위 10억 7,628만 4,000원 및 이에 대하여 2014. 5. 31.부터 다 갚는 날까지의 지연손해금의 지급을 명하는 이 사건 지급명령을 했다. 그런데 위에서 인정한 사실 및 위에서 든 증거와 변론 전체의 취지에 의하여 인정되는 다음과 같은 사정을 종합하면, ㉠ 원고와 참가인은 이 사건 하도급대금 중 5,381만 4,000원에 대하여는 원고가 이를 하자이행보증금으로 일정 기간 예치하도록 합의했다고 인정되고, 따라서 이 부분에 대하여는 예치기간이 도과하기 전까지는 원고의 지급의무가 인정되지 아니한다고 할 것이고, ㉡ 나아가 위 하자이행보증금 5,381만 4,000원은 제품의 하자가 발생한 경우 그에 따른 원고의 손해액을 공제하고 반환하여야 하는 금액이므로 참가인이 납품한 제품에 전혀 하자가 없다고 할 수 없는 이상 이 사건 지급명령 당시 원고에게 위 하자이행보증금 반환의무가 발생했다고 단정할 수도 없다. 그런데 피고는 위 5,381만 4,000원도 원고에게 2014. 5. 31.부터 지급의무가 인정됨을 전제로 5,381만 4,000원을 포함한 이 사건 하도급대금 전부에 대하여 이 사건 지급명령을 한바, 이 사건 지급명령 중 위 5,381만 4,000원 및 그 지연이자에 대한 부분은 위법하다.

위에서 인정한 사실과 위에서 든 증거 및 변론 전체의 취지에 의하여 인정되는 다음과 같은 사정을 종합하면, 이 사건 지급명령 당시 이 사건 하도급대금채무가 원고의 참가인에 대한 손해배상채권과 상계로 소멸되어 이 사건 지급명령이 위법하다고 볼 수 없고, 달리 이를 인정할 증거가 없다.

3) 채권소멸 사유: 발주자의 직접 지급 사유 발생

하도급법 제14조 제2항은 제1항에 따라 발주자의 수급사업자에 대한 직접 지급 사유가 발생한 경우 원사업자에 대한 발주자의 대금 지급채무와 수급사업자에 대한 원사업자의 하도급대금 지급채무는 그 범위에서 소멸한 것으로 본다고 규정하고 있다.

대법원 2017. 5. 11. 선고 2014두13966 판결(우방 사건)은 "신한석재건설(수급사업자)은 전소에서 사업약정과 지급합의에 기하여 명지씨엠(발주자)이 신한석재건설에 지급하기로 한 하도급대금을 청구한 것일 뿐, 그것이 동시에 이 사건 증액대금에 관한 하도급법상 직접 지급 청구권의 발생 요건인 하도급법 제14조 제1항 제3호에 따른 직접 지급의 요청에 해당한다고 볼 수 없고, 따라서 원고의 신한석재건설에 대한 미지급 하도급대금과 이에 대한 지연손해금 지급의무는 다른 특별한 사정이 없는 한 소멸했다고 할 수 없다."고 판시했다. 발주자의 직접 지급사유가 발생하면 대금 지급채무가 소멸한다는 전제에서, 원심과 달리 수급사업자의 직접 지급 요청에 따른 직접 지급 사유가 발생하지 않았다고 본 것이다.

4) 채권양도와 대금 지급

수급사업자의 원사업자에 대한 대금채권이 양도된 경우에도 실질적으로 대금이 지급되지 않았다면 대금 미지급으로 보아야 한다. 다만, 이 경우 채권귀속의 주체가 달라졌으므로 처분사유 변경이 필요하다. 서울고등법원 2013. 12. 26. 선고 2012누19368 판결도 같은 취지로 보인다.

판례 채권양도와 하도급대금 미지급의 판단

▣ 서울고등법원 2013. 12. 26. 선고 2012누19368 판결(요진건설산업 사건)[32]

피고가 이 사건 처분을 하기 전인 2012. 2.경 수급사업자가 신용보증기금에게 이 사건 공사대금채권을 양도하고 원고에게 이를 통지했다. 따라서 원고는 이 사건 잔존 공사대금채무를 채권양수인인 신용보증기금에 변제하여야 한다. 하지만 하도급법 제13조, 제25조 제1항의 취지에 비추어 원고가 시정명령 당시 신용보증기금에 양수금을 지급하지 않은 이상 그 위반행위 결과가 존재한다. 지급명령의 상대방을 양도인에서 양수인으로 변경하는 것은 기본적 사실관계가 동일하다고 볼 여지가 많으므로, 피고는 처분사유의 추가 내지 변경을 통하여 시정명령의 적법함을 주장할 수 있다. 다만, 피고는 위와 같은 취지로 이 부분 시정명

32 대법원 2014. 5. 16.자 2014두1857 판결로 심리불속행 기각.

령의 적법함을 주장한 사실이 없다.

5) 채권가압류와 하도급대금 지급

하도급대금채권이 가압류되었으나 원사업자가 공탁을 하지 않고 하도급대금을 지급하지 않았다면 하도급대금 미지급으로 보는 것이 민사법과 부합한다.

원사업자가 수급사업자의 하도급대금채권에 관하여 채권가압류명령을 송달받았다는 사정으로 법정 지급기한 도과로 인한 책임을 면할 수는 없다. 제3채무자인 원사업자는 가압류가 있더라도 민사집행법 제291조, 제248조 제1항에 의한 집행공탁을 함으로써 이행지체의 책임을 면할 수 있음에도 가압류를 이유로 하도급대금채무 지급을 지연한다면 법 위반이 된다.

참고로, 대규모유통업법 관련 판례를 참조할 수 있다. 대법원 2020. 6. 25. 선고 2016두55896 판결(홈앤쇼핑 사건)도 "채권의 가압류는 제3채무자에 대하여 채무자에게 지급하는 것을 금지하는 데 그칠 뿐이므로, 가압류가 있더라도 채권의 이행기가 도래한 때에는 제3채무자는 지체책임을 면할 수 없고, 이러한 경우 제3채무자로서는 민사집행법 제291조, 제248조 제1항에 의한 공탁을 함으로써 이중변제의 위험에서 벗어날 수 있으며, 이로써 이행지체의 책임도 면하게 된다. 따라서 대규모유통업자가 납품업자의 상품판매대금채권에 관하여 가압류명령을 송달받았다는 사정만으로 법정지급기한 도과로 인한 책임을 면할 수 없다."고 판시하고 있다. 위 판결은 대규모유통업법 사건에서 납품업자의 대규모유통업자에 대한 상품판매대금채권이 가압류된 사건이지만 집행공탁에 따른 법리는 하도급 사건에서 달라지지 않는다.

6) 동시이행항변권과 대금 미지급

동시이행 관계가 존재하는 경우에는 이행지체 책임이 발생하지 않으므로 법 제13조 제1항 하도급대금 지급의무 위반이나 하도급법 제13조 제8항 지연이자 지급의무 위반이 인정되기 어렵다. 나아가 동시이행항변권이 전제로 하는 '이행상 견련관계'는 법률에 규정된 경우 이외에도 실질적 견련관계가 인정되는 경우까지 확대된다. 하도급법 위반 사건에서도 동시이행 관계에 있는 부분에 대하여 대금 지급의무를 부정하는 것이 상당하다.

하도급대금 지급의무와 동시이행 관계에 있는 범위가 어디까지인지는 특히 하자보수보증과 관련하여 종종 문제가 된다.

첫째, 원칙적으로 공사와 하자보수보증은 동시이행 관계에 있다.

둘째, 공사에 본공사와 추가공사가 있는 경우 하자보수보증이 이와 모두 동시이행 관계에 있는지는 실질적 견련관계를 두고 판단하여야 한다. 즉 본공사와 추가공사의 관계를 보아야 한다. 본공사의 연장선 또는 보완의 범위에서 추가공사가 이루어진 경우, 그리고 본공사와 추가공사가 서로 분리되고 단절되는 경우를 구별해야 한다는 것이다.

셋째, 계약의 구체적 내용을 보아야 한다. 즉 하자보수보증으로 본공사와 추가공사에 대한 하자가 모두 보증되었는지를 판단해야 한다.[33]

판례 동시이행항변권과 하도급대금 미지급의 판단

▣ 공정거래위원회 2018. 1. 15. 의결 제2018-31호

수급사업자가 하자보수보증보험증권을 제출하지 않은 경우 그 범위 내

33 공정거래위원회 2020. 3. 13. 의결 제2020-060호(리드건설 사건)에서는 전체 위반행위를 인정했다.

에서 하도급대금을 미지급했다면 법 위반이 아니다.

▣ **서울고등법원 2016. 11. 16. 선고 2015누59886 판결**[34]

하도급대금의 잔대금 지급기일이 도과한 때부터 수급사업자의 원고에 대한 하자보증보험증권 제출의무와 원고의 하도급대금 지급채무는 그 상당액에 대하여 동시이행 관계에 있으므로, 이 수급사업자들이 보증보험증권 등을 원고에게 제출하기 전까지는 원고의 위 수급사업자들에 대한 그 상당액의 하도급대금 지급채무가 이행지체 상태에 있었다고 볼 수 없다.

수급사업자가 원사업자에게 보증보험증권을 제공하지 않은 공사 건에 대하여 하도급대금 전액을 지연지급하고 지연이자를 미지급했음을 전제로 과징금을 부과한 처분에 위법이 있다.

7) 합의 해제

합의 해제는 원사업자의 유효한 항변사유가 된다는 전제에서 합의 해제를 인정할 수 있는 증거가 부족하다고 본 사례로 대법원 2013. 4. 25. 선고 2011두1795 판결이 있다.

판례 **합의 해제와 하도급대금 지급의무의 판단**

▣ **대법원 2013. 4. 25. 선고 2011두1795 판결(제이에이치코오스 사건)**

원심은, 원고와 소외 회사는 2008. 10. 18. 제품의 하자를 이유로 제조위탁계약을 해제하기로 합의했으므로 하도급대금을 지급할 의무가 없다는 원고의 주장에 대하여, 원고 회사의 상무 A가 2008. 11. 초 소외 회사의 대표 B에게 '현재 7벌 정도 판매했는데 제품의 하자로 판매가

34 확정.

불가하니 반품해가라, 11월 말경 반품해줄 것이다'라고 하자, B가 이를 수용하겠다고 하면서 '우리 회사는 판매망이 없으니 제품을 위탁판매해 주고 차후에 판매대금을 결제해달라, 판매 후 잔량을 회수해가겠다'라고 한 사실, 그런데 A는 B의 위와 같은 위탁판매 제의를 거부했고, 이에 B가 다른 판로로 제품을 판매하고자 즉시 반품을 요구했으나 A는 원고 브랜드의 이미지 실추를 우려하여 2009. 3.경 반품하겠다고 하면서 이마저도 거부한 사실을 인정한 다음, B의 위와 같은 위탁판매 제의는 새로운 계약해제의 청약으로 볼 수 있을지언정 원고의 계약해제 청약을 그대로 받아들이기로 승낙한 것으로 볼 수는 없고, 나아가 원고가 이를 거부했을 뿐만 아니라 제품의 반품까지도 거부함으로써 결국 원고와 소외 회사는 제조위탁 계약의 합의 해제에 이르지 못했다고 판단한바, 위에서 본 법리와 기록에 비추어 살펴보면 원심의 위와 같은 판단은 정당하고, 거기에 합의 해제에 관한 법리 오해, 또는 법정해제권 주장에 관한 판단을 누락하거나 변론주의 위배 내지 심리미진의 잘못이 없다.

아. 민사판결과 하도급대금채권

하도급대금 사건에서 공정거래위원회는 하도급대금의 수액을 심리한다. 그러나 이러한 심리는 행정처분을 전제로 한 심리이다. 동일한 사건에 대하여 민사사건으로 하도급대금의 수액이 심리된다면 법원의 하도급대금 심리가 정확할 가능성이 높다. 이 점에서 민사판결에서 확정된 하도급대금에 구속되지는 않더라도 이를 존중할 필요가 있다. 판례도 시정명령에서 지급을 명한 하도급대금 중 확정된 민사판결에서 인정된 금액을 초과하는 부분은 애초부터 발생하지 않았다고 볼 여지가 크다는 입장이다(대법원 2016. 9. 30. 선고 2014두2690 판결, 신한 사건). 그 밖에 하도급대금 미지급으로 인한 하도급법 제13조 제1항 위반이 다루어진 사례로 대법원 2023. 3. 13. 선고 2022두57893 판결(원심 서울고등법원 2022. 8. 25. 선고 2021누48443 판결) 등이 있다.

판례 민사판결과 하도급대금채권의 판단

▣ 대법원 2016. 9. 30. 선고 2014두2690 판결(신한 사건)

(민사판결의 확정 사실을 언급한 다음), 이 사건 시정명령에서 지급을 명한 하도급대금 중 확정된 민사판결에서 인정된 금액을 초과하는 부분은 애초부터 발행하지 않았다고 볼 여지가 크다. 따라서 원심으로서는 이 사건 시정명령 당시를 기준으로 원고의 미지급 하도급대금 원본 액수와 그 지연손해금의 기산일, 범위 등에 대하여 좀 더 면밀히 살펴 이 사건 시정명령의 적법 여부를 판단했어야 함에도 이에 이르지 않은 원심판결에는 위에서 본 법리를 오해하여 필요한 심리를 다하지 아니함으로써 판결에 영향을 미친 잘못이 있다.

자. 하도급대금의 지급 관련 판례

▣ 대법원 2005. 7. 28. 선고 2004다64050 판결

"원사업자가 하도급대금을 목적물의 수령일로부터 60일을 초과하여 지급하는 경우에는 그 초과 기간에 대하여 공정거래위원회가 정하여 고시하는 이자율에 의한 이자를 지급하여야 한다."는 규정은 원사업자가 수급사업자에 대하여 하도급대금을 지급하는 경우에 관한 규정이므로 이 사건과 같이 발주자인 피고가 원사업자의 파산 등으로 수급사업자에게 하도급대금을 직접 지급하는 경우에는 적용될 수 없다.

▣ 서울고등법원 2017. 3. 17. 선고 2016누38107 판결(금광기업 사건)[35]

원고는 2013. 6.경부터 2014. 12. 9.까지 원고의 현장대리인(현장소장 등

---

35 심리불속행 기각.

현장 직원)의 구두 또는 서면지시를 통하여 정희씨앤씨에 이 사건 제1, 2공사와 관련하여 추가로 공사 32건(1차 실정보고 리스트에 포함된 항목 가운데 9건, 2차 실정보고 리스트에 포함된 항목 가운데 23건)을 건설위탁하고 2014. 12. 9.에 목적물을 인수했다. 원고는 그 인수일로부터 60일이 더 지난 현재까지 위 추가공사에 대한 합계 9억 2,506만 5,559원 및 지연이자를 지급하지 아니한바(이하 "추가공사대금 미지급행위"라 한다), 이는 하도급법 제13조 제1항 및 제8항에 위반되는 불공정하도급거래 행위에 해당하므로 원고는 정희씨앤씨에 위 돈을 지급하여야 한다. 원고가 건설위탁한 추가공사의 내용과 관련 하도급대금은 [별지2] 기재와 같다.

위 인정사실에 의하면 다음과 같은 이유로 피고가 주장하는 9억 2,506만 5,000원은 원고가 정희씨앤씨에 지급하여야 할 하도급대금이라고 인정할 수 없다. 이와 다른 전제에서 한 피고의 지급명령, 시정명령 전단 및 과징금 납부명령은 모두 위법하다.

구 하도급법(2011. 3. 29. 법률 제1047호로 개정되기 전의 것) 제25조 제1항은 공정거래위원회가 제13조의 규정을 위반한 발주자와 원사업자에 대하여 '하도급대금 등의 지급, 법 위반행위의 중지, 그 밖에 해당 위반행위의 시정에 필요한 조치'를 명할 수 있다고 정하고 있었다. 그러나 이후 2011. 3. 29. 개정으로 위 제25조 제1항은 공정거래위원회가 제13조의 규정을 위반한 발주자와 원사업자에 대하여 하도급대금 등의 지급, 법 위반행위의 중지뿐만 아니라 '향후 재발 방지, 그 밖에 시정에 필요한 조치'를 명할 수 있도록 조문이 변경되었다. 한편 공정거래법 제55조의2에 근거하여 공정거래위원회가 정하여 고시한 '공정거래위원회 회의운영 및 사건절차 등에 관한 규칙' 제52조 제2항에 의하면 공정거래위원회는 법 위반 상태가 이미 소멸된 경우에도 법 위반행위의 재발 방지에 필요하다고 인정하는 경우에는 시정에 필요한 조치 등을 의결할 수 있도록 정하고 있고, 위 규칙은 하도급법 제27조에 의하여 하도급법 위반사건에 관하여도 적용된다.

원고가 들고 있는 판례는 구 하도급법이 정하고 있는 시정명령의 내용인 '해당 위반행위의 시정에 필요한 조치'에 관하여 하도급법 제13조 위반의 행위가 있음을 확인하거나 재발 방지 등을 위한 조치를 취하는 것이 아니라, 당해 위반행위로 인하여 현실로 존재하는 위법한 결과를 바로잡는 것을 내용으로 하는 것이라고 보아 위 규정만으로는 이미 결과가 제거된 위반행위에 관한 향후 재발 방지를 위한 시정명령의 근거가 될 수 없다고 본 것이었다. 그런데 2011. 3. 29. 하도급법 제25조 제1항이 개정됨에 따라 공정거래위원회가 '향후 재발 방지'를 위한 시정명령을 할 수 있는 명문상의 근거가 마련되었다.

또한 공정거래법은 제21조, 제24조, 제27조 등에서 공정거래법 위반행위에 대하여 공정거래위원회가 명할 수 있는 시정조치에 관하여 향후 재발 방지를 명시적으로 열거하지 않고 '기타 시정을 위한 필요한 조치'라고만 정하고 있는데, 공정거래법에 따른 시정명령 제도를 둔 취지에 비추어 시정명령의 내용은 과거의 위반행위에 대한 중지는 물론 가까운 장래에 반복될 우려가 있는 동일한 유형의 행위의 반복금지까지 명할 수는 있는 것으로 해석되고 있는바(대법원 2003. 2. 20. 선고 2001두5347 전원합의체 판결 참조), 공정거래법과 위 개정된 하도급법의 시정명령의 취지에 어떠한 차이도 있는 것으로 보이지 아니한다.

위와 같은 하도급법의 개정 경위, 공정거래법상의 시정명령에 대한 판례의 태도 등에 비추어보면, 공정거래위원회는 이미 하도급법 위반행위의 결과가 제거된 경우라고 하더라도 재발 방지를 위한 시정명령을 내릴 수 있는 것으로 보아야 할 것이다. 그리고 원고의 지연이자 미지급행위는 일회적인 것이 아니라 반복적으로 이루어졌고, 미지급금액도 적지 아니하며, 원고는 정희씨앤씨가 원고의 행위를 2015. 3. 25.에 피고에게 신고하고 피고가 원고의 하도급법 위반행위에 대한 조사를 시작한 후인 2015. 9. 24.경에야 지연이자를 지급한 점에 비추어보면, 향후 이와 동일 또는 유사한 위반행위가 반복될 우려가 없다고 보기 어렵다. 따라서 피고가 원고의 지연이자 미지급행위에 대하여 한 시정명령 부분은 적법하고, 원고의 이 부분 주장은 이유 없다. (추가공사 하도급대금에 대한 지연이자 미지급에 관한 부분이 시정명령 전단이 아니라 하도급대금 원금과는 별도로 시정명령 후단에 걸리는 것이라고 본다 하여도 결론은 같다.)

■ 서울고등법원 2017. 11. 29. 선고 2017누57457 판결(선창아이티에스 사건)[36]

원고는 2013. 12. 1.부터 2016. 7. 31.까지의 기간 동안 동명디엠씨 등 16개 수급사업자에게 실내건축공사용 가구 등의 제조를 위탁하여 목적물을 수령한 후 하도급대금 477억 7,539만 4,000원을 어음으로 지급하면서, 아래 표 기재와 같이 목적물 수령일로부터 60일이 지난 날(이하 "법정지급기일"이라 한다) 이후부터 어음의 만기일까지의 기간에 대한 할인료 8억 7,700만 8,000원을 지급하지 아니했다(이하 "이 사건 어음할인료 미지급행위"라 한다).

피고는 2017. 5. 26. 의결 제2017-177호로 원고가 하도급대금을 만기일이 법정지급기일을 초과하는 어음으로 지급하면서 그 초과 기간에 대한 할인료를 기한 내에 지급하지 아니한 행위는 하도급법 제13조 제6항에 위배된다는 이유로, [별지1] 제1항 기재와 같은 내용의 시정명령과 아울러 다음과 같은 과정을 거쳐 산정된 [별지1] 제2항 기재와 같은 과징금을 납부하는 명령(이하 "이 사건 과징금 납부명령"이라 한다)을 했다.[37]

---

36 확정.

37 기타 하급심 판결로 서울고등법원 2007. 8. 16. 선고 2006누12045 판결(갑을공영종합건설 사건), 서울고등법원 2011. 9. 21. 선고 2011누10845 판결(루펜리 사건), 서울고등법원 2012. 1. 11. 선고 2011누22435 판결(키친아트 사건), 서울고등법원 2013. 6. 28. 선고 2012누38017 판결(선경이앤씨 사건), 서울고등법원 2013. 8. 22. 선고 2013누11897 판결(선경이앤씨 사건), 서울고등법원 2013. 10. 2. 선고 2013누7508 판결(거산 사건), 서울고등법원 2013. 12. 26. 선고 2012누19368 판결(요진건설산업 사건), 서울고등법원 2014. 5. 15. 선고 2013누3872 판결(코아스 사건), 서울고등법원 2014. 7. 16. 선고 2013누16700 판결(태아건설 사건), 서울고등법원 2014. 9. 24. 선고 2012누26748 판결(우방 사건) 등이 있다.

3. 지급보증 이행

법령 **하도급법 제13조의 2(건설하도급 계약이행 및 대금지급 보증)**

① 건설위탁의 경우 원사업자는 계약 체결일부터 30일 이내에 수급사업자에게 다음 각 호의 구분에 따라 해당 금액의 공사대금 지급을 보증(지급수단이 어음인 경우에는 만기일까지를, 어음대체결제수단인 경우에는 하도급대금 상환기일까지를 보증 기간으로 한다)하고, 수급사업자는 원사업자에게 계약금액의 100분의 10에 해당하는 금액의 계약이행을 보증하여야 한다. 다만, 원사업자의 재무구조와 공사의 규모 등을 고려하여 보증이 필요하지 아니하거나 보증이 적합하지 아니하다고 인정되는 경우로서 대통령령으로 정하는 경우에는 그러하지 아니하다.

② 원사업자는 제1항 각 호 외의 부분 단서에 따른 공사대금 지급의 보증이 필요하지 아니하거나 적합하지 아니하다고 인정된 사유가 소멸한 경우에는 그 사유가 소멸한 날부터 30일 이내에 제1항에 따른 공사대금 지급보증을 하여야 한다. 다만, 계약의 잔여기간, 위탁사무의 기성률, 잔여대금의 금액 등을 고려하여 보증이 필요하지 아니하다고 인정되는 경우로서 대통령령으로 정하는 경우에는 그러하지 아니하다.

③ 다음 각 호의 어느 하나에 해당하는 자와 건설공사에 관하여 장기계속계약(총액으로 입찰하여 각 회계연도 예산의 범위에서 낙찰된 금액의 일부에 대하여 연차별로 계약을 체결하는 계약으로서 「국가를 당사자로 하는 계약에 관한 법률」 제21조 또는 「지방자치단체를 당사자로 하는 계약에 관한 법률」 제24조에 따른 장기계속계약을 말한다. 이하 이 조에서 "장기계속건설계약"이라 한다)을 체결한 원사업자가 해당 건설공사를 장기계속건설하도급계약을 통하여 건설위탁하는 경우 원사업자는 최초

의 장기계속건설하도급계약 체결일부터 30일 이내에 수급사업자에게 제1항 각 호 외의 부분 본문에 따라 공사대금 지급을 보증하고, 수급사업자는 원사업자에게 최초 장기계속건설하도급계약 시 약정한 총 공사금액의 100분의 10에 해당하는 금액으로 계약이행을 보증하여야 한다.

1. 국가 또는 지방자치단체
2. 「공공기관의 운영에 관한 법률」에 따른 공기업, 준정부기관 또는 「지방공기업법」에 따른 지방공사, 지방공단

④ 제3항에 따라 수급사업자로부터 계약이행 보증을 받은 원사업자는 장기계속건설계약의 연차별 계약의 이행이 완료되어 이에 해당하는 계약보증금을 같은 항 각 호의 어느 하나에 해당하는 자로부터 반환받을 수 있는 날부터 30일 이내에 수급사업자에게 해당 수급사업자가 이행을 완료한 연차별 장기계속건설하도급계약에 해당하는 하도급 계약이행보증금을 반환하여야 한다. 이 경우 이행이 완료된 부분에 해당하는 계약이행 보증의 효력은 상실되는 것으로 본다.

⑤ 제1항부터 제3항까지의 규정에 따른 원사업자와 수급사업자 간의 보증은 현금(체신관서 또는 「은행법」에 따른 은행이 발행한 자기앞수표를 포함한다)의 지급 또는 다음 각 호의 어느 하나의 기관이 발행하는 보증서의 교부에 의하여 한다.

1. 「건설산업기본법」에 따른 각 공제조합
2. 「보험업법」에 따른 보험회사
3. 「신용보증기금법」에 따른 신용보증기금
4. 「은행법」에 따른 금융기관
5. 그 밖에 대통령령으로 정하는 보증기관

⑥ 제5항에 따른 기관은 다음 각 호의 어느 하나에 해당하는 사유로 수급사업자가 보증약관상 필요한 청구서류를 갖추어 보증금 지급을 요청한 경우 30일 이내에 제1항의 보증금액을 수급사업자에게 지급하여야 한다. 다만, 보증금 지급 요건 충족 여부, 지급액에 대한 이견 등 대통령령으로 정하는 불가피한 사유가 있는 경우 보증

기관은 수급사업자에게 통지하고 대통령령으로 정하는 기간 동안 보증금 지급을 보류할 수 있다.

1. 원사업자가 당좌거래정지 또는 금융거래정지로 하도급대금을 지급할 수 없는 경우
2. 원사업자의 부도·파산·폐업 또는 회사회생절차 개시 신청 등으로 하도급대금을 지급할 수 없는 경우
3. 원사업자의 해당 사업에 관한 면허·등록 등이 취소·말소되거나 영업정지 등으로 하도급대금을 지급할 수 없는 경우
4. 원사업자가 제13조에 따라 지급하여야 할 하도급대금을 2회 이상 수급사업자에게 지급하지 아니한 경우
5. 그 밖에 원사업자가 제1호부터 제4호까지에 준하는 지급불능 등 대통령령으로 정하는 사유로 인하여 하도급대금을 지급할 수 없는 경우

⑦ 원사업자는 제5항에 따라 지급보증서를 교부할 때 그 공사기간 중에 건설위탁하는 모든 공사에 대한 공사대금의 지급보증이나 1회계연도에 건설위탁하는 모든 공사에 대한 공사대금의 지급보증을 하나의 지급보증서의 교부에 의하여 할 수 있다.

⑧ 제1항부터 제7항까지에서 규정한 것 외에 하도급계약 이행보증 및 하도급대금 지급보증에 관하여 필요한 사항은 대통령령으로 정한다.

⑨ 원사업자가 제1항 각 호 외의 부분 본문, 제2항 본문 또는 제3항 각 호 외의 부분에 따른 공사대금 지급보증을 하지 아니하는 경우에는 수급사업자는 계약이행을 보증하지 아니할 수 있다.

⑩ 제1항 또는 제3항에 따른 수급사업자의 계약이행 보증에 대한 원사업자의 청구권은 해당 원사업자가 제1항부터 제3항까지의 규정에 따른 공사대금 지급을 보증한 후가 아니면 이를 행사할 수 없다. 다만, 제1항 각 호 외의 부분 단서 또는 제2항 단서에 따라 공사대금 지급을 보증하지 아니하는 경우에는 그러하지 아니하다.

하도급법 제13조의2 제1항의 원사업자의 공사대금 지급보증 의무에 관한 규정은 법문 전체가 의무를 강제적으로 부과하는 형식을 취하고 있고, 그 위반 시 하도급법 제25조의3, 제26조, 제30조에 따라 시정조치, 과징금, 벌점, 형사처벌 등 제재가 부과된다는 점을 고려하면 강행규정으로 볼 수 있다. 한편 하도급법 제13조의2 제10항은 원사업자가 공사대금 지급을 보증한 이후에 수급사업자의 계약이행 보증에 대한 청구권을 행사할 수 있도록 한 규정으로, 법문의 형식상 권리행사를 할 수 없도록 되어 있어 효력규정의 형식을 취하는 것으로 이해된다. 따라서 하도급대금 지급보증은 원사업자의 계약이행 보증 관련 청구권 행사를 위한 법정조건이 될 수 있다.[38]

심사지침 원사업자의 하도급대금 지급보증 미이행과 위법성 판단

원사업자의 하도급대금 지급보증과 관련한 위법성 판단 기준을 예시하면 다음과 같다.

원사업자는 하도급대금이나 공사기간이 조정되어 그에 따른 지급보증 변경이 필요한 경우 그 조정 시점에서 변경된 내용에 따라 수급사업자에게 추가로 대금 지급을 보증하여야 한다. 다만, 추가공사의 공사금액이 1,000만 원 이하의 경미한 공사인 경우에는 예외로 한다.

하도급대금의 지급을 이미 보증한 사업자와 합병을 하거나 상속, 영업양수 등을 통하여 그 지위를 승계한 원사업자는 수급사업자에게 동 하도급대금에 대하여 별도의 지급보증을 하지 않아도 된다. 다만, 대금지급 보증의무 대상사업자가 대금지급 보증면제 대상사업자의 원사업자 지위를 승계한 경우에는 수급사업자에게 승계 당시 잔여공사에 대

38 이용우, "구 하도급거래 공정화에 관한 법률 제13조의2 제8항 본문의 해석", 『대법원 판례해설』 121호, 2019, 354-356쪽.

하여 하도급대금의 지급을 보증하여야 한다. 원사업자의 하도급대금 지급보증의무는 수급사업자와의 합의로 면제되지 아니한다.[39]

구 하도급법 시행령 제8조 제1항 제3호와 30일 제한

지급보증을 하지 않았다고 하더라도 하도급법 시행령 제8조 제1항 각 호의 사유(직접 지급하는 경우 등)를 갖추었다면 법 위반이 아니다. 여기서 시행령 제8조 제1항 제3호 '직접 지급하여야 하는 경우'의 의미는 무엇인가? 계약 등으로 직접 지급의무가 확정되어 법률상 발주자의 지급의무가 인정되어야 한다. 협의가 있었다는 사정과 법률상 의무 발생이 예상된다는 내용으로는 부족하다.[40]

그런데 구 시행령(2020. 4. 7. 대통령령 제30606호로 개정되기 전의 것)[41] 제8조 제1항 제3호는 기간이 규정되어 있지 않았다. 이와 달리 개정 시행령[42]은 30일로 명시하고 있다. 그렇다면 구 시행령하에서 지급보증의무 위반을 부정하기 위한 요건으로 하도급법 시행령 제8조 제1항 제3호의 직접 지급 사유(법 제14조 제1항 제2호)는 명문의 규정이 없음에도 30일 이내에 갖추어야 하는가? 여기서는 지급보증이 30일 이내에 이루어져야 한다면 직접 지급 사유도 그와 동일 연장선상에서 30일 이내에 이루어져야 하는지가 문제가 된다. 아래는 직접 지급의 기간이 규정되지 않은 구 시행령을 전제로 한 논의이다.

첫째, 명문의 규정이 없더라도 30일 내에 직접 지급 사유가 구비된

---

39 하도급거래공정화지침(2023. 2. 9. 공정거래위원회 예규 제421호) III. 14.

40 공정거래위원회 2020. 3. 13. 의결 제2020-060호(리드건설 사건).

41 구 하도급법 시행령 제8조 제1항 제3호. 하도급법 제14조 제1항 제2호에 따라 발주자가 하도급대금을 직접 지급하여야 하는 경우.

42 하도급법 시행령 제8조 제1항 제3호. 하도급계약 체결일로부터 30일 이내에 하도급법 제14조 제1항 제2호에 따른 합의를 한 경우.

경우로 한정된다는 견해(30일 한정설)의 논거는 다음과 같다. 법률은 30일로 지급보증 의무를 규정하고 있다. 시행령 제8조 제1항 제3호는 이를 면제하는 조항이라는 점에서 당연히 30일을 내포하고 있다. 이와 달리 기간의 제한이 없다고 볼 경우에는 장기간 보증을 지연한 후 직접 지급이 된 경우까지 법 위반이 부정되는 난점이 발생한다. 따라서 법의 공백을 방지하기 위하여 직접 지급 사유도 30일 이내에 갖추어야 한다.

둘째, 명문의 규정이 없으므로 30일로 한정되지 않는다는 견해(비한정설)의 논거는 다음과 같다. 2020. 4. 7. 시행령 개정 전에는 시행령 제8조 제1항 제3호의 적용 범위를 30일로 한정할 근거가 없다. 제재적 처분이 가능한 침익적인 규정이고, 형사처벌 조항도 있어 명문의 규정이 없는 상태에서 30일로 한정하는 것은 가능하지 않다.

한편 두 번째 견해를 따르더라도 직접 지급 사유가 현저히 늦게 발생하여 수급사업자에 대한 구제조치로서 의미가 없는 경우에는 시행령 제8조 제1항 제3호의 적용을 부정할 수 있다. 공정거래위원회 2019. 12. 17. 의결 제2019-291호(신구건설 사건)에서는 계약기간 종료일에 지불합의서를 작성한 경우 법 위반을 인정했다. 다만, 이 사건은 지불합의서 작성이 현저히 늦은 경우이다. 이와 달리 계약일로부터 30일을 근소하게 넘은 경우라면 시행령에 기간이 규정되지 않은 상태임을 고려하여 법 위반을 부정할 소지도 있었을 것이다.[43]

하도급법 제13조의2 위반과 정당한 사유

하도급법 제13조의2 조항에는 정당한 사유의 증명 등이 기재되어 있지 않다. 그런데도 정당한 사유의 판단이 필요한가? 다른 한편으로

---

43 공정거래위원회 2020. 3. 13. 의결 제2020-060호(리드건설 사건)에서 쟁점이 되었다.

하도급법 제13조의2(대금 지급보증) 제1항 본문에 나오는 '보증이 필요하지 않은 경우, 보증이 적합하지 아니하다고 인정되는 경우'를 일종의 부당성 판단 사유로 볼 수 있는가?[44]

일반적인 행정상 제재에서 정당한 사유가 해당 조문에 없는 경우에도 정당한 사유 판단은 이루어진다.[45] 행정법규 위반에 대하여 가하는 제재조치는 행정목적의 달성을 위하여 행정법규 위반이라는 객관적 사실에 착안하여 가하는 제재이므로, 위반자가 그 의무를 알지 못하는 것이 무리가 아니었다고 할 수 있어, 그것을 정당시할 수 있는 사정이 있을 때, 또는 의무의 이행을 당사자에게 기대하는 것이 무리라고 하는 사정이 있을 때 등 의무 해태(懈怠)를 탓할 수 없는 정당한 사유가 있는 경우 등의 특별한 사정이 없는 한 위반자에게 고의나 과실이 없다고 하더라도 제재를 가할 수 있다는 법리가 적용된다(대법원 2012. 6. 28. 선고 2010두24371 판결 참조). 그러나 일반적인 행정법 법리상 정당한 사유의 법리를 하도급법 사안에도 적용한다면 정당한 사유가 있는 경우에 책임을 부정할 수 있다. 예를 들면, 하도급법 사례는 아니지만, 위반자가 그 의무를 알지 못하는 것이 무리가 아니었다고 할 수 있어 그것을 정당시할 수 있는 사정이 있을 때, 또는 그 의무의 이행을 그 당사자에게 기대하는 것이 무리인 사정이 있을 때 등 그 의무 해태를 탓할 수 없는 정당한 사유가 있을 때에는 제재를 부과할 수 없다고 본 대법원 2000. 5. 26. 선고 98두5972 판결 등이 있다.

---

44 공정거래위원회 2020. 8. 14. 의결 제2020-245호(금강주택 사건).

45 서울행정법원 2013. 9. 25. 선고 2013구단10574 판결, 서울고등법원 2014. 6. 27. 선고 2013누49717 판결(청소년 주류 판매 사안)에서 정당한 사유를 인정했다. 정당한 사유를 부정한 판례로는 대법원 2012. 6. 28. 선고 2010두24371 판결(정당한 사유 부정, 전자상거래법 제21조 제1항 제1호), 대법원 2009. 6. 11. 선고 2009두4272 판결(정당한 사유 부정, 고용보험법 제35조 부정 수급 사안), 대법원 2003. 9. 2. 선고 2002두5177 판결(정당한 사유 부정, 건설산업기본법 제21조 명의대여 사안) 등이 있다.

발주자 사정과 정당한 사유 존부

하도급법 위반의 판단에 있어서 정당한 사유를 고려할 수 있다면 발주자 사정을 정당한 사유로 고려할 수 있는가? 즉 발주자의 지연으로 원사업자의 직접 지급이 지연된 경우 정당한 사유가 있는 것으로 볼 수 있는지의 문제이다. 이 경우 발주자의 사정도 정당한 사유로 고려할 수 있다.

다른 한편 하도급법 제14조 제2호에 따라 발주자, 원사업자, 수급사업자 사이에서 3자 합의가 이루어진 경우가 아니라 원사업자와 수급사업자 사이에서만 직접 지급에 동의한 경우도 직접 지급 지연의 정당한 사유로 검토할 수 있다. 물론 이러한 합의가 이루어졌다는 사유만으로 당연히 지급보증을 대체하기는 어렵다. 그렇다고 하더라도 지연의 일자, 직접 지급의 가능성, 발주자의 의사 등을 종합적으로 고려하여 판단할 필요가 있다.[46]

원사업자의 공사대금 보증과 수급사업자의 계약이행 보증

하도급대금의 지급수단이 현금인 경우에도 특별한 사정이 없는 한 하도급법 제13조에 따른 하도급대금의 지급기일은 하도급법 제13조의2 제1항 본문에 따라 원사업자가 의무적으로 받아야 하는 지급보증의 보증 기간 내에 포함되어야 한다(대법원 2019. 7. 25. 선고 2018다213644 판결). 관련 사례로, 원사업자가 공사대금 지급보증 면제사유 소멸일부터 30일이 지난 뒤에 공사대금 지급보증을 한 경우 하도급법 제13조의2 제10항 본문, 제2항 본문에서 정한 계약이행보증금 청구권 행사가 제한되는지 여부에 대하여 이를 원칙적으로 부정하는(원칙적 소극) 판단을 한 대법원 2023. 6. 29. 선고 2020다296451 판결, 대법원 2023. 6.

46 공정거래위원회 2020. 8. 14. 의결 제2020-245호(금강주택 사건).

29. 선고 2021다256856 판결, 구 하도급법 시행 당시 하도급계약 및 계약이행 보증계약이 체결되었더라도 개정 하도급법 시행 이후 보증사고가 발생하여 원사업자가 계약이행 보증청구를 하는 경우 "원사업자가 공사대금 지급보증을 하지 않은 경우 계약이행 보증청구권을 행사할 수 없다."는 하도급법 제13조의2 제10항이 적용된다고 본 대법원 2023. 5. 18. 선고 2019다214408 판결 등이 있다.

판례 정당한 사유의 판단

▣ 대법원 2000. 5. 26. 선고 98두5972 판결

서울특별시급수조례(1996. 10. 5. 제3337호로 개정된 것) 제34조 제1항은 "사기 기타 부정한 방법으로 요금 기타 수수료의 징수를 면한 자에 대하여는 그 면한 금액을 추징하는 것 외에 징수를 면한 금액의 5배 이내의 과태료를 부과할 수 있다."고 규정하고 있는바, 과태료와 같은 행정질서벌은 행정질서 유지를 위한 의무의 위반이라는 객관적 사실에 대하여 과하는 제재이므로 반드시 현실적인 행위자가 아니라도 법령상 책임자로 규정된 자에게 부과되고 원칙적으로 위반자의 고의·과실을 요하지 아니하나, 위반자가 그 의무를 알지 못하는 것이 무리가 아니었다고 할 수 있어 그것을 정당시할 수 있는 사정이 있을 때, 또는 그 의무의 이행을 그 당사자에게 기대하는 것이 무리라고 하는 사정이 있을 때 등 그 의무 해태를 탓할 수 없는 정당한 사유가 있을 때에는 이를 부과할 수 없다고 보아야 할 것이다.

그런데 기록에 따른즉, 원고는 소외인에 의하여 부정급수장치가 설치된 이 사건 건물을 매수하여 입주할 당시 소외인으로부터 그에 관한 설명을 듣지 못하여 그 사정을 전혀 알지 못했고 적발 당시에도 부정급수관이 매설된 위치나 연결구조를 몰랐기에 소외인에게 전화로 연락한 끝에 겨우 찾아내게 된 사실, 한편 원고는 피고로부터 1995. 7. 16.자로 이 사건 건물에서 사용한 수도사용량에 대하여 처음으로 요금의 납부를 고지받은 사실을 알아볼 수 있는바, 사정이 이와 같으니 원고로서는 피고로부터 수도료 납부고지를 받거나 하여 수도사용량이 건물의 규모에 비하여 상당히 적게 계량된 점을 알 수 있게 되기까지는 전소유자에 의하여 야기된 위반상태를 몰랐고, 따라서 그 상태가 지속 중인 급수장치를 이용하여 급수를 받은 것이 무리가 아니어서 그 의무 위반을 탓할 수 없는 정당한 사유가 있다고 볼 여지가 있다 하겠다.

그럼에도 불구하고 원심은 원고가 과연 언제 수도요금이 비정상적으로 적게 부과된다는 점을 알 수 있었는지의 점에 관하여 더욱 자세히 심리해보지도 아니한 채 원고가 이 사건 건물에 설치되어 있는 부정급수관을 통하여 수돗물을 사용했다는 객관적 사실만을 이유로 이 사건 건물에 입주한 날로부터의 일수에 따른 급수사용료 과태료 부과처분이 적법하다고 판단하고 말았으니, 이러한 원심 판결에는 과태료 면책사유로서의 정당한 사유에 관한 법리를 오해하고 심리를 다하지 아니하여 판결에 영향을 미친 잘못이 있다.

'직접 지급 사유' 요건과 서면주의

하도급법 제13조의2 제1항, 구 하도급법 시행령 제8조 제3호에서 '발주자가 하도급대금을 직접 지급하여야 하는 경우' 또는 개정된 하도급법 시행령 제8조 제3호의 '하도급계약 체결일부터 30일 이내에 법 제14조 제1항 제2호에 따른 합의를 한 경우'에 해당하기 위하여 서면 발급이 필요한가?

위 시행령은 '하도급대금을 직접 지급하여야 하는 경우 또는 합의를 한 경우'라고 규정하고 있다. 따라서 하도급대금의 지급의무가 있으면 충분하다. 이러한 직접 지급의무의 발생을 위한 합의에는 구술 합의도 인정되며, 꼭 서면으로 합의가 이루어져야 할 필요는 없다. 하도급대금의 직접 지급에 관한 하도급법 제14조도 직접 지급 사유로 '발주자, 원사업자, 수급사업자 간에 합의한 때'라고 규정하고 있다. 이때의 합의는 서면 합의에 한정되지 않고 구술 합의도 포함한다. 이와 균형상 시행령 제8조 제3호에 구술 합의도 포함되는 것으로 해석할 수 있다.

반면 하도급법 제3조는 원사업자의 수급사업자에 대한 위탁에 관한 규정으로 서면의 발급의무를 규정하고 있다. 이는 계약 과정에서 수급사업자를 보호하기 위한 특별규정으로, 계약은 원래 서면에 국한되지 않으나 여기서는 서면주의를 특별히 강화한 것이다. 따라서 이는 하도급대금의 직접 지급 사안에 원용하기는 어렵다.

판례 지급기일과 보증 기간 간 관계의 판단

▣ 대법원 2019. 7. 25. 선고 2018다213644 판결

구 하도급법(2016. 12. 20. 법률 제14456호로 개정되기 전의 것)에서는 하도급대금의 지급수단이 어음이나 어음대체결제수단인 경우에는 수급사업자가 하도급대금을 실질적으로 상환받을 수 있는 기한이 지급보증기간에 포함되도록 명시하고 있을 뿐 아니라, 수급사업자가 하도급법 제13조에 따른 하도급대금의 지급기일이 지나도록 대금을 지급받지 못하는 것이 지급보증금의 청구사유 중 하나로 되어 있다. 그리고 하도급법에서는 원사업자에 비해 상대적으로 열위적 지위에 있는 수급사업자가 하도급대금을 지급받지 못하는 위험 내지 그 불확실성에 노출되는 것을 해소하고자 하도급대금의 지급보증을 의무화하고 있는데, 이를 통하여 입법자는 하도급대금의 지급기일이 도과하여 원사업자가 이행지체에 빠지는 경우 등과 같은 전형적인 사유의 발생 시 보증기관으로 하여금 지급보증책임을 이행하게 함으로써 수급사업자가 하도급대금 상당액을 안정적으로 지급받을 수 있게 한 것으로 보인다. 이러한 사정을 고려하면, 하도급대금의 지급수단이 현금인 경우에도 특별한 사정이 없는 한 하도급법 제13조에 따른 하도급대금의 지급기일은 하도급법 제13조의2 제1항 본문에 따라 원사업자가 의무적으로 받아야 하는 지급보증의 보증 기간 내에 포함되어야 한다.

이 사건에서, 원고는 이 사건 제2하도급계약에 관하여는 하도급법 제13조의2 제1항 본문이 요구하는 지급보증을 아예 받지 않았고, 이 사건 제1하도급계약에 관하여도 해당 공사 기간(2015. 12. 28.부터 2017. 6. 30.까지) 내지 하도급대금의 지급기일 전인 2016. 8. 29.까지를 지급보증 기간으로 하여 지급보증을 받았을 뿐, 계약이행보증금의 청구사유가 발생한 2016. 10. 25.경을 기준으로는 위 지급보증 기간이 이미 도과되었으므로 하도급법 제13조의2 제8항 본문의 적용에 있어 원고는 이 사건 각 하도급계약 모두에 대해 지급보증을 받지 아니한 상태였다. 따라서 원심이 하도급법 제13조의2 제8항 본문에 따라 원고가 계약이행 보증에 대한 청구권을 행사할 수 없다고 본 것은 정당하다.

▣ 대법원 2023. 6. 29. 선고 2020다296451 판결

원사업자인 원고가 보증기관인 피고를 상대로 하도급법 제13조의2 제10항 본문, 제2항 본문에 따라 계약이행 보증청구를 한 사건이다. 원사업자가 공사대금 지급보증 면제사유 소멸일부터 30일이 지난 뒤에 공사대금 지급보증을 한 경우 하도급법 제13조의2 제10항 본문, 제2항 본문에서 정한 계약이행보증금 청구권 행사가 제한되는지 여부에 대하여 아래와 같이 이를 원칙적으로 부정하는(원칙적 소극) 판단을 했다.

하도급법 제13조의2 제2항 본문은 "원사업자는 제1항 각 호 외의 부분 단서에 따른 공사대금 지급의 보증이 필요하지 아니하거나 적합하지 아니하다고 인정된 사유가 소멸한 경우에는 그 사유가 소멸한 날부터 30일 이내에 제1항에 따른 공사대금 지급보증을 하여야 한다."라고 규정하고, 같은 조 제10항 본문은 "제1항 또는 제3항에 따른 수급사업자의 계약이행 보증에 대한 원사업자의 청구권은 해당 원사업자가 제1항부터 제3항까지의 규정에 따른 공사대금 지급을 보증한 후가 아니면 이를 행사할 수 없다."라고 규정했다. 이러한 규정 내용과 체계, 수급사업자 보호라는 원사업자의 하도급대금 지급보증의무 제도의 취지 등을 종합하면, 원사업자는 하도급법 제13조의2 제2항 본문에서 정한 30일의 기간이 지나서 공사대금 지급보증을 했더라도 수급사업자의 계약이행 보증에 대한 청구를 할 수 있다고 보아야 한다. 지급보증이 늦은 이유로 그에 따른 보증기간이 공사기간에 비해 단축되었다는 사정만으로 달리 볼 수도 없다.

다만, 원사업자가 합리적인 이유 없이 공사대금 지급보증의무를 상당한 기간 동안 이행하지 아니하여 지급보증에 따른 수급사업자의 법익을 침해하고 있다가 수급사업자가 자금난 등의 사정으로 공사이행을 지체하는 등 가까운 장래에 수급사업자의 계약이행 보증사고가 발생할 것이 객관적으로 예상되는 시기에 계약이행 보증청구를 주된 목적으로 뒤늦게 공사대금 지급보증을 하는 등의 경우에는 지급보증에도 불구하고 원사업자의 계약이행 보증청구가 허용된다고 볼 수 없다. 이는 원사업자가 수급사업자에 대한 실질적인 지급보증의 의사도 없이 계약이행 보증청구를 위해 공사대금 지급보증을 했다는 의사가 명백히 드러나는 경우로서, 계약이행 보증청구에 일정한 제한을 둔 하도급법의 취지에 현저히 반하기 때문이다. 그러나 원사업자가 공사대금 지급보증을 하도록 하는 것은 수급사업자를 보호하는 데 주된 목적이 있으므로, 원사업자가 공사대금 지급보증을 했음에도 계약이행 보증청구를 허용하지 않는 예외적 경우에 해당하는지 여부를 판단할 때에는 수급사업자 보호를 주된 고려요소로 삼아야 한다.

☞ 해설

하도급법상 원사업자인 원고는 수급사업자인 소외 회사와 하도급계약을 체결했고, 이후 공사대금 지급보증 면제사유가 소멸했는데 원고는 그때부터 약 14개월이 지나서 위 하도급계약에 관한 공사대금 지급보증계약을 체결했으며, 그 다음날 소외 회사에 채무불이행을 이유로 위 하도급계약 해지를 예고하고 위 지급보증계약 체결일부터 1개월 후에 위 하도급계약의 해지를 통보했다. 원고는 소외 회사와 계약이행 보증계약을 체결한 피고를 상대로 하도급법 제13조의2 제10항 본문, 제2항 본문에 따라 계약이행 보증청구를 했다.

원심은, 원고가 공사대금 지급보증을 회피하다가 소외 회사의 위 하도급계약 불이행으로 인하여 계약이행 보증청구를 할 필요가 객관적으로 예상될 무렵에서야 비로소 일부 공사기간에 대해서만 공사대금 지급보증계약을 체결했으므로 하도급법 제13조의2 제10항 본문에서 정한 요건을 갖추었다고 볼 수 없다는 이유로 원고의 청구를 배척했다. 대법원은, 위 법리를 판시하면서, 위 공사대금 지급보증계약은 그 실질에 있어 원고가 공사대금 지급보증을 위한 의사에 기인하지 않고 단순히 계약이행 보증에 대한 청구권 행사의 요건을 충족시킬 목적으로 행해진 것이 명백한 경우이자 수급사업자에게 그로 인한 이익도 객관적으로 존재하지 않는 경우에 해당하므로, 원고의 계약이행 보증청구가 허용되지 않는 예외적 사정이 존재한다고 할 수 있다는 이유로 원심 판단을 수긍했다.

▣ 대법원 2023. 6. 29. 선고 2021다256856 판결

원사업자인 원고가 보증기관인 피고를 상대로 구 하도급법에 따라 계약이행 보증청구를 한 사건이다. 원사업자가 변경 하도급계약 체결일부터 30일이 지난 뒤에 공사대금 지급보증을 한 경우 구 하도급법(2016. 12. 20. 법률 제14456호로 개정되기 전의 것) 제13조의2 제8항 본문, 제1항 본문에서 정한 계약이행보증금 청구권 행사가 제한되는지 여부에 대하여 다음과 같이 이를 부정하는 판단을 했다.

구 하도급법 제13조의2 제1항 본문은 "건설위탁의 경우 원사업자는 계약 체결일부터 30일 이내에 수급사업자에게 다음 각 호의 구분에 따라 해당 금액의 공사대금 지급을 보증(지급수단이 어음인 경우에는 만기일까지를, 어음대체결제수단인 경우에는 하도급대금 상환기일까지를 보증기간으로 한다)하고, 수급사업자는 원사업자에게 계약금액의 100분의 10에 해당하는 금액의 계약이행을 보증하여야 한다."라고 규정하고, 같은 조 제8항 본문은 "제1항에 따른 수급사업자의 계약이행 보증에 대한 원사업자의 청구권은 해당 원사업자가 제1항 또는 제2항에 따른 공사대금 지급을 보증한 후가 아니면 이를 행사할 수 없다."라고 규정하고 있다.

구 하도급법에 의하면, 공정거래위원회는 법 제13조의2를 위반한 원사업자에 대하여 법 위반행위의 중지, 향후 재발방지, 그 밖에 시정에 필요한 조치를 명할 수 있고(제25조 제1항), 하도급대금의 2배를 초과하지 아니하는 범위에서 과징금을 부과할 수 있으며(제25조의3 제1항 제3호), 대통령령으로 정하는 벌점을 부과할 수 있다(제26조 제2항). 법 제13조의2 제1항을 위반하여 공사대금 지급을 보증하지 아니한 원사업자는 하도급대금의 2배에 상당하는 금액 이하의 벌금형의 처벌을 받게 되고(제30조 제1항 제2호), 원사업자가 이를 위반함으로써 수급사업자가 손해를 입은 경우 원사업자는 그 손해를 배상할 책임이 있다(제35조 제1항 본문). 구 하도급법 제13조의2 제8항 본문, 제1항 본문의 규정 내용과 체계, 원사업자의 하도급대금 지급보증의무 제도의 취지 및 관련 규정에서 정한 위반에 대한 제재 등을 종합하여 보면, 원사업자가 구 하도급법 제13조의2 제1항 본문에서 정한 30일의 기간이 지날 때까지 공사대금 지급보증을 하지 않았을 경우 관련 규정에 따라 행정적, 형사적 제재를 받는 것은 별론으로 하더라도 그 기간을 지나서 공사대금 지급보증을 했다는 사정만으로 같은 조 제8항 본문에서 정한 계약이행 보증청구 요건을 충족하지 못하게 된다고 볼 수는 없다. 따라서 특별한 사정이 없는 한 원사업자는 구 하도급법 제13조의2 제1항 본문에서 정한 30일의 기간이 지나서도 공사대금 지급보증을 한 다음 수급사업자의 계약이행 보증에 대한 청구를 할 수 있다고 보아야 한다.

☞ 해설

구 하도급법상 원사업자인 원고는 수급사업자인 소외 회사와 하도급계약을 체결한 다음 위 하도급계약 체결일부터 30일 이내에 제1 공사대금 지급보증계약을 체결했고, 이후 원고는 소외 회사와 공사기간을 연장하는 내용의 변경 하도급계약을 체결했는데, 위 변경 하도급계약 체결일부터 약 5개월이 지나서 위 변경 하도급계약에 관한 제2 공사대금 지급보증계약을 체결했다. 이후 보증사고가 발생하자 원고는 소외 회사와 계약이행 보증계약을 체결한 피고를 상대로 구 하도급법 제13조의2 제8항 본문, 제1항 본문에 따라 계약이행 보증청구를 했다.

원심은, 원고가 위 변경 하도급계약 체결일부터 30일 이내에 지급보증을 하지 않은 것은 구 하도급법 제13조의2 제1항 본문을 위반한 것이므로 제8항 본문에 따라 계약이행 보증청구를 할 수 없다고 보아 원고의 청구를 배척했다. 이에 대하여 대법원은, 특별한 사정이 없는 한 원사업자는 구 하도급법 제13조의2 제1항 본문에서 정한 30일의 기간이 지나서도 공사대금 지급보증을 한 다음 수급사업자의 계약이행 보증에 대한 청구를 할 수 있는데도 원고가 위 변경 하도급계약 체결일부터 30일 이내에 지급보증을 하지 않았다는 이유로, 피고를 상대로 계약이행 보증청구를 할 수 없다고 본 원심의 판단에 구 하도급법 제13조의2 제8항 본문, 제1항 본문의 해석 등에 관한 법리오해의 위법이 있다고 판단하여 원심판결을 파기·환송했다.

▣ 대법원 2023. 5. 18. 선고 2019다214408

구 하도급법 시행 당시 하도급계약 및 계약이행 보증계약이 체결되고 개정된 하도급법이 시행된 이후 보증사고가 발생하자 원사업자가 구 하도급법에 따라 계약이행 보증청구를 한 사건이다. 구 하도급법 시행 당시 하도급계약 및 계약이행 보증계약이 체결되었더라도 개정 하도급법 시행 이후 보증사고가 발생하여 원사업자가 계약이행 보증청구를 하는 경우 "원사업자가 공사대금 지급보증을 하지 않은 경우 계약이행 보증청구권을 행사할 수 없다."는 개정 하도급법 제13조의2 제8항 본문이 적용되는지 여부에 대하여 적용된다는 판단(적극)을 했다.

2014. 5. 28. 법률 제12709호로 개정되기 전의 구 하도급거래 공정화에 관한 법률 제13조의2 제1항은 "건설위탁의 경우 원사업자는 수급사업자에게 다음 각 호의 구분에 따라 해당 금액의 공사대금 지급을 보증하고, 수급사업자는 원사업자에게 계약금액의 100분의 10에 해당하는 금액의 계약이행을 보증하여야 한다. 다만, 원사업자의 재무구조와 공사의 규모 등을 고려하여 보증이 필요하지 아니하거나 보증이 적합하지 아니하다고 인정되는 경우로서 대통령령으로 정하는 경우에는 그러하지 아니하다."라고 규정하고 있었다. 개정 하도급법은 제13조의2 제1항

에 "계약 체결일부터 30일 이내"로 원사업자의 공사대금 지급보증 기한을 추가하는 한편, 제8항으로 "제1항에 따른 수급사업자의 계약이행 보증에 대한 원사업자의 청구권은 해당 원사업자가 제1항 또는 제2항에 따른 공사대금 지급을 보증한 후가 아니면 이를 행사할 수 없다. 다만, 제1항 각 호 외의 부분 단서 또는 제2항 단서에 따라 공사대금 지급을 보증하지 아니하는 경우에는 그러하지 아니하다."라는 규정을 신설했고, 개정 하도급법 부칙은 "이 법은 공포 후 6개월이 경과한 날부터 시행한다."라고 규정했다.

하도급법은 원사업자에 비해 상대적으로 열위에 있는 수급사업자가 하도급대금을 지급받지 못하는 위험 또는 그 불확실성에 노출되는 것을 해소하고자 하도급대금의 지급보증의무를 의무화하고 있다(대법원 2019. 7. 25. 선고 2018다213644 판결 참조).

☞ 해설

하도급법상 원사업자인 원고들과 수급사업자인 피고 보조참가인은 구 하도급법 시행 당시 하도급계약을 체결했고, 피고 보조참가인은 피고 전문건설공제조합과 계약이행 보증계약을 체결했는데, 원고들은 피고 보조참가인에게 공사대금의 지급을 보증하지 않았다. 개정 하도급법이 시행된 이후 보증사고가 발생하자 원고들은 피고에게 계약이행 보증청구를 했다. 원심은 개정 하도급법 제13조의2 제8항 본문이 적용되지 않음을 전제로 원고들의 청구를 인용했다. 이에 대하여 대법원은, 개정 하도급법 시행 이후 보증사고가 발생했고 이를 원인으로 원고들이 계약이행보증금을 청구했으므로, 개정 하도급법 제13조의2 제8항 본문이 적용되어 공사대금 지급을 보증한 후가 아니면 계약이행 보증에 대한 청구권을 행사할 수 없다고 보아, 이와 달리 판단한 원심판결을 파기·환송했다.

4. 관세 등 환급액

법령 **하도급법 제15조(관세 등 환급액의 지급)**

① 원사업자가 수출할 물품을 수급사업자에게 제조위탁하거나 용역위탁한 경우 「수출용원재료에 대한 관세 등 환급에 관한 특례법」에 따라 관세 등을 환급받은 경우에는 환급받은 날부터 15일 이내에 그 받은 내용에 따라 이를 수급사업자에게 지급하여야 한다.
② 제1항에도 불구하고 수급사업자에게 책임을 돌릴 사유가 없으면 목적물 등의 수령일부터 60일 이내에 수급사업자에게 관세 등 환급상당액을 지급하여야 한다.
③ 원사업자가 관세 등 환급상당액을 제1항과 제2항에서 정한 기한이 지난 후에 지급하는 경우에는 그 초과 기간에 대하여 연 100분의 40 이내에서 「은행법」에 따른 은행이 적용하는 연체금리 등 경제사정을 고려하여 공정거래위원회가 정하여 고시하는 이율에 따른 이자를 지급하여야 한다.

심사지침 **환급액의 지연지급에 해당하지 않는 경우**

환급액의 지연지급에 해당하지 않는 경우로는 수급사업자가 기초원재료납세증명서등 관세 환급에 필요한 서류를 원사업자에게 인도하지 아니하거나 지연하여 인도한 경우, 기초원재료납세증명서등 관세 환급에 필요한 서류상의 기재내용이 실거래와 상이하여 관세 환급을 받을 수 없는 경우, 수급사업자가 직접 관세 등을 환급받는 경우에는 수급사업자로부터 관세등 환급에 필요한 환급위임장의 발급을 요청받았을 때 원사업자가 이를 지체 없이 발급해준 경우 등이 있다.[47]

5. 하도급대금 결제조건 공시의무

법령 **하도급법 제13조의3(하도급대금의 결제조건 등에 관한 공시)**

① 「독점규제 및 공정거래에 관한 법률」 제31조 제1항 전단에 따라 지정된 공시대상기업집단에 속하는 원사업자는 하도급대금 지급수단, 지급금액, 지급기간(원사업자가 목적물 등을 수령한 날부터 수급사업자에게 하도급대금을 지급한 날까지의 기간을 말한다) 및 하도급대금과 관련하여 수급사업자로부터 제기되는 분쟁 등을 처리하기 위하여 원사업자가 자신의 회사에 설치하는 하도급대금 분쟁조정기구 등에 관한 사항으로서 대통령령으로 정하는 사항을 공시하여야 한다.

② 제1항에 따른 공시는 「자본시장과 금융투자업에 관한 법률」 제161조에 따라 보고서를 제출받는 기관을 통하여 할 수 있다. 이 경우 공시의 방법·절차, 그 밖에 필요한 사항은 해당 기관과의 협의를 거쳐 공정거래위원회가 정한다.

③ 제1항에 따른 공시의 시기·방법 및 절차에 관하여 필요한 사항은 대통령령으로 정한다.

법령 **하도급법 시행령 제8조의2(하도급대금의 결제조건 등에 관한 공시)**

① 법 제13조의3 제1항에서 "대통령령으로 정하는 사항"이란 다음 각 호의 사항을 말한다.

1. 반기 중 지급된 하도급대금의 지급수단별 지급금액과 그 비중

47 하도급거래공정화지침(2023. 2. 9. 공정거래위원회 예규 제421호) III. 15.

2. 반기 중 지급된 하도급대금의 지급기간별 지급금액과 그 비중
3. 원사업자의 하도급대금 분쟁조정기구 설치 여부와 하도급대금 분쟁조정기구가 설치된 경우 다음 각 목의 사항
가. 하도급대금 분쟁조정기구의 담당부서 및 연락처
나. 하도급대금 분쟁조정의 신청 절차·방법과 소요기간

② 「독점규제 및 공정거래에 관한 법률」 제31조 제1항 전단에 따라 지정된 공시대상기업집단에 속하는 원사업자는 법 제13조의3 제1항에 따라 제1항 각 호의 사항을 공시하는 경우에는 매 반기가 끝난 날의 다음 날부터 45일 이내에 공정거래위원회가 정하여 고시하는 정보시스템을 통해 공시해야 한다.

③ 제2항에서 규정한 사항 외에 법 제13조의3 제1항에 따른 공시의 세부적인 방법 및 절차, 그 밖에 필요한 사항은 공정거래위원회가 정하여 고시한다.

2023. 1. 12. 시행된 개정 하도급법은 원사업자가 공시대상기업 집단(자산 5조원 이상) 소속 회사인 경우 수급사업자에게 지급하는 하도급대금의 지급수단, 지급금액 및 지급기간 등의 결제조건을 공시하도록 하고 있다(제13조의3 신설). 같은 날 시행된 개정 하도급법 시행령에 따라 공시대상기업집단 소속 원사업자는 수급사업자에게 지급하는 하도급대금의 결제조건과 관련하여 반기 중 지급된 하도급대금의 지급수단별 지급금액과 그 비중, 하도급대금 분쟁조정기구의 설치 여부와 분쟁조정의 신청 절차·방법 등의 사항을 매 반기가 끝난 날의 다음 날부터 45일 이내에 공시하도록 했다.

6. 하도급대금 연동제 관련 의무

법령 **하도급법 제2조(정의)**

⑯ 이 법에서 "주요 원재료"란 하도급거래에서 목적물 등의 제조·수리·시공 또는 용역수행에 사용되는 원재료로서 그 비용이 하도급대금의 100분의 10 이상인 원재료를 말한다.

⑰ 이 법에서 "하도급대금 연동"이란 주요 원재료의 가격이 원사업자와 수급사업자가 100분의 10 이내의 범위에서 협의하여 정한 비율 이상 변동하는 경우 그 변동분에 연동하여 하도급대금을 조정하는 것을 말한다.

법령 **하도급법 제3조(서면의 발급 및 서류의 보존)**

② 제1항의 서면에는 다음 각 호의 사항을 적고 원사업자와 수급사업자가 서명(「전자서명법」 제2조 제2호에 따른 전자서명[서명자의 실지명의를 확인할 수 있는 것을 말한다]을 포함한다. 이하 이 조에서 같다) 또는 기명날인하여야 한다.

1. 하도급대금과 그 지급방법 등 하도급계약의 내용
2. 제16조의2 제1항에 따른 하도급대금의 조정요건, 방법 및 절차
3. 하도급대금 연동의 대상 목적물 등의 명칭, 주요 원재료, 조정요건, 기준 지표 및 산식 등 하도급대금 연동에 관한 사항으로서 대통령령으로 정하는 사항
4. 그 밖에 서면에 적어야 할 사항으로서 대통령령으로 정하는 사항

③ 원사업자는 제2항 제3호에 따른 사항을 적을 때 수급사업자의 이익에 반하는 불공정한 내용이 되지 아니하도록 수급사업자와 성실히

협의하여야 한다.

④ 다음 각 호의 어느 하나에 해당하는 경우에는 원사업자는 서면에 제2항 제3호에 따른 사항을 적지 아니할 수 있다. 다만, 제4호의 경우에는 원사업자와 수급사업자가 그 취지와 사유를 서면에 분명하게 적어야 한다.

1. 원사업자가 「중소기업기본법」 제2조 제2항에 따른 소기업에 해당하는 경우
2. 하도급거래 기간이 90일 이내의 범위에서 대통령령으로 정하는 기간 이내인 경우
3. 하도급대금이 1억 원 이하의 범위에서 대통령령으로 정하는 금액 이하인 경우
4. 원사업자와 수급사업자가 하도급대금 연동을 하지 아니하기로 합의한 경우

⑤ 원사업자는 하도급대금 연동과 관련하여 하도급거래에 관한 거래상 지위를 남용하거나 거짓 또는 그 밖의 부정한 방법으로 이 조의 적용을 피하려는 행위를 하여서는 아니된다.

⑥ 원사업자는 제2항에도 불구하고 위탁시점에 확정하기 곤란한 사항에 대하여는 재해·사고로 인한 긴급복구공사를 하는 경우 등 정당한 사유가 있는 경우에는 해당 사항을 적지 아니한 서면을 발급할 수 있다. 이 경우 해당 사항이 정하여지지 아니한 이유와 그 사항을 정하게 되는 예정기일을 서면에 적어야 한다.

⑦ 원사업자는 제6항에 따라 일부 사항을 적지 아니한 서면을 발급한 경우에는 해당 사항이 확정되는 때에 지체 없이 그 사항을 적은 새로운 서면을 발급하여야 한다.

⑧ 원사업자가 제조 등의 위탁을 하면서 제2항의 사항을 적은 서면(제6항에 따라 일부 사항을 적지 아니한 서면을 포함한다)을 발급하지 아니한 경우에는 수급사업자는 위탁받은 작업의 내용, 하도급대금 등 대통령령으로 정하는 사항을 원사업자에게 서면으로 통지하여 위탁 내용의 확인을 요청할 수 있다.

⑨ 원사업자는 제8항의 통지를 받은 날부터 15일 이내에 그 내용에 대한 인정 또는 부인(否認)의 의사를 수급사업자에게 서면으로 회신을 발송하여야 하며, 이 기간 내에 회신을 발송하지 아니한 경우에는 원래 수급사업자가 통지한 내용대로 위탁이 있었던 것으로 추정한다. 다만, 천재나 그 밖의 사변으로 회신이 불가능한 경우에는 그러하지 아니하다.
⑩ 제8항의 통지에는 수급사업자가, 제9항의 회신에는 원사업자가 서명 또는 기명날인하여야 한다.
⑪ 제8항의 통지 및 제9항의 회신과 관련하여 필요한 사항은 대통령령으로 정한다.
⑫ 원사업자와 수급사업자는 대통령령으로 정하는 바에 따라 하도급거래에 관한 서류를 보존하여야 한다.

법령 **하도급법 제3조의2(표준하도급계약서)**

② 제1항에도 불구하고 공정거래위원회는 제3조 제2항 제3호 및 같은 조 제4항 각 호 외의 부분 단서에 관한 표준하도급계약서를 제정 또는 개정하여 사업자 등에게 그 사용을 권장하여야 한다.

법령 **하도급법 제3조의6(하도급대금 연동 우수기업의 선정·지원)**

① 공정거래위원회는 하도급대금 연동의 확산을 위하여 하도급대금 연동 우수기업 및 하도급대금 연동 확산에 기여한 자(이하 "하도급대금 연동 우수기업 등"이라 한다)를 선정하고 포상하는 등 지원시책을 수립하여 추진할 수 있다.
② 하도급대금 연동 우수기업 등의 선정 방법, 절차 및 지원시책 등에 관하여 필요한 사항은 대통령령으로 정한다.

법령 **하도급법 제3조의7(하도급대금 연동 확산 지원본부의 지정 등)**

① 공정거래위원회는 하도급대금 연동의 확산을 지원하기 위하여 관련 기관이나 단체를 하도급대금 연동 확산 지원 본부(이하 "연동지원본부"라 한다)로 지정할 수 있다.

② 연동지원본부는 다음 각 호의 사업을 한다.

1. 원재료 가격 및 주요 물가지수 정보 제공
2. 하도급대금 연동의 도입 및 조정 실적 확인
3. 하도급대금 연동 관련 교육 및 컨설팅
4. 그 밖에 하도급대금 연동의 확산을 위하여 필요한 사항으로서 대통령령으로 정하는 사항

③ 공정거래위원회는 연동지원본부가 제2항 각 호의 사업을 추진하는 데 필요한 지원을 할 수 있다.

④ 공정거래위원회는 연동지원본부가 다음 각 호의 어느 하나에 해당하면 지정을 취소하거나 6개월 이내의 기간을 정하여 그 업무의 전부 또는 일부의 정지를 명할 수 있다. 다만, 제1호에 해당하는 경우에는 그 지정을 취소하여야 한다.

1. 거짓이나 그 밖의 부정한 방법으로 지정을 받은 경우
2. 제5항에 따른 지정 기준을 충족하지 못하는 경우
3. 정당한 사유 없이 제2항 각 호의 사업을 1개월 이상 수행하지 아니한 경우

⑤ 연동지원본부의 지정 및 지정 취소의 기준 및 절차 등에 관한 세부사항은 대통령령으로 정한다.

법령 **하도급법 제30조의2(과태료)**

④ 제3조 제5항을 위반하여 거래상 지위를 남용하거나 거짓 또는 그

밖의 부정한 방법으로 같은 조의 적용을 피하려는 행위를 한 원사업자에게는 5,000만 원 이하의 과태료를 부과한다.

하도급대금 연동제의 도입

하도급대금 연동제 도입을 내용으로 하는 개정 하도급법(2023. 7. 18. 개정 법률 제19562호)이 2023. 10. 4.부터 시행되었고, 2023. 10. 4. 이후에 새로 체결되거나 변경·갱신되는 계약부터 적용된다.

주요 원재료의 가격 변동에 따라 하도급대금을 조정하도록 하도급대금 연동제를 도입하여 원재료 가격 변동에 따른 수급사업자의 부담을 완화하고, 하도급대금 조정제도에서 중소기업협동조합을 통한 대행협상 신청 요건을 삭제하여 하도급대금 조정 대행 협상을 활성화하는 등 현행 제도의 운영상 나타난 일부 미비점을 개선·보완하고 있다.

하도급대금 연동제는 주요 원재료의 가격이 원사업자와 수급사업자가 10% 범위 내에서 협의하여 정한 비율 이상으로 변동하는 경우 그 변동분에 연동하여 하도급대금을 조정하는 제도이다(하도급법 제2조 제17항).[48] '주요 원재료'를 하도급거래에서 목적물 등의 제조·수리·시공 또는 용역수행에 사용되는 원재료로서 그 비용이 하도급대금의 100분의 10 이상인 원재료로 정의했다(하도급법 제2조 제16항). 주요 원재료의 비율은 획일적으로 정하는 것보다 업종별 특수성을 고려하여 유연하게 정할 수 있도록 해야 한다는 지적이 있다.[49]

중소벤처기업부는 원재료에 천연재료 또는 화합물, 천연재료 또는 화합물을 산업용으로 가공한 물건, 수급사업자가 위탁받은 제조 등을

---

48 연동비율의 불공정성은 심사하지 않는다.

49 나지원, "납품대금 연동제 시행에 따른 법 집행 방향에 대한 소고", 『경쟁저널』 제216호, 2023, 23쪽.

수행하는 과정에서 사용하기 위하여 구매하는 중간재, 기타 수급사업자가 위탁받은 목적물 등의 제조를 위해 필요한 것으로 양 당사자 간 협의하여 정한 것은 포함되는 반면, 노무비, 경비는 포함되지 않는 것으로 보고 있다.[50]

하도급대금 연동에 관한 서명의 작성의무 등

하도급대금 연동의 대상 목적물 등의 명칭, 주요 원재료, 조정요건, 기준 지표 및 산식 등 하도급대금 연동에 관한 사항으로서 대통령령으로 정하는 사항을 서면 기재사항에 추가했다(하도급법 제3조 제2항).

하도급대금 연동 시 원사업자가 수급사업자에게 발급하는 서면에는 연동 대상 목적물과 주요 원재료의 명칭, 조정요건, 연동산식, 조정일, 조정주기 및 조정대금 반영일 등을 명시하도록 했다(시행령 제3조 제2항).

공정거래위원회는 하도급대금 연동에 관한 표준하도급계약서를 제정 또는 개정하여 사업자 등에 그 사용을 권장하여야 한다(하도급법 제3조의2 제2항 신설).

하도급법상 하도급대금 연동제와 상생협력법상 납품대금 연동제

대중소기업 상생협력 촉진에 관한 법률(상생협력법)은 위탁기업(상생협력법 제2조 제5호)과 수탁기업(상생협력법 제2조 제6호)에 대하여 적용되므로, 원사업자(하도급법 제2조 제2항)와 수급사업자(하도급법 제2조 제3항)[51]에 대하여 적용되는 하도급법보다 범위가 더 넓다. 예를 들면 하도급법

---

50 중소벤처기업부, 『납품대금 연동제 해설자료』, 중소벤처기업부, 2023a, 5쪽. 중소벤처기업부, 『납품대금 연동 특별약정서 가이드북』, 중소벤처기업부, 2023b, 4, 5쪽.

51 다만, 일부 중견기업을 수급사업자로 보는 하도급법 제13조 제11항은 하도급대금 연동제에는 적용되지 않는다.

상 하도급대금 연동제가 적용되는 수급사업자의 범위에 일부 중견기업을 수급사업자로 보는 하도급법 제13조 제11항은 적용되지 않지만, 상생협력법의 수탁기업에는 중소기업과 더불어 '상호출자제한기업집단 소속 기업과 거래하는 평균 매출액 또는 연간 매출액이 3,000억 원 미만인 중견기업[52]은 포함된다. 또한 하도급법상 하도급거래에 비하여 상생협력법상 수탁·위탁거래의 범위는 넓어서 하도급거래에 포함되지 않는 거래도 수탁·위탁거래에 포함될 수 있다.

상생협력법은 위탁기업이 업으로 할 것을 요하고(상생협력법 제2조 제4호), 하도급법도 원사업자가 업으로 할 것을 요한다(하도급법 제2조 제6항 등). 다만, 상생협력법 제2조 제4호는 제조, 공사, 가공, 수리, 판매, 용역을 업(業)으로 하는 자가 물품, 부품, 반제품 및 원료 등(이하 "물품등"이라 한다)의 제조, 공사, 가공, 수리, 용역 또는 기술개발(이하 "제조"라 한다)을 다른 중소기업에 위탁할 것을 요건으로 함에 따라 그 업에 따른 위탁을 대상으로 하는 하도급법보다 범위가 넓어질 수 있다. 이에 따라 발주자는 하도급법상 원사업자에 해당하지 않을 가능성이 높지만, 상생협력법상 위탁기업에 해당할 가능성이 있다.

상생협력법은 위탁기업이 수탁기업과 약정사항을 기재함에 있어 성실히 협의할 의무를 규정하고 있는 데 비하여(상생협력법 제21조 제2항), 하도급법은 성실협의의무와 더불어 불공정한 내용이 되지 않도록 할 의무를 원사업자에게 부과하고 있다(하도급법 제3조 제3항).

상생협력법 제21조 제4항과 하도급법 제3조 제5항은 모두 거래상 지위남용과 탈법행위에 대한 금지규정을 두고 있고, 여기에 더하여 상생협력법 제25조 제1항은 납품단가 연동에 관한 사항을 이행하지 않기 위하여 제조위탁을 임의로 취소하거나 변경하는 행위를 금지하고

---

52 중견기업 성장촉진 및 경쟁력 강화에 관한 특별법 제13조, 같은 법 시행령 제6조.

있다.[53] 다만, 하도급법은 부당한 위탁취소를 일반적으로 금지하고 있고(하도급법 제8조), 납품단가 연동에 관한 사항을 이행하지 않기 위한 위탁취소는 이에 해당할 가능성이 높아서 실질적인 차이는 적을 것이다.

하도급법과 상생협력법이 동시에 적용되는 하도급거래는 상생협력법 제26조 제1항,[54] 제27조 제2항 단서[55]에 비추어 하도급법이 우선적으로 집행될 가능성이 높다. 다만, 하도급법이 우선집행되는 경우에도 상생협력법 제27조 제1항[56]에 따른 개선요구는 가능할 것이다. 이와 달리 하도급법 적용대상이 아니지만 상생협력법의 적용대상인 경우 상

53 법 제25조 ① 위탁기업은 수탁기업에 물품 등의 제조를 위탁할 때 다음 각 호의 행위를 하여서는 아니된다.
1의 2. 물품 등의 제조를 위탁한 후 제21조 제1항 제4호의 사항을 이행하지 아니하기 위하여 수탁기업이 책임질 사유가 없음에도 불구하고 물품 등의 제조위탁을 임의로 취소하거나 변경하는 행위

54 법 제26조 ① 중소벤처기업부장관은 위탁기업이 제21조, 제22조, 제22조의2, 제23조, 제25조 제1항부터 제3항까지의 규정을 위반한 사실이 있고 그 위반사실이 「하도급거래 공정화에 관한 법률」 제3조, 제4조부터 제12조까지의 규정, 제12조의2, 제12조의3, 제13조, 제13조의2, 제15조, 제16조, 제16조의2, 제17조부터 제20조까지의 규정 또는 「독점규제 및 공정거래에 관한 법률」 제45조 제1항에 따른 금지행위에 해당한다고 인정할 때에는 「하도급거래 공정화에 관한 법률」 제25조 또는 「독점규제 및 공정거래에 관한 법률」 제49조에 따라 공정거래위원회에 필요한 조치를 하여줄 것을 요구하여야 한다.

55 법 제27조 ② 중소벤처기업부장관은 제1항에 따른 위탁기업이 제21조, 제22조, 제22조의2, 제23조 또는 제25조 제1항부터 제3항까지의 규정을 위반한 경우 납품대금의 지급, 법 위반행위의 중지, 향후 재발 방지, 그 밖에 시정에 필요한 조치를 명할 수 있다. 다만, 그 위반사실이 「하도급거래 공정화에 관한 법률」 제3조, 제4조부터 제12조까지, 제12조의2, 제12조의3, 제13조, 제13조의2, 제15조, 제16조, 제16조의2 및 제17조부터 제20조까지의 규정 또는 「독점규제 및 공정거래에 관한 법률」 제23조 제1항에 따른 금지행위에 해당하는 경우는 그러하지 아니하다.

56 법 제27조 ① 중소벤처기업부장관은 대기업과 중소기업 간의 수탁·위탁거래 과정에서 위탁기업이 제21조, 제21조의2 제1항, 제22조, 제22조의2, 제23조, 제25조 제1항부터 제3항까지의 규정을 이행하고 있는지를 대통령령으로 정하는 바에 따라 주기적으로 조사하여 개선이 필요한 사항에 대하여는 해당 기업에 개선을 요구할 수 있다.

생협력법이 적용될 것이다. 한편 상생협력법 제26조, 제27조에서 본 바와 같이 하도급법과 상생협력법의 중복규제 문제를 해소하려고 노력했으나, 일관된 법집행을 위하여 두 법의 관계에 대하여 구체적인 기준이 필요할 수도 있을 것이다.

적용제외 사유의 해석

원사업자가 중소기업법 제2조 제2항에 따른 소기업인 경우, 하도급거래 기간이 90일 이내에서 대통령령으로 정하는 기간 이내인 경우, 하도급대금이 1억 원 이하에서 대통령령으로 정하는 금액 이하인 경우, 원사업자와 수급사업자가 하도급대금 연동을 하지 아니하기로 합의한 경우(다만 원사업자와 수급자가 그 취지와 사유를 서면에 분명하게 적어야 한다) 원사업자는 서면에 하도급대금 연동에 관한 사항을 적지 아니할 수 있도록 했다(하도급법 제3조 제4항).

첫째, 연동사항 기재의무의 예외가 되는 단기계약과 소액계약의 기준은 각각 90일 이내, 1억 원 이하로 정하되, 거래 관행 등 거래의 특성을 고려하여 공정거래위원회가 달리 정하여 고시할 수 있도록 했다(시행령 제3조 제3, 4항).

적용제외 사유 중 애초에 약정한 기간은 90일 이내였는데 사정이 변경되어 거래 기간이 90일을 넘는 경우(제2호), 애초에 약정한 금액은 1억 원 이하였는데 금액이 1억 원을 초과하는 경우(제3호)에 적용제외에 해당하는지가 문제된다.[57] 이와 달리 90일을 초과하는 약정 기간이 90일 이내로 단축되는 경우, 1억 원을 초과하는 약정 금액이 1억 원 이하로 줄어드는 경우도 발생할 수 있다. 공사비 등 하도급대금은 변동할

57 김홍기·안준규, "납품대금 연동제의 의미, 주요 내용 및 문제점에 대한 소고", 『경쟁저널』 제216호, 2023, 36쪽.

수 있기 때문에 어떤 시점을 기준으로 하는지에 따라 적용제외 여부가 달라질 수 있는데, 법문상으로는 명확하지 않다.[58] 최초 약정 시를 기준으로 적용제외를 결정하는 견해, 최종 약정기간이나 최종 약정금액을 기준으로 적용제외를 결정하는 견해, 최초 약정 시를 기준으로 하되 약정 기간이 90일을 넘거나 약정 금액이 1억 원을 초과하는 사정변경이 발생하는 경우에는 적용제외에 해당하지 않게 되어 하도급대금 연동에 관한 서면 작성의무를 인정하는 견해 등이 있을 수 있다.

둘째, 적용제외 사유 중 원사업자와 수급사업자가 하도급대금 연동을 하지 아니하기로 합의한 경우(제4호)의 해석이 실무상 문제된다.

합의는 진정한 합의를 전제로 한다. 진정한 합의가 이루어지기 위하여 당사자 사이에서 실질적이고 충분한 협의를 거쳐야 하며, 수급사업자의 자발적 의사가 전제되어야 한다.

수급사업자가 하도급대금 연동을 하지 않을 것을 먼저 의사표시한 경우는 적용제외 사유에 해당할 가능성이 높다. 수급사업자가 주요 원재료 가격이 하락하는 경우를 우려하여 대금 연동을 원하지 않거나, 수급사업자가 원사업자와 주요 원재료 조달에 대한 정보를 공유하기를 희망하지 않는 경우 등이다. 특히, 주요 원재료의 경우 납품대금의 10% 이상인지를 판단하기 위하여 원가자료를 확인하는 것이 필요하므로, 원사업자가 이를 확인하기 위하여 수급사업자에게 원가자료를 요구하는 상황이 발생할 수 있다.

원사업자가 수급사업자에 대하여 연동제를 시행하지 않기로 합의해야 거래를 유지하겠다고 하여 합의가 이루어졌다면 탈법행위에 해당하여 적용 제외사유에 해당하지 않는다고 보는 견해가 있다.[59] 이는 수

58 이는 하도급법 제4조 제2항 제6호에서 '하도급계약을 체결할 때'라고 기재하여 최초 공사비로 볼 수 있는 것과 비교된다.

59 상생협력법에 대한 내용은 중소벤처기업부, 2023a, 8쪽을 참조.

급사업자의 자발적 의사가 인정되기 어렵다고 보기 때문이다.

반면, 원사업자가 하도급대금 연동을 하지 않을 것을 먼저 언급한 경우, 원사업자가 복수의 거래상대방 중 하도급대금 연동제를 희망하지 않는 중소기업과 거래한 경우 등에서 당사자 사이에 합의가 이루어졌다고 하더라도 그 합의 내용을 신중하게 살펴볼 필요가 있다.[60]

특히 하도급법 제3조 제4항 제4호의 '합의를 통한 적용 제외 요건'은 하도급법 제3조 제5항의 거래상 지위남용이나 탈법행위(거짓 또는 그 밖의 부정한 방법으로 적용을 피하려는 행위)와 연결해서 해석할 필요가 있다. 거래상 지위남용에 해당하거나 탈법행위에 속하는 합의는 하도급법 제3조 제4항 제4호의 '합의를 통한 적용 제외 요건'에 해당하지 않을 것이다.

그런데 거래상 지위남용에 해당하지 않거나 탈법행위에 속하지 않는 합의가 아닌 경우에 대하여는 다양한 견해가 가능하다. 첫째, 거래상 지위남용에 해당하지 않거나 탈법행위에 속하지 않는 합의는 모두 하도급법 제3조 제4항 제4호의 적용 제외에 해당한다는 견해가 있을 수 있다(적용제외설).[61] 이는 하도급법 제3조 제4항 제4호를 하도급법 제3조 제5항의 연장선상에서 해석하는 것으로, 당사자 간 합의의 효력을 가능한 존중하는 입장이다. 둘째, 이러한 경우에도 하도급대금 연동제를 하지 않기로 하는 유형은 다양하므로, 구체적인 사실관계에 따른

---

60 대규모유통업법 제11조(판매촉진비용의 부담전가 금지) 제5항의 '납품업자의 자발성 요건'의 해석에서 대규모유통업자가 실시를 요청하는 등 주도권을 행사한 것으로 보이는 경우에 자발성이 인정되기 어려운 점도 참고할 수 있다.

61 나지원, 2023, 19쪽은 "당사자 합의에 의한 적용 제외는 위탁기업이 거래상 지위를 남용하거나 거짓 또는 부정한 방법으로 연동약정을 회피하려는 탈법행위의 근거로 악용될 수 있다."고 기재하고 있다. 김홍기 · 안준규, 2023, 37쪽은 "당사자들의 자발적인 합의와 탈법행위를 구분하는 기준이 정립되어야 한다."고 기재하고 있다. 이는 자발적 합의와 '거래상 지위남용 또는 탈법행위에 따른 합의'로 나누는 견해에 가깝다.

실질적 판단이 필요하다는 견해가 있을 수 있다(개별적 판단설). 이는 공정거래법상 거래상 지위남용이나 탈법행위의 범위가 상대적으로 엄격하게 인정되는 상황에서, 비록 거래상 지위남용이나 탈법행위에 해당하지 않더라도 적용제외를 부정함으로써 수급사업자 보호가 필요함을 고려하는 입장이다.

법 위반에 대한 제재

사업자는 하도급대금 연동과 관련하여 거래상 지위를 남용하거나 거짓 또는 그 밖의 부정한 방법으로 관련 조항의 적용을 피하려는 행위를 하여서는 아니 되고(하도급법 제3조 제5항), 이를 위반한 원사업자에게 시정조치(하도급법 제25조 제1항), 5,000만 원 이하의 과태료를 부과하도록 했다(하도급법 제30조의2 제4항 신설). 이에 대하여 하도급법상 벌점이 부과될 수 있다(하도급법 제26조 제2항).[62]

하도급계약서에 하도급대금 연동 관련 사항을 미기재하거나 약정서를 발급하지 않는 경우 시정조치(하도급법 제25조 제1항), 1,000만 원 이하의 과태료(하도급법 제30조의2 제5항 제1호), 벌점 부과(하도급법 제26조 제2항)가 가능하다.[63]

연동의무 위반에 대한 벌점과 과태료 부과 세부기준도 규정했다. 연동 관련 사항의 서면 기재의무 위반에 대해서는 경고, 시정명령 등 시정조치 유형에 따라 0.25점에서 2.0점 사이의 벌점 및 과태료 1,000만 원이 부과된다(시행령 제18조 [별표3], [별표5]).

거래상 지위를 남용하거나 거짓 또는 그밖의 부정한 방법으로 연동

62 상생협력법 제27조 제2항은 시정조치를, 제43조 제2항 제2호는 5,000만 원 이하의 과태료를, 상생협력법 제27조 제7항은 벌점을 규정하고 있다.

63 상생협력법 제27조 제2항은 시정조치를, 제43조 제3항 제1호는 1,000만 원 이하의 과태료를, 상생협력법 제27조 제7항은 벌점을 규정하고 있다.

제 적용을 회피하는 탈법행위에 대해서는 기본적으로 벌점 3.1점과 위반횟수에 따라 과태료 3,000만 원에서 5,000만 원이 부과된다. 다만 수급사업자에게 연동하지 않을 것을 강요하는 등 미연동합의를 위한 탈법행위를 했다면, 이는 특별히 엄중한 제재가 필요하다고 보아 벌점 5.1점이 부과된다(시행령 제18조 [별표3], [별표5]).

하도급대금 연동제 확산을 위한 지원

공정거래위원회는 하도급대금 연동의 확산을 위하여 관련 우수기업을 선정하고 포상하는 등 지원시책을 수립하여 추진할 수 있으며, 관련 기관이나 단체를 하도급대금 연동 확산 지원 본부로 지정할 수 있도록 했다(하도급법 제3조의6 및 제3조의7). 한편 공급원가가 대통령령으로 정하는 기준 이상으로 변동된 경우에만 중소기업협동조합에 대행 협상 신청이 가능하도록 규정한 하도급대금 조정 대행 협상 신청 요건을 삭제했다(하도급법 제16조의2 제2항).

한편 개정 하도급법 시행령에서는 하도급대금 연동계약을 체결할 경우 하도급법 위반사업자에게 부과되는 벌점의 경감사유 중 하나로 추가했다. 즉, 2023. 1. 12. 시행된 개정 하도급법 시행령 [별표3] 제1호 및 제2호에 따라 원재료 가격 변동으로 인한 수급사업자의 부담을 완화하기 위하여 법 위반 사업자에게 부과하는 벌점의 경감기준에 원재료 가격 변동에 연동하여 하도급대금을 조정하는 것을 내용으로 하는 연동계약 체결비율 등의 경감항목을 추가했다.

개정된 하도급거래공정화지침도 원사업자의 자발적인 연동계약 체결 및 적극적인 하도급대금 증액 유도를 위해 하도급법 시행령의 벌점 경감사유에 연동계약 체결 및 하도급대금 증액비율이 신설되었고, 누산벌점 관리를 위한 세부적인 판단기준과 산정방법 등을 규정하고 있다.[64]

공정거래위원회가 연동 우수기업을 선정할 때는 하도급대금 연동 확산에 기여했는지, 연동의무 위반으로 조치받은 사실이 있는지를 고려해야 하고, 선정된 우수기업에 대해서는 공정거래협약 평가 시 가점을 부여하고 하도급법 위반시 50% 범위 내에서 과태료를 감경할 수 있는 한편, 관계기관과 함께 다양한 행정적·재정적 지원방안을 마련할 수 있다(시행령 제6조의6).

한편 하도급법에 따르면 중소기업협동조합(이하 '중기조합')은 원재료 가격, 노무비, 경비 등 제반 공급원가가 변동하는 경우 조합원인 수급사업자를 대신하여 원사업자와 하도급대금 조정 협의를 할 수 있다.[65] 기존에는 중기조합이 대행협상을 하기 위해서 총회 또는 이사회 의결을 거쳐야 하는 부담이 있었으나, 중기조합의 하도급대금 조정 대행협상 시 총회 및 이사회 의결 절차를 삭제하고, 조정 서류에서도 총회 및 이사회 의사록 사본, 조정 신청요건을 충족하는 수급사업자 목록을 제외하여 조정 대행협상의 절차상 부담을 대폭 완화했다(시행령 제9조의2 제7항).

기업의 연동 의무 이행을 근접 지원할 연동지원본부 지정의 세부기준과 절차를 규정하고, 연동지원본부로 하여금 원가분석 및 원재료 가격 기준지표 개발 지원, 연동 우수사례 발굴 및 홍보, 성과분석 및 만족도 조사 등 다양한 사업을 수행하도록 했다(시행령 제6조의7).

하도급법상 다른 규정과 관계

첫째, 부당한 위탁취소와 관계이다. 하도급법은 부당한 위탁취소를

64 하도급거래공정화지침(2023. 2. 9. 공정거래위원회 예규 제421호) III. 21. 가.

65 2023. 7. 18. 하도급법 개정을 통해 공급원가가 일정 수준 이상 변동되어야만 대행협상을 신청할 수 있었던 요건을 변동폭에 관계없이 공급원가가 변동되기만 하면 신청할 수 있도록 완화했다(하도급법 제16조의2 제2항).

일반적으로 금지하고 있고(하도급법 제8조), 납품단가 연동에 관한 사항을 이행하지 않기 위한 위탁취소는 수급사업자의 책임으로 돌릴 사유가 없는 경우에 해당하여 부당한 위탁취소가 될 가능성이 높다. 그 점에서 납품단가 연동에 관한 사항을 이행하지 않기 위하여 제조위탁을 임의로 취소하거나 변경하는 행위를 금지하고 있는 상생협력법 제25조 제1항과 실질적 차이는 적을 것이다.

둘째, 부당한 대금감액(하도급법 제11조)과 관계이다. 주요 원재료 가격은 상승할 수도 있으나 하락할 수도 있다. 특히 원자재 국제가격은 상승과 하락에서 모두 가격 변동이 클 수 있다. 원재료 가격이 하락할 때에는 원사업자가 하도급대금 연동제에 따라 하도급대금을 감액할 수 있는데, 이때 부당한 대금감액 문제가 제기될 수 있다.[66] 약정한 연동제에 따른 감액에 해당한다면 대금감액의 정당한 사유가 인정될 가능성이 있다.

셋째, 부당한 경영간섭 중 경영상의 정보 요구(하도급법 제18조 제2항 제3호)와 관계이다. 주요 원재료의 경우 납품대금의 10% 이상인지를 판단하기 위하여 원가자료를 확인하는 것이 필요하므로, 원사업자가 이를 확인하기 위하여 수급사업자에게 원가자료를 요구할 수 있는데, 이때 부당한 경영간섭 중 경영상의 정보 요구 문제가 제기될 수 있다. 원사업자가 연동제 합의와 이행을 위하여 필요한 범위를 넘어 원가자료 등을 요구할 경우 수급사업자로서는 주요 원재료 조달에 대한 경영상 정보 유출에 대한 부담으로 연동제 합의에 소극적일 수 있게 된다. 따라서 주요 원재료를 결정하기 위하여 필요한 최소의 범위에서 원가자료를 요구하는 경우에 정당한 사유가 인정될 수 있을 것이다.[67]

---

66 나지원, 2023, 23쪽.

다른 한편 개정된 하도급거래공정화지침은 납품단가 연동계약을 체결한 원사업자가 자신의 수급사업자에게 하위협력사와 연동계약을 체결하도록 요청·권유하는 행위가 부당한 경영간섭이 아님을 명시하고 있다.[68] 납품단가 연동계약이 2·3차 협력사로 확산되도록 유도할 필요가 있어 원사업자의 납품단가 연동계약 체결 요청·권유 근거를 마련한 것이다.

7. 설계변경 등에 따른 하도급대금 조정의무

법령 **하도급법 제16조(설계변경 등에 따른 하도급대금의 조정)**

① 원사업자는 제조 등의 위탁을 한 후에 다음 각 호의 경우에 모두 해당하는 때에는 그가 발주자로부터 증액받은 계약금액의 내용과 비율에 따라 하도급대금을 증액하여야 한다. 다만, 원사업자가 발주자로부터 계약금액을 감액받은 경우에는 그 내용과 비율에 따라 하도급대금을 감액할 수 있다.

1. 설계변경, 목적물 등의 납품 등 시기의 변동 또는 경제상황의 변동 등을 이유로 계약금액이 증액되는 경우
2. 제1호와 같은 이유로 목적물 등의 완성 또는 완료에 추가비용이 들 경우

② 제1항에 따라 하도급대금을 증액 또는 감액할 경우, 원사업자는 발주자로부터 계약금액을 증액 또는 감액받은 날부터 15일 이내에

67 김홍기·안준규, 2023, 35쪽.

68 하도급거래공정화지침(2023. 2. 9. 공정거래위원회 예규 제421호) III. 17.

발주자로부터 증액 또는 감액받은 사유와 내용을 해당 수급사업자에게 통지하여야 한다. 다만, 발주자가 그 사유와 내용을 해당 수급사업자에게 직접 통지한 경우에는 그러하지 아니하다.

③ 제1항에 따른 하도급대금의 증액 또는 감액은 원사업자가 발주자로부터 계약금액을 증액 또는 감액받은 날부터 30일 이내에 하여야 한다.

④ 원사업자가 제1항의 계약금액 증액에 따라 발주자로부터 추가금액을 지급받은 날부터 15일이 지난 후에 추가 하도급대금을 지급하는 경우의 이자에 관하여는 제13조 제8항을 준용하고, 추가 하도급대금을 어음 또는 어음대체결제수단을 이용하여 지급하는 경우의 어음할인료·수수료의 지급 및 어음할인율·수수료율에 관하여는 제13조 제6항·제7항·제9항 및 제10항을 준용한다. 이 경우 "목적물 등의 수령일부터 60일"은 "추가금액을 받은 날부터 15일"로 본다.

심사지침 **대금 조정 사유**

가. 원사업자가 발주자로부터 설계변경 등에 따른 하도급대금의 조정을 받은 경우 추가금액의 내용과 비율이 명확한 경우에는 그 내용과 비율에 따라 수급사업자에게 지급하여야 하고, 내용이 불명확한 경우에는 발주자가 지급한 평균비율을 적용하여 지급하여야 한다.

나. 원사업자가 발주자로부터 물가변동 등 경제상황의 변동에 따른 하도급대금의 조정을 받은 경우, 하도급계약이 발주자로부터 조정받기 이전에 체결되었다 하더라도 발주자로부터 조정받은 기준 시점 이후 잔여공사에 대하여 수급사업자에게 대금을 조정해준 경우에는 적법한 것으로 본다.

다. 발주자로부터 조정받은 기준 시점 이후에 체결된 하도급계약분에 대하여는 수급사업자에게 대금을 조정해주지 않아도 적법하다. 다만, 조정기준 시점 이전에 이미 선시공 등 사실상 하도급거래가 있었다는 객관적인 사실이 입증되는 경우에는 상기 "가"항에 따라 적용한다.
라. 원사업자가 발주자로부터 물가변동과 관련된 추가금액을 지급받고도 원사업자와 수급사업자 간 약정이나 「국가를 당사자로 하는 계약에 관한 법률 시행령」 제64조(물가변동으로 인한 계약금액의 조정)를 이유로 조정해주지 않는 경우에는 법 위반행위로 본다.
마. 물가변동과 관련 발주자로부터 조정받은 추가금액을 수급사업자에게 조정해주는 데 있어서 물가변동조정 기준 시점 이전에 지급한 선급금은 물가변동조정 대상금액에서 제외할 수 있다.
바. 원사업자가 발주자로부터 물가변동 등의 이유로 추가금액을 지급받은 때, 일부 공종에 있어 하도급금액이 원도급금액을 상회한 경우에도 하도급금액을 기준으로 증액해주어야 한다.[69]

관련 사례로, 원사업자와 수급사업자가 공종별 개개 공사내역의 수량변동이 아니라 순공사비 총액을 기준으로 정상하는 특약을 체결한 경우 하도금대금 조정의무 규정 위반을 인정하지 않은 서울고등법원 2010. 10. 13. 선고 2009누31429 판결(낙원건설 사건),[70] 원고가 발주자로부터 설계변경 등을 이유로 두 차례 도급계약금액의 조정을 받았음에도 조정받은 날로부터 15일 이내에 발주자에게 조정받은 사유와 내용을 수급사업자에게 통지하지 아니한 행위에 대하여 하도급법 제16조 제2항 위반을 인정하면서 도급계약 총액이 변경되지 않았더라도 수

69 하도급거래공정화지침(2023. 2. 9. 공정거래위원회 예규 제421호) III. 16.

70 대법원 2012. 1. 27. 선고 2010두24050 판결로 상고기각.

급사업자와 직접 관련된 토목공사금액이 증액된 경우 조정 통지의무가 있다고 본 서울고등법원 2019. 1. 31. 선고 2018누46386 판결(대림산업 사건),[71] 공동수급체가 대표자를 통하여 하도급업무를 수행한 경우 대표자뿐 아니라 나머지 원사업자도 증액 및 통지의무가 있다고 본 서울고등법원 2019. 5. 30. 선고 2019누36966 판결(현대건설, 한신공영 사건),[72] 하도급법 제16조에 위배한 하도급인과 하수급인 간 계약의 사법상의 효력을 부인하는 조항이라고 볼 것은 아니라고 판단한 대법원 2000. 7. 28. 선고 2000다20434 판결 등이 있다.

판례 하도급대금 조정의무 위반의 판단

▣ 서울고등법원 2019. 1. 31. 선고 2018누46386 판결(대림산업 사건)[73]

원고가 발주자로부터 설계변경 등을 이유로 두 차례 도급계약금액의 조정을 받았음에도 조정받은 날로부터 15일 이내에 발주자에게 조정받은 사유와 내용을 수급사업자에게 통지하지 아니한 행위에 대하여 하도급법 제16조 제2항 위반이 인정된다.
하도급법 제16조는 설계변경 등에 따른 하도급대금의 조정에 관한 조항이므로 수급사업자와 관련된 공사비가 변동된 경우 원사업자는 제2항에 따라 하도급대금 조정사유와 내용을 통지하여야 한다. 1차 도급변경계약으로 인한 총 도급계약금액은 변동되지 않았다 하더라도 수급사업자와 직접적으로 관련이 있는 토목공사비 항목은 증액되었으므로 원고는 수급사업자에 대한 통지의무를 부담한다.

71 대법원 2019. 6. 19.자 2019두37165 판결로 심리불속행 기각.

72 대법원 2019. 9. 26.자 2019두44224 판결로 심리불속행 기각.

73 대법원 2019. 6. 19.자 2019두37165 판결로 심리불속행 기각.

판례 하도급대금 조정의무 위반과 사법상 효력의 판단

▣ 대법원 2000. 7. 28. 선고 2000다20434 판결

구 하도급법 제16조에는 원사업자가 제조 등의 위탁을 한 후에 발주자로부터 설계변경 또는 경제상황의 변동 등의 이유로 추가금액을 지급받는 경우 동일한 사유로 목적물의 완성에 추가비용이 소요될 때에는 그가 받은 추가금액의 내용과 비율에 따라 하도급대금을 증액하여야 한다는 취지로 규정되어 있다.

그러나 그 법은 그 조항에 위반된 하도급약정의 효력에 관하여는 아무런 규정을 두지 않는 반면, 위의 조항을 위반한 원사업자를 벌금형에 처하도록 하면서 그 조항 위반행위 중 특정한 경우만을 공정거래위원회에서 조사하게 하여 그 위원회로 하여금 그 결과에 따라 하도급분쟁조정협의회에 조정 등을 요청하게 하거나 원사업자에게 통지·최고하게 하거나 그 위반행위의 신고를 각하 또는 기각하게 하도록 규정하고 있을 뿐이어서 그 조항은 그에 위배한 하도급인과 하수급인 간 계약의 사법상의 효력을 부인하는 조항이라고 볼 것은 아니다.

☞ 해설: 이 판결은 국가를 당사자로 하는 계약에 관한 법률 제19조에서 정한 '물가의 변동으로 인한 계약금액 조정' 규정이 국가 등이 계약상대자와의 합의에 기초하여 계약당사자 사이에만 효력이 있는 특수조건 등을 부가하는 것을 금지 또는 제한하는 것은 아니라는 전제에서, 위와 같은 특수조건이 부과되었더라도 그 효력을 부인할 수 없다고 보는 판례와 그 취지가 유사하다(대법원 2017. 12. 21. 선고 2012다74076 전원합의체 판결). 이러한 판례의 경향을 종합하면 후술하는 하도급법 제16조의2(공급원가 변경에 따른 하도급대금 조정) 위반의 경우에도 그 사법상 효력을 부정하기 어려울 것이다. 이에 대하여 하도급법 제16조를 강행규정으로 보아 이에 위반되는 약정을 무효로 보아야 한다는 비판론도 있다.[74]

8. 공급원가 변경에 따른 하도급대금 조정 협의의무

법령 **하도급법 제16조의2(공급원가 등의 변동에 따른 하도급대금의 조정)**

① 수급사업자는 제조 등의 위탁을 받은 후 다음 각 호의 어느 하나에 해당하여 하도급대금의 조정이 불가피한 경우에는 원사업자에게 하도급대금의 조정을 신청할 수 있다.

1. 목적물 등의 공급원가가 변동되는 경우
2. 수급사업자의 책임으로 돌릴 수 없는 사유로 목적물 등의 납품 등 시기가 지연되어 관리비 등 공급원가 외의 비용이 변동되는 경우
3. 목적물 등의 공급원가 또는 그 밖의 비용이 하락할 것으로 예상하여 계약기간 경과에 따라 단계적으로 하도급대금을 인하하는 내용의 계약을 체결했으나 원사업자가 목적물 등의 물량이나 규모를 축소하는 등 수급사업자의 책임이 없는 사유로 공급원가 또는 그 밖의 비용이 하락하지 아니하거나 그 하락률이 하도급대금 인하 비율보다 낮은 경우

② 「중소기업협동조합법」 제3조 제1항 제1호 또는 제2호에 따른 중소기업협동조합(이하 "조합"이라 한다)은 목적물 등의 공급원가가 변동된 경우에는 조합원인 수급사업자의 신청을 받아 대통령령으로 정하는 원사업자와 하도급대금의 조정을 위한 협의를 할 수 있다. 다만, 원사업자와 수급사업자가 같은 조합의 조합원인 경우에는 그러하지 아니하다.

③ 제2항 본문에 따른 신청을 받은 조합은 신청받은 날부터 20일 이내에 원사업자에게 하도급대금의 조정을 신청하여야 한다. 다만,

74 오승돈, 2019, 158쪽.

조합이 해당 기간 내에 제4항에 따라 「중소기업협동조합법」 제3조 제1항 제4호에 따른 중소기업중앙회(이하 "중앙회"라 한다)에 조정을 위한 협의를 신청한 경우에는 그러하지 아니하다.

④ 조합은 제3항 본문에 따라 원사업자에게 하도급대금의 조정을 신청하기 전이나 신청한 후에 필요하다고 인정되면 수급사업자의 동의를 받아 중앙회에 원사업자와 하도급대금 조정을 위한 협의를 하여 줄 것을 신청할 수 있다.

⑤ 제4항에 따른 신청을 받은 중앙회는 그 신청을 받은 날부터 15일 이내에 원사업자에게 하도급대금의 조정을 신청하여야 한다.

⑥ 제1항에 따라 하도급대금 조정을 신청한 수급사업자가 제2항에 따른 조정협의를 신청한 경우 제1항에 따른 신청은 철회된 것으로 보며, 제3항 본문에 따라 하도급대금 조정을 신청한 조합이 제4항에 따른 조정협의를 신청한 경우 제3항 본문에 따른 신청은 철회된 것으로 본다.

⑦ 제1항, 제3항 본문 또는 제5항에 따른 조정협의가 완료된 경우 수급사업자, 조합 또는 중앙회는 사정변경이 없는 한 동일한 사유를 들어 제1항부터 제5항까지의 규정에 따른 조정 신청을 다시 할 수 없다.

⑧ 제2항 또는 제4항에 따른 신청을 받은 조합 또는 중앙회는 납품 중단을 결의하는 등 부당하게 경쟁을 제한하거나 부당하게 사업자의 사업내용 또는 활동을 제한하는 행위를 하여서는 아니된다.

⑨ 제2항 본문 및 제3항 본문에 따른 수급사업자의 신청 및 조합의 협의 절차·방법, 제4항 및 제5항에 따른 조합의 신청 및 중앙회의 협의 절차·방법 등에 관하여 필요한 사항은 대통령령으로 정한다.

⑩ 원사업자는 제1항, 제3항 본문 또는 제5항에 따른 신청이 있은 날부터 10일 안에 조정을 신청한 수급사업자, 조합 또는 중앙회와 하도급대금 조정을 위한 협의를 개시하여야 하며, 정당한 사유 없이 협의를 거부하거나 게을리하여서는 아니된다.

⑪ 원사업자 또는 수급사업자(제3항 본문 또는 제5항에 따른 조정협의의 경우 조합 또는 중앙회를 포함한다. 이하 이 항에서 같다)는 다음 각 호의 어느 하나에 해당하는 경우 제24조에 따른 하도급분쟁조정협의회에 조정을 신청할 수 있다. 다만, 조합 또는 중앙회는 중앙회에 설치된 하도급분쟁조정협의회에 조정을 신청할 수 없다.

1. 제1항, 제3항 본문 또는 제5항에 따른 신청이 있은 날부터 10일이 지난 후에도 원사업자가 하도급대금의 조정을 위한 협의를 개시하지 아니한 경우
2. 제1항, 제3항 본문 또는 제5항에 따른 신청이 있은 날부터 30일 안에 하도급대금의 조정에 관한 합의에 도달하지 아니한 경우
3. 제1항, 제3항 본문 또는 제5항에 따른 신청으로 인한 협의개시 후 원사업자 또는 수급사업자가 협의 중단의 의사를 밝힌 경우 등 대통령령으로 정하는 사유로 합의에 도달하지 못할 것이 명백히 예상되는 경우

2023. 1. 12. 시행된 개정 하도급법은 하도급대금 조정 신청 제도를 개선하여(제16조의2), 목적물의 공급원가 등이 하락할 것으로 예상하고 계약기간 경과에 따라 단계적으로 하도급대금을 인하하는 내용의 계약을 체결한 후 수급사업자의 책임 없는 사유로 해당 비용이 하락하지 아니하거나, 그 하락률이 하도급대금 인하 비율보다 낮은 경우에도 하도급대금의 조정을 신청할 수 있도록 하고, 중소기업중앙회도 중소기업협동조합이 수급사업자의 동의를 받아 신청하는 경우 원사업자와 하도급대금 조정협의를 할 수 있도록 하고 있다.

2023. 10. 4. 시행된 개정 하도급법은 공급원가가 대통령령으로 정하는 기준 이상으로 변동된 경우에만 중소기업협동조합에 대행 협상 신청이 가능하도록 규정한 하도급대금 조정 대행 협상 신청 요건을 삭제했다(하도급법 제16조의2 제2항). 같은 날 시행된 하도급법 시행령은 중

소기업협동조합은 중소기업중앙회에 원사업자와 하도급대금 조정을 위한 협의를 해줄 것을 신청하려는 경우에는 수급사업자로부터 제출받은 신청서 및 첨부서류, 하도급대금 조정 신청 요건을 충족하는 수급사업자 목록과 수급사업자의 동의서를 제출하도록 했다(시행령 제9조의2제8항 및 제9항 신설).

제3장

원사업자의 하도급대금 관련 부작위의무

1. 부당한 하도급대금의 결정

가. 낮은 하도급대금 결정

> **법령** 하도급법 제4조(부당한 하도급대금의 결정 금지)
>
> ① 원사업자는 수급사업자에게 제조 등의 위탁을 하는 경우 부당하게 목적물 등과 같거나 유사한 것에 대하여 일반적으로 지급되는 대가보다 낮은 수준으로 하도급대금을 결정(부당한 하도급대금의 결정)하거나 하도급받도록 강요하여서는 아니된다.

2005년 하도급법 6차 개정으로 부당한 하도급대금의 결정 및 감액 금지 등이 도입되었다. 서울고등법원 2013. 12. 26. 선고 2012누19368 판결[1]은 제도의 취지, 특히 제2항 각 호의 입법 취지에 대하여, 하도급법 제4조 제2항 제7호에 해당하면 그 과정에서 부당한 방법을 이용했는지, 하도급대금이 통상 지급되는 대가보다 현저하게 낮은 수준으로 결정되었는지를 따질 필요 없이 부당한 하도급대금의 결정으로 간주된다고 판시했다.

하도급법 제4조 제1항의 요건사실은 '일반적으로 지급되는 대가보다 낮은 수준(낮은 대가)' 요건과 '부당하게(부당성)' 요건으로 구성된다. 한편 집행을 담당하는 공정거래위원회는 하도급법 제4조 제2항 각 호를 증명하여 위반행위를 증명하려는 경향을 보이며, 그에 따라 부당한 대금 결정의 원칙적인 규정인 하도급법 제4조 제1항은 사용되지 않고

1 심리불속행 기각.

있다.[2] 관련 사례로, 공정거래위원회가 하도급법 제4조 제1항을 적용했으나, 법원은 일반적으로 지급되는 대가보다 현저하게 낮은 수준으로 이 사건 하도급대금을 결정했다고 보기 어렵다고 본 서울고등법원 2017. 12. 20. 선고 2017누33147 판결(유승건설 사건)[3] 등이 있다.

심사지침 **낮은 대가 기준**

법 제4조 제1항의 "목적물 등과 같거나 유사한 것에 대하여 일반적으로 지급되는 대가보다 낮은 수준"은 목적물 등과 같거나 유사한 것에 대해 정상적인 거래관계에서 일반적으로 지급되는 대가보다 낮은 수준인지의 여부를 기준으로 판단한다.

(1) "같거나 유사한 것"의 판단은 목적물 등의 종류, 거래규모, 규격, 품질, 용도, 원재료, 제조공정, 공법 등을 고려하여 판단한다.

(2) "일반적으로 지급되는 대가"는 원칙적으로 다음의 방법으로 산출된 대가 중 순차적으로 우선 산출되는 대가를 적용한다.

① 목적물 등과 같은 것에 대해 동일 또는 유사한 시기에 정상적인 거래관계에서 다른 사업자에게 지급한 대가

② 목적물 등과 유사한 것에 대해 동일 또는 유사한 시기에 정상적인 거래관계에서 다른 사업자에게 지급한 대가

③ 종전에 목적물 등과 같거나 유사한 것에 대해 해당 수급사업자에게 지급한 대가가 있는 경우에는 그 대가에 소비자물가 상승률, 원자재 가격 변동률 등을 고려하여 산출한 대가

④ 최저가 경쟁입찰에서 최저가로 입찰한 금액(일반적으로 지급되는 대가의 최저 수준)

⑤ 신규 개발품과 같이 목적물 등과 같거나 유사한 것이 존재하지

---

2 황태희, "하도급법상 위법한 대금 결정의 판단 기준과 제재의 적합성 연구", 『상사판례연구』 제32집 제2권, 2019, 246쪽.

3 심리불속행 기각.

아니하거나 그것을 알 수 없는 경우에는 해당 목적물 등에 대한 제조 등의 원가에 해당 원사업자가 거래 중에 있는 같거나 유사한 업종에 속하는 수급사업자들의 전년도 평균 영업이익률에 상당하는 금액을 더한 대가

⑥ 원사업자가 건설산업기본법·령, 국가계약법·령 또는 지방자치단체계약법·령에 의거 발주처에 제출하는 하도급관리계획에 포함된 하도급계약 금액 또는 수급사업자의 견적 가격

(3) "낮은 수준"의 해당 여부는 원칙적으로 결정된 하도급대금, 그리고 목적물 등과 같거나 유사한 것에 대해 일반적으로 지급되는 대가간 차액규모, 목적물 등의 수량과 해당 시장 및 전·후방 시장상황 등을 고려하여 판단한다.

최저가 경쟁입찰에서 최저가로 입찰한 금액보다 하도급대금이 낮은 경우, 계속적으로 거래해오고 있는 수급사업자가 납품하는 목적물의 제조에 필요한 원자재 가격이나 인건비가 인상되었음에도 원사업자가 단가를 인하하는 경우 등이 이에 해당한다.[4]

심사지침 **하도급법 제4조 제1항과 부당성 판단**

법 제4조 제1항의 "부당하게(부당성 요건)"에 대한 판단은 원칙적으로 하도급대금의 결정과 관련하여 그 내용, 수단·방법 및 절차 등이 객관적이고 합리적이며 공정·타당한지 여부, 즉 하도급대금의 결정 과정에서 원사업자가 수급사업자에게 목적물 등의 내용, 규격, 품질, 수량, 재질, 용도, 공법, 운송, 대금결제조건 등 가격 결정에 필요한 자료·정보·시간 등을 성실하게 제공했는지 여부, 수급사업자와 실질적이고 충분한 협의를 했는지 여부와 거래상의 지위를 이용하여 수급사업자

4 부당한 하도급대금 결정 및 감액행위에 대한 심사지침(2022. 11. 29. 공정거래위원회예규 제411호) IV. 1.

의 자율적인 의사를 제약했는지 여부, 또는 정상적인 거래 관행에 어긋나거나 사회 통념상 올바르지 못한 것으로 인정되는 행위나 수단 등을 사용했는지 여부 등을 종합적으로 고려하여 판단한다.

심사지침은 부당성이 인정되는 경우를 다음과 같이 예시하고 있다.[5]

① 원사업자가 수급사업자들로부터 낮은 견적가를 받기 위해 발주수량, 규격(사양), 품질, 원재료, 결제수단·운송·반품 등의 거래조건, 민원 처리비용 부담주체 등 목적물 등의 대가결정에 영향을 미치는 주요내용이나 자료·정보 등을 수급사업자에게 충분히 제공하지 아니하거나 사실과 다르게 제공하는 경우

② 원사업자가 최저가 지명경쟁입찰에 참여를 거부하거나 일정횟수 이상 낙찰되지 아니하는 수급사업자에 대해 다음 거래 시 물량감축 등의 불이익을 제공토록 하는 내용의 협력업체 관리내규를 이용하여 지명경쟁입찰가격을 낮게 결정하도록 하는 경우

③ 원사업자가 수량과 단가에 근거하여 하도급대금을 결정했음에도 하도급대금 합의서 작성 시 수량을 제외하고 단가만 명시(단가 합의서 작성)하여 수량을 미확정 상태로 두고 매 발주 시마다 수량을 통보하는 방법으로 하도급대금을 결정하는 경우

④ 정당한 이유 없이 위탁할 때 하도급대금(단가 및 수량)을 확정하지 아니하는 경우

⑤ 원사업자가 단가결정 시 부득이한 사정에 의해 예상수량으로 단가를 정하고 추후 수량을 확정하여 정산을 하는 경우 사전에 수급사업자에게 불리하지 아니한 내용으로 수량증감에 따른 단가조정 기준을 정하지 아니하는 경우

⑥ 원사업자가 계속적 거래관계에 있는 수급사업자에게 확정되지 아니한 초안상태의 생산량감축 계획 관련 문건을 보여주는 등의 방법으로 거래중단이나 물량감축 의사를 내비치는 등 수급사업자의

5 부당한 하도급대금 결정 및 감액행위에 대한 심사지침(2022. 11. 29. 공정거래위원회예규 제411호).

자율적 의사를 억압하거나 제한하는 방법을 이용하는 경우

⑦ 원사업자가 수급사업자의 거래관련 (인감)도장을 맡아 보관하면서 일방적으로 이를 하도급대금 결정에 합의한 것으로 사용하는 경우

⑧ 원사업자가 가격책정 모델 또는 기법을 적용하여 산출한 금액을 가격인상 근거 자료로는 활용하지 아니하고 가격인하 근거로만 활용하는 경우

⑨ 원사업자가 거래의존도가 높은 수급사업자에 대해 거래처 변경 시 경영상 어려움이 가중될 우려가 있는 것을 이용하여 가격인하에 불응할 경우 거래처 변경 가능성을 내세워 가격을 인하하는 경우

⑩ 임시단가(또는 가단가)를 정해 위탁한 뒤 나중에 원가계산, 견적가격 등의 산출이 가능할 때(예컨대 제1회차 납품 후) 대금을 확정하기로 수급사업자와 합의한 후 정당한 이유 없이 1회차 목적물이 납품된 후 상당한 기간을 경과하여 대금을 확정하는 경우

⑪ 신규 개발품이 아님에도 원사업자가 임시단가(또는 가단가)로 발주받았다는 이유로 수급사업자에게 임시단가로 위탁한 후 발주자가 가격을 인하할 경우 그만큼을 인하하여 단가를 확정하는 경우

⑫ 원사업자가 수급사업자에게 제조 등을 위탁할 때 정당한 이유 없이 목적물 등에 대한 단가를 정하지 아니하고 납품받을 때 단가를 정하는 경우

⑬ 해당 목적물에 대해 하도급대금을 낮게 결정하면서 그 차액에 상당하는 금액을 다른 목적물에 대한 하도급대금의 결정 시 보전해 주기로 한 후 이를 이행하지 아니하는 경우

⑭ 수출, 할인특별판매, 경품류, 선물용, 견본용 등을 이유로 같거나 유사한 것에 대해 일반적으로 지급되는 대가나 수급사업자의 견적가를 무시하고 일방적으로 하도급대금을 결정하는 경우

⑮ 기타

- 원사업자가 원도급대금에 비하여 현저히 낮은 실행예산을 작성

하여 일방적으로 그 실행예산 범위 내의 금액으로 하도급대금을 결정하는 경우

- 원사업자가 수급사업자의 납품 관련 기술자료(설계도서, 시방서, 특수한 공정·공법 등과 이에 대한 견적가 산출내역 등) 등을 다른 사업자에게 제공하고 그 다른 사업자가 이를 이용하여 제출한 견적가격 등을 근거로 하도급대금을 결정하는 경우
- 원사업자가 건설산업기본법·령, 국가계약법·령 또는 지방자치단체계약법·령에 의거 하도급계약 금액 또는 수급사업자의 견적가를 포함한 하도급관리계획을 발주처에 제출하여 발주받은 후 하도급계약 금액을 하도급관리계획상의 하도급계약 금액보다 낮은 수준으로 재조정하거나, 견적가보다 낮은 금액으로 하도급계약을 체결하는 경우
- 원사업자가 발주자와의 협상 과정에서 수급사업자의 업무량을 일방적으로 추가시키고 하도급대금은 증액하지 아니하는 경우
- 원사업자가 수급사업자의 제조원가 명세서 등을 제출받아 수급사업자의 이익률이 높다는 이유를 내세워 계약 갱신 시 동일한 목적물에 대해 하도급대금을 낮게 결정하는 경우
- 설계변경 등에 따른 신규항목 등에 대한 물량 및 단가를 수급사업자의 의사와 무관하게 원사업자가 일방적으로 결정·작성한 변경 내역서를 제시하며, 변경계약에 서명할 때까지 기성금 지급을 유보하는 등의 방법으로 수급사업자를 압박하여 신규항목 등에 대한 하도급대금을 낮게 결정하는 경우
- 기타 객관성·합리성이 결여되거나 공정·타당하지 아니한 내용, 수단·방법 및 절차 등으로 하도급대금을 결정하는 경우

하도급법 제4조 제1항과 강요 요건

하도급법 제4조 제1항의 요건으로 '강요' 행위가 필요한가? 필요하

다는 견해(강요 필요설)[6]와 필요하지 않다는 견해(강요 불요설)[7] 중 타당한 것은 어느 쪽인가? 하도급법 제4조 제1항은 '일반적으로 지급되는 대가보다 낮은 수준으로 하도급대금을 결정하거나 하도급받도록 강요하여서는'이라고 하여 행위 유형으로 '하도급대금을 결정하는 행위'와 '하도급받도록 강요하는 행위'를 규정하고 있다. 두 행위 유형은 선택적(또는, or) 관계인 '~하거나'로 연결되어 있으며, 따라서 강요한 행위가 위반행위가 됨은 물론이지만 강요 없이(일방적으로) 결정하는 행위도 위반행위가 된다. 그 점에서 강요 불요설이 타당하다.

부당한 대금 결정과 위반행위의 수

원사업자가 장기간 부당한 하도금대금을 유지한 사건에서 하도급 위반행위의 수는 단수인가, 복수인가? 부당한 공동행위가 지속된 경우의 수는 하나로 보는 경우가 많다. 그러나 하도급법이 금지하는 부당한 가격은 매년 결정되므로, 이를 하나의 행위로 보는 것은 부자연스럽다. 따라서 원칙적으로 복수의 행위로 평가하는 것이 타당하다.

판례 하도급법 제4조 제1항 부당한 하도급대금 결정 판단

■ 서울고등법원 2017. 12. 20. 선고 2017누33147 판결(유승건설 사건)[8]

원고와 수급사업자 사이의 이 사건 하도급대금은 일반적으로 지급되는 대가보다 현저히 낮은 수준으로 결정된 것으로 하도급법 제4조 제1항에 위반하는 부당한 하도급대금 결정행위에 해당한다는 이유로 시정명령 및 과징금 납부명령을 했다.

---

6 오승돈, 2019, 180쪽.

7 법무법인화우, 2020, 129쪽.

8 심리불속행 기각.

원고는 수급사업자와 이 사건 하도급계약을 체결하면서 수급사업자가 입찰한 금액대로 계약을 체결한 것일 뿐 부당한 방법을 이용한 사실이 없고, 이 사건 계약의 하도급대금은 영서조경의 하도급대금 및 다른 입찰업체들의 입찰금액과 유사한 수준이므로 원고가 일반적으로 지급되는 대가보다 현저히 낮은 수준으로 이 사건 하도급대금을 결정한 것이라 볼 수 없어 하도급법 제4조 제1항 위반 역시 성립하지 않는다(원고 주장).

원고가 부당한 방법을 이용하여 일반적으로 지급되는 대가보다 현저하게 낮은 수준으로 이 사건 하도급대금을 결정했다고 보기 어렵고, 달리 이를 인정할 증거가 없다. 원고의 이 사건 하도급대금 결정행위가 하도급법 제4조 제1항에 위반된다고 볼 수 없다.

부당한 하도급대금 결정 및 감액행위에 대한 심사지침(2013. 11. 27. 공정거래위원회 예규 제182호로 개정되기 전의 것, 이하 "심사지침"이라 한다) VI. 1. 나. (1)은 "하도급법 제4조 제1항의 '통상 지급되는 대가'는 원칙적으로 다음의 방법으로 산출된 대가 중 순차적으로 우선 산출되는 대가를 적용한다."고 규정하여 '목적물 등과 동종의 것에 대해 동일 또는 유사한 시기에 정상적인 거래관계에서 다른 사업자에게 지급한 대가'가 가장 우선적으로 적용되고, 그다음으로 '목적물 등과 유사한 것에 대해 동일 또는 유사한 시기에 정상적인 거래관계에서 다른 사업자에게 지급한 대가'가 적용되는 것으로 규정하고 있다.

피고는 한서종합조경과 세운조경 사이의 조경식재공사 1공구에 대한 하도급 공사대금 22억 6,820만 원에 비하여 이 사건 하도급 공사의 하도급대금이 현저히 낮으므로 이 사건 하도급대금의 결정행위가 부당한 하도급대금 결정행위에 해당한다는 취지로 주장한다. 그러나 위 하도급대금은 실질적인 공사계약의 당사자 및 공사내용이 다른 별개의 공사에 대한 대금이고, 심사지침상으로도 후순위 기준으로 작용하는 '목적물 등과 유사한 것에 대해 동일 또는 유사한 시기에 정상적인 거래관계에서 다른 사업자에게 지급한 대가'에 해당하는 것으로, 이 사건 최초 하도급계약에 따른 하도급대금이 위와 같이 산출되는 이상 위 1공구에 대한 하도급대금이 이 사건 하도급계약에 관한 '일반적으로 지급되는 대가'를 판단함에 있어 적용되는 기준이라고 볼 수 없다.

나. 부당한 하도급대금 결정 간주

법령 **하도급법 제4조(부당한 하도급대금의 결정 금지) 제2항**

② 다음 각 호의 어느 하나에 해당하는 원사업자의 행위는 부당한 하도급대금의 결정으로 본다.

1. 정당한 사유 없이 일률적인 비율로 단가를 인하하여 하도급대금을 결정하는 행위
2. 협조요청 등 어떠한 명목으로든 일방적으로 일정 금액을 할당한 후 그 금액을 빼고 하도급대금을 결정하는 행위
3. 정당한 사유 없이 특정 수급사업자를 차별 취급하여 하도급대금을 결정하는 행위
4. 수급사업자에게 발주량 등 거래조건에 대하여 착오를 일으키게 하거나 다른 사업자의 견적 또는 거짓 견적을 내보이는 등의 방법으로 수급사업자를 속이고 이를 이용하여 하도급대금을 결정하는 행위
5. 원사업자가 일방적으로 낮은 단가에 의하여 하도급대금을 결정하는 행위
6. 수의계약(隨意契約)으로 하도급계약을 체결할 때 정당한 사유 없이 대통령령으로 정하는 바에 따른 직접공사비 항목의 값을 합한 금액보다 낮은 금액으로 하도급대금을 결정하는 행위
7. 경쟁입찰에 의하여 하도급계약을 체결할 때 정당한 사유 없이 최저가로 입찰한 금액보다 낮은 금액으로 하도급대금을 결정하는 행위

8. 계속적 거래계약에서 원사업자의 경영적자, 판매가격 인하 등 수급사업자의 책임으로 돌릴 수 없는 사유로 수급사업자에게 불리하게 하도급대금을 결정하는 행위

하도급법 제4조 제2항 각 호의 경우에는 공정거래위원회가 부당성을 증명할 필요가 없다. 그 점에서 공정거래위원회가 부당성을 증명해야 하는 하도급법 제4조 제1항과 다르다.

하도급법 제4조 제2항 제1, 3, 6, 7호는 사업자가 정당한 사유를 증명하여 법 위반을 부정할 수 있다. 또한 정당한 사유가 규정되어 있지 않은 제2, 4, 5, 8호의 경우도 원사업자가 정당한 사유를 증명할 수 있는 기회가 부여된 것으로 보아야 한다.[9] 일반적인 행정상 제재에서는 정당한 사유가 조문에 없는 경우에도 정당한 사유 판단이 이루어지고 있다. 행정법규 위반에 대하여 가하는 제재조치는 행정목적의 달성을 위하여 행정법규 위반이라는 객관적 사실에 착안하여 가하는 제재이므로, 위반자가 그 의무를 알지 못하는 것이 무리가 아니었다고 할 수 있어 그것을 정당하다고 볼 수 있는 사정이 있을 때, 또는 의무의 이행을 당사자에게 기대하는 것이 무리라고 하는 사정이 있을 때 등 의무 해태를 탓할 수 없는 정당한 사유가 있는 경우 등의 특별한 사정이 없는 한 위반자에게 고의나 과실이 없다고 하더라도 부과될 수 있다(대법원 2012. 6. 28. 선고 2010두24371 판결 참조). 일반적인 행정법 법리로서 정당한 사유의 법리를 하도급법 사안에도 적용할 수 있다.

9 정주미, "부당한 하도급대금 결정행위의 위법성과 시정조치에 관한 연구", 『외법논집』 제43권 제4호, 2019, 172쪽.

1) 일률적 단가 인하(법 제4조 제2항 제1호)

정당한 사유 없이 일률적인 비율로 단가를 인하하여 하도급대금을 결정하는 행위이다. 법 제4조 제2항 제1호의 요건은 일률적인 비율 요건, 단가 인하 요건, 정당한 사유 요건으로 구성된다. 관련 사례로 일률적인 비율에 따른 단가 인하를 인정하면서 정당한 사유를 부정한 대법원 2016. 2. 18. 선고 2012두15555 판결, 대법원 2018. 5. 11. 선고 2015두38252 판결, 서울고등법원 2009. 11. 12. 선고 2008누11237 판결,[10] 서울고등법원 2014. 10. 17. 선고 2013누32252 판결[11] 등이 있다.

심사지침 **일률적인 비율**

"일률적인 비율"이라 함은 둘 이상의 수급사업자나 품목에 대해 수급사업자별 경영상황이나 시장상황, 목적물 등의 종류, 거래규모, 규격, 품질, 용도, 원재료, 제조공정, 공법 등의 특성이나 차이를 고려하지 아니하고, 동일하거나 일정한 규칙에 따라 획일적으로 적용하는 비율을 말한다. 결정된 인하율이 수급사업자에 따라 어느 정도 편차가 있다고 하더라도, 전체적으로 동일하거나 일정한 구분에 따른 비율로 단가를 인하한 것으로 볼 수 있다면 "일률적인 비율"이 적용된 것으로 본다.

○ 일률적인 비율

① 둘 이상의 수급사업자 또는 하나의 수급사업자가 납품하는 두 종류 이상의 목적물 등에 대해 종전 계약단가를 기준으로 동일한 비율로 단가를 인하하는 경우

② 수급사업자의 거래규모별, 경영상황별(영업이익 규모 등) 또는 품목

10 대법원 2010. 4. 8.자 2009두23303 판결로 심리불속행 기각.

11 확정.

별로 단가 인하비율을 정하여 수급사업자들에게 획일적으로 적용하는 경우

③ 원사업자가 목적물 등에 대한 단가를 결정하면서 수급사업자별 또는 목적물별 단가가 다름에도 불구하고 종전 계약가격 또는 견적가격 등을 기준으로 동일한 금액을 획일적으로 인하하거나, 일반적으로 지급되는 대가보다 낮은 특정한 금액으로 단가를 인하하여 획일적으로 정하는 경우

○ 법 위반 예시

① 원사업자가 경영상 어려움을 이유로 종전 계약단가를 기준으로 일방적으로 일정률씩 획일적으로 인하하는 행위

② 수급사업자의 전년도 영업이익률이 원사업자보다 높다는 이유로 종전 계약단가를 기준으로 거래규모에 따라 일정률씩(예컨대 100억 원 이상인 수급사업자들에게 7%씩, 50~100억 원인 수급사업자들에게 5%씩, 50억 원 이하인 수급사업자들에게 3%씩) 단가를 인하하기로 정하여 획일적으로 적용하는 행위

③ 객관적이고 합리적인 산출근거 없이 종전 계약단가를 기준으로 수급사업자의 납품단가 규모별로 일정률씩(예컨대 10만 원 이상 품목은 5%씩, 10만 원 미만 품목은 3%씩) 인하하기로 정하여 획일적으로 적용하는 행위

④ 완성차 제조 원사업자가 신규로 다수의 부품제조 수급사업자를 선정하면서 정당한 이유 없이 수급사업자의 견적가를 기준으로 위탁품목별로 일정률씩(예컨대 엔진제조 수급사업자에 대해서는 10%씩, 타이어제조 수급사업자에 대해서는 5%씩, 브레이크제조 수급사업자에 대해서는 3%씩) 단가를 획일적으로 인하하는 행위

⑤ 원사업자가 수급사업자들의 종전 계약가격이 A는 250원, B는 300원, C는 350원으로 각자 다름에도 불구하고 객관적이고 합리적인 산출근거 없이 200원으로 획일적으로 인하하여 결정하는 행위

⑥ 환율 변동 및 원자재 가격 인하 등을 정당한 사유로 제시했으나 제시한 사유와 무관한 가공비 항목에서 납품단가를 일률적으로 인하하는 행위

⑦ 원사업자가 발주자와의 협상 과정에서 당초 수급사업자들이 수행하기로 되어 있는 과업과 관련 없는 과업이 추가되면서 여기서 발생하는 비용을 보전하기 위해 이를 수급사업자들이 제시한 견적금액에서 일방적으로 일정률씩 획일적으로 인하하는 행위[12]

'일률적인 비율' 판단

결정된 인하율이 수급사업자에 따라 어느 정도 편차가 있다고 하더라도, 위 기준에 비추어 전체적으로 동일하거나 일정한 구분에 따른 비율로 단가를 인하한 것으로 볼 수 있다면 '일률적인 비율로 단가를 인하하여 하도급대금을 결정하는 행위'에 해당한다(대법원 2011. 3. 10. 선고 2009두1990 판결, 서울고등법원 2011. 5. 25. 선고 2011누10760 판결).

'단가 인하' 판단

'단가 인하'의 요건은 단가 요건과 인하 요건으로 이루어져 있다. 실무상으로는 '인하' 요건보다 '단가' 요건의 해석에 논의가 집중된다. 먼저 판례를 본다. '단가'의 사전적 의미는 '물건 한 단위의 가격'을 말하는데, 하도급법령은 '단가'를 산정하기 위한 '단위'의 의미나 기준에 대하여는 별도의 규정을 두고 있지 않다. 그리고 별도의 가격 결정 단위를 정하지 않고 위탁받은 목적물 또는 용역의 가격 총액을 하도급대금으로 정한 경우에는 결국 그 목적물 또는 용역 전체를 기준으로 가격을 산정한 것이 되므로 그 하도급대금 자체가 '단가'에 해당한다고 볼

12 부당한 하도급대금 결정 및 감액행위에 대한 심사지침(2022. 11. 29. 공정거래위원회예규 제411호) IV. 2.

수 있다. 이와 같은 '단가' 개념의 포괄적·상대적 성격을 고려하면, 널리 하도급대금액에 영향을 줄 수 있는 요소 중 납품 물량과 무관한 것으로서 목적물 등의 가격 산정과 관련된 구성요소를 변경하여 하도급대금을 낮추는 행위 역시 '낮은 단가에 의하여 하도급대금을 결정하는 행위'에 해당할 수 있다(대법원 2017. 12. 7. 선고 2016두35540 판결).

위 판결은, 하도급대금이 시수에 임률을 곱하는 방식으로 산정되는 경우, 임률과 시수 산정에 기여하는 요소들인 원 단위, 작업장 요인, 프로젝트 요인, 생산성 향상률 등은 모두 납품 물량과 무관한 것이면서 이 사건 하도급대금인 임가공 용역의 대가 산정에 영향을 줄 수 있는 요소에 해당하므로, '생산성 향상률'이 하도급법 제4조 제2항 제5호의 '단가'에 해당하지 않는다고 판단한 원심이 정당하지 않다고 보았다. 단가와 관련해서는 다음과 같은 쟁점이 있다.

첫째, 전체 가격과 일부 가격의 문제이다. 다수의 하도급계약에서는 개별 항목에 대한 단가(일부 가격)가 합쳐져서 전체적으로 하나의 단가(전체 가격)를 구성하는 경우가 많다. 하도급법 제4조 제2항 제1호 문언으로 보더라도 개별 단가로 대금이 결정되는 계약은 당연히 포함된다. 전체를 하나의 단가로 보는 경우에도 하도급법 제4조 제2항 제1호가 적용된다.[13] 대법원 2017. 12. 7. 선고 2016두33540 판결(대우조선해양 사건)도 별도의 가격 결정 단위를 정하지 않은 경우 하도급대금 전체가 하나의 단가에 해당한다고 보았다.

둘째, 물량계약도 하도급법 제4조 제2항 제1호에 포함된다. 물량계약은 전체 선체도장의 공정에 해당하는 면적 물량을 기준으로 전체 하도급계약대금을 산정하는 방식이다. 서울고등법원 2016. 2. 5. 선고 2014누40007 판결은, 물량계약을 호선·공종별 전체물량 또는 특정 구

---

13 공정거래위원회 2020. 4. 20. 의결 제2020-006호(삼성중공업 사건).

역별 물량을 사전에 일괄적으로 견적·협의하여 하도급대금을 확정하는 계약으로 판시하고 있다.

한편 '인하' 요건은 상대적으로 명확하다. 공정거래위원회 2019. 2. 28.자 의결 제2019-042호(대우조선해양 사건)는 종전 거래 내용 단가의 기준을 적용하여 수정추가공사에 대하여 정상공사와 비교하여 낮은 단가 여부를 판단했다. 본공사 대가를 수정추가공사에 대한 기준으로 삼고, 비교 방법으로 수급사업자 근로자들의 출퇴근 태그(Tag)를 기준으로 수집한 추정투입시간을 기초로 산정한 전체공사 능률을, 일부 관련자들이 주관적으로 평가한 수정추가공사의 요청공수 대비 인정공수의 비율과 비교했다.[14]

합의에 의한 일률적 감액 문제

하도급법 제4조 제2항 제5호에 '일방성' 요건이 있는 것과 달리 하도급법 제4조 제2항 제1호에는 '일방성' 요건이 없다. 따라서 제1호 사안에서 '일방성' 요건을 공정거래위원회가 증명할 필요는 없다.

그럼에도 일방적인 감액인지, 협의에 의한 감액인지를 살펴볼 필요는 있다. 일방적 감액은 법 위반이다. 형식적인 합의가 있더라도 실질적인 협의가 없었다면 일방적인 감액과 다를 바 없다. 이와 달리 실질적인 협의가 있었던 경우에는 정당한 사유를 살펴보아야 한다. 물론 실질적인 협의를 거쳤더라도 정당한 사유가 없으면 법 위반이 될 수 있다.

일률적 단가 인하와 정당한 사유

하도급법 제4조 제1항을 적용하는 경우에는 부당성 증명이 필요하

14 의결서 42쪽.

다. 하지만 부당성이 원칙적으로 인정된다는 전제에서 사업자가 정당한 사유를 증명해야 하는 하도급법 제4조 제2항 각 호가 적용되는 경우에는 별도로 부당성 증명이 필요하지 않다. 하도급법 제2조 제1항 제1호에 따르면 법문언상 위반행위를 증명하는 공정거래위원회가 부당성을 증명할 필요는 없고, 원사업자가 단가 인하의 정당한 사유를 증명해야 한다. 그렇다면 일률적 단가 인하에서 정당한 사유는 무엇이고, 어떻게 증명해야 하는지가 문제가 된다.[15]

"정당한 사유" 여부는 일률적인 비율로 단가를 인하해야 하는 객관적이고 합리적인 근거가 있는지 여부로 판단할 수 있다. 일률적으로 인하했다고 하더라도 정당한 단가가 인정되는 사정으로는 다음과 같은 예를 들 수 있다. 개별 평가를 하기 어려운 사정이 있어서 일률적으로 평가하게 된 사정(수주 악화로 도크가 폐쇄되었거나 환경영향평가를 할 수 없었던 사정 등), 개별적인 고려를 해도 같은 비율이 도출되었을 것이어서 일률적인 평가와 개별적 평가 사이에 실질적인 차이가 없었을 것이라는 개연성이 있는 사정 등이다.[16]

심사지침은 정당한 사유로서, ① 종전 계약에 비해 수급사업자별 또는 품목별로 발주물량이 동일한 비율로 증가한 경우 그에 따른 고정비의 감소분을 반영하기 위해 객관적이고 합리적으로 산출된 근거에 따라 종전 계약금액을 기준으로 일률적인 비율로 인하하여 하도급대금을 결정하는 경우, ② 종전 계약에 비해 원자재 가격이 하락하여 동일한 원자재를 사용하는 품목별로 그 하락률을 객관적이고 합리적으로 산출한 근거에 따라 종전 계약금액을 기준으로 일률적인 비율로 인하하여 하도급대금을 결정하는 경우, ③ 일률적 비율에 의한 단가결정이

15 공정거래위원회 2020. 4. 20. 의결 제2020-006호(삼성중공업 사건).

16 공정거래위원회 2020. 4. 20. 의결 제2020-006호(삼성중공업 사건). 이 사건에서는 3.22%, 4.8%가 적용되었다.

개별적 단가결정에 비해 수급사업자에게 유리한 경우(단 원사업자가 이를 객관적으로 입증하는 경우에 한한다) 등을 예시하고 있다.[17]

일률적 단가 인하와 위반금액, 지급명령

일률적 단가 인하에서 과징금 산정의 대상인 위반금액은 어떻게 산정할 것인가?[18] 2016년 고시는 '하도급대금과 일반적으로 지급되는 대가의 차액'을 기준으로 하고 있다. '일반적으로 지급되는 대가' 개념은 통상거래가액과 유사하고, 종전단가와는 다르다. 같은 취지에서 대법원 2018. 3. 13. 선고 2016두59430 판결은 종전단가를 기준으로 한 과징금 산정이 위법하다고 판단했다. 이 판례는 2016년 과징금고시 개정 전의 사안을 다루고 있으나, (일반적으로 지급되는 대가가 적용되는) 2016년 고시 이후 사건에도 위 판례는 적용될 수 있다.

같은 취지에서 하도급법 제4조 제2항 제1호나 제5호 위반에 대하여 위반행위가 없었더라면 원사업자와 수급사업자가 실제 정했을 대금액을 상정하기 어려우므로 지급명령이 허용되지 않는다(대법원 2018. 3. 13. 선고 2016두59430 판결).

판례 일률적 단가 인하와 위반금액의 판단

▣ 대법원 2018. 3. 13. 선고 2016두59430 판결(신영프레시전 사건)

구 하도급법(2013. 5. 28. 법률 제11842호로 개정되기 전의 것) 제4조 위반으로 인한 지급명령은 공정거래위원회가 간편하게 손해배상 등의 지급을 명하는 것이라고 할 수 있다. 구 하도급법 제4조 제2항 제1호나 제5호

---

17 부당한 하도급대금 결정 및 감액행위에 대한 심사지침(2022. 11. 29. 공정거래위원회예규 제411호) IV. 2.

18 공정거래위원회 2020. 4. 20. 의결 제2020-006호(삼성중공업 사건).

위반으로 인한 지급명령이 허용된다면 그 지급명령은 당사자 사이의 사적 자치에 따라 정하여졌을 대금액을 전제로 하여야 한다. 그런데 제1호 위반행위나 제5호 위반행위가 있다고 하더라도 각 품목이나 거래별로 개별적 사정이 있을 수 있어 위반행위 전의 단가가 당연히 지급명령액 산정의 기준액이 된다고 단정할 수 없고, 제1호 위반행위나 제5호 위반행위의 성질상 이러한 위반행위가 없었더라면 원사업자와 수급사업자가 실제 정했을 대금액을 상정하기도 어렵다. 따라서 제1호 위반행위 또는 제5호 위반행위에 대한 시정조치로서 지급명령은 원칙적으로 허용되지 않는다.

판례 정당한 사유 없는 일률적 감액의 판단

▣ 대법원 2011. 3. 10. 선고 2009두1990 판결, 서울고등법원 2011. 5. 25. 선고 2011누10760 판결(현대자동차 사건)

일률적인 비율로 단가를 인하한다는 것은, 둘 이상의 수급사업자나 품목에 관하여 수급사업자의 경영상황, 시장상황, 목적물 등의 종류·거래규모·규격·품질·용도·원재료·제조공법·공정 등 개별적인 사정에 차이가 있는데도 동일한 비율 또는 위와 같은 차이를 반영하지 아니한 일정한 구분에 따른 비율로 단가를 인하하는 것을 의미한다. 그리고 결정된 인하율이 수급사업자에 따라 어느 정도 편차가 있다고 하더라도, 위 기준에 비추어 전체적으로 동일하거나 일정한 구분에 따른 비율로 단가를 인하한 것으로 볼 수 있다면 '일률적인 비율로 단가를 인하하여 하도급대금을 결정하는 행위'에 해당한다고 보아야 한다.

▣ 대법원 2016. 2. 18. 선고 2012두15555 판결(에스티엑스조선 사건)

원심은, 원고가 주식회사 홍신에 2009. 10. 23.부터 2010. 3. 30.까지 59건의 선박 블록 조립작업 중 선행탑재 및 탑재 작업을 하도급으로 맡기면서 경영상 어려움 등을 이유로 하도급대금을 종전 계약단가와 비교하여 선행탑재 작업은 25%, 탑재 작업은 30%씩 일률적으로 인하하여 결정한 사실 등을 인정한 후, ① 원고가 선행탑재 작업과 탑재 작업에 관하여 비율을 달리하여 단가를 인하했지만, 선행탑재 작업과 탑재 작업은 각각 취부, 용접, 사상 공정으로 구분되고 원고와 흥신 사이의 하도급계약서 상세 현황에는 공정별로 그 대금이 세분되어 있는 점, ② 원고의 가격 인하는 각 작업의 개별적 사정을 고려한 것으로 보이지 않는 점, ③ 원고 직원이, 하도급대금을 25%, 30% 인하한 데에는 구체적인 계산 근거가 있는 것이 아니고 흥신처럼 선행탑재 및 탑재 작업을 하는 임가공사업자의 수가 10여 개 업체에 대하여 선행탑재 작업은 25%, 탑재 작업은 30%씩 같은 비율로 단가를 인하했다고 진술한 점 등을 종합하여, 이 사건 하도급대금 결정은 일률적인 비율로 단가를 인하한 경우에 해당한다고 판단했다. 원심 판결 이유를 위에서 본 법리와 적법하게 채택된 증거들에 비추어 살펴보면, 이러한 원심의 판단에 논리와 경험의 법칙에 반하여 자유심증주의의 한계를 벗어나거나 '일률적인 비율에 의한 단가 인하'에 관한 법리 등을 오해한 위법이 없다.

원심은, ① 원고와 흥신 사이의 종전 계약 이후 이 사건 하도급대금 결정 시점까지 사이에 선행탑재 및 탑재 작업의 노임단가에 별다른 변동이 없었던 점, ② 원고가 조선경기 불황, 선가 하락, 수주물량의 급격한 감소, 원자재 가격 상승 등으로 인한 경영상 어려움을 이유로 노임단가 하락 여부에 관한 구체적 검토 없이 이 사건 하도급대금을 일정한 비율로 감액한 것으로 보이는 점 등의 사정을 종합하여, 원고에게 일률적인 비율로 단가를 인하해야 할 만한 정당한 사유가 인정되지 않는다고 판단했다. 원심 판결 이유를 관련 법리와 적법하게 채택된 증거들에 비추어 살펴보면, 위와 같은 원심의 판단에 논리와 경험의 법칙에 반하여 자유심증주의의 한계를 벗어나거나 일률적 단가 인하에서의 '정당한 사유'에 관한 법리 등을 오해한 위법이 있다고 할 수 없다.

하도급법상 시정조치는 시정하여야 하는 행위의 내용이 명확하고 구체적이어야 하며, 위반행위의 내용과 정도에 비례하여야 한다. 그런데 하도급법 제4조 제2항 제1호는 원사업자가 정당한 사유 없이 둘 이상의 수급사업자나 품목에 관하여 개별적인 사정에 차이가 있는데도 이를 반영하지 아니한 채 일률적인 비율로 단가를 인하하는 행태 자체를 부당한 하도급대금의 결정으로 본다는 의미이므로, 위 규정을 위반한 거래에서 일률적인 단가 인하의 기준이 된 가격을 정당한 하도급대금이라고 단정할 수는 없다. 뿐만 아니라 위 규정 위반행위의 성질상 원사업자와 수급사업자 사이의 정당한 하도급대금을 일률적으로 상정하기도 어렵다. 시정조치 근거 규정의 포괄성과 하도급법 제4조 제2항 제1호 위반행위의 성질 등을 종합하여 고려하면, 하도급법 제4조 제2항 제1호 위반행위에 대한 시정조치로서 일률적인 단가 인하의 기준이 된 가격과 실제 하도급대금의 차액 지급을 명하는 시정명령은 허용될 수 없다.

▣ 대법원 2018. 3. 13. 선고 2016두59430 판결(신영프레시전 사건)

구 하도급법(2013. 5. 28. 법률 제11842호로 개정되기 전의 것) 제4조 제2항에서 명확하게 규정하고 있듯이, 원사업자가 정당한 사유 없이 일률적인 비율로 단가를 인하하여 하도급대금을 결정하거나 수급사업자와 합의하지 않고 일방적으로 낮은 단가로 하도급대금을 결정한 경우에는 통상 지급되는 대가보다 현저하게 낮은 수준으로 하도급대금을 결정했는지를 따질 필요 없이 부당한 하도급대금의 결정으로 보아야 한다.

구 하도급법(2013. 5. 28. 법률 제11842호로 개정되기 전의 것) 제4조 제2항 제1호에서 '일률적인 비율로 단가를 인하'한다는 의미는 둘 이상의 수급사업자나 품목에 관하여 수급사업자의 경영상황, 시장상황, 목적물 등의 종류·거래규모·규격·품질·용도·원재료·제조공법·공정 등 개별적인 사정에 차이가 있는데도 동일한 비율 또는 위와 같은 차이를 반영하지 않고 일정한 구분에 따른 비율로 단가를 인하하는 것을 말한다. 그 결정된 인하율이 수급사업자에 따라 어느 정도 편차가 있더라도 위 기준에 비추어 전체적으로 동일하거나 일정한 구분에 따른 비율로 단가를 인하한 것으로 볼 수 있다면 '일률적인 비율로 단가를 인하하여 하도급대금을 결정하는 행위'에 해당한다.

구 하도급법(2013. 5. 28. 법률 제11842호로 개정되기 전의 것) 제4조 위반으로 인한 지급명령은 공정거래위원회가 간편하게 손해배상 등의 지급을 명하는 것이라고 할 수 있다. 구 하도급법 제4조 제2항 제1호나 제5호 위반으로 인한 지급명령이 허용된다면 그 지급명령은 당사자 사이의 사적 자치에 따라 정하여졌을 대금액을 전제로 하여야 한다. 그런데 제1호 위반행위나 제5호 위반행위가 있다고 하더라도 각 품목이나 거래별로 개별적 사정이 있을 수 있어 위반행위 전의 단가가 당연히 지급명령액 산정의 기준액이 된다고 단정할 수 없고, 제1호 위반행위나 제5호 위반행위의 성질상 이러한 위반행위가 없었더라면 원사업자와 수급사업자가 실제 정했을 대금액을 상정하기도 어렵다. 따라서 제1호 위반행위 또는 제5호 위반행위에 대한 시정조치로서 지급명령은 원칙적으로 허용되지 않는다.

▣ 대법원 2018. 5. 11. 선고 2015두38252 판결(성동조선해양 사건)[19]

○ 정당한 사유 없이 일률적인 비율로 단가를 인하하여 하도급대금을 결정하는 행위에 해당하는지

① 구 하도급법(2013. 5. 28. 법률 제11842호로 개정되기 전의 것) 제4조는 제1항에서 "원사업자는 수급사업자에게 제조 등의 위탁을 하는 경우 부당한 방법을 이용하여 목적물 등과 같거나 유사한 것에 대하여 일반적으로 지급되는 대가보다 현저하게 낮은 수준으로 하도급대금을 결정하거나 하도급받도록 강요하여서는 아니된다."고 규정하고 있다. 같은 조 제2항은 "다음 각 호의 어느 하나에 해당하는 원사업자의 행위는 부당한 하도급대금의 결정으로 본다."고 정하면서 그 제1호에서 '정당한 사유 없이 일률적인 비율로 단가를 인하하여 하도급대금을 결정하는 행위'를 들고 있다.

하도급법 제4조 제2항 제1호에서 정한 '일률적인 비율로 단가를 인

---

19 원심은 서울고등법원 2015. 1. 16. 선고 2013누8778 판결.

하'한다는 것은 둘 이상의 수급사업자나 품목에 관하여 수급사업자의 경영상황, 시장상황, 목적물 등의 종류·거래규모·규격·품질·용도·원재료·제조공법·공정 등 개별적인 사정에 차이가 있는데도 동일한 비율 또는 위와 같은 차이를 반영하지 아니한 일정한 구분에 따른 비율로 단가를 인하하는 것을 의미한다. 그리고 결정된 인하율이 수급사업자에 따라 어느 정도 편차가 있더라도 위 기준에 비추어 전체적으로 동일하거나 일정한 구분에 따른 비율로 단가를 인하한 것으로 볼 수 있다면 '일률적인 비율로 단가를 인하하여 하도급대금을 결정하는 행위'에 해당한다고 보아야 한다(대법원 2011. 3. 10. 선고 2009두1990 판결 등 참조).

② 원심은 원고가 2009. 4. 1. 미래엔지니어링 등 5개 사업자와 파이프 피스 제조위탁 단가계약을 체결하면서 제작비 단가를 전년 대비 일률적으로 10%를 인하했고, 2010. 3. 29. 미래엔지니어링 등 6개 사업자와 동일한 단가계약을 체결하면서 제작비 단가를 전년 대비 일률적으로 20%를 인하한 사실을 인정했다. 원심은 이러한 사실을 바탕으로, 수급사업자들의 매출액이나 상시종업원 수 등 경영상황이 각각 다르고, 원고와의 거래기간이나 거래규모도 각각 상이한 점 등을 종합하여 원고의 위와 같은 각 단가 인하행위가 하도급법 제4조 제2항 제1호에서 정한 '일률적인 비율로 단가를 인하'한 경우에 해당한다고 판단했다.

원심 판결 이유를 위에서 본 법리와 적법하게 채택된 증거들에 비추어 살펴보면, 이러한 원심의 판단에 상고이유 주장과 같이 일률적인 비율에 의한 단가 인하 등에 관한 법리를 오해한 잘못이 없다.

③ 한편 위에서 살핀 관련 법령의 문언에 비추어보면, 하도급법 제4조 제2항 제1호에서 정한 '정당한 사유'는 일률적인 비율로 단가를 인하하여 하도급대금을 결정하는 행위를 정당화할 객관적이고 합리적인 사정이 인정되는 경우를 의미하고, 그 증명책임은 이를 주장하는 자에게 있다.

원심은 이와 같은 전제에서 2008년 세계적인 금융위기로부터 비롯된 조선업계 전체의 심각한 불황 등 원고가 주장하고 있는 사유나 원심 법원에 제출한 증거들만으로는 원고에게 일률적인 비율로 단가를 인하해야 할 만한 정당한 사유가 인정되지 않는다고 판단했다.

원심 판결 이유를 관련 법리와 적법하게 채택된 증거들에 비추어 살펴보면, 위와 같은 원심의 판단에 상고이유 주장과 같이 일률적인 비율에 의한 단가 인하에서의 '정당한 사유'에 관한 법리를 오해하는 등의 잘못이 없다.

○ 일률적인 비율에 의한 단가 인하에 관한 시정조치로서 지급명령이 허용되는지

하도급법이 정한 시정조치 관련 규정의 포괄성, 그리고 일률적인 비율에 의한 단가 인하가 있는 경우 정당한 하도급대금액을 상정하기 어려운 점 등에 하도급법 제4조 제2항 제1호 위반행위 및 지급명령의 법적 성격 등을 종합하여 보면, 하도급법 제4조 제2항 제1호 위반행위에 대한 시정조치로서 일률적인 비율에 의한 단가 인하의 기준이 된 가격과 실제 하도급대금 간 차액의 지급을 명하는 시정명령은 허용될 수 없다(대법원 2016. 2. 18. 선고 2012두15555 판결 등 참조).

그런데도 원심은 하도급법 제4조 제2항 제1호를 위반한 원고의 행위에 대한 시정조치로서 그 위반행위의 거래에 대하여 종전의 계약단가에 따라 계산한 금액과 그 위반행위에 따른 하도급대금의 차액에 상당하는 금액의 지급을 명하는 피고의 처분이 적법하다고 판단했다. 이러한 원심의 판단에는 하도급법상 지급명령의 허용범위에 관한 법리 등을 오해하여 판결에 영향을 미친 잘못이 있다. 이를 지적하는 상고이유 주장은 이유 있다.

▣ 서울고등법원 2009. 11. 12. 선고 2008누11237 판결(삼성전자 사건)[20]

원고는 수급사업자들과 사이에 목적물 등의 종류, 거래규모, 규격, 품질 등의 특성이나 차이를 고려하여 개별적인 협상을 통해 단가를 결정하여왔는데, 이 사건에서 문제가 된 충전기 부품 역시 위와 같은 개별적 협상을 거쳐 결정된 것일 뿐 업체별로 6.6% 및 9.8%의 일률적인 비율로 단가를 인하한 바 없고, 위 수치는 업체별·품목별 네고단가 인하율을 사후적으로 평균한 수치에 불과하다.

원고가 작성한 '단가네고 결과보고'(갑 제8호증)에 납품업체별로 상이한 단가 인하율이 기재된 다른 품목과 달리 충전기 품목에 대하여서만 '전체 6.6%, 예상절감금액 106억 8,100만 원'으로 기재되어 있는 점, 원고 작성의 각 단가계약 품의서(갑 제10호증)에 전체 충전기 납품업체에 대한 단가 인하사유가 '50% 물량증가 효과로 인한 원자재 단가 인하 및 중국공장 제조 활용으로 인한 제조원가 절감 여유 발생' 등으로 모두 동일하게 기재되어 있는 점, 또한 위 품의서상 SPH-X7500 휴대폰에 적용되는 충전기에 대하여는 알에프텍의 생산 제품과 동양계전의 생산 제품의 각 단가가 모두 6,600원에서 6,120원으로 인하된 점, 알에프텍에서 작성한 견적서(을 제11호증)에 알에프텍 직원이 '충전기류 6.6% 가중평균'이라고 기재하고, 이를 토대로 2002년 단가와 네고단가(2003년 적용단가)를 기재한 점, 한편 '2003년 하반기 전기물 통합네고 결과'(갑 제12호증)에 충전기의 경우 전체 업체에 대하여 9.8%의 인하율을 적용한다고 기재되어 있는 점, 단가계약품의서(갑 제11호증)상 아남인스트루먼트의 단가 인하율이 9.8%로 기재되어 있고 SCH-X350 모델의 휴대폰에 대하여 에이치엔티 생산제품과 알에프텍 생산제품의 단가가 똑같이 6,270원에서 5,830원으로 인하된 점에다 유사한 종류의 충전기에 대하여는 충전기 제조업체가 다르더라도 거의 동일한 단가를 적용하는 점(을 제12호증)을 보태어보면, 원고는 자신이 세운 원가절감 목표를 달성하기 위해 수급사업자별 거래규모가 현저히 다른데도 알에프텍 등

20 대법원 2010. 4. 8.자 2009두23303 판결로 심리불속행 기각.

7개 사업자에 대하여 2003년 상반기와 하반기의 충전기 납품단가를 수급사업자별로 거래금액 대비 일률적인 비율로 인하금액을 할당하고, 이를 달성하기 위해서 부품별로 부품의 예상납품량 기준 가중평균단가를 상반기는 6.6%, 하반기는 9.8%씩 인하한 것으로 인정된다.
또한 원고가 수급사업자들을 상대로 일률적으로 단가를 인하하려면 거래 물량의 현격한 증가 등으로 인한 원자재의 가격 하락 및 노임 하락, 동일한 비용감소 등 일정 비율로 단가를 인하할 만한 객관적이고 타당한 사유가 있어야 할 것인데, 위에서 인정한 사실과 위에서 든 증거에 의하여 인정되는 다음과 같은 사정들, 즉 원고로서는 2003년 상반기에 생산성 향상을 통한 원가절감이 미비하여 상반기 전체 원가 절감 목표가 실현되지 못했고 국내외 경기침체에 대응하기 위한 원가절감 캠페인 등 비상 경영 대책이 수립·추진되고 있었던 점, '알에프텍 '03 상반기 충전기 단가 재계약 품의서'에 의하면 원고는 2003년도 충전기 분야의 6.6% 단가 인하 사유로 '거래물량이 전체적으로 약 50% 증가'했음을 들고 있으나, 실제로 충전기 거래량은 2002년에 비하여 2003년에 전체적으로는 28.3% 증가하는 데 불과했고, 특히 2003년 상반기에는 2002년 하반기와 대비할 때 전체물량은 0.8%, 거래금액은 10.5%나 감소하고 있으며 개별기업별로 보면 4개 수급사업자의 거래량과 거래금액이 현저히 감소하고 있는 점, 원고 스스로도 2004. 8. 13. 내부적으로 작성한 '2차 벤더 관리 방안 전사기본(案) 검토 요청건'(을 제17호증)에서 '강제적인 단가 인하 자체도 공정거래법 위반'이라고 적시하고 있는 점, 한편 위의 일률적인 단가 인하 외에도 위의 <표 3>에서 본 바와 같이 원고가 시행 중인 '협력업체 평가 기준'에 따라 단가 인하에 비협력적이거나 목표 단가에 미달할 경우 평가 결과가 나쁘게 나오게 되고, 이에 따라 거래 물량이 축소되거나 거래중단조치가 있게 되는 등 수급사업자들은 불리한 지위에서 원고의 인하방침에 그대로 따를 수밖에 없는 점 등에 비추어보면, 원고는 수급사업자별 경영상황이나 시장상황, 그리고 목적물 등의 종류, 거래규모, 규격, 품질, 용도, 원재료 등의 특성이나 차이를 고려하지 아니한 채 일률적으로 단가를 인하한 것이어서 원고의 정당한 사유가 있다고 보기도 어렵다.

따라서 원고의 이 건 행위는 부품의 거래량이나 거래업체의 경영상황 등 합리적인 원가요인을 고려하지 아니하고 원가절감을 위하여 일률적인 비율의 단가 인하를 통해 하도급대금을 결정한 행위로서 법 제4조 제2항 제1호에서 규정하고 있는 불공정하도급거래행위에 해당한다고 할 것이므로, 원고의 위 주장은 받아들일 수 없다.

▣ 서울고등법원 2014. 10. 17. 선고 2013누32252 판결(고성조선해양 사건)[21]

① 원고가 원가 절감을 목적으로 위에서 본 바와 같이 대양산업해양 등 3개 수급사업자들의 소조립과 중·대조립 공정의 각 유형별 단가를 2009년 단가 대비 10% 또는 15~15.7%라는 거의 동일한 비율로 인하한 점, ② 그럼에도 불구하고 원고가 제출한 증거들만으로는 위와 같은 단가 인하 시 3개 수급사업자별 세부 공정내용(소조립 위주 또는 중·대조립 위주), 작업량, 거래금액, 매출액, 수급사업자별 경영상황, 시장상황 등이 하도급대금 결정에 반영되었다는 사실을 인정하기에 부족한 점, ③ 원고는, 소조립과 중·대조립은 조립이라는 단일 공정으로 소조립과 중·대조립에 대하여 별도의 단가를 책정하는 것이 아니라 조립단가 책정 후 작업의 난이도 등을 감안하여 소조립과 중·대조립의 단가를 각 17%와 83% 배분방식으로 책정하는 등 객관적이고 합리적 근거를 가지고 단가를 인하한 것이라고 주장하므로 살피건대, 원고의 위 주장에 따르더라도 단가를 배분함으로써 작업의 난이도는 어느 정도 반영이 되는 것으로 보이나, 위에서 본 나머지 요소들은 여전히 반영되었다고 보기 어려운 점, ④ 발주자인 현대중공업이 단가를 인하했다는 사정만으로 일률적인 비율로 단가를 인하할 정당한 사유가 있다고 보기 어려운 점, ⑤ 피고가 3개 수급사업자들과 진지하고도 충분한 협의를 거쳐 생산성 향상 등의 요소를 반영했다고 볼 만한 증거가 부족한 점,

---

21 확정.

⑥ 피고가 단가 인하율 수치가 동일한 일부 유형만을 자의적으로 발굴한 것이 아니고, 원고는 위에서 본 바와 같이 3개 수급사업자들의 조립공정 전반에 대한 단가를 인하한 점 등에 비추어보면, 원고가 정당한 사유 없이 일률적인 비율로 단가를 인하하여 하도급대금을 결정했다고 봄이 상당하다.

2) 일방적 금액 할당(법 제4조 제2항 제2호)

협조 요청 등 어떠한 명목으로든 일방적으로 일정 금액을 할당한 후 그 금액을 빼고 하도급대금을 결정하는 행위이다.

심사지침 **일방적 금액 할당의 유형**

심사지침은 일방적 금액 할당의 유형을, ① 원사업자가 환율변동, 임금상승, 물가인상, 가격경쟁 심화 등과 같은 경제여건의 변화에 따른 수지개선 또는 이익 극대화를 위한 방안으로 구매비용 절감(원가절감) 목표를 정하여 이를 수급사업자별로 일방적으로 절감액을 할당한 후 수급사업자의 견적가격 또는 종전단가를 기준으로 일정금액을 빼고 수급사업자들에게 협조를 요청하는 등의 방법으로 하도급대금을 결정하는 행위, ② 수급사업자들에게 협조를 요청하는 방법으로 공정거래위원회의 과징금 납부명령이나 시정명령 또는 원사업자의 자진시정에 따라 이미 납부하거나 지급한 과징금, 어음할인료, 지연이자 등의 전부 또는 일부만큼 낮은 금액으로 하도급대금을 결정하는 행위, ③ 원사업자가 발주자와의 협상에 의해 추가된 비용을 수급사업자들에게 전가하기 위하여 수급사업자별로 일방적으로 절감액을 할당한 후 사정변경을 이유로 그 금액을 빼고 하도급대금을 결정하는 행위 등으로 규정하고 있다.[22]

심사지침 **일방적 금액 할당의 부당성 판단**

원사업자가 협조요청이나 상생협력 등의 명목여하 또는 수급사업자의 합의여부에 불문하고 일방적으로 일정금액을 할당하여 그 금액을 빼고 하도급대금을 결정했는지 여부에 따라 위법성을 판단한다. 원사업자가 일방적으로 수급사업자별로 일정금액을 할당한 후에 수급사업자와 협의 과정에서 일부 수급사업자의 경우 할당한 금액대로 반영되지 아니했다고 하더라도 위법성이 있는 것으로 판단할 수 있다.[23]

3) 차별(법 제4조 제2항 제3호)

정당한 사유 없이 특정 수급사업자를 차별 취급하여 하도급대금을 결정하는 행위이다. '차별 취급한 하도급대금 결정' 요건과 '정당한 사유' 요건으로 구성되어 있다.

심사지침 **차별과 정당한 사유 판단**

"정당한 사유"에 해당되는지 여부는 수급사업자별 경영상황, 생산능력, 작업의 난이도, 거래규모, 거래의존도, 운송거리 · 납기 · 대금지급조건 등의 거래조건, 거래기간, 수급사업자의 귀책사유 존부 등이 객관적이고 합리적인 차별사유에 해당되는지 여부로 판단한다. 원사업자가 목적물의 종류, 사양, 대금지급조건, 거래수량, 작업난이도 등이 차이

22 부당한 하도급대금 결정 및 감액행위에 대한 심사지침(2022. 11. 29. 공정거래위원회예규 제411호) IV. 2.

23 부당한 하도급대금 결정 및 감액행위에 대한 심사지침(2022. 11. 29. 공정거래위원회예규 제411호) IV. 2.

가 없음에도 특정 수급사업자에 대해 자신의 경쟁사업자와 거래한다는 이유 또는 자신이 지정한 운송회사를 이용하지 않는다는 이유 등으로 하도급대금을 차별하여 결정하는 행위 등이 포함된다.[24]

차별에 기한 부당한 하도급대금 적용에서 '차별'의 판단

공정거래법상 거래 조건 차별이 증명되지 못한 사례[25]에서 보듯이 차별의 증명은 어렵다. 차별이 인정되기 위해서는 비교대상이 필요하므로, 비교대상이 될 기준을 먼저 확인하여야 한다. 동일한 재화나 용역은 당연히 비교대상이 되며, 동일한 대상이 없고 유사한 대상이 있는 경우에는 그 차이에 대하여 합리적 조정 과정을 거쳐야 한다. 합리적 조정은 국세조정, 부당지원행위의 정상가격 등 법리에 준하여 판단을 할 수 있다.[26]

부당한 지원행위에 관한 대법원 2015. 1. 29. 선고 2014두36112 판결은 "정상가격이 이와 같이 부당한 지원행위에 해당하는지 여부의 판단요소가 되어 부당한 지원행위에 따른 시정명령이나 과징금 부과 등 제재적 행정처분과 형사처벌의 근거가 된다는 점이나 구 공정거래법이 부당한 지원행위를 금지하는 취지 등을 고려할 때, 피고가 당해 거래와 동일한 실제 사례를 찾을 수 없어 부득이 유사한 사례에 의해 정상가격을 추단할 수밖에 없는 경우에는, 단순히 제반 상황을 사후적·

---

24 부당한 하도급대금 결정 및 감액행위에 대한 심사지침(2022. 11. 29. 공정거래위원회예규 제411호) IV. 2.

25 서울고등법원 2017. 2. 15. 선고 2015누39165 판결(롯데쇼핑 사건, 대법원 2017. 7. 11.자 2017두39372 판결로 심리불속행 기각) 등에서 공정거래법상 불공정거래행위로서 차별행위와 부당성이 부정된 바 있다. 서울고등법원 2019. 10. 12. 선고 2018누76721 판결(골프존 사건, 대법원 2020. 2. 27.자 2019두57923 판결로 심리불속행 기각)에서도 차별행위와 부당성이 부정되었다.

26 공정거래위원회 전원회의 2021. 2. 18. 의결 제2021-043호(한국아트라스비엑스 사건).

회고적인 시각에서 판단하여 거래 당시에 기대할 수 있었던 최선의 가격이나 당해 거래 가격보다 더 나은 가격으로 거래할 수도 있었을 것이라 하여 가벼이 이를 기준으로 정상가격을 추단하여서는 아니되고, 먼저 당해 거래와 비교하기에 적합한 유사한 사례를 선정하고 나아가 그 사례와 당해 거래 사이에 가격에 영향을 미칠 수 있는 거래 조건 등의 차이가 존재하는지를 살펴 그 차이가 있다면 이를 합리적으로 조정하는 과정을 거쳐 정상가격을 추단하여야 한다. 그리고 정상가격이 이와 같은 과정을 거쳐 합리적으로 산출되었다는 점에 대한 증명책임은 어디까지나 시정명령 등 처분의 적법성을 주장하는 피고에게 있다."고 판시했다. 이 판결의 취지에 따르면, 합리적 조정 과정의 법리에 따르면 정상가격이 아니지만 비슷한 가격이 있다면 먼저 이를 찾아낸 후(1단계), 합리적 조정을 통한 가중·가감을 통하여 정상가격을 도출할 수 있다(2단계).

하도급법 제4조 제2항 제3호와 낮은 가격의 증명 요부

하도급법 제4조 제1항에는 '대가보다 낮은 가격' 요건이 있다. 그런데 제2항의 경우에도 '낮은 가격'의 증명이 필요한가? 개별적 행위 유형을 규정한 하도급법 제4조 제2항 각 호의 사안에서는 낮은 대가의 증명을 필요로 하지 않는다.

하도급법 제4조 제2항은 증명책임을 완화한 것인데, 낮은 가격 요건을 요한다면 입법 취지와 맞지 않다. 특히 하도급법 제4조 제2항 제1호에 따르면 낮은 가격 증명이 불필요하다는 것이 대법원 2018. 3. 13. 선고 2016두59430 판결[27]의 입장이다. 하도급법 제4조 제2항 제7호도 최

---

27 원사업자가 정당한 사유 없이 일률적인 비율로 단가를 인하하여 하도급대금을 결정하거나 수급사업자와 합의하지 않고 일방적으로 낮은 단가로 하도급대금을 결정한 경우에는 통상 지급되는 대가보다 현저하게 낮은 수준으로 하도급대금을 결정했는지

저가 입찰보다 낮으면 충분하며, 낮은 가격의 증명이 그 요건에 포함되어 있지 않다. 이러한 하도급법 제4조 제2항 해석의 일반론(2항에는 낮은 가격 증명이 불필요하다)이 제3호에도 적용되어, '낮은 가격' 요건이 필요하지 않다. 낮은 가격이 아닌 차별에 따른 문제는 정당성의 문제로 해결할 수 있다.

높은 가격에 따른 차별 문제

원사업자가 복수의 수급사업자에 대한 가격을 차별했으나, 수급사업자에 대한 가격이 객관적으로 높을 경우 어떻게 할 것인가? 결론적으로 이러한 차별은 문제 삼기 어렵다. 그럼 이러한 차별을 법 제4조 제2항 제3호 위반에서 어떻게 제외할 수 있을까?

첫째, 법 제4조 제2항 제3호의 적용을 위하여 '낮은 가격'의 증명을 요하는 방안이다(1설). 그러나 이는 명문과 일치하지 않고 근거도 부족하다.

둘째, 이 경우는 차별이 아니라고 보는 방안이 있다(2설). 그러나 차별 자체는 중립적인 개념이므로 높은 가격의 차별도 차별에 해당하지 않는다고 보기 어렵다.[28]

셋째, 정당한 사유가 있다고 보는 방안이다(3설). 정당한 사유로 접근하는 방법론은 위의 두 견해(낮은 가격 증명 요구, 차별 부정)와 증명책임에서 근본적 차이가 있다. 3설에 따르는 경우는 피심인이 정당한 사유로 객관적으로 높은 가격임을 증명해야 하는 반면, 1, 2설의 경우에는 공정거래위원회가 낮은 가격임을 증명해야 한다.

를 따질 필요 없이 부당한 하도급대금의 결정으로 보아야 한다.

28 공정거래위원회 전원회의 2021. 2. 18. 의결 제2021-043호(한국아트라스비엑스 사건).

가격차별과 인상 요구(부작위 차별) 문제

가격차별이 있으나, 차별을 받은 수급사업자가 원사업자에 대하여 가격인상 요구를 하지 않은 경우 하도급법 제4조 제2항 제3호는 적용 가능한가?

먼저 이 문제는 부작위에 의한 가격차별 문제에 가깝다. 차별에는 가격인상 국면에서 차별한 경우와 가격인하 국면에서 차별한 경우가 모두 포함된다. 수급사업자의 인상 요구가 없어서 원사업자가 인상하지 않은 것은 부작위에 가깝다. 이러한 부작위로도 차별의 결과가 발생하면 이는 행위 요건에 해당할 수 있다. 결국 차별행위의 성립 여부는 작위·부작위에 따라 달라지지 않는다. 하지만 작위에 의한 차별이 부작위에 의한 차별에 비하여 위반행위가 인정될 가능성과 비난 가능성은 높다. 그 차이는 차별의 인정 국면이 아니라 정당한 사유 판단 과정에서 반영될 수 있다.

이 문제의 경우 수급사업자의 요구가 없음에도 원사업자에게 스스로 가격을 인상할 의무를 부과하기는 현실적으로 어렵다. 가격은 협상에 의하여 결정되므로, 낮은 가격이 수급사업자의 인상 요구가 없어 발생한 경우라면 이를 두고 법 위반으로 보기는 쉽지 않다. 이 점에서 수급사업자의 요구가 없어 종전 가격이 유지된 경우에는 정당한 사유를 인정할 여지가 있다.

관련 심결로 공정거래위원회 전원회의 2021. 2. 18. 의결 제2021-043호(한국아트라스비엑스 사건)에서, 피심인이 실질적으로 유사한 제품을 생산하는 다른 수급사업자들의 가공비를 신고인에게도 공통되는 최저임금 인상, 전력 등 생산비용 인상 등을 이유로 3번 인상한 반면, 신고인에 대하여 이러한 사실을 알려주지 않고 협의를 하지 않고 10년의 장기간 동안 단가를 동결한 행위는 신고인을 부당하게 차별 취급하여 하도급대금을 결정한 행위에 해당한다고 판단함으로써 일종의 부작위에 따른 차별을 인정했다.

4) 착오, 기만(법 제4조 제2항 제4호)

수급사업자에게 발주량 등 거래 조건에 대하여 착오를 일으키거나 다른 사업자의 견적 또는 거짓 견적을 내보이는 등의 방법으로 수급사업자를 속이고, 이를 이용하여 하도급대금을 결정하는 행위이다.

관련 사례로, 자동차회사가 부품업체들에 대하여 인하된 납품대금 전액을 보전해줄 의사가 없었음에도 이를 보전해줄 것처럼 약속한 행위에 대하여 위 제4호를 적용한 대법원 2010. 4. 29. 선고 2008두14296 판결, 다량 발주를 이유로 단가를 인하받고도 소량만을 발주한 행위에 대하여 위 제4호를 적용한 서울고등법원 2013. 11. 14. 선고 2013누7171 판결[29] 등이 있다.

판례 **착오와 기만의 판단**

▣ 대법원 2010. 4. 29. 선고 2008두14296 판결

승용 및 상용자동차 제조·판매회사가 자동차부품 생산업체들에 수익성이 낮은 갑 차종 부품의 납품단가를 인하하는 대신 을 차종 부품의 납품단가를 인상하여 손실을 정산하여주기로 약속한 후, 이를 믿고 갑 차종 부품의 납품단가를 인하한 부품업체들에 그 손실을 전혀 보전해주지 않거나 일부만 보전해준 행위에 대하여 공정거래위원회가 부당한 하도급대금 결정행위에 해당한다는 이유로 시정명령 등을 내린 사안에서, 위 자동차회사는 부품업체들에 대하여 상당히 우월한 거래상 지위를 가지고 있고 인하된 납품대금을 보전해줄 경제적 능력이 있었던 것

29 대법원 2014. 4. 10.자 2013두35198 판결로 심리불속행 기각.

으로 보임에도 상당한 기간이 지나도록 그 전액을 보전해주지 않은 사실 등에 비추어, 자동차회사가 부품업체들에 대하여 인하된 납품대금 전액을 보전해줄 의사가 없었음에도 이를 보전해줄 것처럼 부품업체들을 기만했다고 보아, 위 납품단가 인하행위는 수급사업자를 기만하고, 이를 이용하여 하도급대금을 결정한 부당한 하도급대금의 결정에 해당한다.

▣ 서울고등법원 2013. 11. 14. 선고 2013누7171 판결(한국에스엠씨공압 사건)[30]

원고가 수급사업자로부터 3개 부품에 대하여 다량 발주를 이유로 단가를 인하받고도 소량만을 발주한 행위는 수급사업자에게 발주량에 대하여 착오를 일으키게 하고, 이를 이용하여 하도급대금을 결정한 행위에 해당한다.

5) 일방적으로 낮은 단가(법 제4조 제2항 제5호)

원사업자가 일방적으로 낮은 단가에 의하여 하도급대금을 결정하는 행위이다.

하도급법 제4조 제2항 제5호 위반을 부정한 사례로 대법원 2017. 12. 7. 선고 2016두35540 판결(대우조선해양 사건), 대법원 2018. 5. 11. 선고 2015두38252 판결(성동조선해양 사건), 서울고등법원 2017. 11. 30. 선고 2014누3619 판결(성동조선해양 사건)[31] 등이 있는 반면, 위 법 위반을 인정한 사례로 대법원 2018. 3. 13. 선고 2016두59423 판결(신영프레시젼 사건), 서울고등법원 2013. 11. 14. 선고 2013누7171 판결(한국에스

---

30 대법원 2014. 4. 10.자 2013두35198 판결로 심리불속행 기각.

31 심리불속행 기각.

엠씨공압 사건)[32] 등이 있다.

구 하도급법상 '합의 없이' 요건의 적용

하도급법 제4조 제2항 제5호는 종전에 "합의 없이 일방적인 행위"로 규정되어 있었으나,[33] 법 개정으로 "합의 없이" 부분이 삭제되었다. 구법상 '합의 없이' 요건은 합의가 부존재하거나 무효, 취소인 경우를 의미했는데, 구법 사건에서 합의가 있는 경우 이 규정을 적용할 수 있는지에 대하여 견해가 나누어졌다. 문리해석상 합의가 있었으므로 적용될 수 없다는 부정설과 실질적인 합의가 없었다면 적용 가능하다는 긍정설이 있었다.[34]

판례 구 하도급법상 '합의 없이' 요건의 판단

▣ 서울고등법원 2013. 11. 14. 선고 2013누7171 판결(한국에스엠씨공압 사건)[35]

하도급법은 공정한 하도급거래질서를 확립하여 원사업자와 수급사업자가 대등한 지위에서 상호보완하며 균형 있게 발전할 수 있도록 함을 목적으로 함에 비추어 설령 합의가 존재한다고 하더라도 수급사업자의 진의에 기하지 아니한 형식적 합의는 진정한 합의로 보기 어렵다.

일방성 요건

"일방적으로"는 원사업자가 하도급대금을 결정하는 과정에서 수급

---

32 심리불속행 기각.

33 원사업자가 수급사업자와의 합의 없이 일방적으로 낮은 단가에 의하여 하도급대금을 결정하는 행위.

34 공정거래위원회 실무상 합의서가 있는 경우 이 규정을 적용하는 경향은 있었던 것으로 보인다.

35 대법원 2014. 4. 10.자 2013두35198 판결로 심리불속행 기각.

사업자와 실질적이고 충분한 협의를 거쳐 하도급대금을 결정했는지 여부 및 이 과정에서 수급사업자가 의사표시의 자율성을 제약받지 아니한 상태였는지 여부를 기준으로 판단한다.[36] 또한 일방성(unilateral)은 합의가 있었더라도 협상력(bargaining power) 차이가 커서 선택의 여지가 없었던 경우까지 포함할 수 있다. 이 점에서 합의가 있었더라도 일방적일 수는 있어, 합의 요건과 일방성 요건이 반드시 일치한다고 보기 어렵다.

낮은 단가 요건

낮은 단가를 판단하기 위해서는 기준이 필요하다. 그 기준이 일반적으로 지급되는 대가 또는 통상거래 가격이다. 시장에서 일반적 대가 또는 통상거래 가격을 특정하기는 통상 어렵고, 특히 원사업자와 수급사업자 사이에서 이러한 가격을 특정하기는 더욱 어렵다.

먼저 판례는, '단가가 낮은지 여부'는 위탁목적물 등과 같거나 유사한 것에 대하여 일반적으로 지급되는 대가보다 낮은 수준인지를 기준으로 판단하고, '일반적으로 지급되는 대가'의 수준은 문제가 된 행위 당사자들 사이에 있었던 종전 거래의 내용, 비교의 대상이 되는 다른 거래들(이하 "비교대상 거래"라 한다)에서 형성된 대가 수준 정도와의 편차, 비교대상 거래의 시점, 방식, 규모, 기간과 비교대상 거래 사업자들의 시장에서의 지위나 사업 규모, 거래 당시의 물가 등 시장상황 등을 두루 고려하여 인정할 수 있다는 취지이다(대법원 2017. 12. 7. 선고 2016두35540 판결).

또한 특정 거래 조건이 상대방에게 불이익한지 여부는 전체적인 관

---

36 부당한 하도급대금 결정 및 감액행위에 대한 심사지침(2022. 11. 29. 공정거래위원회예규 제411호) IV. 2.

점에서 판단해야 한다(대법원 2002. 10. 25. 선고 2001두1444 판결). 거래 대가가 적정하게 산정되었는지를 판단함에 있어 전체 계약금액에서 차지하는 비중이 미미한 일부분만을 떼어 법 위반 여부를 판단할 수는 없다(서울고등법원 2017. 9. 1. 선고 2017누36513 판결).

심사지침은 "낮은 단가," 즉 결정된 단가의 부당성 여부는 원칙적으로 객관적이고 타당한 산출근거에 의하여 단가를 낮게 결정한 것인지 여부를 기준으로 판단하되, 수급사업자 등이 제시한 견적가격(복수의 사업자들이 견적을 제시한 경우 이들의 평균 견적가격), 목적물 등과 같거나 유사한 것에 대해 일반적으로 지급되는 대가, 목적물의 수량, 해당 목적물의 시장상황 등을 고려하여 판단한다.[37]

일본의 경우 하도급대금을 결정함에 있어 수급사업자와 충분한 협의가 있었는지 등 대가의 결정 방법, 하도급대금이 차별적인지 등 대가의 결정 내용, 통상 지불되는 대가와 당해 급부에 지불되는 대가의 차이, 당해 급부에 필요한 원재료 등의 가격 동향 등을 감안하여 종합적으로 판단한다. 다만, 이 경우에도 원사업자와 수급사업자가 충분한 협의를 한 후에 하도급대금을 결정하면 이를 존중한다.[38] 이는 일반적으로 지급되는 대가 또는 통상가격을 특정하기가 어려움을 고려하여, 가격을 직접 추단할 수 있는 증거는 아니더라도 원사업자가 일방적으로 결정한 가격이 아니라 협의가 충실하게 이루어진 과정에 기초하여 결정한 낮은 대가인지를 판단하여, 가격에 대한 과도한 개입을 절제한다는 점에서 일견 타당성이 있다.

일본의 경우 당해 급부와 동종 또는 유사한 급부에 관하여 당해 수급사업자가 속한 거래지역에 있어서 일반적으로 지불되는 대가를 통

---

37 부당한 하도급대금 결정 및 감액행위에 대한 심사지침(2022. 11. 29. 공정거래위원회예규 제411호) IV. 2.

38 白石忠志 · 論点体系, 2021, 784, p. 785.

상의 대가로 본다. 다만, 통상의 대가를 파악할 수 없거나 파악하기 곤란한 경우, 당해 급부가 종전의 급부와 동종 또는 유사한 경우에는 종전의 급부에 관련된 단가로 계산한 대가를 통상의 대가로 취급하는 경우도 있다.[39]

낮은 단가와 수급사업자의 원가 기준

대법원 2017. 12. 7. 선고 2016두35540 판결은 낮은 단가를 판단함에 있어 '일반적으로 지급되는 대가'보다 낮은지를 판단하도록 하며, '종전 거래의 내용, 비교의 대상이 되는 다른 거래들'을 제시하고 있다. 위 판결에서 제시된 기준은 예시이며, 이외의 기준도 합리성이 있다면 포함될 수 있다.

낮은 단가의 기준으로 수급사업자의 원가가 사용될 수 있는가?[40] 결론적으로 수급사업자의 원가 등을 낮은 가격의 판단 기준으로 적용하는 것은 적정하다고 보기 어렵다. 물론 수급사업자의 제조원가가 하나의 자료로 사후적으로 참고될 수 있다. 그러나 수급사업자의 제조원가보다 낮으므로 낮은 가격이라고 판단하는 것은 부당하다. 그 이유는 다음과 같다.

첫째, 법 위반 여부를 행위자가 스스로 알 수 있어야 한다. 즉 이를 통하여 자기검증(self test)이 가능해야 한다. 그러나 원사업자는 수급사업자의 원가를 알 수 없다. 수급사업자의 제조원가를 고려하기 위하여 수급사업자가 투입한 시간과 시급 등을 알아야 함에도 이는 원사업자가 일반적으로 알기 어렵다. 따라서 가격이 수급사업자의 원가보다 높은지에 따라 법 위반을 결정한다면 원사업자는 자신이 책정한 가격이

---

39 鈴木滿, 2019, p. 614.

40 공정거래위원회 2020. 4. 20. 의결 제2020-006호(삼성중공업 사건).

법 위반이 되는지를 알 수 없게 되어 자기검증이 불가능하다.

둘째, 원사업자가 법 위반을 피하기 위하여 수급사업자의 원가를 알아야 한다면, 원사업자는 수급사업자에게 제조원가에 대한 자료를 요구해야 한다. 이는 불공정거래행위로서 거래상 지위남용의 경영간섭이 될 뿐 아니라, 하도급법상 금지되는 경영정보 요구가 된다.

셋째, 수급사업자의 원가에 따라 가격이 결정된다면 비용절감 노력을 하여 원가를 낮춘 수급사업자보다 그렇지 않은 수급사업자가 높은 대가를 받는 결과가 될 수 있다.

넷째, 도급계약의 본질은 일의 완성에 있다. 수급사업자의 원가나 투입시간이 가격이 되는 것은 도급의 본질에 반한다.

이와 달리 공정거래위원회 실무는 수급사업자의 제조원가명세서를 기준으로 낮은 단가를 판단하는 경향이 있다. 삼성중공업 사건,[41] 한국조선해양 및 현대중공업 사건,[42] 대우조선해양 사건[43]은 수급사업자의 제조원가보다 낮은 경우를 하도급법상 낮은 단가로 판단했다. 한편 공정거래위원회 2005. 8. 18. 의결 제2005-125호(에이디피엔지니어링 사건, 2005하기0573)는 수급사업자의 견적가에 비하여 적게는 10%, 많게는 29% 낮게 하도급대금을 결정한 행위를 부당하게 낮은 금액이라고 보았다.

반면 공정거래위원회 2019. 2. 28.자 의결 제2019-042호(대우조선해양 사건)에서, 공정거래위원회는 하도급법 제4조 제2항 제5호 위반으로 고발했으나 검찰은 수정추가공사에 대하여 수급사업자들이 투입한 시수보다 낮게 인정했다는 점만으로 하도급법상 낮은 단가 결정에 해당하지 않는다고 판단했다. 울산지방법원 2016. 12. 8. 선고 2015가합

---

41 공정거래위원회 2020. 4. 20. 의결 제2020-006호(2018서제2348 등).

42 공정거래위원회 2019. 12. 10. 의결 제2019-057호(2018부사0218 등).

43 공정거래위원회 2021. 2. 8. 의결 제2021-037호(2018부사1417 등).

22904 판결[44]은 실투입시간을 도급대금으로 고려할 수 없다는 취지에서, 실투입공수는 곧바로 기성고로 연결되므로 실제로 작업한 물량이 얼마인지는 공사대금의 산정에 있어 아무런 기준이 되지 않는데, 이처럼 실투입공수의 합계가 바로 피고에게서 수주받은 '물량'이 된다는 것은 일반 거래통념상 이해하기 어렵다고 판단했다.

대가 산정의 전제가 되는 위탁목적물 특정

대가를 산정하기 위한 전제로 하도급의 대상이 된 목적물이 특정되어야 하는가? 하나의 계약에 여러 목적물이 포함된 경우, 목적물에 따라 개별적으로 판단할 필요가 있는지의 문제이다.

이 문제는 하도급법이 계약 단위로 적용된다는 점에 주목하여 개별 목적물이 아니라 개별 계약을 기준으로 계약의 대금이 낮은지를 판단하면 된다. 개별 물건을 매매하는 거래가 아니라는 점에 하도급계약의 특성이 있을 뿐 아니라, 개별 목적물대로 판단하는 것은 하도급법의 목적과 부합하지도 않는다. 따라서 목적물 단위가 아니라 계약 단위별로 판단하여야 한다.

하도급법 제4조 제2항 제5호와 지급명령

하도급법 제4조 제2항 제1호나 제5호 위반에 대하여 위반행위가 없었더라면 원사업자와 수급사업자가 실제 정했을 대금액을 상정하기 어려우므로 지급명령이 허용되지 않는다(대법원 2018. 3. 13. 선고 2016두59430 판결).

---

44 부산고등법원 2016나58447 판결로 항소기각.

판례 낮은 단가를 부정한 판결

▣ 대법원 2017. 12. 7. 선고 2016두35540 판결(대우조선해양 사건)

구 하도급법(2013. 5. 28. 법률 제11842호로 개정되기 전의 것) 제4조 제2항 제5호에서 '부당한 하도급대금의 결정'으로 간주되는 경우 중 하나로 들고 있는 '합의 없이 일방적으로 낮은 단가에 의하여 하도급대금을 결정하는 행위'란 원사업자가 거래상 우월적 지위에 있음을 기화로 하여 수급사업자의 실질적인 동의나 승낙이 없음에도 단가 등을 낮게 정하는 방식으로 일방적으로 하도급대금을 결정하는 행위를 말한다.
또한 '합의 없이 일방적으로' 대금을 결정했는지는 원사업자의 수급사업자에 대한 거래상 우월적 지위의 정도, 수급사업자의 원사업자에 대한 거래의존도, 계속적 거래관계의 유무 및 정도, 거래관계를 지속한 기간, 문제가 된 행위를 전후로 한 시장상황 등과 함께, 하도급대금이 결정되는 과정에서 수급사업자가 의사표시의 자율성을 제약받지 아니하고 협의할 수 있었는지 및 그 제약의 정도, 결정된 하도급대금으로 수급사업자가 입은 불이익의 내용과 정도 등을 종합적으로 고려하여 판단하여야 한다.
나아가 '단가가 낮은지 여부'는 위탁목적물 등과 같거나 유사한 것에 대하여 일반적으로 지급되는 대가보다 낮은 수준인지를 기준으로 판단하고, '일반적으로 지급되는 대가'의 수준은 문제가 된 행위 당사자들 사이에 있었던 종전 거래의 내용, 비교의 대상이 되는 다른 거래들(이하 "비교대상 거래"라 한다)에서 형성된 대가 수준의 정도와 편차, 비교대상 거래의 시점, 방식, 규모, 기간과 비교대상 거래 사업자들의 시장에서의 지위나 사업 규모, 거래 당시의 물가 등 시장상황 등을 두루 고려하여 인정할 수 있다. 그리고 이에 대한 증명책임은 시정명령 등 처분의 적법성을 주장하는 공정거래위원회에 있다. 다만, 원사업자와 수급사업자가 대등한 지위에서 상호보완하며 균형 있게 발전할 수 있도록 하려는 하도급법의 입법 취지와 집행의 실효성 확보가 요구되는 점 등을 고려하여 증명의 정도를 너무 엄격하게 요구할 것은 아니다. 이러한 맥락에서, 계속적 하도급거래 관계에 있는 원사업자와 수급사업자의 '종전 거래 단가 또는 대금'이 종전 거래 당시의 일반적인 단가 또는 대금의 지급 수준보다 상당히 높았다는 등의 특별한 사정이 없는 한, '종전 거래 내용과 단가'를 '일반적으로 지급되는 대가'의 수준을 인정하는 데 중요한 요소로 고려할 수 있다.

▣ 대법원 2018. 5. 11. 선고 2015두38252 판결(성동조선해양 사건)[45]

원심 판결 이유 및 적법하게 채택한 증거들에 의하면, 아래와 같은 사정들을 알 수 있다.

① 피고는 하도급법 제4조 제2항 제5호 위반행위와 관련하여 "원고는 경인기업 주식회사 등 18개 수급사업자에게 선박 블록조립을 제조위탁하면서 수급사업자와 협의 없이 일방적으로 시수를 낮추는 방법으로 하도급대금을 결정하는 것과 같은 행위를 다시 하여서는 아니된다."는 시정명령을 했다.

② 피고는 또한 원고에 대하여 이와 같은 부당한 하도급대금 결정에 따른 인하금액 총 23억 272만 8,000원을 지체 없이 지급하여야 한다는 지급명령을 했다. 그 인하금액 합계는 동일한 종류의 블록에 대하여 적용한 최초 계약시수를 기준으로 이후 다음 계약에 적용한 계약시수를 비교하여 계약시수의 증가 또는 감소 여부를 파악한 후, 동일한 호선별 계약시수 감소로 판정되는 계약들만을 대상으로 하여 산정되었다. 즉 계약시수 변동 외에 임률 인상 등 다른 요소는 고려되지 아니했다.

③ 피고는 이와 같이 산출된 인하금액을 전제로 하도급대금의 산정, 기본과징금액의 산정, 조정과징금의 산정, 부과과징금의 산정 절차를 거쳐 원고에게 과징금 납부명령을 했다.

원심은 이러한 사실 등을 바탕으로 다음과 같이 판단했다.

---

45 원심은 서울고등법원 2015. 1. 16. 선고 2013누8778 판결.

① 원고가 수급사업자에게 호선별로 제조위탁을 하면서 시수를 인하하는 대신 임률을 인상해주었다면, 피고로서는 위와 같이 정해진 하도급대금이 종전 계약금액에 비해 현저히 낮은 수준에 해당하는지 여부도 아울러 판단했어야 한다. 즉 임률 인상 부분도 함께 고려했어야 한다.

② 그럼에도 임률은 물가상승률 등을 반영해 어차피 인상해주어야 한다는 잘못된 전제하에, 피고가 원고의 임률 인상 부분을 도외시하고 위와 같이 정해진 하도급대금이 종전 계약금액에 비해 현저히 낮은 수준인지 여부를 검토하지 아니한 채, 오로지 시수 인하 부분만을 주목하여 이 사건 선박 블록조립 부분의 하도급대금 결정행위가 부당하다고 본 것은 합리적이라 보기 어렵다.

③ 따라서 피고가 제출한 증거들만으로는 '인하된 시수×인상된 임률' 등으로 정해진 이 부분 하도급대금이 종전의 계약금액에 비해 현저히 낮은 수준에 해당하는지 여부를 알 수 없으므로, 이 부분에 관한 시정명령과 지급명령 및 이 사건 과징금 납부명령은 원고의 나머지 주장에 관하여 더 나아가 판단할 필요 없이 위법하다.

원심이 통상 지급되는 대가보다 '현저하게' 낮은 수준으로 하도급대금을 결정해야만 부당한 하도급대금의 결정에 해당한다는 취지로 판단한 것은 잘못이다.

한편 위에서 본 법리에 따르면, 하도급법 제4조 제2항 제5호가 정한 '낮은 단가에 의하여 하도급대금을 결정하는 행위'에 해당하기 위해서는 하도급대금이 '일반적으로 지급되는 수준'보다 낮아져야 한다.

그런데 위에서 인정한 사실에 의하면 피고는 '하도급대금'이 일반적으로 지급되는 수준보다 낮아졌는지 여부를 고려하지 아니한 채 계약시수 인하금액만을 기준으로 부당한 하도급대금 결정에 해당한다고 보았다. 그렇다면 위 지급명령 및 과징금 납부명령은 위에서 본 법리와 다른 전제에서 이루어진 것으로서 위법하다. 나아가 위에서 살핀 시정명령의 문언에서 피고가 상고이유를 통하여 임률이 인상되었는지 여부를 고려할 필요가 없다는 주장을 계속하고 있는 점까지 보태어보면 시정명령이라고 하여 달리 볼 것은 아니다.

결국 원심 판결에 부당한 하도급대금의 결정을 인정하기 위한 전제로 통상 지급되는 대가보다 '현저하게' 낮은 수준을 요구한 잘못이 있기는 하나, 위 각 처분이 위법하다고 본 결론만은 정당하므로 위와 같은 잘못은 판결에 영향을 미치지 않았다. 따라서 피고의 상고이유 주장은 결국 이유 없다.

▣ 서울고등법원 2017. 11. 30. 선고 2014누3619 판결(성동조선해양 사건)[46]

원고가 이 사건 수급사업자들에게 선박블록 제조 등을 위탁하면서 체결한 각 개별계약에 따르면 시수를 인하하는 대신 임률을 지속적으로 인상해주었는바, 피고로서는 시수 인하가 객관적이고 타당한 근거에 기반한 것인지 여부와 함께 위와 같이 정해진 하도급대금이 종전의 계약금액에 비해 현저히 낮은 수준에 해당하는지 여부도 아울러 판단했어야 한다(즉 임률 인상 부분도 함께 고려했어야 한다). 그럼에도 불구하고 임률은 물가상승률 등을 반영해 어차피 인상해주어야 한다는 잘못된 전제하에 원고의 임률 인상 부분을 도외시하고 위와 같이 정해진 하도급대금이 종전의 계약금액에 비해 현저히 낮은 수준인지 여부를 검토하지 아니한 채, 오로지 시수 인하 부분만을 주목하여 이 사건 하도급대금 결정행위가 부당하다고 본 것은 합리적이라 보기 어렵다.

나아가 피고 제출의 증거들만으로는 '인하된 시수×인상된 임률' 등으로 정해진 하도급대금이 종전의 계약금액에 비해 현저히 낮은 수준에 해당한다고 인정하기에 부족하다. 또한 이 사건과 같은 이른바 시수계약에서 시수란 수급사업자가 일정한 작업의 완성을 위하여 노동력을 얼마나 오랜 시간 투입하여야 하는지를 나타내는 수치이므로 그 특성상 설계 개선, 공법 개선, 작업 장비·공구 등의 개선, 공정관리 방법의 개선 및 노동인력의 숙련 등 생산성 향상 요인이 발생할 경우 시수가

46 심리불속행 기각.

인하될 수 있다. 따라서 이에 의하면 원고의 설비투자나 노동숙련도가 더하여짐으로써 생산성이 향상되고 그에 따라 동일한 작업의 대상이라도 소요되는 시수가 줄어든다는 것은 충분히 수긍할 수 있고, 당시 조선업의 불황으로 수주물량이 급감하여 하도급 수요가 감소하는 등 시수를 인하할 사정이 존재했던 것으로 보이는 점 등에 비추어 원고가 객관적이고 타당한 이유 없이 시수를 인하했다고도 보기 어렵다.

☞ 해설: 관련 판결로, 서울고등법원 2013누8778 사건(성동조선해양 사건), 대법원 2017. 12. 7. 선고 2016두35540 판결 및 서울고등법원 2014누40007 판결(대우조선해양 사건) 등이 있다. 이 판결은 다수의 선박블록 조립 등 위탁계약의 경우 각각의 선박블록마다 별도로 '시수×임률'의 방식으로 대가가 정해진 후 이를 합산하여 총 하도급대금이 결정되는 점, 그리고 위 선박블록 조립 등 위탁계약에서의 시수란 특정 작업에 인정되는 작업인정시간으로서 평가적 요소를 포함하는 까닭에 일반적인 제조위탁계약에서 실제 산출되는 목적물을 의미하는 물량과 구별되고, 호선별, 공종별 또는 작업단위별로 산정되어 하도급대금 지급을 위한 기준이 되는 점 등을 고려하면 시수는 하도급법 제4조 제2항 제5호에서 정하는 단가에 해당한다고 판단했다. 반면 서울고등법원 2014누40007 판결은 이와 달리 단가에 해당하지 않는다고 판단하여 하급심이 엇갈리는 가운데, 대법원 2017. 12. 7. 선고 2016두35540 판결은 단가에 해당한다고 결론을 내렸다.

판례 낮은 단가를 인정한 판결

▣ 대법원 2018. 3. 13. 선고 2016두59423 판결(신영프레시전 사건)[47]

원심은 다음과 같은 이유로 원고의 이 사건 하도급대금 결정행위가 하

47 공정거래위원회 2014. 10. 6. 의결 2013서제1646(신영프레시전 사건). 일방적으로 낮은 단가를 인정한 드문 사례이다.

도급법 제4조 제2항 제5호가 정하는 바와 같이 '원사업자가 수급사업자와의 합의 없이 일방적으로' 이루어졌다고 판단했다.

(가) 수급사업자인 코스맥은 원고에게 거래를 절대적으로 의존하고 있었다.

(나) 코스맥에 일방적으로 불리한 내용의 이 사건 단가 인하 합의서는, 원고와 코스맥이 실질적 협의를 통하여 작성된 것이 아니라 원고가 일방적으로 먼저 작성한 다음 코스맥에 날인을 요구하는 방법으로 작성된 것으로 볼 수 있다. 원고의 코스맥에 대한 우월한 지위를 고려하면 코스맥이 원고의 날인 요구를 거절하는 것은 사실상 어려웠을 것이다.

(다) 코스맥은 어떠한 근거로 단가가 결정되는지에 관한 충분한 정보를 제공받지 못했으므로 실질적인 단가 인하 합의를 할 만한 상황도 아니었다.

원심 판결 이유를 위에서 본 법리와 적법하게 채택된 증거에 비추어 살펴보면, 이러한 원심의 판단에 상고이유 주장과 같이 논리와 경험의 법칙에 반하여 자유심증주의의 한계를 벗어나는 등의 잘못이 없다.

하도급법 제4조 위반으로 인한 지급명령은 공정거래위원회가 간편하게 손해배상 등의 지급을 명하는 것이라고 할 수 있다. 하도급법 제4조 제2항 제1호나 제5호 위반으로 인한 지급명령이 허용된다면 그 지급명령은 당사자 사이의 사적 자치에 따라 정하여졌을 대금액을 전제로 하여야 한다. 그런데 제1호 위반행위나 제5호 위반행위가 있다고 하더라도 각 품목이나 거래별로 개별적 사정이 있을 수 있어 위반행위 전의 단가가 당연히 지급명령액 산정의 기준액이 된다고 단정할 수 없고, 제1호 위반행위나 제5호 위반행위의 성질상 이러한 위반행위가 없었더라면 원사업자와 수급사업자가 실제 정했을 대금액을 상정하기도 어렵다. 따라서 제1호 위반행위 또는 제5호 위반행위에 대한 시정조치로서 지급명령은 원칙적으로 허용되지 않는다고 보아야 한다.

▣ 서울고등법원 2013. 11. 14. 선고 2013누7171 판결(한국에스엠씨공압 사건)[48]

설령 합의가 존재한다 하더라도, 수급사업자의 진의에 기하지 아니한 형식적 합의는 진정한 합의로 보기 어렵다.

이 사건 4개 부품에 대하여는 이미 2개 또는 3개 업체로부터 견적서를 제출받는 등으로 경쟁입찰 절차를 거쳐 가장 낮은 가격을 제시한 재경산업이 1차로 발주자로 결정되었으므로, 1차 발주 당시 가격이 시가 또는 시가에 근접한 가격으로 보인다. 그 후 원고의 일방적 요구에 의하여 단가가 인하되었는데, 당시는 1차 발주 당시보다 수량도 축소되었던 사정에 비추어 4개 부품에 대하여 1차 발주 당시 인하된 단가는 시가보다도 낮은 것으로 보인다.

원고는 2008. 3. 19. 기존 업체가 가격조정 요청에 불응하자 재경산업으로 업체를 변경하거나, 2008. 5. 무렵 여러 차례에 걸쳐 외주 구매 견적비교표를 통하여 다른 업체와 단가를 비교한 후 기존의 재경산업 견적 단가가 높다는 이유로 다른 업체로 변경했다.

이 사건 4개 부품 등에 대하여 결정된 단가는 객관적이고 타당한 산출근거에 의하여 적정하게 결정되지 아니한 채 일방적으로 낮은 단가에 의하여 정하여진 금액으로 봄이 상당하다.

6) 직접공사비보다 낮은 금액(법 제4조 제2항 제6호)

법령 **하도급법 시행령 제7조(부당한 하도급대금 결정 금지)**

① 법 제4조 제2항 제6호에서 "대통령령으로 정하는 바에 따른 직접공사비 항목의 값을 합한 금액"이란 원사업자의 도급내역상의 재료비, 직접노무비 및 경비의 합계를 말한다. 다만, 경비 중 원사업

48 심리불속행 기각.

자와 수급사업자가 합의하여 원사업자가 부담하기로 한 비목(費目) 및 원사업자가 부담하여야 하는 법정경비는 제외한다.

② 법 제4조 제2항 제6호에 따른 정당한 사유는 공사현장여건, 수급사업자의 시공능력 등을 고려하여 판단하되, 다음 각 호의 어느 하나에 해당되는 경우에는 하도급대금의 결정에 정당한 사유가 있는 것으로 추정한다.

1. 수급사업자가 특허공법 등 지식재산권을 보유하여 기술력이 우수한 경우
2. 「건설산업기본법」 제31조에 따라 발주자가 하도급계약의 적정성을 심사하여 그 계약의 내용 등이 적정한 것으로 인정한 경우

수의계약으로 하도급계약을 체결할 때 정당한 사유 없이 대통령령으로 정하는 바에 따른 직접공사비 항목의 값을 합한 금액보다 낮은 금액으로 하도급대금을 결정하는 행위이다. 이 규정의 요건사실은 '직접공사비 항목의 값을 합한 금액보다 낮은 금액' 요건과 '정당한 사유' 요건으로 구성된다.

수의계약 요건

관련 사례로 공사계약이 최저가 낙찰이라는 사전에 설정된 낙찰기준에 따라 원고가 지정한 5개 업체가 자유로이 산정하여 제출한 견적서를 바탕으로 실질적인 경쟁을 통하여 수급사업자가 낙찰자로 결정된 것으로 보이므로 수의계약이 아니라 경쟁입찰에 해당한다고 본 서울고등법원 2017. 12. 20. 선고 2017누33147 판결[49] 등이 있다.

49 심리불속행 기각.

직접공사비와 간접공사비의 구별

하도급법 제4조 제2항 제6호에서는 '직접공사비' 요건을 규정하고 있다. 또한 직접공사비의 범위로 하도급법 시행령 제7조 제1항은 재료비, 직접노무비, 경비의 합계를 규정하고 있다. 여기에 간접경비는 포함된다고 보기 어렵다. 참고로, 기획재정부 계약예규 중 '예정가격작성기준', 그리고 국토교통부 '표준시장단가 및 표준품셈 관리규정', '국방부 국방·군사시설 기준 공사 원가 산정지침', 조달청 '한국경제정책연구의 용역보고서'는 직접공사비와 간접공사비를 구별한다. 한편 직접공사비에 재료비, 노무비, 경비 등이 포함되는 반면, 이와 구분되는 간접공사비에 보험료, 안전관리비 등이 포함된다(서울고등법원 2014. 9. 5. 선고 2013누33002 판결).[50]

공사비(직접공사비)의 산정 시기

공사비는 변동하기 때문에 어떤 시점을 기준으로 산정하는가에 따라 공사비는 달라진다. 공사비의 산정과 관련해서는 크게 세 가지 쟁점이 있다.

첫째, 하도급법 제4조 제2항 제6호에서 하도급대금은 최초 공사비인지 최종 공사비인지가 문제가 되는데, 문언에는 '하도급계약을 체결할 때'라고 기재되어 있으므로 최초 공사비로 보는 해석이 문언에 부합한다. 한편 하도급법의 실효성 보장을 위해서도 최초 공사비로 볼 필요가 있다. 공사 과정에서 추가공사 등 사정변경이 발생할 수 있으므로 최종 공사비로 정할 경우 원사업자가 하도급법 제4조 제2항 제6호를 회피할 우려가 있다. 예를 들면 최초 공사비는 직접공사비 미만으로 하고, 그 이후 증액을 하는 방식 등이다.

---

50 확정.

이 쟁점에 대하여 하도급계약을 체결할 때는 최초 공사비라는 전제에서 계약 체결 후 비용을 지급했더라도 법 위반이 인정된다고 본 서울고등법원 2020. 12. 2. 선고 2020누40138 판결(라마종합건설 사건)[51]이 있다. 공정거래위원회 2020. 1. 9. 의결 제2020-008호(라마종합건설 사건), 공정거래위원회 2018. 9. 6. 의결 제2018-277호(태성공영 사건) 등 공정거래위원회 실무도 최초 하도급계약의 공사금액으로 보고 있다. 참고로 대법원 2013. 4. 25. 선고 2010두25909 판결은 공정거래법상 거래상 지위남용 사건(사후정산 방식 거래가 문제가 된 사안)에서 사후 정산방식의 거래는 거래상의 지위를 부당하게 이용하여 그 거래 조건을 설정 또는 변경하거나 그 이행 과정에서 불이익을 줌으로써 공정거래를 저해할 우려가 있다고 볼 수 없다고 판시했다. 다만, 하도급법은 수급사업자 보호를 위해 이보다 엄격한 기준을 적용해야 한다.

둘째, 원칙적으로 본공사와 추가공사는 별개이며, 따라서 총괄계약이 있더라도 계약별로 판단하여야 한다. 추가공사를 할 때는 추가공사 계약이 새로 성립한 것으로 보아야 하며, 추가공사 당시를 기준으로 법 위반 여부를 판단해야 한다.

셋째, 최초공사대금이 증액되더라도 실질적으로 하나로 볼 수 있는 범위 내에서는 그 이후 변경된 금액까지 포함할 여지가 있다. 그리고 하나의 계약으로 평가할 수 있는 경우에는 계약 종료일을 기준으로 볼 수 있다. 이와 달리 하나의 계약으로 평가할 수 없음에도 모든 공사대금을 포함할 경우 법 집행의 예측 가능성은 저하되고, 수급사업자 보호에 공백이 생길 우려가 있다.[52]

---

51 확정.

52 공정거래위원회 2021. 1. 29. 의결 제2021-030호(지에스건설 사건).

복수의 공사계약과 직접공사비의 합산 여부

법 위반을 판단하기 위해서는 하도급대금과 직접공사비를 비교해야 한다. 그럼 공사계약이 여러 개인 경우 하도급대금을 합산하여 판단할 수 있는가? 원칙적으로는 계약이 별개이면 위반 여부도 별도로 판단한다. 단 예외적으로 복수의 계약을 합산하여 판단하려면 실질적인 하나의 계약으로 평가될 사정이 있어야 한다.

따라서 계약의 목적, 내용 등과 함께 각 계약 사이의 상호 관계를 보아야 한다. 발주자가 원사업자에게 발주한 동일한 공사를 나누어서 수급사업자에게 발주한 경우 등도 참작할 수 있다. 즉 하나의 목적 달성을 위하여 유기적으로 결합되어 있어 불가분이라면 하나의 계약으로 볼 수 있다.[53] 공사계약을 여러 개로 분할 수주했더라도 공사계약의 당사자와 공사 목적물·내용 등이 실질적으로 동일한 공사에 해당한다면 분할수주한 공사대금 총액을 기준으로 건설산업기본법 여부를 판단하도록 한 판결(대법원 2018도3821 판결)을 이 경우에 참조할 수 있다.

정당한 사유

하도급법 제4조 제2항 제6호에 따른 정당한 사유는 공사현장여건, 수급사업자의 시공능력 등을 고려하여 판단하되, 수급사업자가 특허공법 등 지식재산권을 보유하여 기술력이 우수한 경우, 「건설산업기본법」 제31조에 따라 발주자가 하도급계약의 적정성을 심사하여 그 계약의 내용 등이 적정한 것으로 인정한 경우 중 어느 하나에 해당되는 경우에는 하도급대금의 결정에 정당한 사유가 있는 것으로 추정한다(하도급법 시행령 제7조 제2항).

---

53 공정거래위원회 2021. 1. 29. 의결 제2021-030호(지에스건설 사건).

원사업자의 보증시공 이행사로서의 지위, 하도급계약 체결 과정에서 쌍방의 이익이 고려된 점, 원사업자가 감수한 불이익 등 공사현장의 여건에 비추어 직접공사비보다 낮은 하도급대금을 정한 객관적·합리적 사유가 있었다고 본 서울고등법원 2019. 11. 27. 선고 2018누67307 판결(태성공영 사건)[54] 등이 있다. 이 판결은 하도급법 제4조 제2항 제6호의 정당한 사유는 제7호의 정당한 사유와 본질적으로 다르지 않다는 전제에 있다.

일탈행위에 따른 수의계약과 법 위반

실무 담당 직원의 남용행위로 수의계약이 체결되는 사례가 간혹 발생한다. 이처럼 회사 직원이 일탈행위로 수의계약을 한 경우에도 하도급법 제4조 제2항 제6호가 적용되는가? 일탈행위로 수의계약을 한 경우라면 회사에 계약의 효력이 미치지 않을 수 있다.[55] 그 경우 불법행위(사용자 책임 등)로 인한 책임을 지는 것은 별론으로 하더라도, 회사의 법 위반으로 보기는 어려울 것이다.

판례 수의계약 요건의 판단

▣ 서울고등법원 2017. 12. 20. 선고 2017누33147 판결(유승건설 사건)[56]

원고가 수급사업자와 수의계약으로 이 사건 하도급계약을 체결하면서 정당한 사유 없이 이 사건 원도급 공사의 재료비, 직접노무비 및 경비의 합계 금액보다 낮은 금액으로 하도급대금을 결정했으므로 하도급법 제4조 제2항 제6호에 위반한다는 이유로 [별지1] 기재 각 시정명령 및

54 대법원 2020. 3. 27.자 2019두62871 판결로 심리불속행 기각.

55 공정거래위원회 2021. 1. 29. 의결 제2021-030호(지에스건설 사건).

56 심리불속행 기각.

과징금 납부명령을 했다.

원고는 수급사업자와 경쟁입찰 방식으로 이 사건 계약을 체결했으므로, 수의계약을 전제로 하는 하도급법 제4조 제2항 제6호의 위반은 성립될 여지가 없다(원고 주장).

경쟁입찰과 수의계약은 일정한 기준에 따른 경쟁의 결과로 계약상대방이 결정되는지, 혹은 경쟁의 방법이 아닌 일방 당사자의 선택과 개별적 협상을 통하여 계약 상대방이 결정되는지에 그 근본적인 차이가 있는데, 위와 같은 점을 종합하면 이 사건 공사계약은 최저가 낙찰이라는 사전에 설정된 낙찰기준에 따라 원고가 지정한 5개 업체가 자유로이 산정하여 제출한 견적서를 바탕으로 실질적인 경쟁을 통하여 수급사업자가 낙찰자로 결정된 것으로 보이고, 갑 제10호증, 을 제8호증의 1, 2의 각 기재만으로 위 인정을 뒤집기에 부족하다.

☞ 해설: 법원이 형식적인 하도급계약서가 아닌 수급사업자에게 지급된 실질적인 하도급대금을 기준으로 판단한 사례이다. 이 사건 원사업자들과 대자연조경이 체결한 실제 하도급거래대금은 서면 계약금액 13억 7,808만 원에 6,100만 원을 더한 14억 3,968만 원이다. 실질적인 하도급대금을 기준으로 판단해야 하므로, 별도로 지급하기로 한 금액을 실질적인 하도급대금에 포함한 사례이다.

판례 직접공사비와 간접공사비의 판단

▣ 서울고등법원 2014. 9. 5. 선고 2013누33002 판결[57]

원고는 2010. 2. 4. 경수제철과 위와 같이 감액된 계약금액으로 이 사건 하도급계약을 체결했는데, 세부적으로 직접공사비[58] 중 재료비, 노

57 확정.

58 재료비, 노무비, 직접공사경비 등 계약목적물의 시공에 직접적으로 소요되는 비용을 말한다.

무비는 감소한 반면 경비는 증가하여 직접공사비 총액은 최초 입찰금액 31억 4,315만 3,000원보다 1,100만 원 증가한 31억 5,415만 3,000원으로 결정되었고, 간접공사비[59]는 최초 입찰금액인 13억 284만 7,000원보다 3,700만 원이 감소한 9,584만 7,000원으로 결정되었다.[60]
피고는 위 나항 기재와 같이 당초 낙찰가격보다 낮은 가격으로 하도급대금을 결정한 원고의 행위가 하도급법 제4조 제2항 제7호에서 정한 '경쟁입찰에 의하여 하도급계약을 체결할 때 정당한 사유 없이 최저가로 입찰한 금액보다 낮은 금액으로 하도급대금을 결정하는 행위'에 해당한다고 보아 2013. 11. 28. 의결 제2013-192호로 원고에 대하여 [별지1] 기재의 시정명령 및 지급명령(이하 "이 사건 처분"이라 한다)[61]을 했다.

☞ 해설: 직접공사비(재료비, 노무비, 경비)와 구분되는 개념인 간접공사비에 보험료, 안전관리비 등이 포함된다는 취지의 판결이다. 공정거래위원회 2020. 1. 9. 제2020-008호(라마종합건설 사건), 공정거래위원회 2018. 9. 6. 제2018-277호(태성공영 사건), 공정거래위원회 2016. 12. 13. 제2016-351호(유승건설, 한서종합조경 사건)도 보험료, 안전관리비를 직접공사비에서 제외하고 있다.[62]

59 보험료, 안전관리비, 기타 비용 등 공사의 시공을 위하여 공통적으로 소요되는 법정경비 및 부수적인 비용을 말하며, 직접공사비 총액에 비용별로 일정 요율을 곱하여 산정한다.

60 직접공사비가 1,100만 원 증가한 반면, 간접공사비는 3,700만 원이 감소한 결과 공급가액은 2,600만 원이 감소했고, 여기에 부가가치세 260만 원을 감안하면 계약금액은 2,860만 원이 감소했다.

61 계약금액은 최저가 입찰금액에 비하여 2,860만 원이 감액되었으나, 경수제철의 공동도급 지분율이 51%임을 고려하여 1,458만 6,000원의 지급을 명했다.

62 공정거래위원회 2021. 1. 29. 의결 제2021-030호(지에스건설 사건) 등에서 문제가 되었다.

7) 경쟁입찰에서 최저가보다 낮은 금액(법 제4조 제2항 제7호)

경쟁입찰에 의하여 하도급계약을 체결할 때 정당한 사유 없이 최저가로 입찰한 금액보다 낮은 금액으로 하도급대금을 결정하는 행위이다. 이 규정은 '경쟁입찰' 요건, '최저가로 입찰한 금액보다 낮은 금액' 요건, '정당한 사유' 요건으로 구성된다.

하도급법 제4조 제2항 제7호의 개요

• **하도급법 제4조 제2항 제7호의 취지**: 하도급법 제4조 제2항 제7호는 '경쟁입찰에 의하여 하도급계약을 체결할 때 정당한 사유 없이 최저가로 입찰한 금액보다 낮은 금액으로 하도급대금을 결정하는 행위'를 부당한 하도급대금의 결정으로 규정한다. 따라서 위 규정이 적용되려면 다음의 세 조건을 모두 만족해야 한다.

첫째, "경쟁입찰에 의하여 하도급계약을 체결한 경우"에 해당하여야 한다. 물론 구체적인 사실관계에 따라 경쟁입찰이 있었는지가 반드시 명확한 것은 아니다. 입찰에도 그 형식 및 내용에 따라 다양한 유형이 있고, 특히 '재입찰'이 실시된다면 경쟁입찰에 의하여 계약의 당사자를 결정하는 것이 아니라 '우선협상자'를 정하는 경우에도 이에 해당하는지가 문제가 된다. 대법원은 '재입찰'에 의한 경우도 하도급법 제4조 제2항 제7호 소정의 '하도급대금 결정행위'에 포함된다고 판시했다(대법원 2012. 2. 23. 선고 2011두23337 판결).

둘째, "최저가로 입찰한 금액보다 낮은 금액으로 하도급대금을 결정하는 경우"에 해당하여야 한다. 구 하도급법(2013. 5. 28. 법률 제11842호로 개정되기 전의 것) 제4조 제1항은 "원사업자는 수급사업자에게 제조 등의 위탁을 하는 경우 부당한 방법을 이용하여 목적물 등과 같거나 유사한 것에 대하여 일반적으로 지급되는 대가보다 현저하게 낮은 수준으로 하도급대금을 결정하거나 하도급받도록 강요하여서는 아니된다." 고 규정하여 방법의 부당성과 현저성을 모두 요구했다.[63] 같은 맥락에서 하도급법 제4조 제2항 제7호에도 현저성이 요구되는지가 문제될 수 있었다. 그러나 문언상 최저가로 입찰한 금액보다 낮은 금액으로 하도급대금을 결정하는 행위에 해당하면 통상 지급되는 대가보다 현저하게 낮은 수준으로 하도급대금을 결정했는지를 따질 필요 없이 부당한 하도급대금의 결정으로 보아야 한다.[64]

관련 판결로 대법원 2009. 4. 9. 선고 2008두21829 판결(대우건설 사건) 등이 있다. 그 사실관계를 보면 원고는 아파트 신축 공사 중 '금속기와(起臥)' 공사를 하도급 주면서 지명경쟁입찰 방식으로 4개 업체를 대상으로 3회에 걸쳐 입찰을 시행하여 S건설을 최종 낙찰자로 선정했다. 이 부분 하도급대금 결정액은 S건설의 최종 입찰 최저 입찰가보다 낮으므로 하도급법 제4조 제2항 제7호에 해당함에 의문이 없었다.

반면 원고는 아파트 공사 중 '내장 목공사'를 2개 공구로 분리발주하면서 각 공구별로 지명경쟁입찰을 시행하되 '2개 공사 입찰가 합계'를 기준으로 1순위 업체에 2공구를, 차순위 업체에 1공구를 하도급 주기로 했고, 입찰 결과 2개 공사 입찰가 합계액이 차순위인 A건설이 1공구 수급사업자로 선정되어 1공구 하도급대금을 6억 4,940만 2,400원으로 결정했는데, A건설의 1공구 입찰가는 6억 5,300만 원인 한편, 1공구 최저가 입찰가는 H건설 6억 2,900만 원이었다. 법원은 A건설에 대

63 2013. 5. 28. 법 개정으로 현 하도급법 제4조 제1항은 "원사업자는 수급사업자에게 제조 등의 위탁을 하는 경우 부당하게 목적물 등과 같거나 유사한 것에 대하여 일반적으로 지급되는 대가보다 낮은 수준으로 하도급대금을 결정하거나 하도급받도록 강요하여서는 아니된다."고 규정하여 종전과 달리 '현저하게' 부분을 삭제했다.

64 대법원 2010. 4. 29. 선고 2008두14296 판결 참조. 이 판결은 하도급법 제4조 제1항 제4호 '수급사업자를 착오에 빠지게 한 기만행위'에 관한 것이지만, 하도급법 제4조 제1항 제7호에도 적용될 수 있다.

한 하도급대금 결정액은 A건설의 입찰가보다 낮으나 1공구 최저 입찰가인 H건설의 6억 2,900만 원보다 높고, 2개 공구의 합계에 따라 수급사업자가 결정된 특수성 등을 고려하여 하도급법 제4조 제2항 제7호에 해당하지 않는다고 보았다.

셋째, '정당한 사유'가 없어야 한다. 최저가 입찰금액보다 낮은 금액으로 하도급계약을 체결했더라도 사정변경이 있다면 정당한 이유가 인정될 여지가 있다.[65] 반면 이러한 사정변경이 없음에도 최저가로 입찰한 금액보다 낮은 금액으로 하도급대금을 결정하기 위하여 입찰절차를 이용했다는 등의 사정이 있다면 정당한 이유가 인정되기 어렵다. 정당한 이유의 판단에 있어서는 최저가보다 낮게 결정된 하도급대금에 객관적이고 합리적인 근거가 있는지를 살펴볼 필요가 있고, 이 과정에서 결정된 하도급대금이 적정한 수준인지도 고려될 수 있다.

관련 사례로는 서울고등법원 2009. 12. 17. 선고 2009누9675 판결(현대엘리베이터 사건) 등이 있다. 이 사건에서 원고가 지명경쟁입찰 공고시부터 예정 가격 9,500만 원을 초과할 경우 유찰하기로 하는 입찰조건을 밝혔고, 입찰 결과 4개 업체가 참여했으나 최저 입찰가가 9,900만 원이 되어 공고한 대로 재입찰을 실시했으나, 동일 금액 최저 입찰자가 2명이 나와 다시 3차 입찰을 하여 9,400만 원에 입찰한 업체를 수급사업자로 선정했다. 서울고등법원은 3차 입찰은 최저 입찰자가 2명이 나와 이를 가리기 위한 것으로 보아 하도급법 제4조 제2항 제7호 소정의 하도금대금의 부당결정행위에 해당하지 않을 정당한 이유가 있다고 보았고, 공정거래위원회가 상고했으나 기각되었다.[66] 정당한 사유가 인정된 다른 사례로는 사전에 입찰 참가자들에게 기 시공분에 대한 정산

65 예를 들면 낙찰자가 결정된 후 예상하지 못한 발주물량 등의 변경으로 계약금액이 증가하는 경우 등이다.

66 대법원 2010. 5. 27.자 2010두2654 판결로 심리불속행 기각.

액을 최저가 입찰가에서 공제한 후 하도급대금을 결정한다는 점을 설명한 경우 등이 있다.[67]

• 리딩 케이스(대법원 2012. 2. 23. 선고 2011두23337 판결)의 이해: 먼저 판결의 요지는 다음과 같다. 하도급법 제4조 제2항 제7호는, 그 규정에서 정한 행위에 해당할 경우 부당한 하도급대금 결정행위로 간주하여 부당하게 낮은 금액으로 하도급대금을 결정하는 불공정거래행위에 대하여 효과적으로 대처하고 공정한 하도급거래질서를 정착하려는 데 입법취지 및 목적이 있다. 하도급법 제4조 제2항 제7호에서 정한 부당한 하도급대금 결정행위 해당성을 조각하기 위한 '정당한 사유'란 공사현장 여건, 원사업자의 책임으로 돌릴 수 없는 사유 또는 수급사업자의 귀책사유 등 최저가로 입찰한 금액보다 낮은 금액으로 하도급대금을 결정하는 것을 정당화할 객관적 · 합리적 사유를 말하는 것으로 원사업자가 주장 · 증명하여야 하고, 공정한 하도급거래질서 확립이라는 관점에서 사안에 따라 개별적 · 구체적으로 판단하여야 한다.

한편 하도급법 제4조 제2항 제7호에서 정한 '하도급대금의 결정행위'에는 재입찰에 의한 경우도 포함되고, 원고가 외주비를 절감하기 위해 자체 편성한 계획 공사 원가의 96%를 예정 가격으로 정한 후 최초 입찰에서 최저가로 입찰한 금액이 예정 가격을 초과한다는 이유로 입찰 참여업체에 사전에 알리지 않고 재입찰을 한 것은 내부적 사정에 불과하여 하도급대금을 최저가 입찰금액보다 낮게 결정할 객관적이고 합리적인 사유라고 보기 어려운 점, 정당한 사유 없이 최저가로 입찰한 금액보다 낮은 금액으로 하도급대금을 결정하는 행위에 해당하면 일반적으로 지급되는 대가보다 현저하게 낮은 수준으로 하도급대금을

67 서울고등법원 2012. 5. 16. 선고 2011누10340 판결 및 그 상고심인 대법원 2012. 10. 11. 선고 2012두14385 판결로 심리불속행 기각.

결정했는지를 별도로 따질 필요 없이 부당한 하도급대금의 결정으로 보아야 하는 점 등을 종합해볼 때, 위 행위는 하도급법 제4조 제2항 제7호에서 정한 '부당한' 하도급대금 결정행위에 해당한다.

다음으로 이 판결의 의의는 크게 세 가지로 살펴볼 수 있다.

첫째, 경쟁입찰의 범위에 관하여 서울고등법원은 '재입찰'에 의한 경우도 하도급법 제4조 제2항 제7호 소정의 '하도급대금 결정행위'에 포함된다고 판시했고, 대법원도 이를 정당하다고 봄으로써 위 조항의 구체적인 적용 범위를 확대하여 수급사업자의 보호를 적극적으로 도모했다. 이러한 맥락에서 우선협상대상자를 정하기 위한 입찰이 위 법 소정의 '경쟁입찰'에 해당하는지도 문제가 될 수 있다. 이에 관하여 서울고등법원 2013. 8. 23. 선고 2012누26380 판결[68]에서 원고는 수의계약 체결을 위하여 우선협상대상자를 선정하기 위한 것에 불과하므로 하도급법 제4조 제2항 제7호 소정의 '경쟁입찰'에 해당하지 않는다고 주장했다. 이에 대하여 위 법원은 우선협상자를 정하기 위한 입찰도 '경쟁입찰'에서 배제할 이유가 없다는 전제에서 입찰에서 현장설명회를 통하여 입찰에 관한 사항이 공지된 후 복수의 업체가 밀봉된 입찰서를 제출하여 경쟁을 통하여 낙찰을 받은 이상 그 형식 및 내용의 측면에서 하도급법 제4조 제2항 제7호 소정의 하도급계약 체결을 목적으로 한 '경쟁입찰'에 해당한다고 판단했다.[69]

둘째, 이와 같이 하도급법 제4조 제2항 제7호의 경쟁입찰에 포함된

68 대법원 2016. 3. 10. 선고 2013두19622 판결로 상고기각.

69 구체적인 사실인정에서, 원고가 현장설명회에서 최저가로 입찰금액을 제출한 협력업체와 협의하여 최종적으로 계약 체결 여부를 결정하겠다고 고지했고, 원고가 수급사업자들에게 배포한 현장설명서 중 "입찰 방법 및 일시"란에도 "날인 및 밀봉제출-미준수시 실격처리", "방법: 최저가 입찰업체 우선협상 대상" 등이 기재되어 있으며, 이에 따라 실시된 입찰에서 복수의 업체가 입찰금액이 기재된 입찰서를 제출하여 원고가 이를 기초로 입찰결과표를 작성하여 그중 최저가 입찰업체와 협상을 하여 하도급계약을 체결한 사실이 인정된다고 보았다.

다면 당연히 정당한 사유가 필요하다는 취지로 해석할 수 있다. 위에서 지적한 것처럼 입찰에는 다양한 유형이 있을 수 있는데, 일단 위 법 소정의 '경쟁입찰'에 포함된다면 당연히 정당한 사유 없이 대금을 감액하는 행위는 위법하다고 볼 수밖에 없고, 대상판결도 이러한 전제하에 있는 것으로 이해할 수 있다. 같은 취지에서 서울고등법원 2013. 8. 23. 선고 2012누26380 판결은 우선협상대상자를 선정하기 위하여 입찰을 실시한 경우에도 최저가 입찰자와 하도급계약을 체결할 때 최저가로 입찰한 금액보다 낮은 금액으로 하도급대금을 결정하려면 하도급법 제4조 제2항 제7호 소정의 '정당한 사유'가 필요하다고 판시했다.

셋째, 대상판결은 하도급법 제4조 제2항 제7호에서 정한 부당한 하도급대금 결정행위에 해당하지 않을 '정당한 사유'의 의미 및 그 증명책임에 관하여 의미 있는 판시를 했다. 즉 위 법 소정의 '정당한 사유'란, 공사현장 여건, 원사업자의 책임으로 돌릴 수 없는 사유 또는 수급사업자의 귀책사유 등 최저가로 입찰한 금액보다 낮은 금액으로 하도급대금을 결정하는 것을 정당화할 객관적·합리적 사유를 말하는 것으로 원사업자가 주장·증명하여야 하고, 공정한 하도급거래질서 확립이라는 관점에서 사안에 따라 개별적·구체적으로 판단하여야 한다고 판시했다. 이러한 전제에서 대상판결은 정당한 사유가 부정되는 구체적인 사유로, ① 원고가 외주비를 절감하기 위해 자체 편성한 계획 공사원가의 96%를 예정 가격으로 정한 후 최초 입찰에서 최저가로 입찰한 금액이 예정 가격을 초과한다는 이유로 입찰 참여업체에 사전에 알리지 않고 재입찰을 한 것은 내부적 사정에 불과하여 하도급대금을 최저가 입찰금액보다 낮게 결정할 객관적이고 합리적인 사유라고 보기 어려운 점, ② 정당한 사유 없이 최저가로 입찰한 금액보다 낮은 금액으로 하도급대금을 결정하는 행위에 해당하면 일반적으로 지급되는 대가보다 현저하게 낮은 수준으로 하도급대금을 결정했는지를 별도로 따질 필요 없이 부당한 하도급대금의 결정으로 보아야 하는 점 등을 언급했다.

따라서 대상판결이 '입찰 참여업체에 사전에 알리지 않고 재입찰을 한 것은 내부적 사정에 불과하여 하도급대금을 최저가 입찰금액보다 낮게 결정할 객관적이고 합리적인 사유라고 보기 어려운 점'을 정당한 사유의 판단에 있어 고려한 점에 비추어 사업자가 입찰 예정 가격을 산정한 후 이에 미달할 경우 추가협상이 있을 수 있음을 알렸다면 정당한 이유가 있는 것으로 볼 여지가 있다. 다만, 이러한 사업자의 사전 고지만으로 충분한지, 객관적·합리적인 입찰 예정 가격의 산정 등 추가적인 요건이 필요한지가 문제될 수 있다. 이 쟁점에 관하여 서울고등법원 2013. 8. 23. 선고 2012누26380 판결에서는 정당한 사유가 있기 위하여 입찰 예정 가격을 객관적·합리적으로 산정한 후 입찰가가 이를 상당히 초과할 경우에는 불가피하게 추가협상이 있을 수 있음을 사전에 공고하여야 한다고 판시함으로써, '객관적·합리적인 입찰 예정 가격 산정과 사전 공고'라는 두 요건을 모두 구비해야 정당성이 인정될 수 있다고 보았다.

그 논거로, 처음부터 입찰 예정 가격을 산정하지 않아 추가협상이 필요한지를 전혀 예측할 수 없는 상태에서 현장설명서를 배포하며 구두로 추가협상이 있을 수 있다고 고지한 경우에도 하도급법 제4조 제2항 제7호 소정의 '정당한 사유'가 있는 것으로 본다면, 원사업자가 객관적·합리적인 사유 없이 추가협상의 가능성을 구두로 고지함으로써 하도급법 제4조 제2항 제7호의 제한을 임의로 회피할 수 있게 되고, 그 결과 최저가로 입찰한 수급사업자는 원사업자의 부당한 가격인하 요구를 거부하기 어렵게 되어, 경쟁입찰 과정에서의 부당한 하도급대금 결정행위 간주규정을 두어 불공정거래행위에 효과적으로 대처하고 공정한 하도급거래질서를 정착시키려는 위 규정에 중대한 공백이 생기게 될 수 있음을 들었다. 다만, 이 판결에 따르더라도 사전에 입찰 예정 가격을 공개할 의무가 있는 것은 아니다.

경쟁입찰 요건

• **'경쟁입찰'에서 '경쟁'의 의미와 입찰의 유효성**: 하도급법 제4조 제2항 제7호에서 경쟁입찰의 의미는 무엇인가? 구체적으로 법 문언에 드러난 '경쟁'에 독자적 의미가 있는가? 있다면 소위 '들러리 입찰'도 포함되는가? 이러한 질문에 대해서는 두 가지 견해가 있을 수 있다.

첫째, 경쟁입찰을 '입찰'로 해석하는 견해이다(단순 입찰설). 이 견해에 따르면 경쟁에 특별한 의미가 있다고 보기는 어렵다. 입찰은 당연히 경쟁을 전제로 낙찰자를 정하는 작업이며, 들러리 입찰도 입찰에 포함된다.

둘째, 경쟁입찰의 '경쟁'에 독자적 의미를 두는 견해이다(경쟁적 입찰설). 그 결과 들러리 입찰은 '경쟁'이 없었으므로 제외된다. 또한 입법 취지가 정상적인 입찰에서 낙찰받은 수급사업자만 보호하는 것이라면, 들러리 입찰을 통하여 낙찰받은 수급사업자는 보호할 이유가 없다.

그럼 '경쟁입찰'의 이해가 입찰의 효력과도 관련되어 있다면, 하도급법 제4조 제2항 제7호가 적용되기 위하여 입찰은 유효해야 하는가? 이에 대해서는 세 가지 견해가 있을 수 있다.

첫째, 모든 입찰이 포함된다는 전제에서 무효인 입찰도 포함된다는 견해이다(단순 입찰설). 모든 입찰이 보호되므로 입찰이 무효인 경우도 보호된다.

둘째, 유효인 입찰만 포함되고 무효인 입찰은 제외된다는 견해이다(유효 입찰설). 입찰이 무효인 경우에는 수급사업자 보호의 필요성이 없다고 보며,[70] 유효인 입찰이지만 들러리 입찰 등 보호가치가 낮은 경우

70 공정거래위원회 2020. 3. 6. 의결 제2020-051호(동호건설 사건).

에는 정당한 사유 판단에서 고려한다.

셋째, 유효인 입찰 중 보호할 가치가 있는 입찰만 보호한다는 견해이다(보호가치 입찰설). 입찰이 유효하면 보호하기 때문에 들러리 입찰도 입찰이 무효가 아니고, 들러리 입찰에서 낙찰받아도 낙찰자 지위가 부정되지 않을 수 있다. 하지만 입찰이 무효는 아니라고 하더라도 스스로 위반행위를 한 수급사업자는 보호되기 어렵다는 견해이다.

참고로, 수급사업자 선정 과정에서 가격이 핵심적 고려요소이므로, 견적서가 가격입찰서와 유사한 경우 경쟁입찰을 인정한 사례로 서울고등법원 2010. 10. 8. 선고 2020누32588 판결(삼양건설산업 사건)[71]이 있다.

• **경쟁입찰과 수의계약의 동일성**: 경쟁입찰 후 수의계약을 체결하여 감액한 경우, 경쟁입찰의 계약과 수의계약은 원칙적으로 동일해야 한다. 여기에는 계약 자체가 일치하는 경우는 물론 계약이 실질적으로 동일한 경우도 포함된다. 계약이 실질적으로 동일하다고 본다면 그 세부 내용, 공정, 금액, 견적에 차이가 있어도 하나의 계약 과정 중에 있는 것으로 보아야 한다. 참고로, 행정처분의 기초적 사실관계의 동일성에 관한 대법원 2001. 9. 28. 선고 2000두8684 판결 등은 처분사유의 추가에 대한 판례로 규범적인 판단의 문제를 다루고 있을 뿐, 실질적 동일성에 대한 기준으로는 적절하지 않다.[72]

---

71 대법원 2021. 2. 25.자 2020두52559 판결로 심리불속행 기각.

72 공정거래위원회 2020. 3. 13. 의결 제2020-060호(리드건설 사건).

정당한 사유 요건

심사지침 **정당한 사유 판단 기준**

"정당한 사유"에 해당하는지 여부는 수급사업자의 귀책사유, 원사업자의 책임으로 돌릴 수 없는 사유 또는 수급사업자에게 유리한 경우인지 여부 등 최저가 입찰금액보다 낮게 결정할 객관적이고 합리적인 사유에 해당되는지 여부로 판단하며 원사업자가 이를 입증하여야 한다. 본 조항을 적용함에 있어 하도급대금을 결정하는 행위의 태양에는 특별한 제한이 없으며, 따라서 추가적인 협상에 의한 경우뿐 아니라 재입찰에 의한 경우도 포함한다.

정당한 사유의 예로, ① 최저가 경쟁입찰에서 낙찰된 수급사업자가 핵심기술인력의 갑작스런 사망 등과 같이 예상치 못한 사유로 인하여 목적물 등의 일부에 대해 제조 등을 수행할 수 없어 수급사업자가 그 부분에 대한 감액을 요청하는 경우, ② 최저가 경쟁입찰에서 낙찰자가 결정된 직후 미리 예상치 못한 발주물량의 증가 등으로 인해 총 계약금액이 증가함에 따라 객관적이고 합리적인 산출근거에 의해 단가를 최저가보다 낮게 결정하는 경우 등이 포함될 수 있다.

법 위반 사례로, ① 원사업자가 최저가 경쟁입찰에서 최저가로 입찰한 수급사업자에게 업계관행을 이유로 다시 대금인하 협상을 하여 최저가 입찰금액보다 낮은 가격으로 하도급대금을 결정하는 행위, ② 원사업자가 최저가 경쟁입찰에서 최저가로 입찰한 수급사업자에게 입찰조건과 달리 하도급대금을 더 낮춰줄 것을 요구하여 거절당하자, 최저가 입찰자 이외의 입찰자와 단가협상을 통해 최저가 입찰금액보다 낮은 가격으로 하도급대금을 결정하는 행위, ③ 원사업자가 경쟁입찰을 실시하면서 최저 입찰가가 원사업자의 예정 가격을 초과하는 경우에 재입찰을 실시한다는 점을 사전고지하지 않았음에도 이를 이유로 최저 입찰가를 제시한 업체를 낙찰자로 선정하지 아니하고 그 업체를 포함하여 상위 2개 또는 3개 업체를 대상으로 재입찰을 실시하여 그중 가장 낮은 가격을 제시한 업체를 낙찰자로 선정함으로써 당초 최저 입찰가보다 낮게 하도급대금을 결정하는 행위 등이 포함될 수 있다.[73]

• **정당한 사유 판단 구성**: 하도급법 제4조 제2항 제7호 위반이 문제되는 사건은 입찰의 결과 최저가 입찰자와 계약을 체결하지 않고 재입찰을 실시하거나, 최저가 입찰자와 입찰가보다 낮은 가격으로 계약을 체결하는 경우이다.

서울고등법원 2013. 8. 23. 선고 2012누26380 판결(동일 사건)[74]은 정당한 사유가 있기 위하여 입찰 예정 가격을 객관적·합리적으로 산정한 후 입찰가가 이를 상당히 초과할 경우에는 불가피하게 추가협상이 있을 수 있음을 사전에 공고하여야 한다고 판시함으로써 '객관적·합리적인 입찰 예정 가격 산정과 사전 공고'라는 두 가지 요건을 제시했다.

대법원 2012. 2. 23. 선고 2011두23337 판결은 원고가 낙찰자를 선정하기 전에 예정 가격을 공개하는 것이 담합이나 원고의 영업비밀 노출의 위험 등이 있어 적절하지 않다고 하더라도, 적어도 예정 가격을 밀봉하여 미리 개찰장소에 두어 사후에라도 낙찰자 선정에 대한 이의나 분쟁이 발생할 경우 원고의 예정 가격을 확인할 수 있어야 함에도 원고는 그와 같은 조치를 전혀 취하지 아니한 점을 고려함으로써 원사업자의 예정 가격을 확인할 수 있도록 할 것을 제시했다.

위 판결을 종합하면, 하도급법 제4조 제2항 제7호 정당한 사유로 합리적 예정 가격이 존재할 것, 예정 가격의 존재를 확인할 수 있도록 할

---

73 부당한 하도급대금 결정 및 감액행위에 대한 심사지침(2022. 11. 29. 공정거래위원회예규 제411호) IV. 2.

74 대법원 2016. 3. 10.자 2013두19622 판결로 상고 기각.

것, 예정 가격을 초과할 경우 재입찰을 실시함을 사전에 고지할 것 등 세 요소를 고려할 수 있다. 물론 이는 예시적인 사유이므로 정당한 사유가 여기에 국한되지는 않는다. 위 세 요건은 실체적 요건과 절차적 요건을 모두 포함한다. 특히 사전고지 요건, 예정 가격 확인 요건은 절차적 요건에 가깝고, 합리적 예정 가격은 실체적 요건에 가깝다.

• **합리적 입찰 예정 가격 존재 문제(정당한 사유)**: 위에서 본 바와 같이 정당한 사유로 합리적 입찰 예정 가격이 존재할 것이 포함된다. 그럼 합리적 입찰 예정 가격의 판단 기준은 무엇인가? '합리적 예정 가격'이 되기 위해서는 가격이 적정해야 한다. 물론 가격의 적정성뿐만 아니라 가격 적정성의 전제인 실행예산의 적정성을 판단하는 것조차도 어려운 문제이다. 그러나 실행예산의 적정성을 소명하면 예정 가격의 적정성을 인정할 수 있다. 합리적 예정 가격의 소명을 과도하게 요구하는 것은 바람직하지 않으며, 실행예산의 적정성이 드러난 사건에서는 객관적으로 명백한 사정이 있는 경우에 한하여 예정 가격의 적정성을 부정해야 한다.

따라서 실행예산에 비추어 최저가를 선정했다는 사정만으로 적정성을 부정하기는 어렵다. 다만, 투찰가격을 낮추기 위한 목적으로 실행예산을 산정했음을 보여주는 뚜렷한 증거가 있는 경우에는 적정성이 부정될 수 있다. 또한 도급금액 대비 예정금액 비율이 높을 경우에는 실행예산 증명의 적정성이 인정될 가능성이 높아진다.

한편 실행예산 합리성에 대한 증명책임은 사업자에게 있다. 이는 합리성을 보여주는 특징적인 요소의 제출로 사업자가 일단 증명한 것으로 본다(제1단계 증명). 사업자가 실행예산 합리성에 대하여 일단 증명을 하면 심사관이 적극적으로 반증해야 한다.[75] 이때 심사관은 예산이 투

75 공정거래위원회 2020. 3. 6. 의결 제2020-049호(케이씨씨건설 사건).

찰가격 인하 등 특정한 목적으로 정해진 사정 등 합리성을 부정할 정황을 제시해야 한다(제2단계 증명).

• **입찰 예정 가격의 변동과 정당한 사유**: 입찰 예정 가격의 변동 여부가 정당한 사유의 판단 요건은 아니다. 그러나 입찰 예정 가격이 입찰 중에 변경되었다면 '입찰 예정 가격 확인' 등의 의미가 없다. 즉 입찰 예정 가격이 고정되어 있어야 확인이 가능하고, 그 확인의 의미가 있다.

입찰 예정 가격이 변동된 경우에는 그 변동이 필수적이라고 볼 만한 합리적인 사유가 소명되어야 한다. 합리적 사유 없이 입찰 중에 입찰 예정 가격이 변경된 것은 정당한 사유 인정에 부정적인 요소가 될 수 있다. 하지만 입찰 이후에 입찰가가 입찰 예정 가격보다 낮아 유찰이 되는 상황에서 계약을 체결하기 위한 방안의 하나로 입찰 예정 가격을 인상한 사정 등은 정당한 이유 판단에 긍정적인 요소로 고려된다.[76]

• **예정 가격 존재 확인 문제(정당한 사유)**: 위에서 본 바와 같이 입찰 예정 가격은 합리적이어야 함과 동시에 사후적으로 그러한 입찰 예정 가격이 존재함을 확인할 수 있어야 한다. 그렇다면 예정 가격 확인은 어느 수준까지 이루어져야 하는가?

첫째, 입찰 예정 가격의 공개이다. 원사업자가 입찰 예정 가격을 공개할 경우 당연히 확인 요건을 충족한다. 그러나 입찰시행자인 원사업자의 실행예산이 입찰 시행 이전에 사전 공개될 필요가 없고, 예정 가격은 영업비밀에 속할 수 있다. 따라서 원사업자의 선택에 따라 자율적으로 공개하는 것은 별론으로 하더라도, 공개 의무를 인정할 수는 없다.

둘째, 입찰 예정 가격의 공증이다. 입찰 예정 가격을 입찰 이전에 공

---

76 공정거래위원회 2020. 3. 6. 의결 제2020-049호(케이씨씨건설 사건).

증을 한다면 사후적으로 입찰 예정 가격의 존재를 확인할 수 있다. 그러나 공증이 입찰 예정 가격의 존재를 확인할 수 있는 유일한 방법이 아니며, 필수적이지도 않다.

셋째, 기타 객관적 확인 방법의 구비이다. 공개나 공증을 하지 않아도 미리 예정 가격을 확정하여두어, 분쟁발생 시 임의로 조작할 가능성을 배제하는 조치를 취하면 충분하다. 확인의 방법에 있어 공정성 문제가 없다면 예정 가격 확인의 요건이 충족된다.[77] 예정 가격을 밀봉하여 미리 개찰장소에 두어 사후에라도 낙찰자 선정에 대한 이의나 분쟁이 발생할 경우 원고의 예정 가격을 확인할 수 있어야 한다고 본 사례로 대법원 2012. 2. 23. 선고 2011두23337 판결이 있다.

• **재입찰 사실 고지 문제(정당한 사유)**: 서울고등법원 2013. 8. 23. 선고 2012누26380 판결(동일 사건)은 원사업자로서는 최소한 입찰 예정 가격을 객관적 · 합리적으로 산정한 후 입찰가가 이를 상당히 초과할 경우에는 불가피하게 추가협상이 있을 수 있음을 사전에 공고하여야 한다고 판시하여, 재입찰 사실의 고지가 필요하다고 보고 있다. 이에 따라 위 판결은 처음부터 입찰 예정 가격을 산정하지 않아 추가협상이 필요한지를 전혀 예측할 수 없는 상태에서 현장설명서를 배포하며 구두로 추가협상이 있을 수 있다고 고지한 경우는 정당한 사유에 해당하지 않는다고 보았다.

대법원 2012. 11. 15. 선고 2012두13924 판결은 입찰가가 예정가액보다 낮은 금액(예정가액 대비 92.34%)이었음에도 입찰 참가자들에게 사전에 고지하지 않은 자체 내규인 최저가 업체의 입찰가 대비 3% 이내의 범위로 입찰한 업체들은 재입찰을 실시한다는 규정('외주협력회사 관

77 공정거래위원회 2020. 3. 6. 의결 제2020-049호(케이씨씨건설 사건).

리규정' 제18조 제3항 제2호)을 근거로 원고가 5개 입찰 참가업체 중 위 요건에 해당하는 업체들에 대해 재입찰을 실시한 점에서 정당한 사유를 부정했다. 구체적인 사유를 알리지 않은 채 추후 협상이 이루어질 수 있는 여지가 있음을 고지한 경우에 정당한 사유를 인정하지 않은 사례로 서울고등법원 2010. 10. 8. 선고 2020누32588 판결(삼양건설산업 사건)[78]이 있다.

그럼 입찰가가 예정가액을 초과할 경우 재입찰이 실시될 수 있음에 대한 고지는 어떤 방식으로 이루어져야 하는가? 입찰유의서, 입찰자료 등에 기재한 것으로 충분하며, 개별적 고지와 설명까지 필요하다고 보기는 어렵다.[79] 이 요건은 다른 요건에 비하여 증명수준이 상대적으로 높지 않다.

정당한 사유 판단의 기타 고려 요소

관련 사례로, 하도급대금이 최저가 입찰금액보다 높은 금액이므로 법 위반이 인정되지 않는다고 본 대법원 2009. 4. 9. 선고 2008두21829 판결, 수급사업자의 최종 낙찰가격은 예정 가격보다 불과 100만 원이 적어 통상 지급되는 대가보다 현저하게 낮다고 보기 어렵다는 점에서 정당한 사유를 인정한 서울고등법원 2009. 12. 17. 선고 2009누9675 판결,[80] 원고가 사전에 입찰 참가자들에게 종전 수급사업자의 기시공분에 대한 정산금액을 최저가 입찰가에서 공제한 후 하도급대금을 결정한다는 점을 설명한 점에서 정당한 사유를 인정한 서울고등법원 2012. 5. 16. 선고 2011누10340 판결(신안 사건)[81] 등이 있다.

---

78 대법원 2021. 2. 25.자 2020두52559 판결로 심리불속행 기각.

79 공정거래위원회 2020. 3. 6. 의결 제2020-049호(케이씨씨건설 사건).

80 대법원 2010. 5. 27.자 2010두2654 판결로 심리불속행 기각.

81 심리불속행 기각.

판례 **정당한 사유의 판단**

▣ 서울고등법원 2013. 8. 23. 선고 2012누26380 판결(동일 사건)[82]

이 사건 입찰 후 발주 물량이나 자재 단가의 변경 등 사정변경이 없었음에도 원고는 최저 입찰가보다 낮은 가격으로 계약을 체결하기 위하여 입찰을 통하여 우선협상대상자를 선정한 후 추가협상을 했던 것으로 보이는바, 이러한 경우에도 원고로서는 최소한 입찰 예정 가격을 객관적·합리적으로 산정한 후 입찰가가 이를 상당히 초과할 경우에는 불가피하게 추가협상이 있을 수 있음을 사전에 공고했어야 할 것임에도 이러한 조치를 취하지 않았다.

▣ 대법원 2012. 2. 23. 선고 2011두23337 판결

원심은, 원고가 외주비를 절감하기 위해 계획 공사 원가의 96%를 예정 가격으로 정한 후 최초 입찰에서 최저가로 입찰한 금액이 예정 가격을 초과한다는 이유로 입찰 참여업체에 사전에 알리지 않고 재입찰을 한 것은 원고의 내부적 사정에 불과하여 하도급대금을 최저가 입찰금액보다 낮게 결정할 객관적이고 합리적인 사유라고 보기 어려운 점, 원고가 낙찰자를 선정하기 전에 예정 가격을 공개하는 것이 담합이나 원고의 영업비밀 노출의 위험 등이 있어 적절하지 않다고 하더라도, 적어도 예정 가격을 밀봉하여 미리 개찰장소에 두어 사후에라도 낙찰자 선정에 대한 이의나 분쟁이 발생할 경우 원고의 예정 가격을 확인할 수 있어야 함에도 원고는 그와 같은 조치를 전혀 취하지 아니한 점, 정당한 사유 없이 최저가로 입찰한 금액보다 낮은 금액으로 하도급대금을 결정하는 행위에 해당하면 일반적으로 지급되는 대가보다 현저하게 낮은 수준으로 하도급대금을 결정했는지를 별도로 따질 필요 없이 부당한 하도급대금의 결정으로 보아야 하는 점 등 그 판시와 같은 사정을 종합하여 보면, 원고의 이 사건 행위가 하도급법 제4조 제2항 제7호 소정의 부당

---

82 대법원 2016. 3. 10.자 2013두19622 판결로 상고 기각.

한 하도급대금 결정행위에 해당한다고 판단했다. 위 법리와 기록에 비추어 살펴보면, 원심의 위와 같은 사실인정과 판단은 정당하다.

판례 정당한 사유 인정 판결

▣ 대법원 2009. 4. 9. 선고 2008두21829 판결

기록에 의하면 이 사건 내장목공사 중 제1공구 공사 입찰에 참여한 4개 업체 중 소외 3 주식회사가 최저가 입찰금액인 6억 2,900만 원으로 응찰하고, 소외 1 주식회사가 차순위 최저가 입찰금액인 6억 5,300만 원으로 응찰한 사실을 알 수 있는바, 그렇다면 제1공구 공사 입찰에 있어 '최저가로 입찰한 금액'은 소외 3 주식회사의 입찰금액 6억 2,900만 원이지 소외 1 주식회사의 입찰금액 6억 5,300만 원이 아니므로, 원고가 소외 1 주식회사의 입찰금액보다 낮은 6억 4,326만 7,000원으로 하도급대금을 결정했다 하더라도 위 하도급대금이 최저가 입찰금액인 6억 2,900만 원보다 높은 금액인 이상, 원고의 위 하도급대금 결정이 하도급법 제4조 제2항 제7호 소정의 부당한 하도급대금의 결정에 해당한다고 볼 수 없다.

▣ 서울고등법원 2009. 12. 17. 선고 2009누9675 판결(현대엘리베이터 사건)[83]

원고는 입찰의 조건으로 예정 가격 범위 내에서 최저가 입찰자를 낙찰자로 선정하기로 공고한 것이어서 입찰 참가자들이 위 예정 가격을 낙찰금액의 상한선으로 고려했을 뿐 낙찰금액 내지 하도급대금 자체로 인식했으리라 보기 어렵다. 수급사업자의 최종 낙찰가격은 예정 가격보다 불과 100만 원이 적어 통상 지급되는 대가보다 현저하게 낮다고 보기 어렵다. 그러므로 원고가 최저가 입찰업체인 수급사업자와의 사이에서 가격을 추가협상하여 최저 입찰금액보다 낮은 하도급금액을 결

83 대법원 2010. 5. 27.자 2010두2654 판결로 심리불속행 기각.

정한 것이라고 보기 어렵다.

■ 서울고등법원 2012. 5. 16. 선고 2011누10340 판결(신안 사건)[84]

원고가 사전에 입찰 참가자들에게 종전 수급사업자인 길탑건설의 기시공분에 대한 정산금액을 최저가 입찰가에서 공제한 후 하도급대금을 결정한다는 점을 설명했고, 그에 따라 확정된 정산금액을 최저가 입찰가에서 공제한 금액으로 하도급대금을 결정한 이상 최저가로 입찰한 금액보다 낮은 금액으로 하도급대금을 결정할 정당한 사유가 있다.

판례 정당한 사유 부정 판결[85]

■ 대법원 2012. 11. 15. 선고 2012두13924 판결(대성합동지주 사건)[86]

원심은 그 채택 증거에 의하여, 원고가 이 사건 공사의 하도급 업자 선정을 위한 경쟁입찰방식의 전자입찰을 실시한 사실, 그 경쟁입찰에서 이 사건 수급사업자인 광○건설을 비롯하여 총 5개 업체가 참가했고 개찰결과 광○건설이 최저가인 65억 9,902만 9,000원으로 입찰한 사실, 원고는 위 입찰가가 예정가액보다 낮은 금액(예정가액 대비 92.34%)이었음에도 입찰 참가자들에게 사전에 고지하지 않은 자체내규인 최저가 업체의 입찰가 대비 3% 이내의 범위로 입찰한 업체들은 재입찰을 실시한다는 규정('외주협력회사 관리규정' 제18조 제3항 제2호)을 근거로 5개 입찰 참가업체 중 위 요건에 해당하는 광○건설과 황○건설에 대해 재입찰을 실시한 사실, 그 결과 광○건설이 63억 8,900만 원을 기재하여 낙찰자가 되자 원고는 위 재입찰금액을 계약금액으로 하여 광

84 심리불속행 기각.

85 기타 관련 사건으로 서울고등법원 2013. 11. 14. 선고 2013누7171 판결(한국에스엠씨공압 사건), 서울고등법원 2013. 12. 26. 선고 2012누19368 판결(요진건설산업 사건), 서울고등법원 2014. 9. 5. 선고 2013누33002 판결(대경건설 사건), 서울고등법원 2019. 1. 10. 선고 2018누56659 판결 등이 있다.

86 원심은 서울고등법원 2012. 5. 17. 선고 2011누36687 판결.

○건설과 이 사건 공사에 관한 계약을 체결한 사실 등을 인정한 다음, 그 판시와 같은 이유를 들어 원고의 위와 같은 행위는 경쟁입찰 방식으로 수급사업자를 선정하면서 정당한 사유 없이 최저가로 입찰한 금액보다 낮은 금액으로 하도급대금을 결정하는 행위로서 구 하도급법(2009. 4. 1. 법률 제9616호로 개정되기 전의 것) 제4조 제2항 제7호의 부당하게 하도급대금을 결정한 행위에 해당한다고 하여, 같은 사유로 피고가 원고에 대하여 "최저가 입찰금액과 하도급계약금액과의 차액 2억 1,002만 9,000원을 광○건설에게 지체 없이 지급하여야 한다."는 내용의 시정명령을 한 이 사건 처분은 적법하다고 판단했다.
원심 판결 이유를 관련 법리와 기록에 비추어 살펴보면, 원심의 위와 같은 판단은 정당하여 수긍할 수 있고, 거기에 상고이유의 주장과 같이 논리와 경험의 법칙을 위반하여 자유심증주의의 한계를 벗어나거나, 구 하도급법 제4조 제2항 제7호 소정의 '정당한 사유'와 '최저가로 입찰한 금액' 및 '하도급대금을 결정하는 행위'의 의미에 관한 법리를 오해하는 등의 위법이 있다고 할 수 없다.

▣ 서울고등법원 2013. 8. 23. 선고 2012누26380 판결(동일이앤씨 사건)[87]

다음과 같은 사정들을 종합하여 보면 원고의 행위에 정당한 사유가 있었다고 보기는 어려우므로 원고의 이 부분 주장도 이유 없다.
① 이 사건 입찰 후 발주물량이나 자재단가의 변경 등 사정변경이 없었음에도 원고는 최저 입찰가보다 낮은 가격으로 계약을 체결하기 위하여 입찰을 통하여 우선협상대상자를 선정한 후 추가협상을 했던 것으로 보이는바, 이러한 경우에도 원고로서는 최소한 입찰 예정 가격을 객관적·합리적으로 산정한 후 입찰가가 이를 상당히 초과할 경우에는 불가피하게 추가협상이 있을 수 있음을 사전에 공고했어야 할 것임에도 이러한 조치를 취하지 않았다.
② 처음부터 입찰 예정 가격을 산정하지 않아 추가협상이 필요한지를

87 대법원 2016. 3. 10. 선고 2013두19622 판결로 상고기각.

전혀 예측할 수 없는 상태에서 현장설명서를 배포하며 구두로 추가협상이 있을 수 있다고 고지한 경우에도 하도급법 제4조 제2항 제7호 소정의 '정당한 사유'가 있는 것으로 본다면, 원사업자가 객관적·합리적인 사유 없이 추가협상의 가능성을 구두로 고지함으로써 하도급법 제4조 제2항 제7호의 제한을 임의로 회피할 수 있게 되고, 그 결과 최저가로 입찰한 수급사업자는 원사업자의 부당한 가격인하 요구를 거부하기 어렵게 되어, 경쟁입찰 과정에서의 부당한 하도급대금 결정행위 간주 규정을 두어 불공정거래행위에 효과적으로 대처하고 공정한 하도급거래질서를 정착시키려는 위 규정에 중대한 공백이 생기게 된다.

기타 문제

• **현저하게 낮은 가격의 증명 요부**: 하도급법 제4조 제2항 제7호에서 현저하게 낮은 가격의 증명은 필요하지 않다. 이는 법 제4조 제2항의 다른 유형과 동일하다. 서울고등법원 2013. 12. 26. 선고 2012누19368 판결(요진건설산업 사건)도 하도급법 제4조 제2항 제7호에 해당하면 그 과정에서 부당한 방법을 이용했는지, 하도급대금이 통상 지급되는 대가보다 현저하게 낮은 수준으로 결정되었는지를 따질 필요 없이 부당한 하도급대금의 결정으로 간주된다고 판시했다.[88]

• **하도급법 제4조 제2항 제7호와 지급명령**: 대법원 2012. 11. 15. 선고 2012두13924 판결은 하도급법 제4조 제2항 제7호 사안에서 지급명령을 인정했다. 동시에 자체 관리규정을 근거로 사전고지 없이 최저가 입찰금액 대비 3% 범위 내에서 입찰업체들을 대상으로 재입찰을 실시한 것은 정당한 사유에 해당하지 않는다고 판단한 점도 주목할 필요가 있다.

---

88 상고기각.

하도급법 제4조 제2항 제7호 사안에서 지급명령 발령에 대하여 긍정적이다(대법원 2018. 3. 3. 선고 2016두59430 판결). 특히 대법원 2023. 1. 12. 선고 2020두36915 판결은 하도급법 제4조 제2항 제7호가 부당한 하도급대금의 결정인지를 판단하는 기준을 최저가 입찰금액으로 명확히 규정하고 있고, '경쟁입찰'이라는 거래방식의 특수성에 비추어볼 때, 입찰과정에서 원사업자가 입찰예정가격을 정당하게 산정한 후 입찰금액이 이를 초과하는 경우 추가협상이 있을 수 있음을 사전에 고지함으로써 수급사업자는 경우에 따라 최저가 입찰금액보다 낮은 수준에서 하도급계약이 체결될 수 있음을 예상할 수 있었던 사정이 인정된다거나 그 밖에 공사현장 여건, 원사업자의 책임으로 돌릴 수 없는 사유 또는 수급사업자의 귀책사유 등 최저가로 입찰한 금액보다 낮은 금액으로 하도급대금을 결정하는 것을 정당화할 객관적·합리적 사유를 원사업자가 주장, 증명하지 못하는 이상, 부당한 하도급대금의 결정이 없었더라면 원사업자와 수급사업자 사이에 적어도 최저 입찰가 수준에서 하도급계약이 체결되었을 것이라는 사정도 충분히 인정되므로, 하도급법 제4조 제2항 제7호에 해당하는 행위에 대하여는 특수한 형태의 시정조치로서 최저가 입찰금액과 실제 하도급대금의 차액 상당의 지급명령이 허용된다고 판단했다.[89]

그 밖에 재입찰부터 참가한 낙찰자의 계약금액이 최초 입찰의 최저 입찰금액보다 적은 경우 그 차액에 대한 지급명령이 적법하다고 본 서울고등법원 2018. 11. 16. 선고 2017누46556 판결(포스코아이시티 사건)[90] 등이 있다.

---

89 원심은 최저가 입찰자와 계약자가 달라져서 협상의 가능성이 있는 사안으로, 최저가와 비교하여 지급명령을 하기 어려운 사안에서는 하도급법 제4조 제2항 제7호 사안에서 지급명령이 허용될 수 없다고 보았으나, 대법원은 이와 결론을 달리했다.

90 대법원 2019. 3. 28.자 2018두66807 판결로 심리불속행 기각.

판례 **하도급법 제4조 제2항 제7호 위반에서 지급명령 인정 판결**

▣ 대법원 2012. 11. 15. 선고 2012두13924 판결(대성합동지주 사건)[91]

피고가 원고에 대하여 "최저가 입찰금액과 하도급계약금액과의 차액 2억 1,002만 9,000원을 광○건설에게 지체 없이 지급하여야 한다."는 내용의 시정명령을 한 이 사건 처분은 적법하다고 판단했다.

원심 판결 이유를 관련 법리와 기록에 비추어 살펴보면, 원심의 위와 같은 판단은 정당하여 수긍할 수 있고, 거기에 상고이유의 주장과 같이 논리와 경험의 법칙을 위반하여 자유심증주의의 한계를 벗어나거나, 구 하도급법 제4조 제2항 제7호 소정의 '정당한 사유'와 '최저가로 입찰한 금액' 및 '하도급대금을 결정하는 행위'의 의미에 관한 법리를 오해하는 등의 위법이 있다고 할 수 없다.

8) 계속적 거래계약에서 불리한 하도급대금 결정(법 제4조 제2항 제8호)

계속적 거래계약에서 원사업자의 경영적자, 판매가격 인하 등 수급사업자의 책임으로 돌릴 수 없는 사유로 수급사업자에게 불리하게 하도급대금을 결정하는 행위이다. '수급사업자에게 불리한 하도급대금 결정' 요건과 '수급사업자의 책임으로 돌릴 수 없는 사유' 요건으로 구성되어 있다.

심사지침 **수급사업자에게 불리한 결정**

"수급사업자에게 불리하게"는 새로이 인하된 하도급대금을 결정하는 절차 및 그 결정된 내용이 정상적인 거래관행상 공정성과 타당성이

91 원심은 서울고등법원 2012. 5. 17. 선고 2011누36687 판결이다.

결여되었음을 말한다. 원사업자가 새로이 하도급대금을 인하 결정하게 된 사정, 과정 및 그 결과와 관련하여 필요한 자료나 정보 등을 수급사업자에게 성실하게 제공했는지 여부, 원사업자가 객관적이고 합리적인 절차에 따라 수급사업자와 실질적인 협의를 거쳤는지 여부, 인하된 하도급대금의 환원이나 인상 등에 대해 실효성 있는 방안을 마련·제공하고 추후 이를 실행했는지 여부, 새로이 인하된 하도급대금을 결정한 사정과 수급사업자가 납품하는 목적물 등이 연관성이 있는지 여부, 원사업자와 수급사업자 간 부담의 분담 정도가 합리적인지 여부 등을 고려할 수 있다.[92]

심사지침 **수급사업자의 책임과 정당한 사유 판단**

"수급사업자의 책임으로 돌릴 수 없는 사유"란 새로이 하도급대금을 결정하게 된 사정이 원사업자나 외부환경의 변화 등에 있고 수급사업자에게는 귀책사유가 없음을 말한다. 심사지침에 따르면, 계속적 거래계약기간 중 원사업자가 경영적자, 판매부진, 경쟁심화에 따른 판매가격 인하 등 수급사업자의 책임으로 돌릴 수 없는 사유로 새로이 인하된 하도급대금을 결정하는 경우에 그 내용이나 절차가 정상적인 거래관행에 비추어볼 때 공정하고 타당한지 여부로 위법성을 판단한다.

결국 원사업자는 계속적 거래계약기간 중에 수급사업자의 책임으로 돌릴 수 없지만 경영상 불가피한 사유를 이유로 이러한 이유와 직접 관련이 있는 목적물에 대해 새로이 하도급대금을 인하 결정할 수 있다. 다만, 새로이 하도급대금을 인하 결정하는 과정에서 원사업자가 수급사업자와 충분하고 실질적인 협의를 거치고 이러한 협의결과를 토대로 그 부담을 수급사업자와 합리적으로 분담하는 것이 필요하다.

92 부당한 하도급대금 결정 및 감액행위에 대한 심사지침(2022. 11. 29. 공정거래위원회예규 제411호) IV. 2.

"직접 관련이 있는 목적물"이란, 가령 원사업자가 A, B, C 등 다수의 제품을 생산한다고 가정했을 때 A제품의 글로벌 가격경쟁이 격화되어 판매가격 인하 없이는 수출경쟁력 유지가 불가능한 경우가 발생하면 A제품에 부속되는 목적물들에 한해 단가를 인하할 수 있음을 의미한다. 한편 원사업자의 임금인상이나 노조파업 등의 경우는 이들과 직접 연관된 목적물을 특정할 수 없으므로 이를 이유로 단가를 인하하는 것은 금지된다.

예를 들면 계속적 거래계약기간 중 원사업자가 판매가 부진한 제품에 대하여 생산중단보다는 판매가격 인하를 결정하고, 이후의 발주물량(해당 제품에 부속하는 목적물로 한정한다)에 대해서 수급사업자와 충분하고 실질적인 교섭을 통해 그 교섭 결과를 바탕으로 원수급사업자 간 판매가격 인하에 따른 부담을 적정 분담하는 수준에서 납품가격을 인하 결정하는 행위는 법 위반이 아니다.

법 위반 사례로 ① 계속적 거래계약기간 중 수급사업자가 납품한 목적물이 부수된 제품의 경우 판매 호조로 원사업자 경영적자의 원인이 아님에도 원사업자가 경영적자를 이유로 해당 수급사업자에 대해서도 종전에 비해 낮은 단가로 하도급대금을 결정하는 행위, ② 원사업자의 임금인상이나 노조파업 등에 따른 비용 발생분을 수급사업자에게 전가하기 위하여, 계속적 거래계약기간 중 원사업자가 종전에 비해 낮은 단가로 하도급대금을 결정하는 행위, ③ 계속적 거래계약기간 중 원사업자가 글로벌 가격경쟁 심화나 환율변동 등을 이유로 사전협의 과정 없이 종전에 비해 낮은 단가로 하도급대금을 일방적으로 결정해서 수급사업자에게 통보하는 행위 등을 들 수 있다.[93]

---

93 부당한 하도급대금 결정 및 감액행위에 대한 심사지침(2022. 11. 29. 공정거래위원회예규 제411호) IV. 2.

2. 대금 관련 기타 부작위의무

가. 부당한 대금감액

법령 **하도급법 제11조(감액금지)**

① 원사업자는 제조 등의 위탁을 할 때 정한 하도급대금을 감액하여서는 아니된다. 다만, 원사업자가 정당한 사유를 입증한 경우에는 하도급대금을 감액할 수 있다.

② 다음 각 호의 어느 하나에 해당하는 원사업자의 행위는 정당한 사유에 의한 행위로 보지 아니한다.

1. 위탁할 때 하도급대금을 감액할 조건 등을 명시하지 아니하고 위탁 후 협조요청 또는 거래 상대방으로부터의 발주취소, 경제상황의 변동 등 불합리한 이유를 들어 하도급대금을 감액하는 행위
2. 수급사업자와 단가 인하에 관한 합의가 성립된 경우 그 합의 성립 전에 위탁한 부분에 대하여도 합의 내용을 소급하여 적용하는 방법으로 하도급대금을 감액하는 행위
3. 하도급대금을 현금으로 지급하거나 지급기일 전에 지급하는 것을 이유로 하도급대금을 지나치게 감액하는 행위
4. 원사업자에 대한 손해발생에 실질적 영향을 미치지 아니하는 수급사업자의 과오를 이유로 하도급대금을 감액하는 행위
5. 목적물 등의 제조·수리·시공 또는 용역 수행에 필요한 물품 등을 자기로부터 사게 하거나 자기의 장비 등을 사용하게 한 경우에 적정한 구매대금 또는 적정한 사용대가 이상의 금액을 하도급대금에서 공제하는 행위
6. 하도급대금 지급 시점의 물가나 자재 가격 등이 납품 등의 시점

에 비하여 떨어진 것을 이유로 하도급대금을 감액하는 행위

7. 경영적자 또는 판매가격 인하 등 불합리한 이유로 부당하게 하도급대금을 감액하는 행위
8. 「고용보험 및 산업재해보상보험의 보험료징수 등에 관한 법률」, 「산업안전보건법」 등에 따라 원사업자가 부담하여야 하는 고용보험료, 산업안전보건관리비, 그 밖의 경비 등을 수급사업자에게 부담시키는 행위
9. 그 밖에 제1호부터 제8호까지의 규정에 준하는 것으로서 대통령령으로 정하는 행위

③ 원사업자가 제1항 단서에 따라 하도급대금을 감액할 경우에는 감액사유와 기준 등 대통령령으로 정하는 사항을 적은 서면을 해당 수급사업자에게 미리 주어야 한다.

④ 원사업자가 정당한 사유 없이 감액한 금액을 목적물 등의 수령일부터 60일이 지난 후에 지급하는 경우에는 그 초과 기간에 대하여 연 100분의 40 이내에서 「은행법」에 따른 은행이 적용하는 연체금리 등 경제사정을 고려하여 공정거래위원회가 정하여 고시하는 이율에 따른 이자를 지급하여야 한다.

하도급법 제11조는 '감액'과 '정당한 사유' 요건으로 구성되어 있다. 해당 법령은 2011. 3. 29. 개정 전에는 '수급사업자에게 책임을 돌릴 사유가 없는 경우'로 규정했으나, 법 개정에 따라 '원사업자가 정당한 사유를 입증한 경우'로 규정하고 있다. 관련 판결로 대법원 2023. 3. 13. 선고 2022두57893 판결[94] 등이 있다.

94 원심은 서울고등법원 2022. 8. 25. 선고 2021누48443 판결.

1) 감액

감액 요건의 해당성

관련 사례로, 단가 인하 합의 내용을 이미 발주된 부분에 소급적용하는 경우 감액행위로 본 서울고등법원 2019. 8. 22. 선고 2018누57485 판결(엘지전자 사건),[95] 수급사업자들이 약정한 하도급대금은 목적물 수령일로부터 60일이 되는 날에 지급할 경우 지급하기로 약정한 금액에 해당할 뿐이고, 원고가 이보다 앞선 기일에 지급할 때에도 위 돈을 지급하기로 약정했다고 보기 어렵다는 전제에서 원고와 이 사건 수급사업자들 사이에는 목적물 수령일부터 60일째 되는 날 지급할 때에는 약정한 하도급대금 전액을, 이보다 앞선 기일에 현금으로 지급할 때에는 연 4.99%의 어음할인율을 공제한 금액을 지급하기로 약정한 경우는 감액에 해당하지 않는다는 취지의 서울고등법원 2016. 11. 11. 선고 2016누38831 판결,[96] 계약금액 증액이 다투어진 사건에서 계약금액이 증액되었으므로 증액된 금액에 대한 감액이 인정된다고 본 서울고등법원 2015. 10. 15. 선고 2014누8447 판결,[97] 기성금 조정에 관한 합의이더라도 직접계약 부분에 대하여 하도급대금의 감액이 포함되어 있을 경우 부당감액에 해당한다는 대법원 2020. 5. 14. 선고 2020두31217 판결 등이 있다.

부당한 가격 결정과 감액의 구별

부당한 가격 결정과 감액을 어떤 기준으로 구별해야 하는가? 네 가지 기준을 생각해볼 수 있다.

---

95 대법원 2020. 1. 16.자 2019두52089 판결로 심리불속행 기각.

96 심리불속행 기각.

97 확정.

부당한 하도급대금 결정 및 감액행위에 대한 심사지침은 "III. 하도급대금의 결정과 감액의 구분 및 판단 기준"에 따라 계속적 거래계약 등에 기준을 두고 있다. 여기서 "하도급대금의 결정"이라 함은 원사업자가 수급사업자에게 제조(가공위탁 포함)·수리·건설 또는 용역을 위탁(이하 "제조 등의 위탁"이라 한다)할 때 수급사업자가 위탁받은 것(이하 "목적물 등"이라 한다)을 제조·수리·시공 또는 용역 수행하여 원사업자에게 납품·인도 또는 제공(이하 "납품 등"이라 한다)하고 수령할 대가(이하 "하도급대금"이라 한다)를 정하는 행위를 말한다. 또 "하도급대금의 감액"이라 함은 원사업자가 수급사업자에게 제조 등의 위탁을 할 때 정한 하도급대금을 그대로 지급하지 아니하고, 그 금액에서 감하여 지급하는 행위를 말한다.[98]

계속적 거래계약의 경우 계약기간 중(계약기간 만료에 따른 계약기간 자동연장의 경우를 포함한다)에 이미 발주한 수량과 상관없는 새로운 수량을 발주하면서 단가를 변경하는 것은 "하도급대금의 결정"으로, 이미 발주한 수량에 대해 단가를 인하하는 것은 "하도급대금의 감액"으로 볼 수 있다. 한편 수량 없이 단가만 먼저 확정한 후 수량을 발주하는 경우 발주 이후에 단가를 인하하는 것은 "하도급대금의 감액"으로 본다. 그리고 신규 개발품 등과 같이 원사업자가 제조 등의 위탁을 할 때 하도급대금을 확정하지 못하여 임시단가(또는 가단가)를 정해 위탁한 뒤 나중에 대금을 확정하기로 수급사업자와 합의한 경우에는 나중에 대금을 확정하는 것을 "하도급대금의 결정"으로 본다.[99]

첫째, 업무위탁 여부가 기준이 된다. 구체적으로 원사업자와 수급사

---

98 부당한 하도급대금 결정 및 감액행위에 대한 심사지침(2022. 11. 29. 공정거래위원회예규 제411호) II.

99 부당한 하도급대금 결정 및 감액행위에 대한 심사지침(2022. 11. 29. 공정거래위원회예규 제411호) III.

업자가 하도급대금을 정했으나 수급사업자가 위탁업무에 착수하기 전에 대금을 낮추는 사안에서 부당한 대금 결정이 문제가 된다. 즉 서면의 교부가 위탁 착수 전까지 이루어지면 되고, 계약을 체결한 후 착수 전에 새로운 계약을 체결하더라도 부당한 위탁취소가 되지 않는다는 전제에서 업무위탁 전에는 아직 하도급관계가 확정적으로 성립한 것이 아니라서 대금감액의 문제가 아니라 대금 결정의 문제로 보는 견해가 있다.[100]

둘째, 새로운 수량의 발주인지, 아니면 이미 발주한 수량의 추가인지가 기준이 된다. 이는 기존 발주 이후 수량을 추가발주한 사례에서 문제가 된다. 새로운 수량의 발주에 대하여 단가의 변경이면 대금 결정의 문제가 되고, 이미 발주한 수량에 대한 단가의 인하이면 대금감액의 문제가 된다.[101]

셋째, 합의의 확정성이 기준이 된다. 이미 합의가 성립했는지, 특히 가격 등 핵심적 거래 조건에 대한 합의가 확정적으로 이루어졌는지로 판단해야 한다. 확정적인 가격 합의가 존재한다면 감액의 문제가 되지만, 그렇지 않다면 감액이 아니라 부당한 가격 결정이 문제가 된다. 같은 취지에서, 서울고등법원 2004. 10. 7. 선고 2003누17773 판결은 원사업자가 수급사업자에게 잠정적인 하도급대금을 지급한 다음 발주자와 수주금액을 협상하여 결정한 후 이에 따라 최종적인 하도급대금을 정하기로 한 행위는 부당감액에 해당하지 않는다고 판단했다.

넷째, 미래의 대금을 현재의 대금에 반영하기로 한 합의가 존재하는 경우이다. 이는 감액으로 보기 어렵고, 미래의 거래, 즉 새로운 물량에 대한 가격 결정에 가깝다. 한편 미래의 대금에 대한 문제가 아니라 현

---

100 정종채, 2018, 239쪽.

101 부당한 위탁취소와 반품의 구별, 부당한 가격 결정과 감액의 구별은 실무상 어려운 문제이다.

재의 대금을 조정함이 본질이라면 감액에 해당할 수 있다.

서울고등법원 2023. 2. 2. 선고 2020누64561 판결(한온시스템 사건)[102]은 자동차용 엔진 냉각시스템 등을 제조하는 원사업자가 부품 제조를 수급사업자들에게 위탁한 후, 원자재 가격 변동, 환율 변동, 물량 증가, 생산성 향상 기여 등을 사유로 장래에 지급할 하도급대금을 감액한 사안이다. 이 사건에서 감액의 대상이 장래에 지급할 하도급대금이라고 하여 곧바로 '하도급대금의 감액'이 아닌 '하도급대금의 결정'에 해당하는지가 쟁점이 되었으나, 위 법원은 감액으로 판단했다. 이 사건에서는 원자재 가격 변동을 이유로 하도급대금을 감액하는 것이 정당한지를 판단하는 기준, 원사업자가 수급사업자의 생산성 향상에 기여했다는 이유로 하도급대금을 감액하는 것이 정당한지를 판단하는 기준도 문제되었다.

다섯째, 계약 당시부터 감액이 예정되어 있었고, 수급사업자의 불이익으로도 보기 어려운 경우이다. 감액 여부가 쟁점이 된 사례에서 서울고등법원 2016. 11. 11. 선고 2016누38831 판결(중앙오션 사건)[103]은 원고와 이 사건 수급사업자들 사이에는 목적물 수령일부터 60일째 되는 날 지급할 때에는 약정한 하도급대금 전액을, 이보다 앞선 기일에 현금으로 지급할 때에는 연 4.99%의 어음할인율을 공제한 금액을 지급하기로 약정했고, 대금 지급이 지급을 약정한 날보다 앞서 이루어진 사례에서 감액이 아니라고 판단했다.

---

102 대법원 2023. 6. 15.자 2023두36459 판결로 심리불속행 기각.

103 심리불속행 기각.

판례 부당 감액의 판단

■ 서울고등법원 2016. 11. 11. 선고 2016누38831 판결(중앙오션 사건)[104]

피고는 2016. 2. 5. 의결 제2016-048호로 원고가 이 사건 수급사업자들에게 위와 같이 하도급대금을 지급한 행위가 하도급법 제11조 제2항 제1, 3호, 제1항을 위반하여 정당한 사유 없이 하도급대금을 감액하는 행위에 해당하는 이유로 하도급법 제25조 제1항, 제25조의3, 하도급법 시행령 제13조 및 [별표2], 구 하도급법 위반 사업자에 대한 과징금 부과기준에 관한 고시 등을 적용하여 원고에게 [별지1] 기재와 같은 시정명령과 과징금 납부명령을 했다(이하 시정명령과 과징금 납부명령을 합하여 "이 사건 처분"이라 한다).

위에서 인정한 사실과 위에서 든 증거들에 의하여 알 수 있는 다음과 같은 사정 등을 종합해보면, 원고의 행위는 하도급법 제11조 제1항에서 정한 하도급대금의 감액에 해당하지 않는다고 봄이 타당하다.

원고와 이 사건 수급사업자들이 약정한 하도급대금은 목적물 수령일로부터 60일이 되는 날에 지급할 경우 지급하기로 약정한 금액에 해당할 뿐이고, 원고가 이보다 앞선 기일에 지급할 때에도 위 돈을 지급하기로 약정했다고 보기 어렵다. 위에서 본 바와 같이 원고는 현대중공업으로부터 2011. 6.까지는 만기일이 목적물 수령일로부터 60일 이내인 어음을 지급받았는데, 당시 어음할인율은 연 4.99%였다. 이러한 상황에서 원고가 이 사건 수급사업자들에게 손해를 보면서까지 현금으로 지급하는 대금 지급조건을 제시했다고 보기는 어렵다. 따라서 원고와 이 사건 수급사업자들 사이에는 목적물 수령일부터 60일째 되는 날 지급할 때에는 약정한 하도급대금 전액을, 이보다 앞선 기일에 현금으로 지급할 때에는 연 4.99%의 어음할인율을 공제한 금액을 지급하기로 약정한 것으로 보는 것이 합리적이다.

---

104 심리불속행 기각.

▣ 서울고등법원 2023. 2. 2. 선고 2020누64561 판결(한온시스템 사건)[105]

하도급법 제11조의 하도급대금에는 이미 지급된 것 외에 아직 지급되지 않은 것이 포함되고, 후자에는 이미 발생한 것 외에 장래에 발생이 예정된 것도 포함된다고 해석하여야 한다. 이미 발생한 하도급대금에서 감액하는 것과 향후 발생할 하도급대금에서 감액하는 것은 하도급 거래의 공정화라는 관점에서 볼 때 별다른 차이가 없고, 만일 이를 감액으로 보지 않으면 가까운 장래에 발생이 확실한 하도급대금을 감액 대상으로 삼음으로써 하도급법의 적용을 부당하게 회피하는 것을 규제할 수 없기 때문이다.
원자재 단가 하락을 이유로 단가를 인하하는 것이 정당화되기 위해서는 원자재 단가 변동에 따라 납품단가를 조정하기로 하는 사전 합의가 존재했고, 그에 따라 정기적으로 납품단가를 조정하여 왔으며, 특히 원자재 가격이 상승한 경우에는 납품단가를 인상했다는 사실이 인정되어야 하고, 나아가 금액이 합리적으로 산출되었음이 인정되어야 한다. 원사업자의 생산성 향상 기여를 이유로 하도급대금 감액이 정당화되기 위해서는 생산성 향상 지원활동의 구체적인 내용, 지출 비용, 구체적인 생산성 향상 효과와 그 이익의 분배방법 등이 사전에 명확하게 정해져 있어야 하고, 실제로 기여 활동을 통하여 원가절감 효과가 발생했음이 구체적이고 객관적인 자료에 의하여 증명되어야 한다.
수급사업자들은 처분 당시 원고의 하도급대금 감액행위가 하도급법에 위반된다는 점을 현실적이고도 구체적으로 인식했다고 보기 어려우므로, 지급명령 당시 수급사업자들이 원고에 대한 손해배상청구권이 시효완성으로 소멸된 상태였다고 볼 수 없다(원고일부승).

☞ 해설

자동차용 엔진 냉각시스템 등을 제조하는 원사업자가 부품 제조를 수

105 대법원 2023. 6. 15.자 2023두36459 판결로 심리불속행 기각.

급사업자들에게 위탁한 후, 원자재 가격 변동, 환율 변동, 물량 증가, 생산성 향상 기여 등을 사유로 장래에 지급할 하도급대금을 감액한 사안이다. 이 사건에서 감액의 대상이 장래에 지급할 하도급대금이라고 하여 곧바로 '하도급대금의 감액'이 아닌 '하도급대금의 결정'에 해당하는지가 쟁점이 되었으나, 위 법원은 감액으로 판단했다. 이 사건에서는 원자재 가격 변동을 이유로 하도급대금을 감액하는 것이 정당한지를 판단하는 기준, 원사업자가 수급사업자의 생산성 향상에 기여했다는 이유로 하도급대금을 감액하는 것이 정당한지를 판단하는 기준도 문제되었다.

판례 기성금 조정과 부당 감액의 판단

▣ 대법원 2020. 5. 14. 선고 2020두31217 판결

원심은, 이 사건 합의가 단지 기성금 조정에 관한 합의일 뿐 전체 하도급대금의 감액을 내용으로 하는 것이 아니어서 하도급법 제11조 제1항 본문이 금지하는 하도급대금의 부당 감액행위에 해당한다고 보기 어렵다고 판단했다. 그러나 이 사건 합의는 원고, F, D 3자 사이에서 D가 기초로 삼은 기성률을 적용하여 산정된 기본공사 기성금 등의 합계액 33억 원을 25억 원으로 감액·확정하고 D가 그와 같이 감액된 8억 원을 더 이상 원고 또는 F에 청구하지 않기로 하는 내용으로서, 적어도 이 사건 합의의 기본공사 기성금 중 이 사건 직접계약 부분에 관해서는 하도급법 제11조 제1항 본문에서 금지하고 있는 하도급대금 감액행위로 봄이 타당하다.

이 사건 합의서의 문언으로 볼 때, 원고와 D이 기성률을 조정하는 방식으로 D가 청구한 기본공사 기성금을 감액한 것으로 볼 수는 없고, 오히려 원고가 D가 기초로 삼은 기성률을 다투지 않는 전제에서 그 기성률을 기준으로 산정된 기본공사 기성금을 감액한 것으로 볼 여지가 크다. 특히 이 사건 합의서상 '기성유보'를 차감된 액수와는 명확히 구분하여 표기하고 있는 것으로 볼 때, 이 사건 합의로 인해 차감된 기성금을 향후 청구할 수 있다는 의미의 '기성유보'로 볼 수는 없다. ㉠ 이 사건 합의서의 "1. 공사비" 표 기재 '현장별 기성금액', '현장별 기성유보금액' 합계 요청금액 12억 원과 관련하여 협의지급액 10억 원(= 7.1억 원 + 2.9억 원)에서 제외된 2억 원의 처리방식에 관하여 이 사건 합의서 2. 2)항 외 별도로 규정한 바가 없는 점, ㉡ 이 사건 합의서의 "1. 공사비" 표 기재 '현장별 도급 설계변경'에서의 '현장별'과 '연간단가현장 실투입 원가금액'에서의 '연간단가현장'은 문언 그 자체로 원심이 본 바와 같이 'E 공사현장'에 국한하거나 이를 전제로 한 내용은 아닌 것으로 보이는 점, ㉢ 이 사건 합의서 2. 2)항 후단의 '본 합의금액'은 협의지급하기로 한 총액 25억 원으로, '2. 1)항에서 정한 7.1억 원 및 2.9억 원과 2. 2)항 전단에서 정한 10억 원 및 5억 원'을 의미한다고 볼 수 있어, 결국 '본 합의금액 외에 추가금액이 없음'은 '25억 원 외에 추가금액이 없음'을 의미하는 것으로 볼 수 있는 점 등에 비추어보면, 이 사건 합의서 2. 2)항 후단의 '추가금액이 없음'은 'D가 원고 등에 요청한 33억 원에 해당하는 공사분에 대하여는 협의된 25억 원 외에 추가로 청구할 수 없음'을 뜻하는 것으로 봄이 타당하다.

또한 이 사건 합의서 2. 2)항에서는 '기타 손실 보전금액 5억 원'을 정하고 있다. 그런데 통상 '손실 보전'은 손실 발생이 확정되었을 것을 전제로 하므로, 위 '기타 손실 보전금액'을 정한 것을 보더라도 이 사건 합의 당사자들 사이에서는 이 사건 합의로 인하여 기본공사 기성금 등이 감액된 부분에 상응하는 D의 원고 내지 F에 대한 하도급대금채권을 확정적으로 소멸시키고, 위 5억 원을 소멸되는 채권액의 일부 보전 명목으로 지급하기로 의도한 것으로 보인다. 즉 원심의 판단과 같이 이 사건 합의를 전체 하도급대금의 감액 없는 기성금 조정으로 이해할 때에는 '기타 손실 보전금액 5억 원'을 설명하기가 쉽지 않다. D의 대표이사인 Z가 원고와의 기본공사 기성금의 존부 등을 다투는 민사사건(서울동부지방법원 2013가합17542(본소), 2014가합108247(반소), 이하 "관련 민사사건"이라 한다)에서 이 사건 합의서에 "중간정산"이라는 문구를 추가하여 자신에게 유리한 증거로 제출한 행위에 대하여 관련 형사재판(서울동부지방법원 2014고단3486, 3701, 2015고단991(병합))에서 이 사건 합의서의 변조 및 동행사죄로 유죄판결을 선고받아 확정된 사정을 보더라도, D 측에서는 이 사건 합의서 내용을 '최종적인 감액'으로 인식한 것으로 볼 여지가 크다.

원고가 D을 상대로 한 관련 민사사건으로 "이 사건 합의로 인하여 기본공사 기성금 감액분에 대한 지급의무가 더 이상 존재하지 않는다."는 내용의 채무부존재확인소송을 제기한 것으로 볼 때, 원고 스스로도 이 사건 합의를 '기본공사 기성금'에 대한 최종적 합의로 인식한 것으로 보인다. 또한 원고가 이 사건 합의 이후에 기본공사 기성금 감액분에 해당하는 부분을 모두 지급했다고 하더라도, 이는 관련 민사사건 항소심에서의 화해권고결정으로 확정된 금액을 원고가 D에 이행한 것으로 봄이 타당하고, 이 사건 합의 당시 유보된 기성금을 임의로 지급한 것으로 보기는 어렵다.

2) 부당성

감액의 부당성(정당한 이유) 판단

감액의 "정당성" 여부는 하도급계약 체결 및 감액의 경위, 계약이행내용, 목적물의 특성과 그 시장상황, 감액된 하도급대금의 정도, 감액방법과 수단, 수급사업자의 귀책사유 등 여러 사정을 종합적으로 고려하여 판단한다. 감액은 명목이나 방법, 시점, 금액의 다소를 불문하고, 원사업자가 수급사업자의 귀책사유 등 감액의 정당한 사유를 입증하지 못하는 경우에는 법 위반으로 판단한다.

심사지침상 정당한 사유로는 ① 하도급계약 체결 후에 원사업자가 수급사업자가 제출한 하도급대금 산정자료에서 중대하고 명백한 착오를 발견하여 이를 정당하게 수정하고 그 금액을 감액하는 경우, ② 수급사업자가 위탁 내용과 다른 목적물 또는 불량품을 납품하거나 정해진 납기일을 초과하여 납품하는 등 수급사업자의 귀책사유로 인해 원사업자가 납품된 목적물을 반품하고, 반품된 해당 목적물의 하도급대금을 감액하는 경우, ③ 수급사업자가 수리가 가능한 불량품을 납품했으나 반품을 하여 수리를 시킬 시간적 여유가 없어 원사업자가 스스로 수리하여 사용하고 그 비용을 감액하는 경우(단 사전에 수급사업자가 납득할 수 있는 구체적인 수리비용 산정기준이 필요하며, 감액은 이러한 산정기준에 따라 산출된 금액에 한정되어야 한다), ④ 원사업자가 수급사업자에게 무상으로 장비를 사용할 수 있도록 했으나, 수급사업자의 장비관리 소홀로 인해 장비가 훼손되어 해당 장비에 대한 적정수리비를 하도급대금에서 공제하는 경우와 같은 사정을 들 수 있다.[106]

일본 하청법에서는 다음과 같은 경우 감액이 인정되는 것으로 본다. 즉 먼저 수급사업자에게 귀책사유가 있어 수령을 거부하거나 반품을 해야 하는 경우에 하도급대금의 감액이 인정되는 것으로 보지만, 그 금액은 하도급대금의 범위 내에서 가능하다. 다음으로, 목적물에 위탁 내용과 차이가 있어 원사업자가 이를 보완하여 고친 경우 원사업자가 보완에 소요된 실비의 범위 내에서 감액이 가능하다. 또한 수급사업자의 급부에 하자가 있거나 납기가 지연되어 급부의 가치 저하가 명확함에도 그 상태 그대로 급부를 수령한 경우 감액은 허용되지만 객관적으로 상당하다고 인정되는 금액 범위 내에서 허용된다.[107]

하도급법 제11조 제2항 제1호(감액의 정당한 사유 부존재) 해석

하도급법 제11조 제2항 제1호는 정당한 사유가 없는 경우로 "1. 위탁할 때 하도급대금을 감액할 조건 등을 명시하지 아니하고 위탁 후

---

106 부당한 하도급대금 결정 및 감액행위에 대한 심사지침(2022. 11. 29. 공정거래위원회예규 제411호) V. 1.

107 鈴木滿, 2019, p. 603.

협조요청 또는 거래 상대방으로부터의 발주취소, 경제상황의 변동 등 불합리한 이유를 들어 하도급대금을 감액하는 행위"를 규정한다. 이 규정은 정당화 사유가 문제되는 대표적인 조항이다. 요건은 '위탁 당시 감액 조건 명시'와 '합리성'으로 구성되어, 시간적 요소(명시)와 실체적 요소(합리성)를 모두 규정한다.

사전 명시행위가 없고 합리적인 사유도 없으면 법 위반이 명백하다. 반면 사전 명시행위가 있고 합리적인 사유도 있으면 정당한 사유가 인정됨에 의문이 없다. 문제는 두 요건(사전 명시와 합리적 사유)이 불일치하는 경우이다. 사전 명시는 없으나 합리적인 사유는 있는 경우에 법 위반이 성립하는가? 사전성을 반드시 요구한다고 보면 계약 이후 사정 변경에 따른 불가피한 감액도 법 위반이 된다(위법설). 하지만 사전 명시 의무를 이행하지 않아도 감액의 합리적 사유가 있어 정당한 사유가 있는 것으로 본다면 법 위반이 되지 않는다(적법설). 법 위반이 되기 위해서는 사전 합의 요건과 합리성을 모두 흠결해야 하는(소위 'and' 요건) 것으로 보는 것이 타당하다.

그럼 '명시 의무(하도급대금을 감액한 조건 등을 명시하지 아니하고)'는 어느 수준에서 이행해야 하는가? 사전 변경 가능성을 고지하는 것만으로는 부족하고, 사전 명시는 개별성·구체성을 구비해야 한다. 이때 일방적·사전적으로 이루어진다면 사전 명시로 보기는 어렵다. 하도급법 시행령 제7조의2[108]와 비교하더라도 개별적·구체적인 사유가 포함되어야 한다.

---

108 하도급법 시행령 제7조의2(하도급대금 감액 시 서면 기재사항): 법 제11조 제3항에서 "감액사유와 기준 등 대통령령으로 정하는 사항"이란 다음 각 호의 사항을 말한다.
1. 감액 시 그 사유와 기준
2. 감액의 대상이 되는 목적물 등의 물량
3. 감액금액
4. 공제 등 감액 방법
5. 그 밖에 원사업자의 감액이 정당함을 입증할 수 있는 사항

한편 정당한 사유가 존재하려면 실체적 요건(합리적 감액 사유), 시간적 요건(사전 명시 의무)뿐 아니라 절차적 요건(자율적 의사결정)을 모두 갖추어야 하는가? 절차적 요건 위반은 하도급법 제11조 제3항에 규정되어 있고, 정당한 사유 판단은 법 제11조 제1, 2항에 규정되어 있다. 따라서 법 제11조 제1, 2항에 포함된 정당한 사유 판단에서 제11조 제3항에 규정된 절차준수를 고려할 필요는 없다.

여기서 하도급법 제11조 제1항(실체 규정)과 제3항(절차 규정)의 관계는 어떻게 되는가? 두 규정 위반은 경합적인 규정으로 이해해야 한다. 따라서 하도급법 제11조 제1항 위반과 제11조 제3항 위반은 모두 성립할 수 있다. 다만, 하도급법 제11조 제1항 위반이 인정되는 경우 제11조 제3항 위반을 적용하지 않는 실무례도 있다.

하도급대금 연동제에 따른 감액과 정당한 사유

주요 원재료 가격은 상승할 수도 있으나 하락할 수도 있다. 특히 원자재 국제가격은 상승과 하락에서 모두 가격 변동이 클 수 있다. 원재료 가격이 하락할 때에는 원사업자가 하도급대금 연동제에 따라 하도급대금을 감액할 수 있는데, 이때 부당한 대금감액 문제가 제기될 수 있다.[109] 약정한 연동제에 따른 감액에 해당한다면 대금감액의 정당한 사유가 인정될 가능성이 있다.

대금 결정의 부당성과 감액의 부당성 비교

부당한 하도급대금 결정과 부당한 대금감액에서의 부당성 판단 기준이 같은지는 다음 두 가지 점에서 문제가 된다.

첫째, 증명책임에서 차이가 있다. 감액은 정당한 사유를 원사업자가

---

109 나지원, 2023, 23쪽.

증명해야 한다. 부당한 하도급대금 결정은 하도급법 제4조 제1항에서 공정거래위원회가 부당성을 증명해야 하지만, 하도급법 제4조 제2항 각 호의 유형에서는 원사업자가 정당화 사유를 증명해야 한다.

둘째, 부당성 증명 수준도 차이가 있다. 최초 계약을 할 때 부당한 가격을 설정하는 행위와 이미 정해진 대금을 감액하는 행위는 기준이 다를 수 있다. 즉 전자의 부당성 판단 기준이 높으며, 후자는 이미 결정된 하도급대금을 감액하는 것이어서 부당성이 상대적으로 더 쉽게 인정될 수 있다.

수급사업자의 자발적인 동의와 부당성 판단

하도급대금의 감액 약정이 수급사업자의 자발적인 동의에 의한 것인지 여부는 수급사업자에 대한 원사업자의 거래상 우월적 지위의 정도, 수급사업자의 원사업자에 대한 거래의존도, 거래관계의 지속성, 거래의 특성과 시장상황, 거래 상대방의 변경 가능성, 당초의 대금과 감액된 대금의 차이, 수급사업자가 완성된 목적물을 인도한 시기와 원사업자가 대금감액을 요구한 시기의 시간적 간격, 대금감액의 경위, 대금감액에 의하여 수급사업자가 입은 불이익의 내용과 정도 등을 정상적인 거래관행이나 상관습 및 경험칙에 비추어 합리적으로 판단하여야 한다(대법원 2011. 1. 27. 선고 2010다53457 판결).

원사업자가 수급사업자에게 잠정적인 하도급대금을 지급한 다음 발주자와 수주금액을 협상하여 결정한 후 이에 따라 최종적인 하도급대금을 정하기로 한 행위는 부당감액에 해당하지 않는다(서울고등법원 2004. 10. 7. 선고 2003누17773 판결).[110] 이와 달리 설령 형식적으로 합의가 있었다고 하더라도 수급사업자의 진의에 의한 합의로 볼 수 없는 경

110 대법원 심리불속행 기각.

우에는 원사업자가 수급사업자와 합의 없이 일방적으로 하도급대금을 인하한 것으로 봄이 상당하다(서울고등법원 2013. 11. 14. 선고 2013다7171 판결).

판례 부당한 대금감액과 수급사업자의 자발적인 동의의 판단

▣ 대법원 2011. 1. 27. 선고 2010다53457 판결

하도급법의 입법 목적과 입법 취지 등에 비추어보면, 같은 법 제11조 제2항 각 호에 해당하는 행위를 한 원사업자가 우월적 지위를 이용하여 수급사업자의 자발적 동의에 의하지 않고 하도급대금을 부당하게 감액한 경우에는 그 하도급대금의 감액 약정이 민법상 유효한지 여부와 관계없이 그 자체가 하도급법 제11조를 위반한 불공정 거래행위에 해당하는 것으로서 위 규정에 의하여 보호되는 수급사업자의 권리나 이익을 침해하는 불법행위를 구성하고, 원사업자는 이로 인하여 수급사업자가 입은 손해를 배상할 책임이 있다. 여기서 하도급대금의 감액 약정이 수급사업자의 자발적인 동의에 의한 것인지 여부는 수급사업자에 대한 원사업자의 거래상 우월적 지위의 정도, 수급사업자의 원사업자에 대한 거래의존도, 거래관계의 지속성, 거래의 특성과 시장상황, 거래 상대방의 변경 가능성, 당초의 대금과 감액된 대금의 차이, 수급사업자가 완성된 목적물을 인도한 시기와 원사업자가 대금감액을 요구한 시기의 시간적 간격, 대금감액의 경위, 대금감액에 의하여 수급사업자가 입은 불이익의 내용과 정도 등을 정상적인 거래관행이나 상관습 및 경험칙에 비추어 합리적으로 판단하여야 한다.

판례 정당한 사유 인정 판결

▣ 서울고등법원 2004. 10. 7. 선고 2003누17773 판결(신일정공 사건)[111]

원사업자가 수급사업자에게 잠정적인 하도급대금을 지급한 다음 발주자와 수주금액을 협상하여 결정한 후 이에 따라 최종적인 하도급대금을 정하기로 한 행위는 부당감액에 해당하지 않는다.

▣ 서울고등법원 2009. 12. 17. 선고 2009누9675 판결(현대엘리베이터 사건)[112]

부당감액에 있어 부당성 여부는 하도급계약의 체결 및 감액의 경위, 계약이행 내용, 목적물의 특성과 그 시장상황, 감액된 하도급대금의 정도, 감액 방법과 수단 등 여러 사정을 종합적으로 고려하여 그것이 수급사업자에게 부당하게 불리한 감액인지 여부를 판단하여야 한다. 계약 당시 예상하지 못한 사정의 변경으로 인하여 계약 당시 결정된 하도급대금이 불합리하게 되는 사유가 발생한 경우에는 이를 반영하여 계약내용을 수정할 수밖에 없다.

☞ 해설: 부당 감액행위를 부정하며, 그 사유로 아래와 같은 사정을 고려했다. 먼저 원자재 가격의 변동이나 생산성 향상 같은 사정변경에 따라 하도급대금을 조정할 필요성이 매우 크다. 또 전체적으로 사정변경으로 인한 단가변동 협의가 수급사업자들에게 일방적으로 불리하지 않았다.

▣ 서울고등법원 2010. 9. 15. 선고 2009누39300 판결(삼양건설산업 사건)[113]

수급사업자가 귀책사유로 인한 산업재해 사고에서 원사업자가 입을 손해액을 예정하고 이를 기성금에서 공제한다는 안전약정에 대하여 부당성을 부정했다.

---

111 대법원 심리불속행 기각.

112 대법원 2010. 5. 27.자 2010두2654 판결로 심리불속행 기각.

113 대법원 2011. 1. 27.자 2010두21013 판결로 심리불속행 기각.

판례 **정당한 사유 부정 판결**

■ **서울고등법원 2013. 11. 14. 선고 2013다7171 판결**

설령 형식적으로 합의가 있었다고 하더라도 수급사업자의 진의에 의한 합의로 볼 수 없는 경우에는 원사업자가 수급사업자와 합의 없이 일방적으로 하도급대금을 인하한 것으로 봄이 상당하다.

■ **서울고등법원 2015. 10. 15. 선고 2014누8447 판결(한국고벨 사건)**[114]

원고가 2011. 5. 2. 모스텍에게 4억 7,793만 2,000원을 지급한 것은 모스텍으로부터 150/75톤 크레인을 납품받은 다음 변경된 두산중공업 1차 크레인 계약에 따라 중도금을 지급한 것으로 보는 것이 타당하다. 따라서 원고가 두산중공업 1차 크레인 계약이 위와 같이 변경되지 않았음을 전제로 모스텍에게 중도금을 지급할 계약상 의무가 없음에도 시혜적으로 현금 1억 7,223만 7,000원을 지급했다고 주장하는 것은 받아들일 수 없다.

☞ 해설: 하도급대금 감액 관련 사건이다. 현금으로 선지급한 하도급대금에 해당하는 금융이익을 감액금액에서 공제해야 하는지에 대하여 사실인정을 거쳐 이를 부정했다.

3) 기타 쟁점

부당감액과 지급명령

지급명령 발령에서 부당한 하도급대금 결정과 부당감액 간 차이가 있는지가 문제가 된다. 부당한 하도급대금 결정(법 제4조)은 정당한 하도급대금을 상정하기 어렵다. 이러한 이유에서 지급명령의 가부를 두

114 확정.

고 논란이 있고, 일부 유형(제1, 5호)에서 기존의 판례는 지급명령이 어려운 것으로 본다(대법원 2018. 3. 3. 선고 2016두59430 판결). 이와 달리 감액은 이미 합의된 대금이 존재하므로, 그 차액에 대하여 지급명령을 부과할 수 있음이 원칙이다.

판례 부당 감액과 민사문제(사법상 효력, 불법행위)의 판단

▣ 대법원 2011. 1. 27. 선고 2010다53457 판결

하도급법 제11조는 그 규정에 위반된 대금감액 약정의 효력에 관하여는 아무런 규정을 두지 않는 반면, 그 규정을 위반한 원사업자를 벌금형에 처하도록 하면서 그 규정 위반행위 중 일정한 경우만을 공정거래위원회에서 조사하게 하여 위원회로 하여금 그 결과에 따라 원사업자에게 시정조치를 명하거나 과징금을 부과하도록 규정한다. 따라서 위 규정은 그에 위배된 원사업자와 수급사업자 간 계약의 사법상 효력을 부인하는 조항이라고 볼 것은 아니다.

하도급법의 입법 목적과 입법 취지 등에 비추어보면, 같은 법 제11조 제2항 각 호에 해당하는 행위를 한 원사업자가 우월적 지위를 이용하여 수급사업자의 자발적 동의에 의하지 않고 하도급대금을 부당하게 감액한 경우에는 그 하도급대금의 감액 약정이 민법상 유효한지 여부와 관계없이 그 자체가 하도급법 제11조를 위반한 불공정거래행위에 해당하는 것으로서 위 규정에 의하여 보호되는 수급사업자의 권리나 이익을 침해하는 불법행위를 구성하고, 원사업자는 이로 인하여 수급사업자가 입은 손해를 배상할 책임이 있다.

나. 부당한 대물변제

법령 **하도급법 제17조(부당한 대물변제의 금지)**

① 원사업자는 하도급대금을 물품으로 지급하여서는 아니된다. 다만, 다음 각 호의 어느 하나에 해당하는 사유가 있는 경우에는 그러하지 아니하다.

1. 원사업자가 발행한 어음 또는 수표가 부도로 되거나 은행과의 당좌거래가 정지 또는 금지된 경우
2. 원사업자에 대한 「채무자 회생 및 파산에 관한 법률」에 따른 파산신청, 회생절차개시 또는 간이회생절차개시의 신청이 있은 경우
3. 그 밖에 원사업자가 하도급대금을 물품으로 지급할 수밖에 없다고 인정되는 대통령령으로 정하는 사유가 발생하고, 수급사업자의 요청이 있는 경우

② 원사업자는 제1항 단서에 따른 대물변제를 하기 전에 소유권, 담보제공 등 물품의 권리·의무 관계를 확인할 수 있는 자료를 수급사업자에게 제시하여야 한다.

③ 물품의 종류에 따라 제시하여야 할 자료, 자료제시의 방법 및 절차 등 그 밖에 필요한 사항은 대통령령으로 정한다. 2017. 4. 법 개정을 통하여 종전의 '수급사업자의 의사에 반하여' 요건을 삭제하고, 예외적으로 대물변제가 허용되는 사유를 한정적으로 열거하는 방식으로 개정되었다.

당초부터 하도급대금을 물품으로 지급하는 것을 전제로 하여 하도급계약을 체결하는 것이 사적 자치의 원칙상 금지되는 것은 아니지만, 열위적 지위에 있는 수급사업자가 원하지 않음에도 원사업자의 의사에 따라 하도급대금을 물품으로 지급하는 것에 동의 또는 승낙하는 경

우에는 '의사에 반하여' 지급한 것에 해당한다. 다만 그 경우 무효 또는 취소할 수 있는 정도의 강박에 의한 것임을 요하는 것은 아니다(대법원 2003. 5. 16. 선고 2001다27470 판결).

판례 대물변제의 부당성 판단

▣ 대법원 2003. 5. 16. 선고 2001다27470 판결

하도급법 제17조는 '의사에 반하여' 하도급대금을 물품으로 지급하는 것을 금지하고 있는바, 하도급법의 제정취지가 "하도급거래에 있어서 원사업자의 부당한 행위를 억제하고 수급사업자의 열위적 지위를 보완하여 하도급거래가 상호보완적인 협조관계에서 이루어지도록 유도"하려는 데 있음에 비추어볼 때 열위적 지위에 있는 수급사업자가 원하지 않음에도 원사업자의 의사에 따라 하도급대금을 물품으로 지급하는 것에 동의 또는 승낙하는 경우에는 '의사에 반하여' 지급한 것에 해당한다고 할 것이고, 다만 그 경우 무효 또는 취소할 수 있는 정도의 강박에 의한 것임을 요하는 것은 아니라고 할 것이나, 당초부터 하도급대금을 물품으로 지급하는 것을 전제로 하여 하도급계약을 체결하는 것이 사적 자치의 원칙상 금지되는 것은 아니고, 이러한 경우까지 하도급대금을 약정한 물품으로 지급하는 것이 '원사업자의 부당한 대물변제'에 해당하여 금지되는 것이라고는 할 수 없다.

제4장

원사업자의 일반 작위의무

1. 서면의 발급 및 서류의 보존

법령 하도급법 제3조(서면의 발급 및 서류의 보존)

① 원사업자가 수급사업자에게 제조 등의 위탁을 하는 경우 및 제조 등의 위탁을 한 이후에 해당 계약내역에 없는 제조 등의 위탁 또는 계약내역을 변경하는 위탁(이하 이 항에서 "추가·변경위탁"이라 한다)을 하는 경우에는 제2항의 사항을 적은 서면(「전자문서 및 전자거래 기본법」 제2조 제1호에 따른 전자문서를 포함한다. 이하 이 조에서 같다)을 다음 각 호의 구분에 따른 기한까지 수급사업자에게 발급하여야 한다.

1. 제조위탁의 경우: 수급사업자가 제조 등의 위탁 및 추가·변경위탁에 따른 물품 납품을 위한 작업을 시작하기 전
2. 수리위탁의 경우: 수급사업자가 제조 등의 위탁 및 추가·변경위탁에 따른 수리행위를 시작하기 전
3. 건설위탁의 경우: 수급사업자가 제조 등의 위탁 및 추가·변경위탁에 따른 계약공사를 착공하기 전
4. 용역위탁의 경우: 수급사업자가 제조 등의 위탁 및 추가·변경위탁에 따른 용역 수행행위를 시작하기 전

② 제1항의 서면에는 다음 각 호의 사항을 적고 원사업자와 수급사업자가 서명(「전자서명법」 제2조 제2호에 따른 전자서명[서명자의 실지명의를 확인할 수 있는 것을 말한다]을 포함한다. 이하 이 조에서 같다) 또는 기명날인하여야 한다.

1. 하도급대금과 그 지급방법 등 하도급계약의 내용
2. 제16조의2제1항에 따른 하도급대금의 조정요건, 방법 및 절차
3. 하도급대금 연동의 대상 목적물 등의 명칭, 주요 원재료, 조정요건, 기준 지표 및 산식 등 하도급대금 연동에 관한 사항으로서

대통령령으로 정하는 사항

4. 그 밖에 서면에 적어야 할 사항으로서 대통령령으로 정하는 사항

③ 원사업자는 제2항 제3호에 따른 사항을 적을 때 수급사업자의 이익에 반하는 불공정한 내용이 되지 아니하도록 수급사업자와 성실히 협의하여야 한다.

④ 다음 각 호의 어느 하나에 해당하는 경우에는 원사업자는 서면에 제2항 제3호에 따른 사항을 적지 아니할 수 있다. 다만, 제4호의 경우에는 원사업자와 수급사업자가 그 취지와 사유를 서면에 분명하게 적어야 한다.

1. 원사업자가 「중소기업기본법」 제2조 제2항에 따른 소기업에 해당하는 경우
2. 하도급거래 기간이 90일 이내의 범위에서 대통령령으로 정하는 기간 이내인 경우
3. 하도급대금이 1억 원 이하의 범위에서 대통령령으로 정하는 금액 이하인 경우
4. 원사업자와 수급사업자가 하도급대금 연동을 하지 아니하기로 합의한 경우

⑤ 원사업자는 하도급대금 연동과 관련하여 하도급거래에 관한 거래상 지위를 남용하거나 거짓 또는 그 밖의 부정한 방법으로 이 조의 적용을 피하려는 행위를 하여서는 아니된다.

⑥ 원사업자는 제2항에도 불구하고 위탁시점에 확정하기 곤란한 사항에 대하여는 재해·사고로 인한 긴급복구공사를 하는 경우 등 정당한 사유가 있는 경우에는 해당 사항을 적지 아니한 서면을 발급할 수 있다. 이 경우 해당 사항이 정하여지지 아니한 이유와 그 사항을 정하게 되는 예정기일을 서면에 적어야 한다.

⑦ 원사업자는 제6항에 따라 일부 사항을 적지 아니한 서면을 발급한 경우에는 해당 사항이 확정되는 때에 지체 없이 그 사항을 적은 새로운 서면을 발급하여야 한다.

⑧ 원사업자가 제조 등의 위탁을 하면서 제2항의 사항을 적은 서면

(제6항에 따라 일부 사항을 적지 아니한 서면을 포함한다)을 발급하지 아니한 경우에는 수급사업자는 위탁받은 작업의 내용, 하도급대금 등 대통령령으로 정하는 사항을 원사업자에게 서면으로 통지하여 위탁 내용의 확인을 요청할 수 있다.

⑨ 원사업자는 제8항의 통지를 받은 날부터 15일 이내에 그 내용에 대한 인정 또는 부인의 의사를 수급사업자에게 서면으로 회신을 발송하여야 하며, 이 기간 내에 회신을 발송하지 아니한 경우에는 원래 수급사업자가 통지한 내용대로 위탁이 있었던 것으로 추정한다. 다만, 천재나 그 밖의 사변으로 회신이 불가능한 경우에는 그러하지 아니하다.

⑩ 제8항의 통지에는 수급사업자가, 제9항의 회신에는 원사업자가 서명 또는 기명날인하여야 한다.

⑪ 제8항의 통지 및 제9항의 회신과 관련하여 필요한 사항은 대통령령으로 정한다.

⑫ 원사업자와 수급사업자는 대통령령으로 정하는 바에 따라 하도급거래에 관한 서류를 보존하여야 한다.

가. 제도의 개요

서면 발급의 제도 취지

하도급법 제3조의 취지는 제조위탁 내용이 불분명하기 때문에 발생하는 수급사업자의 불이익을 방지함과 동시에 당사자의 사후분쟁을 방지하는 데 있다(서울고등법원 2004. 10. 7. 선고 2003누17773 판결).[1] 다만, 긴급복구공사 등 예외적인 경우에는 서면을 발급하지 않을 수 있다(하

1 대법원 심리불속행 기각.

도급법 제2조 제3항).

하도급법 제3조에 따른 서면은 하도급법을 사전에 준수하도록 유도한다는 점에서도 중요하지만, 하도급법 집행을 위한 증거를 보전한다는 측면에서 중요한 의미가 있다. 하도급법 위반 사건에서 법 제3조에 따른 서면을 기준으로 하도급대금의 지급이 지연되었는지, 또는 감액이 있었는지 등 위반 여부를 판단하게 된다.[2]

하도급계약이 체결되었되었는지에 관한 문제는 증거에 따른 사실인정의 문제로 이를 다룬 사례로 서울고등법원 2016. 11. 24. 선고 2015누57200 판결(씨제이대한통운 사건),[3] 대법원 2011. 6. 30. 선고 2009두13344 판결(키친아트 사건) 등이 있다.

계약 체결과 법정 서면

하도급법 제3조는 계약 체결을 전제로 적용된다. 계약이 체결되지 않았다면 하도급법 제3조를 논할 실익이 없다. 또한 계약이 체결된 경우에도 계약서와 하도급법 제3조의 '법정 서면'은 구분된다. 계약은 구두로 체결될 수 있지만, 그 경우에도 법 제3조의 서면은 교부되어야 한다. 만약 계약서의 내용이 법 제3조의 필요적 기재사항을 모두 포함하고 있다면 계약서의 교부로 법 제3조의 서면을 대체할 수 있다.[4]

계약의 성립 여부를 판단할 때는 민법상 기준을 적용해야 한다. 즉 계약이 성립하기 위하여 당사자의 서로 대립하는 수 개 의사표시에 대한 객관적 합치가 필요하다. 또, 객관적 합치가 있다고 하기 위해서는 당사자의 의사표시에 나타나 있는 사항에 관한 한 모두 일치해야 하는 한편, 계약내용의 '중요한 점' 및 계약의 객관적 요소는 아니더라도 특

2 白石忠志 · 論点体系, 2021, p. 777.

3 심리불속행 기각.

4 나가사와 데쓰야, 최재원 역, 2018, 307쪽.

히 당사자가 그것에 중대한 의의를 두고 계약성립의 요건으로 할 의사표시를 한 때에는 이에 관하여 합치가 있어야 한다(대법원 2003. 4. 11. 선고 2001다53059 판결, 대법원 2012. 4. 26. 선고 2010다10689 판결 등 참조).

판례 서면 발급 대상인 하도급 계약 체결 여부의 판단

▣ 서울고등법원 2016. 11. 24. 선고 2015누57200 판결(씨제이대한통운 사건)[5]

원고는 2013. 10. 12. 참가인에게 이 사건 하도급계약과 관련하여 운송 관련 기술자료 등을 요청했고 그에 따라 2013. 11.경 참가인이 다른 회사들에게 재하도급을 주고 기술자료 성과물을 납품하는 등 용역 수행행위를 한바, 원고가 2014. 4. 4.에서야 참가인에게 이 사건 하도급계약 서면을 발급한 행위는 계약서면 발급을 지연한 것으로서 수급사업자가 계약이 체결된 용역 수행행위를 시작하기 전에 계약서면을 수급사업자에게 발급하여야 한다는 하도급법 제3조 제1항에 위반된다.

원고는 참가인에게, 2014. 4. 17. 및 2014. 4. 29.에 현대위아의 크레인 제작 지연을 이유로 이 사건 하도급계약서에 정한 선박 입항일정(2014. 5. 13.~2014. 5. 25.)을 현대위아의 크레인 제작완료 예상 시점(2014. 6. 25.)을 기준으로 변경하도록 요청했다. 이에 따라 참가인은 2014. 4. 29.에 기존의 용선계약을 취소하고 2014. 5. 7.에 용선계약을 다시 체결하는 등 변경된 용역 수행행위를 했는데, 원고는 변경된 계약에 관한 서면을 발급하지 않았다. 이와 같은 원고의 변경계약 서면 미발급행위 역시 하도급법 제3조 제1항에 위반된다.

위에서 인정한 사실과 위에서 든 증거에 의하여 알 수 있는 다음 사정을 종합하여 위 법리에 비추어보면, 2013. 10. 내지 11.경에는 이 사건 하도급계약이 체결되었다고 볼 수 없을 뿐만 아니라 원고가 2013.

---

5 심리불속행 기각.

10.경 참가인에게 용역 수행행위를 요청했다고 보기도 어려우므로 원고와 참가인이 2014. 4. 4. 이 사건 하도급계약서를 작성하기 이전에 참가인이 이 사건 하도급계약이 체결된 용역 수행행위를 했다고 보기는 어렵다.

위에서 인정한 사실과 위에서 든 증거에 의하여 알 수 있는 다음 사정을 종합하여 위에서 본 법리에 비추어보면, 이 사건 하도급계약이 원고의 요청에 의해 변경되었거나 새롭게 체결되었다고 볼 수는 없다고 봄이 상당하다.

▣ 대법원 2011. 6. 30. 선고 2009두13344 판결(키친아트 사건)

처분문서는 진정성립이 인정되면 그 기재 내용을 부정할 만한 분명하고도 수긍할 수 있는 반증이 없는 이상 그 기재 내용에 의하여 그 문서에 표시된 의사표시의 존재 및 내용을 인정하여야 한다(대법원 2005. 9. 9. 선고 2003두896 판결 등 참조). 원심 판결 이유와 기록에 의하면, 원고는 다른 업체로 하여금 원고의 상표를 부착한 제품을 생산하도록 할 때 oem 생산방식과 상표 통상사용권 설정계약 방식 중 하나를 선택하여온 사실, ○○○○○○는 2006. 6. 20.에 원고에게 주방살균기를 납품하기 위해 단가를 8만 원으로 한 견적서를 제출하여 원고에 의해 6만 1,000원으로 결정된 바 있는 등 원고와의 사이에서 oem 생산방식에 의한 거래를 추진했던 사실, 원고의 담당 책임자인 박○○ 전무와 개인적 친분이 있는 박○○는 이러한 원고와의 oem 생산방식에 의한 거래를 성사시키기 위하여 ○○○○○○의 영업상무로 근무하게 되었는데, ○○○○○○ 몰래 박○○ 전무의 알선으로 판매 경험과 능력이 전혀 없는 ○○○와의 사이에서 ○○○○○○가 원고의 상표를 사용하여 생산한 주방살균기를 ○○○가 판매하기로 하되 실제로는 박○○가 원고의 판매망 등을 이용하여 판매를 지원하거나 박○○가 대신 판매하기로 하고 ○○○가 박○○에게 판매 이익 중 일부를 지급하기로 약정한 사실, 박○○는 ○○○○○○로부터 oem 생산방식에 의한 계약 체결을 위임받아 ○○의 ○○ ○○ 인감 등을 보관 중 그 위임의 취지와 다른 원고와 ○○○○○○ 및 ○○○ 명의의 2006. 9. 4.자 상표 통상사용권 설정계약서를 작성했으나, ○○○○○○로부터 원고와의 사이에서 작성된 계약서의 제출을 요구받자 위 계약 사실을 숨긴 채 박○○의 협조를 받아 다시 그 위임의 취지에 따른 원고와 ○○○○○○ 명의의 이 사건 계약서를 작성하여 이를 ○○○○○○에 제출한 사실, 원고는 위 상표 통상사용권 설정계약서 작성일 무렵 납품처가 ○○○로 되어 있고 거래 형태가 "외상"이 아닌 "상표"로 되어 있는 수량 3,000개의 1차분 발주서를 ○○○○○○에 송부한 바 있으나, 그 이후 이 사건 계약서의 작성일 무렵에는 납기일이 2006. 10.경인 2차분 발주서를 ○○○○○○에 송부하면서 이전의 1차분 발주서와 정반대로 거래 형태를 "상표"가 아닌 "외상"으로 기재한 사실(원고가 주장하는 바에 의하면 이는 원고가 상표 통상사용권 설정계약 방식이 아니라 oem 생산방식을 선택한 경우임을 의미한다), 원고는 2006. 9. 26. ○○○○○○로부터 1차분 발주서에 따라 주방살균기 3,000개를 납품받으면서 수취인이 원고로 된 거래명세표에 서명했고, 공급자가 ○○○○○○, 공급받는 자가 원고로 된 세금계산서를 수수한 사실, 원고는 2006. 11.경 위 주방살균기 3,000개 중 900개를 2006. 9. 4.자 상표 통상사용권 설정계약서상의 ○○○가 아닌 다른 업체에 출고했고, 이와 관련하여 그 업체로부터 5,500만 원을 입금받아 즉시 ○○○○○○에 입금한 사실을 알 수 있다.

이러한 사실관계를 위에서 본 법리에 비추어 살펴보면, 2006. 9. 4.자 상표 통상사용권 설정계약서가 ○○○○○○의 의사에 의하지 않고 작성되어 효력이 없는 상태에서 다시 이 사건 계약서가 작성되고, 이에 따른 이행이 이루어짐으로써 원고와 ○○○○○○ 사이에서 이에 따른 계약이 성립했다고 볼 소지가 충분하다. 그럼에도 원심은 원고의 직원들 또는 그들과 일정한 친분관계에 있는 자의 진술만을 기초로 이 사건 계약서는 ○○○○○○측이 은행대출을 받기 위해 원고에게 요청하여 허위로 작성된 것이라고 보고, 나아가 판시와 같은 이유를 덧붙여 원고와 ○○○○○○ 사이에 피고 주장의 이 사건 계약서에 따른 하도급계약이 체결되었다고 볼 수는 없다고 판단하고 말았으니, 원심 판결에는 처분문서의 진정성립과 증명력에 관한 채증법칙을 위반함으로써 판결 결과에 영향을 미친 위법이 있다. 이 점을 지적하는 상고이유의 주장은 이유 있다.

나. 적법한 서면 발급 판단

심사지침 적법한 서면 발급 판단 기준

적법한 서면 발급 여부에 관한 판단 기준을 예시하면 다음과 같다.

(1) 기본계약서 또는 개별계약서에 위탁일, 품명, 수량, 단가, 하도급대금, 납기 등 법에서 규정하고 있는 중요기재사항을 담은 서면을 발급한 경우는 적법한 서면 발급으로 본다.

(2) 빈번한 거래에 있어 계약서에 법정기재사항의 일부가 누락되어 있으나, 건별 발주 시 제공한 물량표 등으로 누락사항의 파악이 가능한 경우는 적법한 서면 발급으로 본다.

(3) 법정기재사항의 일부분이 누락되었으나 업종의 특성이나 현실에 비추어볼 때 거래에 큰 문제가 없다고 판단되는 경우는 적법한 서면 발급으로 본다.

(4) 기본계약서를 발급하고 FAX, 기타 전기·전자적인 형태 등에 의해 발주한 것으로 발주내용이 객관적으로 명백하다고 판단되는 경우 적법한 서면 발급으로 본다.

(5) 기본계약서를 발급하고 수출용물품을 제조위탁하는 경우 수급사업자가 원사업자에게 제출한 물품매도확약서(offer sheet)를 개별계약서로 갈음할 수 있다.

(6) 양당사자의 기명날인이 없는 서면을 발급한 경우는 서면 미발급으로 본다.

(7) 실제의 하도급거래관계와 다른 허위사실을 기재한 서면을 발급한 경우는 서면 미발급으로 본다.

(8) 1건의 하도급공사에 대하여 2종 이상의 계약서(계약서로 간주될 수 있는 서류 포함)가 존재할 때는 실제의 하도급거래관계에 입각한 서면을 적법한 것으로 본다. 다만, 실제의 거래관계를 구체적으로 입증하지 못하는 경우에는 계약의 요건을 보다 충실하게 갖춘 서면(예: 발주처에 통보한 서면 등)을 적법한 서면으로 본다.

(9) 추가공사의 위탁과 관련한 경우

(가) 추가공사에 대한 구체적인 추가계약서나 작업지시서 등을 발급하지 아니한 경우는 서면 미발급으로 본다.

(나) 시공 과정에서 추가 또는 변경된 공사물량이 입증되었으나 당사자 간의 정산에 다툼이 있어 변경계약서 또는 정산서를 발급하지 아니하는 경우는 원사업자가 구체적으로 적시하지 않은 책임이 있는 것으로 보아 서면 미발급으로 본다.

(라) 구체적인 계약서 형태를 갖추지 않았으나 원사업자의 현장관리자가 추가공사에 대한 금액산정이 가능한 약식서류 등을 제공한 경우는 불완전한 서면 발급으로 본다.[6]

관련 판결로 대법원 2023. 3. 13. 선고 2022두57893 판결[7] 등이 있다.

서면 미발급과 위탁 여부

서면 미발급이 문제가 되는 작업에 위탁이 존재해야 하는가? 하도

6 하도급거래공정화지침(2023. 2. 9. 공정거래위원회 예규 제421호) III. 3.

7 원심은 서울고등법원 2022. 8. 25. 선고 2021누48443 판결. 원사업자가 수급사업자와 합의한 단가와 다른 금액으로 가구 부품의 제조를 위탁하면서 변경된 단가가 기재되고 쌍방이 서명 또는 기명날인한 서면을 교부하지 않은 경우, 금형의 제조를 위탁한 후 금형의 수정을 요구하면서 수정된 내용을 적은 서면을 수급사업자에게 발급하지 않은 경우 등에 대하여 하도급법 제3조 제1항 위반을 인정한 사례.

급거래에서 위탁은 본질적인 요소이다. 하도급법 제3조에 '위탁을 하는 경우' 요건이 포함되어 있어 문언상 '위탁' 요건이 '서면 미발급 위반행위'의 전제로 필요하다. 대법원 1995. 6. 16. 선고 94누10320 판결도 서면 발급의무를 인정하기 위하여 위탁하는 행위가 필요하다고 판시하고 있다. 이때 위탁은 구두위탁으로 가능하다.

한편 추가공사에서는 위탁의 존부가 문제가 된다. 추가공사가 되기 위해서는 대법원 1995. 6. 16. 선고 94누10320 판결에서 판시한 바와 같이 공사내용이나 작업물량이 상당한 규모의 공사이고, 단순히 기존 공사의 물량증가라고만은 볼 수 없으며, 종전의 설계도면에 없던 새로운 공사의 추가로 볼 수 있어야 한다.[8] 추가공사에서 서면 지연발급행위를 법 위반으로 판단한 사례로는 공정거래위원회 2019. 2. 28. 의결 제2019-042호(대우조선해양 사건), 공정거래위원회 2019. 6. 18. 의결 제2019-131호(신한중공업 사건) 등이 있다.

서면 미발급과 서면 발급일 특정(계약서 발송일과 계약서 인증일의 관계)

하도급법 제3조 제1항 제1호는 작업시작 전에 서면을 발급해야 한다고 규정하고 있다. 그럼 서면 발급은 원사업자의 계약서 발송으로 충분한가, 아니면 수급사업자의 확인(계약서 인증)까지 이루어져야 하는가?

대규모유통업법 제6조 제1항은 납품업자에게 계약사항이 명시된 서면을 주어야 한다고 규정하고 있다. 대규모유통업법 제6조 제2항은 "대규모유통업자, 납품업자가 각각 서명 또는 기명날인해야 한다."고 규정하고 있어, 납품업자의 서명 또는 기명날인까지 필요하다고 본다. 대규모유통업법 제6조 제1항 서면 교부의무 위반 사안에서 서면 발송으로 의무이행을 마친 것으로 보기에 부족하다고 본 판례(서울고등법원

8 공정거래위원회 2020. 3. 13. 의결 제2020-060호(리드건설 사건).

2018. 1. 25. 선고 2017누62848 판결 등)도 있다.

하도급법 제3조 제1항은 대규모유통업법 제6조 제1항과 유사하고, 하도급법 제3조 제2항은 대규모유통업법 제6조 제2항과 유사하다. 대규모유통업법은 '교부'로 규정되어 있고, 하도급은 '발급'으로 규정되어 있긴 하지만 교부와 발급 사이에 본질적인 차이는 없다. 이 점에서 하도급법도 원사업자의 서면 발송으로 부족하고, 수급사업자의 확인을 필요로 한다.

한편 민사판결은 엇갈린다. 전자문서 교부 외에 전자서명까지 있어야 하도급법상 서면 발급요건을 충족한다는 취지의 판례로는 서울중앙지법 2018. 4. 25 선고 2016가합571222 판결 등이 있다. 반면 교부를 하면 계약이 성립된 것으로 본다는 듯한 취지로는 서울중앙지방법원 2018. 4. 25. 선고 2016가합572122 판결, 서울고등법원 2018. 12. 6. 선고 2018나202455 판결 등이 있으나, 이를 하도급법 서면 교부 사안에 바로 적용할 수 있을지는 의문이다.

서면 미발급과 품의서 승인

서면 발급의무 위반 사안에서 서면 발급이 이루어진 시점을 판단하는 기준은 원사업자의 계약서 발급일인가, 원사업자의 품의서 승인일인가? 이때 계약서 발급일과 품의서 승인일이 다른 경우에는 문제가 된다. 계약서 발급이 먼저 이루어지고 나중에 품의서 승인이 이루어지거나, 그 반대의 순서인 경우이다.

이 경우 계약성립일 기준, 즉 계약이 성립되어 계약서가 발급된 날을 기준으로 함이 타당하며, 유효하게 성립한 계약서가 발급되었으면 이때를 하도급법상 계약서 발급일로 볼 수 있다. 반면 품의서 승인은 내부 절차로 계약성립에 영향이 없다. 한편 이와 같이 품의서 승인이 원사업자 내부의 절차에 불과하더라도 계약성립의 조건이 되는 등 특별한 사정이 있다면 품의서 승인일에 계약이 성립할 수 있다. 하지만 이러한 예외적인 상황이 아님에도 품의서 승인일을 기준으로 한다면 품의서 승인 이후 계약서가 발급된 경우에도 품의서 승인일을 기준으로 법준수 여부를 판단하게 되어 수급사업자 보호에 불리할 수 있고, 민사상 계약성립일과 차이가 있어 혼선이 있을 수 있다.[9]

서면 미발급과 제조위탁의 작업시작 판단

하도급법 제3조 제1항 제1호는 제조위탁에서 서면을 교부해야 하는 기한을 "수급사업자가 제조 등의 위탁 및 추가·변경위탁에 따른 물품 납품을 위한 작업을 시작하기 전"으로 규정하고 있다. 그럼 '작업시작'은 계약서상 공사시작일인가, 실제 작업착수일인가?[10] 작업시작은 실제 작업착수를 의미한다. 다만, '실제 작업착수 행위'에는 작업과 불가분적으로 결합되어 있는 행위도 포함될 수 있다.

판례 서면 발급의무 판단[11]

▣ 대법원 1995. 6. 16. 선고 94누10320 판결(대륙토건 사건)

건설위탁에 있어 원사업자는 건설위탁을 할 때에 수급사업자에게 계약서 등의 서면을 교부하여야 함이 원칙이나, 늦어도 수급사업자가 공사에 착수하기 전까지는 이를 교부해야 할 것이다. 또 당초의 계약내용이 설계변경 또는 추가공사의 위탁 등으로 변경될 경우에는 특단의 사정이 없는 한 반드시 추가·변경서면을 작성·교부해야 할 것이다.

---

9 공정거래위원회 2020. 10. 14. 의결 제2020-280호(한진중공업 사건).

10 공정거래위원회 2020. 4. 20. 의결 제2020-006호(삼성중공업 사건).

11 기타 판결로 서울고법 2012. 4. 25. 선고 2011누5072 판결(한진중공업 사건), 서울고등법원 2013. 6. 28. 선고 2012누38017 판결(선경이앤씨 사건), 서울고등법원 2014. 10. 17. 선고 2013누32252 판결(고성조선해양 사건), 서울고등법원 2013. 6. 28. 선고 2012누38017 판결(선경이앤씨 사건) 등이 있다.

▣ 대법원 2005. 3. 11. 선고 2004누12780 판결

원사업자가 발주자와 수주금액을 추후 협상하여 결정하기로 한 상태에서 수급사업자에게 서면 교부 없이 작업기간 등이 적시된 발주서를 교부한 것은 관행이라고 하더라도 서면 미교부에 대한 정당한 사유가 될 수 없다.

▣ 서울고등법원 2008. 9. 13. 선고 2008누2554 판결(성림 사건)[12]

하도급거래 계약기간이 종료된 이후 동일한 내용으로 종전 계약기간을 연장하기로 합의한 경우에도 원사업자는 연장된 계약기간을 명시한 계약서면을 수급사업자에게 교부해야 한다.

▣ 서울고등법원 2012. 4. 25. 선고 2011누5072 판결(한진중공업 사건)[13]

선박도장공사는 본공사와 미도장공사로 분류된다. 미도장공사는 본공사 일정 때문에 그에 관한 하도급계약 체결 전이라도 착수할 필요성이 크다.

다. 서면 발급의무의 예외

서면 미발급과 실질적으로 동일한 작업

원칙적으로는 계약서 작성이 요구되지만 실질적으로 동일한 공사인 경우에는 추가적인 서면 작성의무를 부과하지 않는 것이 타당하다. 같은 취지에서, 서면 발급의무 미이행으로 조사된 내용이 당초 계약내용과 구분되는 새로운 공사의 내용이라고 보기 어려운 점을 고려하여 하도급법 제3조 제1항에 위반되지 않는다고 판단한 심결례가

12 확정.

13 확정.

있다.[14]

다만, 부수적인 작업이라고 하여 서면 발급이 불필요하다고 단정하기는 어렵다. 원래 계약내용에 포함되는 정도의 부수적인 작업에 한하여 서면 발급의무가 부정될 수 있다. 또한 원래 계약내용에 포함됨에도 단순히 기재가 누락된 부분까지 서면의 추가발급이 필요하다고 보기도 어렵다.

서면 미발급과 추가공사

2021. 6. 30. 개정 전 지침은 추가공사의 위탁과 관련하여, 경미하고 빈번한 추가작업으로 인해 물량변동이 명백히 예상되는 공종에 대해 시공완료 후 즉시 정산합의서로 계약서를 대체한 경우는 적법한 서면 발급으로 보았다. 이와 달리 추가공사 범위가 구분되고 금액이 상당함에도 불구하고 이에 대한 구체적인 추가계약서나 작업지시서 등을 발급하지 아니한 경우는 서면 미발급으로 보았다.[15]

2021. 6. 30. 개정된 지침[16]에서는 추가공사 관련 서면 발급의 예외를 인정하는 규정이 삭제되었다. 이에 따라 추가공사의 위탁과 관련한 경우, 그리고 추가공사에 대한 구체적인 추가계약서나 작업지시서 등을 발급하지 아니한 경우는 서면 미발급으로 본다. 시공 과정에서 추가 또는 변경된 공사물량이 입증되었으나 당사자 간의 정산에 다툼이 있

---

14 공정거래위원회 2020. 3. 13. 의결 제2020-060호(리드건설 사건).

15 개정 전 하도급거래 공정화지침에는 경미하고 빈번한 추가작업으로 인하여 물량변동이 예상되는 공정에 대하여 시공완료 이후 즉시 정산합의서를 작성한 경우에는 적법한 경우로 본다고 규정하여, 정당한 사유가 있으면 서면 미교부 위반이 부정될 수 있음을 전제로 한다. 또 고시에 있는 '경미하고 빈번한 추가작업'은 정당한 사유를 인정하고 있다. 그런데 무엇이 경미하고 빈번한 작업인지는 구체적 사실인정에 속하는 문제이다. 추가공사 관련 해당 지침 내용은 하도급법 제3조 서면 발급의무 취지를 벗어나지 않도록 제한적으로 적용해야 하는 문제가 있었다.

16 하도급거래공정화지침(2023. 2. 9. 공정거래위원회 예규 제421호) III. 3.

어 변경계약서 또는 정산서를 발급하지 아니하는 경우는 원사업자가 구체적으로 적시하지 않은 책임이 있는 것으로 보아 서면 미발급으로 본다. 또한 구체적인 계약서 형태를 갖추지 않았으나 원사업자의 현장 관리자가 추가공사에 대한 금액산정이 가능한 약식서류 등을 제공한 경우는 불완전한 서면 발급으로 본다. 한편 단순한 물량증가를 넘는 추가공사라고 보아 서면 교부의무가 있다고 판단한 사례로 대법원 1995. 6. 16. 선고 94누10320 판결(대륙토건 사건) 등이 있다.

판례 추가공사와 서면 발급의무 판단

▣ 대법원 1995. 6. 16. 선고 94누10320 판결(대륙토건 사건)

하도급법 제3조 제1항은 원사업자가 수급사업자에게 제조 등의 위탁을 하는 경우에는 하도급대금과 그 지급 방법 등 일정한 사항을 기재하고 원사업자와 수급사업자가 기명날인한 서면을 수급사업자에게 교부하도록 규정하고 있다. 위 규정에 의하면 건설위탁에 있어 원사업자는 건설위탁을 할 때에 수급사업자에게 계약서 등의 서면을 교부하여야 함이 원칙이나, 늦어도 수급사업자가 공사에 착수하기 전까지는 이를 교부하여야 할 것이고, 또 당초의 계약내용이 설계변경 또는 추가공사의 위탁 등으로 변경될 경우에는 특단의 사정이 없는 한 반드시 추가·변경서면을 작성·교부하여야 할 것이다.

돌이켜 이 사건에 관하여 보건대, 기록에 의하면 이 사건 추가공사에서의 터파기작업은 13.6m×16.8m×5.4m 규격으로 땅을 파고 그 파낸 흙을 실어 다른 곳으로 옮기는 작업으로서 그 공사내용이나 작업물량에 있어 상당한 규모의 공사로 보이고, 또 터파기작업과 관련하여 새로이 형성되는 벽면에 대한 차수벽설치와 같은 흙막이공사를 필요로 하는 등 당초 설계도면상의 공사보다 더 고난도의 공사가 될 수밖에 없을 것인 점에 비추어보면, 이 사건 추가공사를 단순히 기존공사의 물량증가만으로 볼 수는 없고 종전의 설계도면에 없던 새로운 공사의 추가라고 보아야 할 것이므로, 원고는 참가인에게 이 사건 추가공사를 위탁할 때, 또는 늦어도 참가인이 위 추가공사에 착수하기 전까지는 추가공사에 관한 서면을 교부했어야 할 것이다.

그럼에도 불구하고 이 사건 추가공사를 단순한 물량증가라고 보아 서면 교부의무가 없다는 취지로 판단한 원심 판결에는 채증법칙에 위반하여 사실을 오인했거나 법 제3조 제1항 소정의 서면 교부 및 그 시기에 관한 법리를 오해한 위법이 있다 할 것이고, 따라서 이 점을 지적하는 각 상고논지는 이유가 있다.

라. 정당한 사유

서면 미발급과 정당한 사유

서면 교부의무 위반을 인정함에 있어 정당한 사유 판단이 이루어져야 하는가?[17] 하도급법 제3조 제1항의 '정당한 사유'는 2010년 법 개정 전에는 법문에 있었으나 개정 후 삭제되어 현재는 없다. 한편 건설산업기본법은 개별 공사금액 5000만 원 미만을 과징금 부과대상에서 제외하고 등록을 면제해준다.[18] 그러나 이러한 기준이 하도급법 사안에 적용될 수는 없다.

서울고등법원 2012. 4. 25. 선고 2011누5072 판결(한진중공업 사건)은 서면 미교부에 정당한 사유가 있다면 법 위반이 아니라고 판단했다. 따라서 미도장공사에 대하여 하도급계약 체결 전에 도장공사에 착수할 필요성이 높고, 평균 단가가 본공사보다 높다는 점을 들어 정당한 사유를 인정하며 법 위반을 부정했다. 서울고등법원 2004. 10. 7. 선

17 공정거래위원회 2020. 4. 20. 의결 제2020-006호(삼성중공업 사건).

18 건설산업기본법 제9조 제1항, 시행령 제8조 제1항.

고 2003누177773 판결도 해당 추가공사가 별도의 위탁으로 보기 어려울 정도로 경미한 작업인 경우에 정당한 사유를 인정했다. 반면, 서울고등법원 2009. 11. 12. 선고 2008누11237 판결(삼성전자 사건)[19]은 금형제조가 사출작업의 일부분이고 매출에서 차지하는 비중이 미미하다거나 서면 교부를 지연하더라도 수급사업자에게 실질적 손해가 발생하지 않았다는 사정만으로는 정당한 사유가 인정되지 않는다고 보았다. 그러나 위 각 판결은 정당한 사유가 규정되어 있던 구법이 적용된 사례로 현행법 사건에 원용되기는 어렵다.

판례 구 하도급법상 서면 교부 지연의 정당성 판단

▣ 서울고등법원 2009. 11. 12. 선고 2008누11237 판결(삼성전자 사건)[20]

원고가 금형제작 착수 이전에 수급사업자에게 하도급대금 등이 명시된 서면을 교부하지는 아니했으나, 본건과 같은 소물 금형제작에 있어서는 발주단계에서 정확한 가격산정이 어렵고, 금형제작은 사출의 부수공정으로서 소물 금형제작은 사출업체의 사출관련 매출 중 1%의 비중에 불과하여 금형제작대금의 사전 확정이 관심대상도 아니어서 원고의 서면 교부 지연에는 정당한 사유가 있다(원고 주장).

하도급법 제3조 제1항은 원사업자가 수급사업자에게 제조 등의 위탁을 하는 경우에는 하도급대금과 그 지급 방법 등 일정한 사항을 기재하고 원사업자와 수급사업자가 기명날인한 서면을 수급사업자에게 교부하도록 규정하고 있는바, 위 규정에 의하면 원사업자는 제조위탁을 할 때에 수급사업자에게 계약서 등의 서면을 교부하여야 함이 원칙이나 늦어도 수급사업자가 위탁받은 물품의 제조에 착수하기 전까지는 이를 교부하여야 할 것이고, 서면을 교부하지 못한 데 대한 정당한 사유에

19 심리불속행 기각(대법원 2010. 4. 8.자 2009두23303 판결).

20 심리불속행 기각(대법원 2010. 4. 8.자 2009두23303 판결).

대하여는 이를 주장하는 원사업자가 입증하여야 한다.
그런데 하도급계약에 있어 불리한 지위에 있는 수급사업자의 입장에서 서면으로의 계약 체결을 원사업자에게 강력히 요구하기 어렵고 구두계약의 경우 원사업자가 계약내용을 제대로 이행하지 아니하면 그 내용을 입증하기도 어려우므로 사전 교부의무를 부과하도록 함으로써 제조위탁 내용이 불분명함에 따라 발생하는 수급사업자의 불이익을 방지함과 동시에 당사자 간의 사후분쟁을 미리 막으려는 법 규정의 취지에다가 하도급대금의 지급기일을 기재한 서면의 교부 시기는 대금 지급기일의 연장 및 지연이자 책임여부와도 중요한 관련이 있는 점, 금형제작 발주도 사출과는 독립된 하도급계약인 점, 제조위탁 후 설계변경으로 그 대금도 변경된다 하더라도 새로이 서면을 교부하면 되는 점, 금형제작에 관한 거래금액이 업체별로 각 4억 원대 내지 42억 원대에 이르는 적지 아니한 액수인 점 등을 보태어보면, 원고 주장과 같이 금형제조가 사출작업의 일부분이고 매출에서 차지하는 비중이 미미하다거나 서면 교부를 지연하더라도 수급사업자에게 실질적 손해가 발생하지 않았다는 사정만으로는 원고가 서면 교부를 지연한 데 대한 정당한 사유에 해당한다고 보기는 어려우므로, 원고의 주장은 받아들이지 아니한다.

마. 서면 미발급에 대한 제재

서면 미발급과 위반행위의 수

서면 미발급이 장기간에 걸쳐 이루어진 경우 단수의 위반행위인지가 실무상 문제가 된다.[21] 어떤 과징금고시를 적용하는지에 따라 과징금이 달라지는데, 이 점에서 위반행위의 수를 어떻게 평가할지는 과징금고시 적용에 중요한 실익이 있다. 특히 2013년 과징금고시가 적용되

21 공정거래위원회 2020. 4. 20. 의결 제2020-006호(삼성중공업 사건).

는가, 2018년 과징금고시가 적용되는가의 문제와 관련되어 있다.[22]

서울고등법원 2019. 2. 13. 선고 2017누86226 판결 등은 대규모유통업법 위반 사건에서 장기간에 걸친 다수의 개별거래와 관련한 서면교부의무 위반행위를 1개의 위반행위로 판단했다. 이는 부당한 공동행위에서 수(數) 판단의 법리가 적용된 사례이다. 이처럼 대규모유통업법의 경우에는 하나의 행위로 보는 규정이 과징금고시에 있으나[23] 하도급법 과징금고시에는 이러한 규정이 없다.

일반적으로 고시의 적용에 있어 공정거래위원회의 재량 행사에 따라 특정 고시를 적용한다고 하여 반드시 위법이라고 보기 어렵다. 다만, 서면 미교부에 대하여 정률과징금을 부과할 경우 재량권 일탈 남용의 소지가 크다. 또한 절차위반에 대하여 정률과징금의 문제를 지적한 일련의 대법원 판결은 일반적으로 적용이 가능한 보편성을 가지고 있음에 유의할 필요가 있다(대규모유통업법에 대한 대법원 2020. 5. 28. 선고 2016두36062 판결 등).

연속된 서면 미발급행위에 대하여 공정위가 두 개의 위반행위를 구분하여 서로 다른 과징금 고시를 적용한 사건에서 원고가 하나의 행위로 보아 개정된 과징금 고시를 적용해야 한다고 주장했으나 이를 받아들이지 않은 사건으로는 서울고등법원 2020. 4. 22. 선고 2019누62118 판결(동원로엑스, 구 동부익스프레스 사건)[24] 등이 있다.

---

22 2018년 고시가 사업자에게는 더 유리할 수 있다. 하나의 행위로 볼 경우에 2018년 고시가 적용되는 것이 자연스럽다.

23 대규모유통업법 위반사업자에 대한 과징금 부과 고시 II. 7. 나 (2)에 따르면 위반행위가 2일 이상 행하여지되 불연속적으로 이루어진 경우에는, 당해 위반행위의 유형·성격·목적·동기, 연속되지 아니한 기간의 정도와 이유, 위반행위의 효과, 시장상황 등 제반사정을 고려하여 경제적·사회적 사실관계가 동일하다고 인정되는 범위 내에서 이를 하나의 위반행위로 보아 마지막 위반행위의 종료일을 당해 위반행위의 종료일로 본다.

24 확정.

서면 미발급과 과징금고시

하도급법 과징금고시의 개정에 따라 2013-1호 고시(2013. 5. 22. 시행), 2016-10호 고시(2016. 7. 25. 시행), 2018-18호 고시(2018. 10. 18. 시행), 2020-17호 고시(2020. 12. 1. 시행)가 기간별로 적용된다. 이러한 고시의 변경은 서면 미발급행위에 대한 과징금에서 특히 중요한 의미가 있다.

2013-1호 고시와 2016-10호 고시 관계에 대하여, 그리고 2016. 7. 25. 이전의 위반행위에 대하여 2013-1 고시가 적용된다. 이는 시행령 중 과징금과 관련된 [별표2]가 2016. 1. 25.에 개정되어 2016. 7. 25.에 시행되면서, 개정 시행령 부칙 제4조에 2016. 7. 25. 이전의 위반행위에 대하여 종전의 법령을 적용하도록 규정함에 따른 것이다.[25] 문제는 서면 미발급의 경우 많은 부분에 대하여 2013년 고시가 적용되며 정률 과징금이 부과된다는 것이다. 그 결과 같은 서면 발급의무 위반임에도 유독 2013년 고시 적용 부분의 과징금이 과도하게 커지는 불균형이 발생하고 있다.

이러한 문제는 서면 미발급 등 절차 위반의 경우 정률과징금이 적정하지 않다고 보는 판례의 추세와 부합하지 않는다. 예를 들면 대규모유통업법 사안인 대법원 2020. 5. 28. 선고 2016두36062 판결은 대규모유통업법 제12조 제1항의 문언과 취지 등에 비추어보면, 대규모유통업자가 납품업자 등과 사전에 대통령령으로 정하는 바에 따라 파견조건을 서면으로 약정하지 아니하고 자신의 사업장에서 근무하게 한 행위만으로도 대규모유통업법 제12조 제1항 위반은 성립되지만, 그 종업원

---

25 시행령 부칙 <제26933호, 2016. 1. 22.> 제1조(시행일): 이 영은 2016년 1월 25일부터 시행한다. 다만, 제13조 제2항 및 [별표2]의 개정 규정은 2016. 7. 25.부터 시행한다. 제4조(과징금의 부과기준에 관한 경과조치) 부칙 제1조 단서에 따른 시행일 전의 위반행위에 대하여 과징금의 부과기준을 적용하는 경우에는 제13조 제2항 및 [별표2]의 개정규정이 아닌 종전의 규정에 따른다.

등의 파견이 같은 항 단서 제1호 내지 제4호의 어느 하나에 해당하는 경우에는 다른 사정이 없다면 서면약정이 없다는 점만으로 대규모유통업자가 우월적 지위를 이용하여 해당 납품업자들과 거래하는 상품이나 그 상품의 거래관계에 직접 또는 간접적인 영향을 미쳤다고 단정할 수는 없다고 판시했다. 즉 서면약정의무 위반의 경우 매출액으로 과징금을 산정하는 것에 대하여 부정적인 입장을 취하고 있다.

참고로 수급사업자가 작업을 종료하기 전에 원사업자가 서면을 발급한 경우에는 자진시정에 해당한다(공정거래위원회 2019. 8. 19.자 의결 제2019-197호).

바. 표준하도급계약서의 제정·개정 및 사용

법령 **하도급법 제3조의2(표준하도급계약서의 제정 · 개정 및 사용)**

① 공정거래위원회는 표준하도급계약서를 제정 또는 개정하여 이 법의 적용대상이 되는 사업자 또는 사업자단체(이하 이 조에서 "사업자 등"이라 한다)에 그 사용을 권장할 수 있다.
② 사업자 등은 건전한 하도급거래질서를 확립하고 불공정한 내용의 계약이 통용되는 것을 방지하기 위하여 일정한 하도급 거래분야에서 통용될 수 있는 표준하도급계약서의 제정·개정안을 마련하여 그 내용이 이 법에 위반되는지 여부에 관하여 공정거래위원회에 심사를 청구할 수 있다.
③ 공정거래위원회는 다음 각 호의 어느 하나에 해당하는 경우 사업자 등에 대하여 표준하도급계약서의 제정·개정안을 마련하여 심사를 청구할 것을 권고할 수 있다.
1. 일정한 하도급 거래분야에서 여러 수급사업자에게 피해가 발생

하거나 발생할 우려가 있는 경우

2. 이 법의 개정 등으로 인하여 표준하도급계약서를 정비할 필요가 발생한 경우

④ 공정거래위원회는 사업자 등이 제3항의 권고를 받은 날부터 상당한 기간 이내에 필요한 조치를 하지 아니하는 경우 표준하도급계약서를 제정 또는 개정하여 사업자 등에게 그 사용을 권장할 수 있다.

⑤ 공정거래위원회는 표준하도급계약서를 제정 또는 개정하는 경우에는 관련 분야의 거래당사자인 사업자 등의 의견을 들어야 한다.

⑥ 공정거래위원회는 표준하도급계약서 제정·개정과 관련된 업무를 수행하기 위하여 필요하다고 인정하면 자문위원을 위촉할 수 있다.

⑦ 제6항에 따른 자문위원의 위촉과 그 밖에 필요한 사항은 대통령령으로 정한다.

2023. 1. 12. 시행된 개정 하도급법은 표준하도급계약서 제·개정 방식을 다양화함으로써(제3조의2) 관련 사업자단체 등이 표준계약서 제·개정안을 마련하여 하도급법에 위반되는지 여부를 공정거래위원회에 심사 청구할 수 있도록 하고, 공정거래위원회가 표준하도급계약서를 제·개정하려는 경우 사업자단체 등 이해관계자에 대한 의견청취를 의무화하며, 표준하도급계약서 제·개정 심사 업무 투명성을 높이기 위해 필요 시 자문위원을 둘 수 있도록 했다.

이를 통하여 표준하도급계약서의 제정 및 개정의 주체가 공정거래위원회임을 명확하게 규정했으며, 관련 절차를 단계적으로 나누어서 규정했다. 약관규제법상 표준약관 제도와 유사하지만, 표준약관에 없는 자문위원의 위촉절차가 추가된 반면, 공시 및 표지의 지정절차는 두지 않고 있다.[26] 원사업자가 직전 1년 동안 하도급법 제3조의2에 따른

26 신영수, "연성규범으로서 '표준'의 효용과 운용상의 유의점: 개정 하도급법상 표준하

표준하도급계약서를 사용한 경우 하도급법상 벌점을 경감하게 된다(하도급법 제26조 제2항, 시행령 제17조에 따른 벌점의 부과기준). 원사업자가 수급사업자와 하도급 관련 법령의 준수 및 상호 지원·협력을 약속하는 협약을 체결하고, 협약의 이행실적 평가에서 양호 등급 이상을 받은 경우 벌점을 경과하는데, 표준하도급계약서의 사용은 협약의 내용에 포함된다.[27]

2. 내국신용장의 개설

법령 **하도급법 제7조(내국신용장의 개설)**

① 원사업자는 수출할 물품을 수급사업자에게 제조위탁 또는 용역위탁한 경우에 정당한 사유가 있는 경우 외에는 위탁한 날부터 15일 이내에 내국신용장(內國信用狀)을 수급사업자에게 개설하여주어야 한다. 다만, 신용장에 의한 수출의 경우 원사업자가 원신용장(原信用狀)을 받기 전에 제조위탁 또는 용역위탁을 하는 경우에는 원신용장을 받은 날부터 15일 이내에 내국신용장을 개설하여주어야 한다.

② 원사업자는 수출할 물품·용역을 수급사업자에게 제조위탁 또는 용역위탁한 경우 다음 각 호의 요건을 모두 갖춘 때에는 사전 또는 사후 구매확인서를 수급사업자에게 발급하여주어야 한다.

1. 원사업자가 개설 한도 부족 등 정당한 사유로 인하여 내국신용

도급계약서를 중심으로-", 『법학논고』, 2023, 473쪽.

27 신영수, 2023, 482쪽.

장 발급이 어려운 경우

2. 수급사업자의 구매확인서 발급 요청이 있는 경우

심사지침 내국신용장 미개설의 정당한 사유

원사업자가 수출할 물품을 수급사업자에게 제조위탁하면서 내국신용장을 미개설하더라도 (1) 수급사업자가 내국신용장의 개설을 원하지 아니한 사실이 명백한 경우, (2) 원사업자가 내국신용장 개설은행에 연체 및 대지급 당한 상태에 있거나 개설한도 부족 등으로 인하여 내국신용장 개설이 불가능한 경우는 정당한 사유가 있는 것으로 본다.

수급사업자가 제조위탁을 받은 날로부터 15일을 초과하여 물품매도확약서를 제출하는 경우 원사업자가 물품매도확약서를 받은 후 지체 없이 내국신용장을 개설했다면 위법한 것으로 보지 않는다. 월 1회 이상 일괄하여 내국신용장을 개설하기로 원사업자와 수급사업자가 명백히 합의한 경우에는 그 정한 날에 내국신용장을 개설하면 위법한 것으로 보지 아니한다.[28]

3. 검사

법령 하도급법 제9조(검사의 기준 · 방법 및 시기)

① 수급사업자가 납품 등을 한 목적물 등에 대한 검사의 기준 및 방법은 원사업자와 수급사업자가 협의하여 객관적이고 공정 · 타당하게

28 하도급거래공정화지침(2023. 2. 9. 공정거래위원회 예규 제421호) III. 7.

정하여야 한다.

② 원사업자는 정당한 사유가 있는 경우 외에는 수급사업자로부터 목적물 등을 수령한 날(제조위탁의 경우에는 기성부분을 통지받은 날을 포함하고, 건설위탁의 경우에는 수급사업자로부터 공사의 준공 또는 기성부분을 통지받은 날을 말한다)부터 10일 이내에 검사 결과를 수급사업자에게 서면으로 통지하여야 하며, 이 기간 내에 통지하지 아니한 경우에는 검사에 합격한 것으로 본다. 다만, 용역위탁 가운데 역무의 공급을 위탁하는 경우에는 이를 적용하지 아니한다.

하도급법 제9조 제2항의 적용으로 원사업자가 검사 결과 통지의무를 이행하지 않은 경우에 원사업자는 반품이나 대금감액을 할 수 없으며, 따라서 하도급법 제13조에 따라 약정된 하도급대금을 지급해야 한다.[29] 단, 하자가 추후 발견된 경우에 민사상 하자담보책임을 별도로 묻는 것은 가능하다. 한편 하도급법 제9조 제2항의 합격 간주 규정은 역무공급위탁에는 적용되지 않도록 명시되어 있다.

원사업자가 수급사업자로부터 목적물 수령(시공완료의 통지 포함) 후 10일 이내에 검사 결과를 수급사업자에게 서면으로 통지하지 아니했다면 공사대금지급의무는 발생하므로, 원사업자가 이를 지급하지 않은 경우에는 대금미지급으로 과징금 및 시정조치 부과가 가능하다는 취지로 대법원 1995. 6. 16. 선고 94누10320 판결(대륙토건 사건), 대법원 2002. 11. 26. 선고 2001두3099 판결(청광종합건설 사건), 서울고등법원 2008. 6. 18. 선고 2008누3816 판결(동양씨저스 사건)[30] 서울고등법원 2018. 1. 11. 선고 2017누64523 판결(퓨처북 사건)[31] 등이 있다. 한편 대

29 오승돈, 2019, 115쪽.

30 심리불속행 기각.

31 심리불속행 기각.

금미지급에 대한 시정조치와 별도로 하도급법 제9조 제2항의 통지기간 내에 검사 결과를 통지하지 않은 단순 미통지도 시정조치의 대상이 된다(대법원 2023. 3. 13. 선고 2022두57893 판결).

심사지침 **정당한 사유 판단**

검사의 방법으로는, 당사자 간에 합의가 있다는 전제하에 전수검사, 발췌검사, 제3자에 대한 검사의뢰, 수급사업자에게 검사위임, 무검사 합격 등이 있다. 검사 결과의 통지기간의 예외 사유로 인정될 수 있는 "정당한 사유가 있는 경우"에 대한 판단 기준을 예시하면 다음과 같다. (1) 일일 평균 검사물량의 과다, 발주처에의 납기 준수 등 통상적인 사유에는 인정되지 아니한다. (2) 거대한 건설공사(댐·교량공사, 대단위 플랜트 공사 등), 시스템 통합 용역 등 복잡·다양한 기술적 검사가 필요하여 장기간의 검사가 불가피하게 요구되는 경우에는 정당한 사유로 인정할 수 있다.[32]

판례 검사 결과 통지와 하도급대금 지급의무 판단

▣ 대법원 1995. 6. 16. 선고 94누10320 판결(대륙토건 사건)

수급사업자가 추가공사를 포함한 하도급공사를 종료하여 원사업자가 수급사업자로부터 시공완료의 통지를 받고서도 그날로부터 10일 이내에 검사 결과를 수급사업자에게 서면으로 통지하지 아니했다면, 원사업자가 그 통지의무를 해태한 데에 정당한 사유가 있는지 여부에 관하여 아무런 주장·입증이 없는 이상, 수급사업자의 하도급공사는 검사에 합격한 것으로 간주되고 그 결과 원사업자는 수급사업자에 대하여 공사잔대금을 지급할 의무가 발생한다.

32 하도급거래공정화지침(2023. 2. 9. 공정거래위원회 예규 제421호) III. 8-1.

■ 대법원 2002. 11. 26. 선고 2001두3099 판결(청광종합건설 사건)

하도급법 제9조는 제1항에서, 수급사업자가 납품 또는 인도한 목적물에 대한 검사의 기준 및 방법은 원사업자와 수급사업자가 협의하여 정하되 이는 객관적이고 공정·타당하여야 한다고 규정하고, 제2항에서, 원사업자는 정당한 사유가 있는 경우를 제외하고는 수급사업자로부터 목적물을 수령한 날(제조위탁의 경우에는 기성부분의 통지를 받은 날을 포함하고, 건설위탁의 경우에는 수급사업자로부터 공사의 준공 또는 기성부분의 통지를 받은 날을 말한다)부터 10일 이내에 검사 결과를 수급사업자에게 서면으로 통지하여야 하며, 이 기간 내에 통지하지 않는 경우에는 검사에 합격한 것으로 본다고 규정하고 있는바, 하도급법은 하도급거래질서를 확립하여 원사업자와 수급사업자가 대등한 지위에서 상호 보완적으로 균형 있게 발전하도록 하는 것을 목적으로 하고 있는 점(제1조), 검사의 기준과 방법은 당사자가 협의에 의하여 객관적이고 공정·타당하도록 정하는 것이 원칙인 점(제9조 제1항), 민사상 대금채무의 발생과 소멸은 하도급법의 영역이 아니라 민사법의 영역에 속하는 점 등을 종합하면, 제9조 제2항에서 원사업자가 수급사업자로부터 목적물을 수령하고도 정당한 사유 없이 10일 이내에 수급사업자에게 서면으로 검사 결과를 통지하지 아니한 경우에는 검사에 합격한 것으로 본다고 규정한 취지는 검사에 합격한 것으로 봄으로써 하도급법이 적용되는 범위 안에서는 그로 인한 대금채무도 발생한 것으로 본다는 의미라고 풀이함이 상당하므로, 이러한 경우에 원사업자가 수급사업자에게 그 대금을 하도급법이 정한 바에 따라 지급하지 아니했다면, 달리 그 대금채무가 발생하지 아니했음이 밝혀지지 않는 한 공정거래위원회는 제25조 제1항에서 정하고 있는 시정명령과 제25조의3 제1항 제3호에서 정하고 있는 과징금 부과 등의 조치를 할 수 있다고 보아야 한다.

■ **서울고등법원 2008. 6. 18. 선고 2008누3816 판결(동양씨저스 사건)**[33]

목적물 수령 후 10일 이내에 수급사업자에게 서면으로 검사 결과를 통보하지 않은 경우에는 검사에 합격한 것으로 봄으로써 대금채무가 발생한다.

■ **서울고등법원 2018. 1. 11. 선고 2017누64523 판결(퓨처북 사건)**[34]

피고는 2017. 6. 28. 의결 제2017-224호로, 원고가 시노텍코리아로부터 목적물을 수령한 후 60일이 경과했음에도 불구하고 하도급대금 중 일부를 지급하지 아니한 행위는 하도급법 제13조 제1항을 위반하여 위법하다는 이유로, 하도급법 제25조 제1항에 따라 [별지] 목록 기재와 같은 시정명령, 미지급 하도급대금 지급명령을 했다.

이 사건 제품의 하자로 발생한 손해가 있어 대금 지급을 보류하거나 상계하려는 것이므로 목적물 수령 후 60일 내에 대금을 지급하지 않았다고 하더라도 정당한 사유가 있으므로 하도급법을 위반한 것이 아니다(원고 주장).

이 사건 공급계약 제6조 제1항에 의하면 원고는 "상품을 인도받은 날로부터 7영업일 이내에 검수를 완료하여야 하며, 위 기간을 초과한 후에는 검수에 합격한 것으로 간주한다."고 규정하고 있고, 하도급법 제9조 제2항에 의하면 "수급사업자로부터 목적물을 수령한 날부터 10일 이내에 검사 결과를 수급사업자에게 서면으로 통지하여야 하며, 이 기간 내에 통지하지 아니한 경우에는 검사에 합격한 것으로 본다."고 규정하고 있다. 그런데 원고는 위 각 기한이 경과할 때까지 수급사업자에게 그 검사 결과를 통지한 사실이 없으므로 이 사건 제품은 검사에 합격한 것으로 보아야 하고, 이에 따른 원고의 하도급대금 지급의무는 확정되었다고 봄이 상당하다.

---

33 심리불속행 기각.

34 심리불속행 기각.

▣ **대법원 2023. 3. 13. 선고 2022두57893 판결(코아스 사건)**

원심은, 원고가 2015. 9. 30.부터 2020. 3. 31.까지 수급사업자 H에게 제조위탁한 가구 부품을 수령하고도 그로부터 10일 이내에 정당한 사유 없이 검사 결과를 수급사업자 H에게 서면으로 통지하지 않은 행위(이하 '제2행위'라 한다)와 관련하여, 하도급법 제9조 제2항 본문은 원사업자로 하여금 불합격 통지를 할 경우에 한하여 통지기간 내에 서면 통지를 하도록 규정한 것이므로, 불합격 통지 없이 통지기간 내에 서면 통지를 하지 않은 것에 불과한 제2행위는 시정명령의 대상이 될 수 없다고 보아 이 사건 제1처분 중 제2행위에대한 시정명령 부분은 위법하다고 판단했다. 그러나 하도급법 제9조 제2항 본문, 제25조 제1항의 규정 내용 및 취지, 특히 원사업자가 통지기간 내에 검사 결과를 수급사업자에게 서면으로 통지하지 아니하면 설령 하도급법 제9조 제2항 본문 후단에 따라 검사에 합격한 것으로 간주된다고 하더라도 원사업자가 추후 미통지의 정당한 사유 등을 주장함에 따라 수급사업자가 불안정한 지위에 놓일 수 있는 점 등을 고려하면, 원사업자가 정당한 사유 없이 통지기간 내에 검사 결과를 수급사업자에게 서면으로 통지하지 아니했다면, 별도로 불합격 통지를 했는지에 관계없이 하도급법 제9조 제2항 본문에 위반되고, 이 경우 공정거래위원회는 특별한 사정이 없는 한 같은 법 제25조 제1항에 따라 원사업자에게 시정명령을 할 수 있다고 할 것이다.

☞ 해설

원심(서울고등법원 2022. 8. 25. 2021누48443 판결)은 하도급법 제9조 제2항의 통지기간 내에 검사 결과를 통지하지 않은 단순 미통지가 시정조치의 대상이 되지 않는다고 보았으나, 대법원은 시정명령의 대상이 될 수 있다고 보았다.

제 5 장

원사업자의 일반 부작위의무

1. 부당특약

법령 **하도급법 제3조의4(부당한 특약의 금지)**

① 원사업자는 수급사업자의 이익을 부당하게 침해하거나 제한하는 계약조건(이하 "부당한 특약"이라 한다)을 설정하여서는 아니된다.

② 다음 각 호의 어느 하나에 해당하는 약정은 부당한 특약으로 본다.

1. 원사업자가 제3조 제1항의 서면에 기재되지 아니한 사항을 요구함에 따라 발생된 비용을 수급사업자에게 부담시키는 약정
2. 원사업자가 부담하여야 할 민원 처리, 산업재해 등과 관련된 비용을 수급사업자에게 부담시키는 약정
3. 원사업자가 입찰 내역에 없는 사항을 요구함에 따라 발생된 비용을 수급사업자에게 부담시키는 약정
4. 그 밖에 이 법에서 보호하는 수급사업자의 이익을 제한하거나 원사업자에게 부과된 의무를 수급사업자에게 전가하는 등 대통령령으로 정하는 약정

법령 **하도급법 시행령 제6조의2(부당한 특약으로 보는 약정)**

법 제3조의4 제2항 제4호에서 "이 법에서 보호하는 수급사업자의 이익을 제한하거나 원사업자에게 부과된 의무를 수급사업자에게 전가하는 등 대통령령으로 정하는 약정"이란 다음 각 호의 어느 하나에 해당하는 약정을 말한다.

1. 다음 각 목의 어느 하나에 해당하는 비용이나 책임을 수급사업자에게 부담시키는 약정

   가. 관련 법령에 따라 원사업자의 의무사항으로 되어 있는 인·허가,

환경관리 또는 품질관리 등과 관련하여 발생하는 비용
나. 원사업자(발주자를 포함한다)가 설계나 작업내용을 변경함에 따라 발생하는 비용
다. 원사업자의 지시(요구, 요청 등 명칭과 관계없이 재작업, 추가작업 또는 보수작업에 대한 원사업자의 의사표시를 말한다)에 따른 재작업, 추가작업 또는 보수작업으로 인하여 발생한 비용 중 수급사업자의 책임 없는 사유로 발생한 비용
라. 관련 법령, 발주자와 원사업자 사이의 계약 등에 따라 원사업자가 부담하여야 할 하자담보책임 또는 손해배상 책임
2. 천재지변, 매장문화재의 발견, 해킹 · 컴퓨터바이러스 발생 등으로 인한 작업기간 연장 등 위탁 시점에 원사업자와 수급사업자가 예측할 수 없는 사항과 관련하여 수급사업자에게 불합리하게 책임을 부담시키는 약정
3. 해당 하도급거래의 특성을 고려하지 아니한 채 간접비(하도급대금 중 재료비, 직접노무비 및 경비를 제외한 금액을 말한다)의 인정범위를 일률적으로 제한하는 약정. 다만, 발주자와 원사업자 사이의 계약에서 정한 간접비의 인정범위와 동일하게 정한 약정은 제외한다.
4. 계약기간 중 수급사업자가 법 제16조의2에 따라 하도급대금 조정을 신청할 수 있는 권리를 제한하는 약정
5. 그 밖에 제1호부터 제4호까지의 규정에 준하는 약정으로서 법에 따라 인정되거나 법에서 보호하는 수급사업자의 권리 · 이익을 부당하게 제한하거나 박탈한다고 공정거래위원회가 정하여 고시하는 약정

부당특약과 계약편입

하도급법 제3조의4 제1항은 '수급사업자의 이익을 침해하거나 제한하는 계약조건의 설정'과 '부당성'의 요건으로 구성되어 있다. 여기서 특약은 계약에 편입되어야 하는가? 부당한 특약은 부당한 계약이므로 계약에 편입되어야 하도급법 제3조의4 적용이 가능하다. 계약으로 편

입되지 않으면 위 법을 적용하기 어렵다. 즉 계약에 편입되지 않았거나 제외되었다면 계약이 아니며, 법 제3조의4에서 논하는 특약이라고 보기 어렵다. 다만, 명칭에 관계없이 실질적으로 계약이라고 볼 수 있으면 계약에 편입된 것으로 본다.

특약의 범위(시방서, 현장설명서 등의 특약 포함 여부)

특약의 범위와 관련하여 시방서, 현장설명서 등에 포함된 내용이 부당한 특약에 해당하는지를 따질 때는 다음 두 가지 쟁점이 문제가 된다.

첫째, 원칙적으로는 시방서, 현장설명서에 포함된 내용도 계약서와 마찬가지로 부당한 특약 심사의 대상이 된다. 부당한 특약 금지 규정은 계약서에 기재된 내용에 한정되지 않는다는 것이다. 따라서 시방서, 현장설명서에 기재된 내용도 계약내용으로 편입되었다면 부당한 특약이 될 수 있다.

둘째, 시방서, 현장설명서가 문제가 된 사안에서 시방서, 현장설명서에 포함된 내용을 획일적으로 '특약'으로 볼 수는 없다. 시방서, 현장설명서로부터 계약서가 완성되기까지의 과정은 다양할 수 있다. 시방서나 설명서가 가지는 규범적 의미는 그 이후의 계약상황에 따라 달라질 수 있는데, 시방서, 현장설명서가 계약의 내용으로 편입되는 경우, 시방서, 현장설명서가 명시적으로 배제된 경우, 시방서, 현장설명서와 계약서의 우열관계가 불분명한 경우 등이다.

시방서, 현장설명서, 계약서에 포함된 내용에 구속력이 있는 경우는 특약에 포함된다. 그러므로 구속력이 있음이 불분명하더라도 원사업자가 이를 주장하여 구속력을 주장할 가능성이 있는 경우라면 수급사업자 보호를 위하여 특약에 포함할 필요가 있다. 반면 구속력이 없음이 명백한 경우는 특약으로 보기 어렵다.

부당특약과 특약의 집행 가능성

하도급법 제3조의4 제1항에서 '계약조건'은 집행 가능한 특약에 한정되지 않는다. 계약의 집행 가능성 여부를 떠나 '설정하는' 행위만으로 법 위반이 인정된다. 부당특약이 되기 위하여 실제 부당한 결과가 발생할 필요는 없다는 것이다. 공정거래위원회 실무 및 판례도 부당한 결과 발생을 요하지 않는다는 취지이다.

부당한 특약을 규제하는 이유는 수급사업자에게 구체적인 불이익이 발생하기 때문이 아니라 수급사업자에 대한 위험을 사전에 방지하기 위해서이다. 따라서 부당특약이 실제 집행되지 않아도 특약을 설정한 행위 자체만으로 법 위반이 인정될 수 있다. 부당한 특약을 실행했으면 그에 따라 별도의 책임을 지게 된다. 서울고등법원 2017. 3. 30. 선고 2016누37753 판결도 하도급법 제3조의4가 부당한 특약의 효력 유무, 그리고 부당한 특약에 따라 실제 비용 전가가 되었는지를 고려하지 않는다고 본다. 서울고등법원 2019. 1. 31. 선고 2018누46386 판결(대림산업 사건)[1]도 수급사업자에게 부당하게 비용을 전가하는 약정이라면, 그 적용 여부와 관계없이 위와 같은 약정을 설정한 행위 자체로 하도급법 위반에 해당한다고 보았다.

판례 부당특약의 범위 판단

▣ 서울고등법원 2017. 3. 30. 선고 2016누37753 판결(두산건설 사건)[2]

안전관리약정은 원사업자가 부담하여야 할 민원 처리, 산업재해 등과 관련된 비용을 수급사업자에게 부담시키는 약정으로서 개정 하도급법 제3조의4 제1항의 '수급사업자의 이익을 부당하게 침해하거나 제한하

1 대법원 2019. 6. 19.자 2019두37165 판결로 심리불속행 기각.

2 심리불속행 기각.

는 계약조건을 설정'한 것에 해당한다고 봄이 상당하다. 따라서 이 사건 각 안전관리약정이 부당한 특약에 해당하지 않는다는 취지의 원고의 주장은 이유 없다. 개정 하도급법 제3조의4 제1항은 '수급사업자의 이익을 부당하게 침해하거나 제한하는 계약조건을 설정하는 행위'를 금지하고 있을 뿐이고, 부당한 특약의 효력 유무, 부당한 특약에 따른 비용 전가 가능성 유무를 전제로 하고 있지 않다.

계약조건 '설정'의 의미(법 제3조의4 제1항)

하도급법 제3조의4의 행위 요건은 '계약조건의 설정행위'이다. 부당한 특약이 실제 계약내용이 되어야만 구속력을 지닐 수 있는가?

1설로, 구속력이 있는 계약으로 편입되어야 부당특약 금지의 규정이 적용된다는 견해이다(편입필요설). 이 견해는 하도급법이 계약에 대한 규제이므로 계약이 성립되지 않은 경우까지 규제할 필요는 없다는 취지이다. 그 이유는, 계약이 되지 않아 수급사업자에게 구속력이 없음에도 위반행위로 제재하는 것은 과잉 규제 우려가 있다는 것이다. 따라서 계약 체결 전 교섭 과정에서 원사업자가 제시한 내용에 대하여 이 규정을 적용하는 것은 과도한 규제가 되고, 어떤 행위가 금지되는지도 명확하지 않게 된다.

2설로, 법문상 계약조건 설정으로만 되어 있어 계약내용 편입까지는 요하지 않는 것으로 보는 견해이다(편입불요설). 설정은 일방적인 (unilateral) 행위로 충분하며, 실제 계약내용으로 편입되지 않더라도 우월한 지위의 원사업자가 계약내용으로 제시했다면 실제 구속력이 있는지 여부를 떠나 이를 금지함으로써 수급사업자에 대한 보호를 도모해야 한다.

결론적으로 특약은 계약에 편입된 것에 한정해야 한다. 그 점에서 '일방적으로 설정한 행위'로 확대하기 어렵고 편입필요설이 타당하다.

다만, 특약의 계약내용 편입이 불분명하다면 특약이 적용될 여지가 있다. 법적 효력이 명백하지 않은 경우 원사업자는 특약내용을 강제할 수 있고, 이에 대하여 수급사업자는 대항하기 어렵게 된다. 또, 민사법상 결과적으로 계약편입이 부정되더라도 계약편입 여부가 불분명하여 수급사업자에 대한 위험이 있는 경우에 역시 하도급법을 적용할 필요가 있다. 설령 사법상 효력이 없는 경우에도 원사업자가 이를 강제할 수 있음에 유의할 필요가 있다.

그러나 특약이 계약에서 배제되었음이 명백한 경우, 그리고 설명서에 기재된 내용을 그 후 체결된 계약서가 명시적으로 배제한 경우에는 위반행위로 보기 어렵다. 이 경우에는 원사업자에게 계약조건으로 설정하려는 의사가 있었다고 보기도 어렵다. 그리고 원사업자 스스로 시방서나 현장설명서의 내용을 완전히 배제하는 계약을 체결한 경우에도 위반이라고 보기 어렵다.

참고로 실무에서 흔히 원용되는 서울고등법원 2016. 12. 21. 선고 2015누2040 판결(대보정보통신 사건)[3]은, 이미 계약에 특약으로 편입된 경우에 편입 조항이 현실적으로 적용될 가능성이 있는가의 문제를 다루는 판결이다. 이 사건의 경우에는 계약에 편입된 후 실제 집행 가능성을 논하고 있을 뿐 계약 편입 여부를 다룬 사건으로 보기 어렵다.

만일 특약이 본계약보다 우선효가 있다면, 특약의 부당성이 인정될 경우 법 위반을 인정할 수 있다. 예를 들면 특약에 해당하는 안전관리계약서가 본계약서인 하도급계약서보다 우선 적용됨이 인정된다면 법 위반으로 볼 수 있다.[4]

---

3 확정.

4 두산건설 사건에서 안전관리계약서가 하도급계약보다 우선 적용됨이 인정되어 법 위반으로 보았다(공정거래위원회 의결 제2016-359호).

특약의 부당성

하도급법 제3조의4 제1항은 위법성을 원사업자와 수급사업자 간에 제조 등의 위탁과 관련하여 체결한 하도급거래의 계약조건이 공정하고 타당한지 여부를 기준으로 판단한다. 즉 제조 등의 위탁과 관련된 계약조건이 원사업자와 수급사업자가 서로 동등한 입장에서 충분한 협의 과정을 거쳐 결정되었는지 여부, 원사업자가 수급사업자에게 목적물 등의 품명, 내용, 규격, 수량, 재질, 공법 등 하도급대금을 결정하는 데 필요한 자료·정보를 성실하게 제공했는지 여부, 당해 업종의 통상적인 거래관행에 어긋나는지 여부, 이 법 및 건설산업기본법 등 관계 법령의 취지에 부합하는지 여부, 목적물 등의 내용 및 특성, 수급사업자가 입은 불이익의 내용과 정도 등을 종합적으로 고려하여 판단한다.[5]

관련 사례로, 원사업자가 기성금 발생 및 지급시기를 하도급법과 달리 수급사업자에게 불리하게 약정한 경우 부당성을 인정한 서울고등법원 2021. 6. 2. 선고 2020누47641 판결(중해건설 사건),[6] 견적에 포함되지 않은 비용을 수급사업자가 부담하도록 하고, 계약금액의 3% 이내 추가 설계변경은 없는 것으로 한다는 계약의 부당성을 인정한 서울고등법원 2020. 10. 8. 선고 2020누39442 판결(리드건설 사건)[7] 등이 있다. 한편 부당성을 부정한 사례로, 성능검사를 위하여 유보금을 두는 계약은 부당성이 인정되지 않는다고 본 서울고등법원 2018. 11. 16. 선고 2017누46556 판결(포스코아이시티 사건)[8] 등이 있다.

5 부당특약 심사지침(2022. 11. 29. 공정거래위원회 예규 제413호) V. 1.

6 확정.

7 대법원 2021. 2. 25.자 2020두52702 판결로 심리불속행 기각.

8 대법원 2019. 3. 28.자 2018두66807 판결로 심리불속행 기각.

가. 부당특약 유형 1

> **법령** **하도급법 제3조의4(부당한 특약의 금지) 제2항 제1호**
>
> ② 다음 각 호의 어느 하나에 해당하는 약정은 부당한 특약으로 본다.
>
> 1. 원사업자가 제3조 제1항의 서면에 기재되지 아니한 사항을 요구함에 따라 발생된 비용을 수급사업자에게 부담시키는 약정

서울고등법원 2019. 1. 31. 선고 2018누46386 판결(대림산업 사건)[9]은 임시 야적장 확보에 따른 제반비용 및 인·허가, 민원해결 등을 수급사업자에게 부담시키는 계약조건이 부당한 특약으로 하도급법 제3조의4 제2항 제1호에 해당한다고 보았다.

'서면에 기재되지 아니한 사항' 중 '서면'의 의미

하도급법 제3조의4 제2항 제1호는 '원사업자가 제3조의4 제1항 서면에 기재되지 아니한 사항을 요구함에 따라 발생된 비용을 수급사업자에게 부담시키는 약정'을 부당한 특약으로 간주하고 있다.

여기서 "서면"이라 함은 원사업자가 수급사업자에게 제조 등의 위탁을 할 때 법 제3조 제1항의 규정에 의한 기한까지 수급사업자에게 발급한 서면(전자문서를 포함한다)을 말한다. 서면은 위탁일과 목적물 등의 내용, 목적물 등의 납품·인도 시기 및 장소, 검사 방법 및 시기, 하도급대금의 지급 방법 및 기일, 원사업자가 수급사업자에게 원재료 등을 제공하려는 경우 품명·수량·제공일·대가 및 대가의 지급 방법 및 기일, 원재료의 가격변동에 따른(법 제16조의2) 하도급대금의 조정요건,

9 대법원 2019. 6. 19.자 2019두37165 판결로 심리불속행 기각.

방법 및 절차 등 법 제3조 제2항의 기재사항을 모두 명시하고 원사업자와 수급사업자가 서명(전자서명법 제2조 제3호에 따른 공인전자서명을 포함한다) 또는 기명날인한 것이어야 한다. 이것은 원사업자와 수급사업자가 목적물의 완성에 필요한 제반사항에 대하여 충분한 협의를 거쳐 서면의 일부로 포함시킨 부속서류를 포함한다.[10]

현장설명서가 서면에 포함되는지는 일률적으로 판단하기 어렵다. 만일 현장설명서가 합의로 인정된다면 서면에 포함될 수 있지만, 그것이 일방적으로 만들어졌을 뿐 합의의 과정이 이어지지 않은 경우에는 서면으로 보기 어렵다. 참고로 공정거래위원회 2018. 4. 11. 의결 제2018-125호(대림산업 사건)에서는 현장설명서에 기재된 내용에 대하여 무혐의 판단을 했다. 공정거래위원회 2019. 5. 9. 의결 2019-097호(동일스위트 사건)도 현장설명서에 포함된 사항이 부당한 특약이 아니라고 판단했다.[11]

나. 부당특약 유형 2

> **법령 하도급법 제3조의4(부당한 특약의 금지) 제2항 제2호**
>
> ② 다음 각 호의 어느 하나에 해당하는 약정은 부당한 특약으로 본다.
>
> 2. 원사업자가 부담하여야 할 민원처리, 산업재해 등과 관련된 비용을 수급사업자에게 부담시키는 약정

10 부당특약 심사지침(2022. 11. 29. 공정거래위원회 예규 제413호) III.

11 공정거래위원회 2020. 3. 13. 의결 제2020-060호(리드건설 사건).

원사업자가 부담해야 할 비용의 수급사업자에 대한 부담

"원사업자가 부담하여야 할 민원처리, 산업재해 등과 관련된 비용을 수급사업자에게 부담시키는 약정"의 범위는 어디까지인가? 공정거래위원회 2018. 4. 11. 의결 제2018-125호(대림산업 사건)에서는 수급사업자가 견적 당시 스스로 발생시킬 수 있는 사업장 폐기물의 처리비용을 예측할 수 있었던 경우에는 부당특약으로 볼 수 없다고 판단했다. 반면에 공정거래위원회 2019. 5. 9. 의결 제2019-097호(동일스위트 사건)에서는 수급사업자에게 모든 민원에 대한 처리비용을 부담하도록 한 것이 부당특약으로 법에 위반된다고 판단했다. 공정거래위원회 2019. 12. 17. 의결 제2019-290호(삼양건설산업 사건)에서 재해발생 시의 제비용을 수급사업자가 부담하도록 한 것도 이 규정 위반이라고 판단했다.[12]

서울고등법원 2021. 7. 21. 선고 2019누39866 판결(한화오션, 변경 전 대우조선해양 사건)[13]은 수급인의 모든 채무에 대한 대표이사 연대보증 요구 약정이 원사업자 부담 비용을 수급사업자에게 전가하는 유형인지가 문제되었다. 위 법원은, 대표이사와 수급사업자는 법인격이 구분되고, 수급사업자의 이익은 대표이사의 이익으로 이어질 수 있어 비용의 전가만으로 보기 어렵다고 판단하여 시정명령을 취소했다.

---

12 공정거래위원회 2020. 3. 13. 의결 제2020-060호(리드건설 사건).

13 대법원 2021두49208 사건으로 상고 중이다(심리불속행기간 도과, 2023. 11. 12. 검색).

다. 부당특약 유형 3·4

법령 **하도급법 제3조의4(부당한 특약의 금지) 제2항 제3, 4호**

② 다음 각 호의 어느 하나에 해당하는 약정은 부당한 특약으로 본다.

3. 원사업자가 입찰내역에 없는 사항을 요구함에 따라 발생된 비용을 수급사업자에게 부담시키는 약정
4. 그 밖에 이 법에서 보호하는 수급사업자의 이익을 제한하거나 원사업자에게 부과된 의무를 수급사업자에게 전가하는 등 대통령령으로 정하는 약정

'수급사업자의 이익 제한'의 의미

"그 밖에 이 법에서 보호하는 수급사업자의 이익을 제한하거나 원사업자에게 부과된 의무를 수급사업자에게 전가하는 등 대통령령으로 정하는 약정"에서, 공정거래위원회 2017. 4. 4. 의결 2017-135호(라인산업 사건)은 수급사업자에게 법규 준수의무를 부과하고, 이를 위반한 경우 손해배상의무를 부과한 경우는 법 위반이 아니라고 판단했다. 공정거래위원회 2017. 4. 14. 의결 2017-116(포스코 아이시티 사건)도 용역을 수행함에 있어 피해를 야기한 경우 손해배상 책임을 부담해야 한다는 조항은 부당하지 않다고 판단했다.[14]

14 공정거래위원회 2020. 3. 13. 의결 제2020-060호(리드건설 사건).

판례 **하도급법 제3조의4 제2항 제3호 특약의 부당성 판단**

▣ 서울고등법원 2019. 1. 31. 선고 2018누46386 판결(대림산업 사건)[15]

임시 야적장 확보에 따른 제반비용 및 인·허가, 민원해결 등을 수급사업자에게 부담시키는 계약조건이 부당한 특약인지가 문제되었다.

위 조건의 임시 야적장 확보는 공사계약 서면인 계약서, 설계도, 시방서에는 기재되어 있지 아니한 사항으로서 현장설명서를 통해서만 요구된 사항이다. 그에 따라 발생하는 제반 비용은 물론 인·허가와 민원해결 등에 소요되는 비용을 수급사업자에게 부담시키는 약정이므로 하도급법 제3조의4 제2항 제1호의 부당한 특약에 해당한다. 원고는 현장 특성상 야적장 확보를 위한 제반비용 지출을 애당초 예상할 수 없으므로 위 조건은 사실상 적용되지 않는 조항이라는 취지로 주장한다. 그러나 특약이 명시적으로 기재되어 있는 이상 수급사업자로서는 원고의 계약이행 주장에 대하여 위 조건은 적용되지 않는 조항이라고 주장하거나 소송에서 다투기 어렵다. 위 조건은 수급사업자에게 부당하게 비용을 전가하는 약정이라고 볼 수 있고, 그 적용 여부와 관계없이 위와 같은 약정을 설정한 행위 자체로 하도급법 위반에 해당한다.

2. 물품 등 구매강제

법령 **하도급법 제5조(물품 등의 구매강제 금지)**

원사업자는 수급사업자에게 제조 등의 위탁을 하는 경우에 그 목적물 등에 대한 품질의 유지·개선 등 정당한 사유가 있는 경우 외에는

15 대법원 2019. 6. 19.자 2019두37165 판결로 심리불속행 기각.

그가 지정하는 물품·장비 또는 역무의 공급 등을 수급사업자에게 매입 또는 사용(이용을 포함한다. 이하 같다)하도록 강요하여서는 아니된다.

'매입 또는 사용 강요'의 의미

발주자나 고객이 목적물의 제조 또는 시공의뢰 시, 특정물품 및 장비 등을 사용토록 요구하는 경우에는 부당한 물품의 구매강제행위에 해당하지 아니한다.[16] 구매강제의 대상은 '물품·장비 또는 역무의 공급 등'이다. 여기서 법문상 '~등'으로 규정되어 있어 물품·장비 또는 역무보다 확장될 여지는 있다. 다만, 이때도 이에 준하는 품목일 필요가 있다. 같은 취지에서 부동산, 유가증권, 회원권은 구매강제의 대상에 포함되지 않는다는 견해가 있다.[17] 원사업자가 수급사업자에게 골프회원권이나 미분양 아파트를 분양받는 조건으로 하도급계약을 체결한 사례에서 경제적 이익의 부당요구 금지(법 제12조의2)를 적용한 심결도 있다.[18]

3. 부당위탁취소

법령 **하도급법 제8조(부당한 위탁취소의 금지 등)**

① 원사업자는 제조 등의 위탁을 한 후 수급사업자의 책임으로 돌릴 사유가 없는 경우에는 다음 각 호의 어느 하나에 해당하는 행위를

16 하도급거래공정화지침(2023. 2. 9. 공정거래위원회 예규 제421호) III. 5.

17 법무법인화우, 2020, 182쪽.

18 공정거래위원회 2014. 5. 9. 의결 제2014-101호.

하여서는 아니된다. 다만, 용역위탁 가운데 역무의 공급을 위탁한 경우에는 제2호를 적용하지 아니한다.

1. 제조 등의 위탁을 임의로 취소하거나 변경하는 행위
2. 목적물 등의 납품 등에 대한 수령 또는 인수를 거부하거나 지연하는 행위

② 원사업자는 목적물 등의 납품 등이 있는 때에는 역무의 공급을 위탁한 경우 외에는 그 목적물 등에 대한 검사 전이라도 즉시(제7조에 따라 내국신용장을 개설한 경우에는 검사 완료 즉시) 수령증명서를 수급사업자에게 발급하여야 한다. 다만, 건설위탁의 경우에는 검사가 끝나는 즉시 그 목적물을 인수하여야 한다.

③ 제1항 제2호에서 "수령"이란 수급사업자가 납품 등을 한 목적물 등을 받아 원사업자의 사실상 지배하에 두게 되는 것을 말한다. 다만, 이전(移轉)하기 곤란한 목적물 등의 경우에는 검사를 시작한 때를 수령한 때로 본다.

역무를 제외한 목적물의 수령거부를 규정한 일본 하청법과 달리 우리 하도급법은 '위탁취소'의 개념을 넓게 규정한다. 심사지침 역시 용역의 포함을 전제로 한다.

가. 위탁취소·변경

심사지침 **위탁취소의 개념**

"위탁의 취소"라 함은 원사업자가 수급사업자에게 제조(가공위탁을 포함한다. 이하 같다)·수리·건설 또는 용역의 위탁(이하 "제조 등의 위탁"이라 한다)을 한 후 임의로 제조 등의 위탁을 취소(해제·해지를 포함한다. 이하

갈다)하는 행위, 위탁을 할 때 정한 발주량, 사양 등 위탁한 내용을 변경 (해제·해지를 포함한다. 이하 같다)하는 행위 등을 의미한다.[19]

위탁취소의 사법상 의미

위탁취소는 민법상 취소[20]와 동일하지 않다. 위탁취소에는 원사업자의 계약 자체를 소멸시키는 일체의 행위가 포함된다. 즉 위탁취소는 계약 자체를 소멸시켜 원사업자가 자신의 책임을 면하려는 행위라는 점에서 민법상 취소보다 해제, 해지[21]에 가깝다.

한편 위탁취소와 사법상 계약의 효력은 반드시 일치하지 않는다. 하도급법상 위탁취소에 해당하는 경우에도 사법상 계약은 유효할 수 있다.[22] 또, 위탁취소는 계약의 이행 이전에 가능하지만 민법상 해제는 계약의 이행 이후에도 가능하다는 점에서 차이가 있다. 물론, 계약이 체결되지 않았다면 위탁이 이루어지지 않아 부당한 위탁취소가 문제되지 않는다(서울고등법원 2014. 11. 3. 선고 2003누14699 판결). 계약 교섭 및 계약 체결단계에서 공급대금의 지급방법에 관한 의사의 합치가 이루어지지 아니하여 계약에 이르지 못했다고 판단한 사례로 서울고등법원 2006. 6. 21 선고 2005누22540 판결,[23] 협상과정에 공사대금 협의

---

19 부당한 위탁취소, 수령거부 및 반품행위에 대한 심사지침(2022 11. 29. 공정거래위원회 예규 제412호) II.

20 제109조(착오로 인한 의사표시) ① 의사표시는 법률행위의 내용의 중요부분에 착오가 있는 때에는 취소할 수 있다. 그러나 그 착오가 표의자의 중대한 과실로 인한 때에는 취소하지 못한다. 제110조(사기, 강박에 의한 의사표시) ① 사기나 강박에 의한 의사표시는 취소할 수 있다.

21 민법 제543조(해지, 해제권) ① 계약 또는 법률의 규정에 의하여 당사자의 일방이나 쌍방이 해지 또는 해제의 권리가 있는 때에는 그 해지 또는 해제는 상대방에 대한 의사표시로 한다.

22 하도급법에 위반되더라도 사법적 효력이 부정되지 않는다는 취지의 판례로는 대법원 2011. 1. 27. 선고 2010다53547 판결 참조.

23 대법원 2006. 10. 13.자 2006두12470 판결로 심리불속행 기각. 이 사건에서 원고는

가 있었고, 원사업자의 공기 준수 요구 등으로 협상대상자가 자재를 선주문하는 등 공사 준비행위를 한 경우에도 계약이 체결되지 않은 이상 부당한 위탁취소를 인정하지 아니한 서울고등법원 2004. 11. 3. 선고 2003누14699 판결(국제종합토건 사건)[24]이 있다.

위탁취소와 반품의 구별

하도급법 제8조 제1항의 위탁취소와 하도급법 제10조 제1항의 반품은 어떤 기준으로 구별할 것인가?

첫째, 당사자의 의사이다. 다시 말해 원사업자의 행위가 어떤 성격을 가지고 있는가에 따라 분류할 수 있다. 위탁취소는 계약 자체를 소멸시켜 원사업자가 자신의 책임을 면하려는 행위인 반면, 반품은 사실상의 행위에 가깝다. 원사업자와 수급사업자가 모두 계약해지로 인식하고 있지 않은 사안이라면 사실상의 반품에 가까울 가능성이 높다.

둘째, 하도급법 제8조 제1항 제2호의 '수령을 거부하거나 지연하는 행위'에서 목적물 납품 여부(수령 여부)가 반품과의 구별 기준이 될 수 있다. 따라서 목적물을 수령한 후에 돌려보내는 행위는 '수령거부'가 아니라 '반품'이 된다.[25] 반면, 하도급법 제8조 제1항 제1호(위탁취소·변경)는 수령을 전제로 하지 않는다. 하도급법 제8조 제1항 제1호에 수령

수급사업자인 소외 회사로 하여금 2004. 5. 19.부터 이 사건 계약이 체결될 것을 전제로 이 사건 계약상의 작업을 수행하도록 한 사실은 있으나, 소외 회사와 사이에 이 사건 계약의 중요한 사항인 공급대금의 지급방법 등에 대한 합의가 이루어지지 아니하여 이 사건 계약이 체결되지 아니했다고 주장한 반면, 공정거래위원회는 원고와 소외 회사 사이의 이 사건 계약은 주식회사 A은행이 발주하는 사업을 낙찰받기 위한 원고의 요청에 따라 2004. 2. 19. 소외 회사가 교부한 견적서를 2004. 3. 25. 첨부하여 위 입찰에 참가함으로써 성립되었고, 가사 그렇지 않다 하더라도, 원고와 소외 회사 사이에 2004. 7. 27. 공급대금 11억 원의 합의가 이루어짐에 따라 이 사건 계약이 체결되었다고 다투었다.

24 확정.

25 나가사와 데쓰야, 최재원 역, 2018, 136쪽.

을 하기 전 위탁취소한 경우와 수령을 한 후 위탁취소한 경우가 포함되어 있어 이에 따르면 목적물 수령으로 위탁취소를 반품과 구별할 수 없다.

셋째, 위탁의 유형에 따라 기준이 달라질 수 있다. 즉 위탁취소에서 제조 등의 위탁에는 제조위탁, 수리위탁, 건설위탁, 용역위탁이 모두 포함된다. 이때 제조위탁 중 납품을 통하여 물건을 인도하는 유형에서는 목적물을 납품받았는지가 구별의 기준이 될 수 있다. 이와 달리 그 외의 유형에서는 기준이 되기 어렵다.

넷째, 계약이 이행되었는지를 기준으로 할 수 있다. 위탁취소는 계약의 이행 전에 가능하며, 이행된 이후에는 어렵다. 반면 반품은 계약 이행 이후에도 가능하다.

'임의성'의 해석

하도급법 제8조 제1항 제1호는 위반행위의 유형으로 '임의로 취소하거나 변경하는 행위'를 규정하고 있다. 이때 임의성을 어떻게 해석할 것인가? 심사지침에 따르면 "임의로" 위탁을 취소하는 행위는 원사업자가 수급사업자와 실질적인 협의 없이 일방적으로 위탁을 취소하는 행위를 말하며, 원사업자가 "임의로" 위탁을 취소한 것인지 여부는 다음 사항을 종합적으로 고려하여 판단한다.

위탁취소의 사유가 해당 하도급거래 계약서에 규정되어 있고 위탁취소가 위 계약서에 따른 내용 및 절차에 따라 이루어졌는지 여부, 원사업자와 수급사업자 간 실질적인 협의가 있었는지 여부(이때 실질적인 협의 여부는 위탁취소의 사유 등이 정상적인 거래관행에 어긋나거나 협의 과정에서 원사업자가 사회통념상 올바르지 못한 것으로 인정되는 수단·방법을 사용한 것인지 여부 및 협의 과정이 충분했는지 여부 등을 기준으로 판단한다. 만약 원사업자의 사실상의 강요에 의하거나 수급사업자의 자유로운 의사결정이 저해된 상태에서 합의서가 작성되는 등 합의의 진정성이 인정되지 않는 경우에는 실질적인 협의가 없었던 것으로 본다), 원사업자가 위탁을 취소함으로써 수급사업자가 입게 될 손실에 대하여 양 당사자가 충분한 협의를 거쳐 정당한 보상을 하고 위탁을 취소했는지 여부[26] 등이다.

한편 임의성 판단을 위한 기준은 다음과 같이 세 가지를 제시할 수 있다.

첫째, '임의성'은 절차적인 문제로 이해하여야 한다. 즉 협상절차를 충실하게 이행했는지 등이다. 수급사업자에게 결과적으로 불리했는지 여부로 임의성을 판단하는 것은 타당하지 않다.

둘째, 원사업자와 수급사업자 사이의 거래상 지위(bargaining power) 차이를 임의성 판단의 요소로 고려할 수 있다. 다만, 거래상 지위나 협상력의 차이에 지나치게 의존하여 임의성을 판단하는 것은 타당하지 않다.

셋째, 부당성과 임의성의 관계가 문제가 된다. '부당성'과 '임의성'은 같은 기준으로 해석할 수 없다. 전자는 위법성 평가 부분이고, 후자는 객관적 구성 요건 부분이기 때문이다. 물론 실제 법 적용에서 임의성과 위법성을 분리하기 어렵고, 귀책사유의 문제와 임의성의 문제가 밀접하게 연결되어 있기는 하다. 수급사업자에게 귀책사유가 없는 경우에 합의 과정 없이 일방적으로 원사업자가 결정한 사례도 많다.

나. 수령 또는 인수 거부·지연

"수령의 거부"라 함은 원사업자가 제조 등의 위탁을 한 후 수급사업

26 부당한 위탁취소, 수령거부 및 반품행위에 대한 심사지침(2022. 11. 29. 공정거래위원회 예규 제412호) III. 1.

자가 목적물 등을 원사업자에게 납품·인도 또는 제공(이하 "납품 등"이라 한다)하는 시기 및 장소에서 목적물 등의 수령 또는 인수를 거부하거나 지연하는 행위를 말한다. 다만, 원사업자가 용역위탁 가운데 역무의 공급을 위탁한 경우는 제외한다.[27] 관련 사례로, 수급사업자의 귀책사유가 없음에도 부품 수령의 지연을 인정한 서울고등법원 2009. 11. 12. 선고 2008누11237 판결(삼성전자 사건),[28] 수령지연 상태에서 수령하지 않기로 합의한 경우에도 수령 지연을 인정한 서울고등법원 2015. 12. 18. 선고 2014누69534 판결(에이비씨나노텍 사건)[29] 등이 있다.

판례 지연수령의 판단

▣ 서울고등법원 2009. 11. 12. 선고 2008누11237 판결(삼성전자 사건)[30]

원고가 일부 불용자재에 대하여 즉시 입고처리하지 아니한 것은 사실이나, 빈번한 시장수요의 변동에 대처하기 위한 차원에서 6개 수급사업자들과의 사이에서 불용자재 처리 시기에 대해 서로 양해했고, 불용자재 처리를 통해 전액 금전보상을 하거나 신규 발주로 수급사업자에 대해 새로이 물량보전을 해주어 실제 수급사업자에게 발생된 손해는 없었던 데다가 수급사업자와의 장기적인 거래관계 등을 고려하면 이를 부당한 지연수령으로 볼 수 없다(원고 주장).

법 제8조 제1항 제2호는 수급사업자의 책임으로 돌릴 사유가 없음에도 불구하고 목적물의 납품 등에 대한 수령 또는 인수를 거부하거나 지연하는 행위를 불공정하도급거래행위로 보고 있는바, 위 법 위반의 부당한 지연수령행위가 성립하기 위해서는 원고가 목적물의 납품에 대한

27 부당한 위탁취소, 수령거부 및 반품행위에 대한 심사지침(2022. 11. 29. 공정거래위원회 예규 제412호) II.

28 대법원 2010. 4. 8.자 2009두23303 판결로 심리불속행 기각.

29 심리불속행 기각.

30 대법원 2010. 4. 8.자 2009두23303 판결로 심리불속행 기각.

수령을 거부해야 하고 그에 대하여 수급사업자의 책임으로 돌릴 만한 사유가 없어야 한다.

그런데 원고가 2003. 1. 1.부터 2005. 5. 30.까지 기간에 46개 수급사업자들로부터 이미 생산완료한 부품의 수령을 2개월 내지 8개월까지 지연한 사실은 위에서 본 바와 같고, 한편 위 인정사실 및 이 사건 증거들에 의하여 인정되는 사정들, 즉 원고 작성의 부진재고 현황(을 제22호증)에서 나타나는 대부분의 지연수령 사유는 모델단종, 사양변경, 물량감소, 해외이전, 생산취소, 생산지연 등으로 수급사업자와는 거의 관련이 없는 것들인 점, 역시 원고가 작성한 '03년 감사인터뷰 및 대응'이라는 자료(을 제23호증)에서 수급사업자가 원고의 제조위탁으로 생산 완료한 부품의 납기가 도래했음에도 수령을 지연함에 따라 수급사업자들의 재고 부담이 장기화되어 금융비용 손실 등의 피해가 발생하고 있다고 원고 스스로 진단하고 있는 점으로 미루어볼 때, 설령 원고 주장과 같이 수급사업자들의 양해를 구했다거나 사후에 수급사업자들에게 금전보상 혹은 물량보전을 했다고 하더라도, 목적물 지연수령에 대해 정당한 사유가 있다고 할 수는 없다 할 것이다.

따라서 원고의 부품 수령의 지연은 수급사업자의 귀책사유가 없음에도 자신의 재고부담을 수급사업자에게 일방적으로 전가하는 행위로서 법 제8조 제1항 제2호를 위반한 것이라고 할 것이므로 원고의 위 주장도 받아들일 수 없다.

다. 공통 요건 1: 수급사업자의 책임

수급사업자의 책임으로 돌릴 사유의 범위

법률 문언상 '수급사업자의 책임으로 돌릴 사유가 없는 경우' 위탁취소를 하는 행위가 부당위탁취소가 된다. 수급사업자에게 책임이 없는 사유란 무엇을 의미하는가? 수급사업자의 책임이 없음은 일의적으로 해석될 수 있는 개념은 아니다. 다양한 유형을 고려하여 적정한 기준을 설정해야 한다. 예를 들면 수급사업자의 책임이 전혀 없는 경우, 수급사업자의 책임이 적은 경우, 수급사업자와 원사업자의 책임이 모두 없는 경우, 사정변경이 발생한 경우 등이 논의될 수 있다.

심사지침은 "수급사업자의 책임으로 돌릴 사유"란 수급사업자의 귀책사유로 인해 계약을 이행할 수 없는 경우 또는 수급사업자가 계약내용을 위반하여 계약목적을 달성할 수 없는 경우 등에 대하여, ① 수급사업자에게 파산·회생절차의 신청 등 경영상의 중대한 사유가 발생하고 그로 인하여 계약내용을 정상적으로 이행할 수 없다고 인정되는 경우, ② 수급사업자가 감독관청으로부터 영업취소·영업정지 등의 처분을 받은 경우로서 계약내용을 정상적으로 수행할 자격·능력이 없다고 인정되는 경우, ③ 수급사업자가 특별한 이유 없이 목적물 등의 제조·수리·시공 또는 용역의 착수·착공을 거부하여 납품 등의 시기(이하 "납기"라 한다)에 완성·완공할 가능성이 없다고 인정되는 경우, ④ 수급사업자가 목적물 등의 품질에 영향을 미치는 주요 공정·공법 등을 임의로 변경하는 등 계약의 중요한 내용을 위반하고 그 위반으로 인하여 계약의 목적을 달성할 수 없다고 인정되는 경우[31] 등으로 예시하고 있다. 관련 사례로, 수급사업자의 귀책사유(납품지연, 중국업체로의 재하도급)가 위탁취소의 원인이 되었다고 보기 어렵다고 본 서울고등법원 2016. 10. 20. 선고 2015누56160 판결(에코로바 사건)[32] 등이 있다.

한편 납품단가 연동에 관한 사항을 이행하지 않기 위한 위탁취소는 수급사업자의 책임으로 돌릴 사유가 없는 경우에 해당하여 부당한 위

---

31 부당한 위탁취소, 수령거부 및 반품행위에 대한 심사지침(2022. 11. 29. 공정거래위원회 예규 제412호) III. 1.

32 대법원 2018. 10. 4. 2016두59126 판결로 파기환송되었다. 이는 과징금 산정의 기준이 되는 관련매출액 문제로 파기된 것일 뿐 부당위탁취소를 인정한 점은 원심과 동일하다.

탁취소가 될 가능성이 높다. 그 점에서 납품단가 연동에 관한 사항을 이행하지 않기 위하여 제조위탁을 임의로 취소하거나 변경하는 행위를 금지하고 있는 상생협력법 제25조 제1항과 실질적 차이는 적을 것으로 보인다.

수급사업자의 책임이 없고 원사업자에게 책임이 있는 경우는 '수급사업자의 책임으로 돌릴 사유가 없는 경우'이며, 수급사업자에게 귀책사유가 있고 원사업자에게 귀책사유가 없는 경우는 '수급사업자의 책임으로 돌릴 사유가 있는 경우'임이 명백하다. 하지만 실제 분쟁에서는 그 밖의 경우로서 귀책사유가 불분명한 경우가 있는데, 이에 대해서는 아래에서 논의한다.

원사업자와 수급사업자 쌍방 책임 사례

원사업자와 수급사업자 쌍방에게 모두 책임이 있는 경우에도 원사업자의 책임이 더 큰 경우와 수급사업자의 책임이 더 큰 경우 등을 나누어볼 수 있다.

첫째, 수급사업자의 귀책사유가 경미하고 원사업자의 귀책사유가 중한 경우에는 수급사업자의 책임으로 돌릴 사유가 없는 경우에 준하여 처리한다(수급사업자 책임 < 원사업자 책임). 수급사업자의 책임이 일부 있다고 하더라도 원사업자의 책임이 훨씬 더 크다면 부당한 위탁취소를 인정함이 타당하다. '수급사업자의 책임'을 요건으로 하는 부당반품의 경우에, 수급사업자의 귀책사유가 있더라도 사후적 수리·보정이 가능하거나 하자담보책임에 해당하는 정도의 가벼운 귀책사유인 경우 반품이 허용되지 않는다는 견해가 있다.[33]

둘째, 수급사업자의 책임이 상대적으로 크거나 쌍방의 책임이 비슷

33 법무법인화우, 2020, 224쪽.

하여 그 책임의 경중을 판단하기 어려운 경우에는 수급사업자의 책임으로 돌릴 사유가 있는 것으로 보아 이 규정을 적용하기 어렵다(수급사업자 책임 ≒ 원사업자의 책임). 이때는 하도급법의 개입 없이 민사문제로 해결해도 충분하다. 수급사업자의 책임이 없거나 낮은 경우 보호할 때에만 적정한 보호가 될 수 있다.

셋째, 수급사업자의 귀책사유가 중하고 원사업자의 귀책사유가 경미한 경우는 수급사업자의 책임으로 돌릴 사유가 있는 것으로 보아야 한다(수급사업자의 책임 > 원사업자의 책임). 다만, 실제 사건에서 귀책사유의 정도를 비율적으로 비교하는 것은 어렵다. 증명의 편의를 위하여 수급사업자의 책임이 없는 부분은 공정거래위원회가 증명하고, 원사업자의 책임이 없음을 원사업자(통상 원고)가 증명하도록 하는 방식을 고려할 수 있다.

원사업자와 수급사업자 쌍방에 귀책사유가 없는 사례

부당한 위탁취소에서 수급사업자와 원사업자의 귀책사유가 모두 없는 경우 부당성이 인정되는가? 예를 들면, 하도급법상 부당위탁취소와 관련해서 'A > B > C'로 순차 제조위탁이 이루어지는 거래에서 B가 'A가 발주를 취소했다'는 이유로 C에 대한 위탁을 취소한 경우 부당성이 인정될 수 있을지가 문제된다. 통상 이러한 문제에서 발주자인 A와 원사업자 B의 관계에서 B 사업자가 제조의 준비로 부담하는 손해에 비하여, 원사업자 B와 수급사업자 C의 관계에서 C가 부담하는 손해가 훨씬 고액인 경우가 많아서 문제된다.[34] 이는 하도급법 위반의 행정사건 뿐 아니라 원사업자와 수급사업자 사이의 민사사건에서도 쟁

---

34 발주자의 무리한 계약 취소가 원인이 된 경우에도 발주자와 원사업자 사이에는 하도급법이 적용되지 않는다. 다만, 공정거래법상 우월한 지위에 따른 거래상 지위남용이 문제될 소지는 있다.

점이 되며, 특히 하도급법상 3배 배상의 사유가 될 수 있어[35] 그 판단에 신중할 필요가 있다. 이 문제는 보험과 같은 방식으로 위험을 제도적으로 해결하는 것이 바람직하지만, 그러한 제도가 구비되어 있지 않다.

이는 민법상 '위험부담'[36]의 문제에 가깝다. 발주자로부터 원사업자가 수주할 경우 하도급거래를 하기로 했는데, 원사업자가 수주를 하지 못한 경우 등은 원사업자와 수급사업자 쌍방에 귀책사유가 없는 경우에 포함될 수 있다.[37]

1설(부당성 인정설)로, 법문을 문리적으로 해석하여 수급사업자에게 책임이 없는 경우에 위탁취소를 하면 법 위반이 되는 것으로 해석한다. 그러나 법 위반이 되기 위하여 행위에 대한 부당성 심사를 요하며, 원사업자에게 책임이 없다면 부당성을 부정하는 것이 타당하다는 점에서 이 견해에 난점이 있다. 이와 관련하여 수급사업자의 책임도 없고, 원사업자의 책임도 없는 경우에도 위반에 해당하는 것으로 해석한 일부 공정거래위원회 실무례가 있으나, 일관된 실무례로 보기는 어렵다.

2설(위험영역설)로, 문언에 따라 쌍방의 책임이 없는 경우에도 위험을 통제할 수 있는 원사업자가 수급사업자와 충분한 협의를 해야 위반을 피할 수 있다는 견해이다. 위험 사유에 원사업자가 수급사업자보다 가깝고 통제 가능함을 고려한다. 이에 따르면 발주자의 사정으로 위탁이 취소된 경우 수급사업자보다 원사업자가 위험요인에 가깝다. 따라서 원사업자는 수급사업자의 피해를 막기 위하여 협의의 과정을 거쳐

---

35 하도급법 제35조 제2항에 따라 하도급법 제8조 제1항 위반은 3배 배상의 사유가 된다.

36 위험부담은 쌍무계약의 당사자 일방의 채무가 채무자의 책임 없는 사유로 이행불능이 되어 소멸한 경우에 그에 대응하는 상대방의 채무의 운명은 어떻게 되느냐의 문제이다. 송덕수, 『新민법강의(제14판)』, 박영사, 2021, 1105쪽. 참고로 약관규제법은 상당한 이유 없이 사업자가 부담하여야 할 부담을 고객에게 이전시키는 조항을 무효로 하고 있다(약관규제법 제7조 제2호).

37 공정거래위원회 2020. 4. 20. 의결 제2020-006호(삼성중공업 사건).

야 한다.

3설(부당성 부정설)로, 원사업자에게 귀책사유가 없는 경우에는 부당한 위탁취소로 보기 어렵다는 견해이다. 이러한 경우까지 제재를 가하는 것은 행위책임의 원칙을 넘어서므로, 이 문제의 해결은 민사상 위험부담 등에 맡겨야 한다는 견해이다.

이 문제에 대하여 명시적 판례는 없는 상태이므로, 앞으로 법리가 축적되어야 할 부분이다. 하도급법의 법리가 민사법과 어울려 아직 생성 중인 점에 비하여 유형별 접근이 필요할 수 있다.

발주자의 순수한 사정으로 취소되었고, 이를 예견하기 어려운 경우에는 부당성을 인정하여 법 위반을 인정할 경우 하도급법이 지향하는 원사업자와 수급사업자의 균형을 깨뜨리고, 과중한 책임을 부과하게 되는 결과가 되어, 장기적으로는 거래를 위축시킬 우려도 있다. 같은 취지에서, 원사업자에게 귀책사유 없이 제3자의 해제 통지로 하도급계약이 객관적으로 유지될 수 없음이 명백한 사건에서 부당한 위탁취소를 부정한 사례로 서울고등법원 2016. 11. 24. 선고 2015누57200 판결(씨제이대한통운 사건)[38] 등이 있다.

다만, 사안에 따라 위험영역설을 검토해야 할 사안도 있을 수 있다. 원사업자에게 귀책사유까지는 아니더라도 위험영역설에 따라 원사업자의 예측가능성이 높고, 수급사업자는 예측이 불가능함에도 원사업자가 수급사업자의 손해를 줄이기 위한 상당한 노력을 하지 않은 경우[39]는 부당성을 검토할 여지가 있다.

---

38 심리불속행 기각.

39 이는 신의성실의 원칙을 고려하는 것과 유사하다.

판례 수급사업자 귀책사유와 위탁취소의 부당성 판단

■ 서울고등법원 2016. 11. 24. 선고 2015누57200 판결(씨제이대한통운 사건)[40]

원고는 참가인이 이 사건 하도급계약서의 당초 일정대로 2014. 5. 13.부터 2014. 5. 25.까지의 기간에 화물운송 선박을 입항시키지 않아 현대위아로부터 이 사건 도급계약 해제를 통보받았다는 이유를 내세워 2014. 6. 13.에 참가인에게 이 사건 하도급계약의 해지를 통지했으나, 이는 원고와 현대위아 사이의 분쟁으로 인해 발생한 것으로서 참가인의 책임으로 돌릴 수 없고, 참가인이 계약의 취소로 입게 되는 손실을 전혀 보상하지 않은 채 일방적으로 이루어진 것이다. 이와 같은 원고의 해지통보는 부당한 위탁취소로서 하도급법 제8조 제1항 제1호에 위반된다(처분).

원고가 참가인에게 이 사건 하도급계약의 해지통보를 한 것은 현대위아의 무리한 일정변경으로 인한 부득이한 조치였다. 또한 원고는 참가인이 입게 될 손실에 대한 보상을 전제로 위탁취소를 했고 위탁취소로 인해 참가인이 입게 될 손실에 대하여 정당한 보상을 하기 위하여 최선의 노력을 다했을 뿐만 아니라 참가인도 위탁취소에 대해 충분히 예측하고 있었다. 따라서 이 사건 하도급계약의 해지통보를 부당한 위탁취소라고 볼 수 없다(원고 주장).

원고의 참가인에 대한 이 사건 하도급계약의 해제 통지가 원고의 원사업자로서의 우월한 지위를 남용하는 것으로서 일방적으로 수급사업자인 참가인의 법적 지위를 불안하게 만들어 하도급거래의 공정한 질서를 저해하는 부당한 행위로서 '부당한 위탁취소'에 해당한다고 보기는 어렵다.

위에서 본 바와 같이 현대위아는 2014. 6. 5.에 원래의 입항일정으로 선박이 입항하는 것을 원고가 거부했다는 등의 납득하기 어려운 이유로

40 심리불속행 기각.

원고에게 이 사건 도급계약의 해제 통지를 했고, 원고는 이에 기하여 참가인에게 이 사건 하도급계약의 해제 통지를 했는데, 현대위아의 원고에 대한 이 사건 도급계약의 해제 통지가 적법한지 여부와 관계없이 현대위아의 위 해제 통지에 의하여 원고가 현대위아로부터 사실상 이 사건 크레인을 수령할 수 없음은 명백하고, 이에 의하면 이 사건 크레인의 존재를 전제로 한 이 사건 하도급계약도 유지되기는 어려우며, 이에 관한 귀책사유는 현대위아에게 있을 뿐 원고에게 그 귀책사유를 인정할 수도 없는바, 이와 같이 원고에게 귀책사유 없이 객관적으로 유지될 수 없음이 명백한 이 사건 하도급계약의 해제를 통지했다고 하여 이를 원고가 임의로 위탁을 취소한 것이라고 보기는 어렵다.

또한 위에서 본 이 사건의 경위에서 알 수 있는 바와 같이 이 사건 하도급계약 해제 통지의 발단은 현대위아가 이 사건 크레인의 제작을 지연했기 때문인데, 그 후 3자 간의 협의 과정에서 선박의 재배선 시에는 신규 운송계약이 별도로 체결되어야 하고 기 배선된 선박의 배선은 취소되는 것으로 3자가 양해한 것으로 보이고, 참가인도 2014. 4. 29.에 원고에게 이메일로 이러한 내용을 통보한바, 이러한 측면에서도 이 사건 하도급계약의 해제는 불가피한 것으로 보인다.

수급사업자의 책임과 하자

수급사업자의 책임이 문제되는 다양한 상황이 존재하지만, 하자가 존재하는 경우가 대표적이다. 그럼 수급사업자의 책임 사유로서의 하자는 어떠한 기준으로 판단할 것인가? 위탁에 따른 업무수행에 있어서 완벽한 계약이행은 사실상 어렵다. 일부 하자가 있다고 하여 위탁취소나 반품이 허용된다면 부당한 위탁취소 금지의 실효성을 담보하기 어렵다.

물론 하자로 인해 목적을 달성할 수 없는 경우에는 수급사업자의 책임이 있다. 하지만 그렇지 않은 경우의 하자는 양적 기준과 질적 기준을 적용하여 종합적으로 판단해야 한다. 특히 하자의 존부와 그 정도를 평가함에 있어 계약의 이행을 둘러싼 다양한 정황을 볼 필요가 있다. 예를 들면 원사업자가 수급사업자가 납품한 물건을 판매하고 있음은 하자의 정도가 심하지 않다고 볼 정황이 될 수 있다. 하자가 문제되자 수급사업자가 자발적으로 회수했는지도 간접적인 정황으로 참고할 수 있다.

일본의 경우 급부에 하자가 있는 경우 수령을 거부할 수 있는데, 그 하자는 누가 보아도 일견 하자가 명백한 경우를 지칭한다는 견해가 있다.[41] 또한, 위탁 내용과 다르거나 하자 등이 있다는 이유로 수령을 거부할 수 없는 경우로 다음과 같은 사항을 들고 있다. 즉 일본 하청법 제3조 서면에 위탁 내용이 명확하게 기재되어 있지 않고 검사기준이 명확하지 않아서 수급사업자[42]의 급부 내용이 위탁 내용과 다르다는 것이 명확하지 않은 경우이다. 그리고 검사기준을 원사업자가 자의적으로 엄격하게 설정해서 위탁 내용과 차이가 있거나 하자가 있게 되는 경우이다. 마지막으로 거래의 과정에 있어서, 위탁 내용에 관하여 수급사업자가 제안하고 원사업자가 승낙했으므로 수급사업자가 당해 내용에 기초하여 제조 등을 했음에도 급부내용이 위탁 내용과 다르게 되는 경우이다.[43] 이러한 상황은 위탁 내용과 차이가 발생한 것에 대하여 수급사업자에게 합리적인 사유가 있다.

검사 의무와 하자의 판단 기준

하도급법 제9조[44]는 10일 이내의 검사 통지의무를 규정하고 있다.

---

41 白石忠志·論点体系, 2021, p. 780.

42 일본의 경우 '하청사업자'로 명명하고 있다.

43 鈴木滿, 2019, p. 597.

44 하도급법 제9조(검사의 기준·방법 및 시기) ① 수급사업자가 납품 등을 한 목적물 등에 대한 검사의 기준 및 방법은 원사업자와 수급사업자가 협의하여 객관적이고 공정·타당하게 정하여야 한다.
② 원사업자는 정당한 사유가 있는 경우 외에는 수급사업자로부터 목적물 등을 수령한 날(제조위탁의 경우에는 기성부분을 통지받은 날을 포함하고, 건설위탁의 경우에는 수급

하도급법 제9조와 하자는 어떤 관계에 있는가? 검사 통지의무를 이행하지 않은 경우에 하자가 없는 것으로 볼 수 있는가? 결론적으로 하도급법 제9조를 바로 하자의 존부 판단에 원용하는 것은 정당하지 않다. 하도급법 제9조는 절차에 관한 규정이며 하자 존부에 대한 추정 규정이 아니기 때문이다. 따라서 원사업자가 10일 이내에 검사하지 않았더라도 하자가 없다고 보기는 어렵다.

공정거래위원회 집행 과정과 하자의 판단

하자의 존부 판단은 어렵고 시간이 소요된다. 공정거래위원회 조사단계에서는 이를 어떤 방식으로 처리할 것인가? 이는 행정사건에서 사법상 법률관계를 어느 수준에서, 어떤 방법으로 다루어야 하는지의 문제이다. 하도급법은 개별 계약관계에 개입하고 있어서 민사법적 판단과 상충될 가능성이 있다. 대략 세 가지 쟁점을 살펴볼 수 있다.

첫째, 공정거래위원회가 집행을 하는 과정에서 하자에 대한 구체적인 판단을 하거나, 하자에 대한 감정을 한 후 처분할 것을 요구하기 어렵다. 하자가 명백한 경우가 아닌 이상 이를 처분에 반영하기 어려운 것이다. 이는 신속한 권리구제를 바라는 입법취지에도 반한다.

둘째, 심사관은 조사단계에서 위탁취소가 이루어졌는지, 반품이 이루어졌는지를 확인한다. 이를 위하여 피심인이 수급사업자에게 책임이 있었음을 적극적으로 소명할 필요가 있다. 하지만 원사업자의 소명에도 불구하고 수급사업자에게 책임이 있음이 뚜렷하게 드러나지 않는 경우라면 하도급법 제8조 또는 제10조 위반의 처분이 불가피할 수

사업자로부터 공사의 준공 또는 기성부분을 통지받은 날을 말한다)부터 10일 이내에 검사결과를 수급사업자에게 서면으로 통지하여야 하며, 이 기간 내에 통지하지 아니한 경우에는 검사에 합격한 것으로 본다. 다만, 용역위탁 가운데 역무의 공급을 위탁하는 경우에는 이를 적용하지 아니한다.

있다.

셋째, 공정거래위원회 의결 당시 이미 법원에서 민사소송이 진행 중이고, 특히 하자에 대한 감정이 진행 중이라면 이를 행정처분에 반영하기 위하여 일시적으로 유예하는 방안을 적극 검토할 필요가 있다. 이러한 조치를 통하여 민사소송에서 법원의 판단과 공정거래위원회의 판단이 상충되지 않도록 조율하는 것이 바람직하다.

수급사업자 책임 부존재에 대한 증명책임

수급사업자의 책임 유무는 원칙적으로 공정거래위원회가 증명해야 한다. 수급사업자의 책임이 원사업자가 지배하는 영역이 아님에도 원사업자로 하여금 이를 증명하도록 하는 것은 정당하지 않다.[45] 참고로 조세 사건에서 과세당국과 사업자의 증명책임은 분배되고, 일부 사정은 사업자가 증명해야 한다. 그러나 조세 사건에서도 사업자의 증명책임이 인정되는 부분은 사업자가 지배하는 영역에 대한 자료임에 유의할 필요가 있다.

라. 공통 요건 2: 부당성

위탁취소에서 부당성 판단의 요부

부당한 위탁취소에서 부당성 판단이 필요한가?[46] 문언에서는 '수급사업자의 책임으로 돌릴 사유가 없는 경우'만 규정하고, 부당성은 규정하지 않는다. 다만, 표제는 부당한 위탁취소의 금지로 규정되어 있어

---

45 공정거래위원회 2020. 4. 20. 의결 제2020-006호(삼성중공업 사건).

46 공정거래위원회 2020. 4. 20. 의결 제2020-006호(삼성중공업 사건).

'부당성'을 포함한다.

결론적으로, 위탁취소에 대하여 규범적인 위법성 판단이 필요하므로 부당성 판단은 필요하다. 위탁취소가 불공정거래행위의 특수한 유형이고, 불공정거래행위에서 공정거래저해성이 필요한 것을 보더라도 위탁취소는 부당한 경우에만 법 위반이 인정된다. 이때 임의성은 부당성과 구별되지만, 임의로 취소했는지 여부도 부당성 판단에서 고려할 수 있다.

하급심 판결도 이에 부합한다. 서울고등법원 2016. 11. 24. 선고 2015누57200 판결(씨제이대한통운 사건)[47]은 원사업자와 수급사업자 사이에 협의 및 보상이 이루어진 후 위탁취소가 이루어진 경우 부당한 위탁취소가 아니라고 판단했다. 위 판결에서는 "원고에게 귀책사유 없이 객관적으로 유지될 수 없음이 병백한 이 사건 하도급계약의 해제를 통지했다고 하여 이를 원고가 임의로 위탁을 취소한 것이라고 보기 어렵다."고 판시했다. 이 판시사항은 원사업자에게 귀책사유가 없는 경우, 그리고 객관적인 사정변경이 발생한 경우에는 부당한 위탁취소로 볼 수 없다는 취지이다.

심사지침 **부당성 판단 기준**

부당한 위탁취소행위의 위법성은 원사업자가 수급사업자의 책임으로 돌릴 사유가 없음에도 불구하고 제조 등의 위탁을 임의로 취소·변경한 것인지 여부를 중심으로 판단하되, 위탁계약 체결 및 위탁취소의 경위, 위탁계약의 내용 및 취소한 위탁계약의 범위, 계약이행 상황, 위탁취소의 방법·절차 등 여러 사정을 종합적으로 고려한다.[48]

---

47 대법원 2017. 3. 9.자 2016두62443 판결로 심리불속행 기각.

48 부당한 위탁취소, 수령거부 및 반품행위에 대한 심사지침(2022. 11. 29. 공정거래위원회 예규 제412호) III. 1.

부당한 수령거부행위의 위법성은 원사업자가 수급사업자의 책임으로 돌릴 사유가 없음에도 불구하고 위탁을 할 때 정한 납기 및 장소에서 수급사업자로부터 목적물 등을 수령 또는 인수(이하 "수령"이라 한다)하는 것을 거부하거나 지연(이하 "거부"라 한다)했는지 여부를 중심으로 판단하되, 위탁계약 체결 및 수령거부의 경위, 위탁계약의 내용, 수령거부한 목적물 등의 범위, 계약이행 내용 등 여러 사정을 종합적으로 고려한다.[49]

판례 **부당 위탁취소 판결**[50]

▣ 서울고등법원 2014. 11. 3. 선고 2003누14699 판결

원사업자가 협상대상자를 선정하여 계약조건을 협의했으나 계약이 체결되지 않았다면 위탁이 이루어지지 않아 부당한 위탁취소가 문제되지 않는다.

▣ 서울고등법원 2016. 10. 20. 선고 2015누56160 판결(에코로바 사건)[51]

피고는, 원고의 이 사건 지연지급이 '위탁목적물을 수령했음에도 하도급대금을 지급기일 이내에 지급하지 아니했고 일부 하도급대금은 아예 지급하지 않은 경우'에 해당하여 하도급법 제13조 제1항에 위반되고, 또 원고의 이 사건 위탁취소가 하도급법 제8조 제1항 제1호에서 정한 '제조 등의 위탁을 임의로 취소하는 행위'에 해당한다고 보아 2015. 4.

49 부당한 위탁취소, 수령거부 및 반품행위에 대한 심사지침(2022. 11. 29. 공정거래위원회 예규 제412호) III. 2.

50 기타 판결로 서울고등법원 2012. 1. 11. 선고 2011누22435 판결(키친아트 사건), 서울고등법원 2015. 1. 23. 선고 2014누4124 판결(한홍건설 사건) 등이 있다.

51 대법원 2018. 10. 4. 2016두59126 판결로 파기환송되었다. 이는 과징금 산정의 기준이 되는 관련매출액 문제로 파기된 것일 뿐 부당위탁취소를 인정한 점은 원심과 동일하다.

30. 의결 제2015-132호로 원고에 대하여 [별지1] 기재의 시정명령 및 과징금 납부명령을 했다.

갑 제1, 5, 10, 12, 13호증, 을 제1호증의 1 내지 3, 을 제2, 5, 9호증의 각 기재, 증인 나춘수의 일부 증언 및 변론 전체의 취지에 의하여 인정되는 다음과 같은 사정을 종합하면, 이 사건 하도급계약의 실질적인 당사자는 원고로 인정할 수 있다.

위에서 인정한 사실과 위에서 든 증거들의 기재, 증인 나춘수의 일부 증언, 이 법원의 주식회사 현대홈쇼핑에 대한 사실조회결과 및 변론 전체의 취지를 종합하여 인정되는 다음과 같은 사정을 위 법리 등에 비추어보면, 원고가 주장하는 이지스포츠의 귀책사유(납품지연, 중국업체로의 재하도급)가 이 사건 위탁취소의 원인이 되었다고 보기 어렵다.

위에서 인정한 사실과 위에서 든 증거들의 기재에 변론 전체의 취지를 더하여 알 수 있는 다음과 같은 사정, 즉 원고와 이지스포츠 간에 상호 동등한 지위에서 이 사건 위탁취소가 협의된 것이 아니라 원고에 의해서 일방적으로 이지스포츠에 이메일 통보된 점, 원고가 이 사건 위탁취소를 하면서 이 사건 하도급계약서 등에 정한 최고절차를 거치지 않은 점 등을 고려하면, 원고가 임의로 이 사건 위탁취소를 했다고 봄이 상당하다.

4. 부당반품

법령 **하도급법 제10조(부당반품의 금지)**

① 원사업자는 수급사업자로부터 목적물 등의 납품 등을 받은 경우 수급사업자에게 책임을 돌릴 사유가 없으면 그 목적물 등을 수급사업자에게 반품(이하 "부당반품"이라 한다)하여서는 아니된다. 다만, 용역위탁

가운데 역무의 공급을 위탁하는 경우에는 이를 적용하지 아니한다.

② 다음 각 호의 어느 하나에 해당하는 원사업자의 행위는 부당반품으로 본다.

1. 거래 상대방으로부터의 발주취소 또는 경제상황의 변동 등을 이유로 목적물 등을 반품하는 행위
2. 검사의 기준 및 방법을 불명확하게 정함으로써 목적물 등을 부당하게 불합격으로 판정하여 이를 반품하는 행위
3. 원사업자가 공급한 원재료의 품질불량으로 인하여 목적물 등이 불합격품으로 판정되었음에도 불구하고 이를 반품하는 행위
4. 원사업자의 원재료 공급 지연으로 인하여 납기가 지연되었음에도 불구하고 이를 이유로 목적물 등을 반품하는 행위

'수급사업자 책임'의 판단은 부당위탁취소 부분과 동일한 기준이 적용된다. 일본의 경우 급부에 하자가 있는 경우 원사업자가 반품을 할 수 있는데, 그 하자는 누가 보아도 일견 하자가 명백한 경우를 지칭한다는 견해가 있다.[52]

심사지침 반품의 개념

"반품"이라 함은 원사업자가 수급사업자로부터 목적물 등을 수령 또는 인수한 후에 형식에 상관없이 수령 또는 인수한 목적물 등을 수급사업자에게 되돌려 보내는 모든 행위를 말한다. 다만, 원사업자가 용역위탁 가운데 역무의 공급을 위탁한 경우는 제외한다.[53]

"부당반품"이라 함은 원사업자가 수급사업자로부터 목적물 등을 수

52 白石忠志·論点体系, 2021, p. 780.

53 부당한 위탁취소, 수령거부 및 반품행위에 대한 심사지침(2022. 11. 29. 공정거래위원회 예규 제412호) II.

령한 후에 수급사업자에게 책임을 돌릴 사유가 없음에도 불구하고 그 형식에 상관없이 수령한 목적물 등을 수급사업자에게 되돌려 보내는 행위를 총칭한다. 다만, 용역위탁 가운데 역무의 공급을 위탁한 경우는 제외한다.[54]

심사지침 **수급사업자의 책임으로 돌릴 사유 및 부당성 판단**

○ "수급사업자의 책임으로 돌릴 사유"란 수급사업자의 귀책사유로, 수급사업자가 납품 등을 한 목적물 등이 원사업자가 위탁한 내용과 다르거나 목적물 등에 하자 등이 있고, 이로 인해 계약목적을 달성할 수 없는 경우를 말한다.[55]
부당반품의 위법성은 원사업자가 수급사업자에게 책임을 돌릴 만한 사유가 없음에도 불구하고 목적물 등을 반품한 것인지 여부를 중심으로 판단하되 위탁계약 체결 및 반품의 경위, 반품한 목적물 등의 범위, 계약이행 내용과 위탁할 때의 반품조건, 검사방법, 반품에 따른 손실의 분담, 목적물 등의 수령부터 반품까지의 기간 등 여러 사정을 종합적으로 고려한다.

○ 부당한 반품행위를 예시하면 다음과 같다.
첫째, 원사업자가 수급사업자가 위탁 내용대로 제조 · 수리 · 시공 또는 용역하여 납품 등을 한 목적물 등에 대해 발주자 · 외국수입업자 등 거래상대방으로부터의 발주취소 · 발주중단, 발주자 · 외국수입업자 · 고객의 클레임, 원사업자의 생산계획변경 · 사양변경 · 모델단종 · 판매부진 · 재고증가 · 보관장소 부족 또는 소비위축 · 경제상황

54 부당한 위탁취소, 수령거부 및 반품행위에 대한 심사지침(2022. 11. 29. 공정거래위원회 예규 제412호) III. 3.

55 부당한 위탁취소, 수령거부 및 반품행위에 대한 심사지침(2022. 11. 29. 공정거래위원회 예규 제412호) III. 3.

변동 등 수급사업자의 책임과는 무관하여 정당성을 가지지 못하는 사유로 반품하는 행위(법 제10조 제2항 제1호의 거래 상대방으로부터의 발주취소 또는 경제상황의 변동 등을 이유로 목적물 등을 반품하는 행위) 등이다.

둘째, 검사기준·방법을 정하지 아니하거나 검사기준·방법을 정했으나 그 내용이 불분명한 상황에서 원사업자가 통상의 기준보다 높은 검사기준을 적용하거나 일방적으로 정한 검사기준을 적용하는 등 정상적인 거래관행에 비추어볼 때 공정·타당하지 아니한 검사기준·방법을 사용하여 목적물 등을 불합격으로 판정하고 반품하는 행위(법 제10조 제2항 제2호의 검사의 기준 및 방법을 불명확하게 정함으로써 목적물 등을 부당하게 불합격으로 판정하여 이를 반품하는 행위) 등이다.

셋째, 검사 결과 목적물 등이 불합격품으로 판정된 이유가 수급사업자의 책임보다는 원사업자가 공급한 원자재·부자재, 건축자재 등 원재료의 품질불량으로 인한 것임에도 수급사업자에게 그 책임을 물어 반품하는 행위(법 제10조 제2항 제3호의 원사업자가 공급한 원재료의 품질불량으로 인하여 목적물 등이 불합격품으로 판정되었음에도 불구하고 이를 반품하는 행위) 등이다.

넷째, 수급사업자의 목적물 등의 제조 등을 위해 원사업자가 자신이 공급하기로 되어 있는 원자재·부자재, 건축자재 등을 지연하여 공급함으로써 수급사업자가 납기 내 납품 등이 곤란했음에도 수급사업자에게 그 책임을 물어 반품하는 행위(법 제10조 제2항 제4호의 원사업자의 원재료 공급 지연으로 인하여 납기가 지연되었음에도 불구하고 이를 이유로 목적물 등을 반품하는 행위) 등이다.

다섯째, 원사업자가 수급사업자 이외의 제3자에게 검사를 위탁한 경우로서 수급사업자가 제3자의 검사를 필하여 납품했음에도 이를 반품하는 행위, 수급사업자의 납기지연이 있었으나 원사업자가 이를 용인한 객관적인 사실이 있었음에도 목적물 등을 수령한 후 납기지연을 이유로 반품하는 행위, 목적물 등의 하자에 대한 책임

소재가 분명하지 않음에도 원사업자가 목적물 등의 하자에 대한 책임을 수급사업자가 전적으로 부담할 것을 요구하면서 반품하는 행위[56] 등이다.

5. 부당결제 청구

법령 하도급법 제12조(물품구매대금 등의 부당결제 청구의 금지)

원사업자는 수급사업자에게 목적물 등의 제조·수리·시공 또는 용역 수행에 필요한 물품 등을 자기로부터 사게 하거나 자기의 장비 등을 사용하게 한 경우 정당한 사유 없이 다음 각 호의 어느 하나에 해당하는 행위를 하여서는 아니된다.

1. 해당 목적물 등에 대한 하도급대금의 지급기일 전에 구매대금이나 사용대가의 전부 또는 일부를 지급하게 하는 행위
2. 자기가 구입·사용하거나 제3자에게 공급하는 조건보다 현저하게 불리한 조건으로 구매대금이나 사용대가를 지급하게 하는 행위

56 부당한 위탁취소, 수령거부 및 반품행위에 대한 심사지침(2022. 11. 29. 공정거래위원회 예규 제412호) III. 3.

6. 경제적 이익의 부당요구

> **법령** 하도급법 제12조의2(경제적 이익의 부당요구 금지)
>
> 원사업자는 정당한 사유 없이 수급사업자에게 자기 또는 제3자를 위하여 금전, 물품, 용역, 그 밖의 경제적 이익을 제공하도록 하는 행위를 하여서는 아니된다.

입법취지와 선례

이 규정의 입법취지는 다음과 같다. 원사업자는 수급사업자에 비하여 우월한 지위에 있을 뿐 아니라 수급사업자가 거래 기회의 확보나 거래의 유지를 원하는 경우에 이를 이용하여 하도급거래와 관련성이 없는 부당한 요구를 하는 경우가 발생할 수 있다.[57] 이 규정은 원사업자가 우월한 지위를 이용하여 수급사업자에게 법률상 의무가 없는 부담을 강요하여 경제적 이익을 제공하도록 함으로써 불이익을 가하는 것을 방지하기 위하여 제정되었다.

다만, 하도급법 제12조의2가 적용된 선례가 많지 않다. 대법원 2010. 12. 9. 선고 2009두2368 판결(남양건설 사건)은 원사업자가 수급사업자로 하여금 미분양된 아파트를 분양받는 것 및 수입차량을 구매하는 것을 조건으로 하도급계약을 체결한 사안이다. 대법원 2010. 12. 9. 선고 2008두22822 판결(대주건설 사건)은 원사업자가 수급사업자로 하여금 미분양된 아파트를 분양받는 것을 조건으로 하도급계약을 체결한 사건이다. 서울고등법원 2012. 5. 16. 선고 2011누10340 판결(신

57 한철수 외, 『하도급법 기업거래 실무가이드(개정판)』, 공정경쟁연합회, 2022, 237쪽.

안 사건)[58]은 원사업자가 수급사업자로 하여금 미분양 오피스텔을 분양받는 것을 조건으로 하도급계약을 체결한 사건이다. 이와 같이 종래 하도급법 제12조의2가 문제된 사건은 건설회사가 수급사업자로 하여금 미분양 아파트나 오피스텔을 분양받도록 요구한 사건으로 법 위반 여부에 논란이 없었던 사건으로 보인다.

경제적 이익

심사지침상 원사업자의 경제적 이익의 부당요구행위를 예시하면, 원사업자의 수익 또는 경영여건 악화 등 불합리한 이유로 협찬금, 장려금, 지원금 등 경제적 이익(재물 및 경제적 가치 있는 이익을 포함. 이하 같다)을 요구하는 경우, 하도급거래 개시 또는 다량거래 등을 조건으로 협찬금, 장려금, 지원금 등 경제적 이익을 요구하는 경우, 기타 수급사업자가 부담하여야 할 법률상 의무가 없음에도 협찬금, 장려금, 지원금 등 경제적 이익을 요구하는 경우 등이다.[59] 여기서 경제적 이익에는 원사업자의 매출 증대 등도 포함되므로 원사업자가 수급사업자로 하여금 원사업자가 생산·판매하는 완제품을 구매하도록 한 경우 경제적 이익을 요구한 것으로 볼 수 있다.

경제적 이익과 이익의 밀접 관련성

하도급법 제12조의2는 문제된 경제적 이익이 거래의 주된 의무와 관련성이 없거나 약한 경우에 적용해야 한다. 따라서 경제적 이익이 하도급거래의 의무와 밀접한 관련성이 있어 거래 대가로서의 성격을 가지고 있는 경우에는 하도급법 제12조의2를 적용하지 않는 것이 타당하다.

밀접관련성의 함의는 하도급법 체계와 연관하여 이해할 필요가 있

---

58 심리불속행 기각.

59 하도급거래공정화지침(2023. 2. 9. 공정거래위원회 예규 제421호) III. 10-1.

다. 하도급법은 하도급대금 중 하도급거래의 주요 의무와 관련된 부분에서 발생하는 부작위(금지) 의무와 그렇지 않은 부분에서 발생하는 부작위(금지) 의무를 별도로 규정하고 있다. 부당한 하도급대금 결정(하도급법 제4조), 부당한 대금감액(하도급법 제11조) 등은 전자에 포함되는 반면, 경제적 이익의 부당 요구(하도급법 제12조의2)는 후자에 포함된다. 부당하게 대금을 결정한 경우나 부당하게 대금을 감액한 경우도 결과적으로 수급사업자로부터 원사업자에게 경제적 이익이 부당하게 이전된 것으로 볼 수 있으나, 이는 하도급법 제12조의2에 포섭되지 않는다. 이는 하도급 계약의 목적인 급부의 범위 내에서 발생한 것이므로 하도급법 제12조의2를 적용할 실익이 없기 때문이다.

이 문제는 유형별 접근이 필요하다. 수급사업자가 원사업자에게 이익을 제공한 것인지를 평가함에서도 개별 거래의 특수성이 고려되어야 한다. 따라서 하도급계약과 별개로 제공된 이익이 문제된 사안(① 유형)과 하도급계약의 이행과 밀접한 관련성을 가지고 있는 이익이 문제된 사안(② 유형)은 동질적으로 평가할 수 없다. 이러한 전제에서 문제된 경제적 이익이 하도급 계약과 밀접한 관련성을 가지는지에 따라 거래 유형을 다음과 같이 나누어볼 수 있다.

첫째 유형은 하도급계약과 별개로 제공된 이익이다. 대법원 2010. 12. 9. 선고 2009두2368 판결(남양건설 사건), 대법원 2010. 12. 9. 선고 2008두22822 판결(대주건설 사건), 서울고등법원 2012. 5. 16. 선고 2011누10340 판결(신안 사건)[60] 등 종래 선례는 모두 이 유형에 해당한다. 즉, 경제적 이익 제공 요구가 문제된 사안에서 제공된 이익은 하도급계약의 내용이나 그 이행과 아무런 관련성이 없었다. 미분양 아파트 인수는 수급사업자가 하도급계약에 따라 이행해야 할 주된 의무는 물

60 심리불속행 기각.

론이고 부수적 의무에도 포함되지 않는다. 위 판결의 사안은 계약의 이행범위를 벗어나서 발생한 남용행위나 일탈행위에 가깝다. 이러한 경우는 경제적 이익으로 보는 데 의문이 없다.

둘째 유형은 하도급계약 내에서 원사업자와 수급사업자가 하도급계약의 이행을 위하여 서로 제공하는 이익의 유형이다. 이때 하도급계약 내에서 원사업자와 수급사업자가 서로 제공하는 내용을 분리하여 이익제공으로 보지 않는다.[61] 이는 매매와 같은 쌍무계약에서 매수인이 매도인에게 지급하는 대금만 볼 때는 매수인이 매도인에게 일방적으로 이익을 제공하는 것으로 보이지만, 전체 매매거래를 보면 매도인이 매수인에게 제공하는 이익과 매수인이 매도인에게 제공하는 이익이 균형을 이루고 있는 것과 비교할 수 있다.

하도급법 제12조의2가 예정한 유형은 원칙적으로 첫째 유형으로 보인다.[62] 하도급법 제12조의2는 경제상 이익의 제공이 무상으로 이루어져서 수급사업자에 대하여 불이익이 발생함을 그 본질로 보고 있다.[63]

참고로, 대법원 2010. 12. 9. 선고 2009두2368 판결 '경제적 이익의 제공'에는 반드시 반대급부가 없는 일방적인 경제적 이익만이 아니라, 원사업자가 부담하여야 할 비용을 수급사업자에게 전가하거나 유동성을 확보하는 것 등 간접적이고 우회적인 형태로 수급사업자에게 경제적 부담을 지우는 것도 포함된다고 판시했다. 다만, 이 판결은 경제적

---

61 같은 취지에서 일본 하청법의 경우에도 상대방의 재산, 용역 제공이나 비용부담이 본래 거래대가에 포함되어 있는 경우에는 상대방에게 있어 당해 비용부담은 합리적 범위를 넘는 불이익이 되지 않는다고 보고 있다. 나가사와 데쓰야, 최재원 역, 『거래상 지위남용 규제와 하도급법: 해설과 분석』, 박영사, 2018, 266, 268쪽.

62 일본 하청법 제4조 제2항 제3호의 해석에 있어 하도급거래에서 경제상 이익 제공 요구가 문제되는 사례로 위탁 내용 이외의 서비스 등을 제공 요구하는 것을 제시하는 견해도 있다. 白石忠志·論点体系, 『獨占禁止法』, 第一法規, 2021, p. 793.

63 하도급법 제12조의2를 입법함에 있어 참고했던 일본 하청법 제4조 제2항 제3호에 대한 해석론이기도 하다. 나가사와 데쓰야, 최재원 역, 2018, pp. 247, 248.

이익을 확장한 취지가 아니라, 그 방법에 있어서 간접적이고 우회적인 형태가 포함된다는 의미로 해석해야 할 것이다. 원사업자가 당연히 부담하여야 할 비용을 수급사업자에게 전가하는 행위 등은 수급사업자에게 불이익이 될 뿐 이익이 없다는 점에서 경제적 이익 제공에 해당한다는 점에 의문이 없고, 그 점에서 위 분류 중 첫째 유형에 가깝다.

경제적 이익의 종합적 판단

법 위반 요건으로 '금전, 물품, 용역, 그 밖의 경제적 이익' 요건이 필요하다. 경제적 이익에 해당하는지를 판단함에 있어 종합적이고 전체적인 판단이 필요하다. 이와 달리 경제적 이익에 해당하는지 문제를 일률적으로 판단하는 것은 정당하지 않다. 특히, 원사업자와 수급사업자 사이의 거래가 복잡한 사안에는 이러한 판단이 더 중요하다.

하도급법 제12조의2가 공정거래법상 거래상 지위남용의 특별법적 성격을 가지고 있는 점에서도 모법인 공정거래법의 선례가 참조되어야 할 것이다.

종래 대법원은 이익이나 불이익이 문제된 사안에서 종합적 판단을 내세우면서 구체적인 기준은 제시하지 않는 경향을 보이고 있다. 그 점에서 하도급법의 모법인 공정거래법을 포함하여 다른 법령에서 사용하는 이익 또는 불이익에 대한 개별적·종합적 판단기준을 참조할 필요가 있다.

공정거래법상 거래상 지위남용(공정거래법 제45조 제1항 제6호)에는 '거래상대방에게 불이익이 되도록 거래조건을 설정 또는 변경하거나 그 이행 과정에서 불이익을 주는 행위'인 불이익 제공이 포함되어 있다(공정거래법 시행령 제52조 [별표2]).

이때 거래상대방에게 발생한 '불이익'의 내용은 객관적으로 명확하게 확정되어야 하고, 여기에서의 '불이익'이 금전상의 손해인 경우에

는, 법률상 책임 있는 손해의 존재는 물론 그 범위(손해액)까지 명확하게 확정되어야 한다.[64]

불이익제공이 상대방의 동의, 즉 당사자 간의 합의에 의한 것인 경우 상대방의 동의가 자발적으로 이루어진 것인지, 그렇지 않고 상대방이 거래관계의 지속을 위하여 어쩔 수 없는 강요에 의하여 이루어진 것인지가 다투어지는 경우 법원으로서는 행위자의 상대방에 대한 거래상 우월적 지위의 정도, 상대방의 행위자에 대한 거래의존도, 거래관계의 지속성, 거래 상품의 특성과 시장상황, 거래 상대방의 변경가능성, 당초의 거래조건과 변경된 거래조건의 내용, 거래조건의 변경경위, 거래조건의 변경에 의하여 납품업자가 입은 불이익의 내용과 정도 등을 정상적인 거래관행이나 상관습 및 경험칙에 비추어 합리적으로 추단할 수밖에 없다.[65]

이와 같이 판례는 불이익과 부당성을 명확하게 구별하지 않고, 제반 사정을 종합하여 부당한 불이익이 있었다는 취지로 함께 판단하는 경향이 있다. 전형적인 불확정개념인 불이익 여부를 판단함에 있어 객관적인 기준과 함께 정성적인 요소도 고려되는 것이 바람직하다. 객관적인 자료로 행위자와 상대방의 매출액, 순이익 등을 행위 전후를 통하여 비교하는 방법, 거래상대방이 다수인 경우 불이익을 입은 것으로 지목된 상대방과 그렇지 않은 상대방의 매출액 등을 수평적으로 비교하는 방법 등이 있을 수 있다.

불이익이 판단된 사례에서 다음과 같은 특징을 발견할 수 있다.

첫째, 자유의사가 억압되었는지가 기준이 되고 있고, 이를 판단하기 위하여 사업자들의 거래상 지위에 어느 정도 차등이 있는지를 보고

---

64 대법원 2002. 5. 31. 선고 2000두6213 판결.

65 대법원 2003. 12. 26. 선고 2001두9646 판결.

있다.[66] 거래상 지위의 차이는 계약 체결의 과정 등에 반영되게 된다. 당사자들 사이에 충분한 의견교환과 실질적인 협의가 있었다면 자유의사가 억압되었다고 보기 어렵다.[67]

둘째, 불이익으로 보이더라도 불이익의 정도가 계약관계에 비추어 어느 정도 과중한지,[68] 계약 당시의 여건에 비추어 합리적인 이유가 있는지[69] 등을 고려하고 있다. 합리적인 사유로는 채권확보를 위하여 불가피했던 경우,[70] 구매계약을 한 업체에 종합 성능시험 완료 시까지 일부 물품대금의 지급을 유보하는 등의 조치가 필요했던 경우,[71] 경영상 불가피한 사정이 있었던 경우[72] 등이 포함된다. 거래의 실제상 불가피한 사정이 인정되고, 상대방에 대한 불이익과 편익의 정도도 비교형량할 필요가 있다.[73] 이러한 사정이 종합적으로 고려된 사례로는 대법원 2013. 4. 25. 선고 2010두25909 판결(에쓰대시오일 사건) 등이 있다.

셋째, 계약 후 사정변경에 관하여는 구체적인 전후 사정을 고려하여 불이익을 판단하고 있다. 입찰에 따라 계약이 자유로운 의사에 의하여 체결되어 그 조건이 유지된 경우 다른 업체에 비하여 조건이 불리하다고 하여 불이익이라고 볼 수 없다고 한 사례[74]가 있는 반면, 금융기관의 대출금리 유지행위를 불이익에 해당한다고 본 사례[75]도 있다.

66 대법원 1990. 11. 23. 선고 90다카3659 판결(현대정공 사건).

67 대법원 2002. 5. 31. 선고 2000두6213 판결(서울 도시철도공사 사건).

68 대법원 2006. 12. 21. 선고 2004두5119 판결(한국토지공사 사건), 대법원 2010. 8. 26. 선고 2010다28185 판결(동양전자상사 사건).

69 대법원 1998. 9. 8. 선고 96누9003 판결(쌍용정유, 우림석유 사건).

70 대법원 1998. 9. 8. 선고 96누9003 판결(쌍용정유, 우림석유 사건).

71 대법원 2001. 12. 11. 선고 2000두833 판결(대한주택공사 사건).

72 대법원 2011. 6. 9. 선고 2008두13822 판결(쌍용자동차 사건).

73 대법원 2013. 1. 10. 선고 2011두7854 판결(서울대학교병원 사건).

74 대법원 2005. 12. 8. 선고 2003두5327 판결(한국공항공사 사건).

75 대법원 2009. 10. 29. 선고 2007두20812 판결(씨티은행 사건).

특히 산업의 발전과 상품·용역이 다양해지고, 계약방식이 변화함에 따라 불이익의 판단은 복잡해지고 어려워지고 있으며, 법원도 더 신중하게 불이익을 판단하는 경향을 보이고 있다. '생계매입대금'이 문제된 서울고등법원 2019. 11. 14. 선고 2019누34137 판결(하림 사건)[76]은 이러한 현상을 잘 보여주고 있다.

한편 참고로 가맹사업법 제12조 제1항 제3호에 규정된 '거래상의 지위를 이용하여 부당하게 가맹점사업자에게 불이익을 주는 행위'가 문제된 사안에서 서울고등법원 2018. 6. 29. 선고 2017누42646 판결[77]은 "원고가 자신의 가맹점사업자에게 할인비용을 부당하게 전가하여 자신의 수익을 높이고 가맹점사업자에게 불이익을 주려는 의도와 목적에서 이 사건 할인비용 정산 관련 행위를 했다고 단정하기 어렵고, 오히려 원고는 가격 경쟁이 치열한 화장품 브랜드샵 시장에서 할인판매를 통해 원고와 가맹점사업자의 총매출액과 수익을 늘리려는 경영전략에서 이 사건 할인비용 정산 관련 행위를 한 것으로 보이고, 이 사건 할인비용 정산 관련 행위 등을 통한 원고의 할인판매전력의 결과 2012년부터 2014년 사이에 원고의 총매출액뿐만 아니라 가맹점사업자들의 총매출액과 사업이익도 전반적으로 증가한 것으로 보이며, 그 밖에 화장품 브랜드샵 사업이라는 가맹사업과 취급 상품의 특성, 화장품 브랜드샵 시장의 거래상황 및 거래관행, 원고가 가맹점사업자들에 대하여 가지는 우월적 지위의 정도, 가맹점사업자가 받게 되는 불이익

76 대법원 2020. 3. 12.자 2019두60769 판결로 심리불속행 기각. 축산계열화사업을 영위하는 사업자인 원고는 계약농가들의 지속적인 사육활동을 위해 보상과 지원을 해주며, 생계매입대금을 지급했다. 원고가 변상농가와 출하실적 있는 재해 농가를 사육성적 평가모집단에서 누락하고 출하농가의 생계매입가격을 산정한 행위가 불이익인지가 문제되었다. 법원은 원고와 계약농가 사이에 변상농가를 사육성적 평가모집단에서 제외하기로 하는 합의가 있었고, 그 합의 과정에서 불공정한 요소가 발견되지 않는 점 등을 고려하여 불이익제공을 부정했다.

77 대법원 2018. 11. 16.자 2018두53047 판결로 심리불속행 기각.

의 내용과 정도를 모두 고려하여보면, 이 사건 할인비용 정산 관련 행위는 원고가 거래상의 지위를 남용하여 가맹점사업자에 부당하게 불이익을 제공한 행위에 해당하지 않는다고 봄이 타당하므로, 이 사건 처분 중 이 사건 할인비용 정산 관련 행위에 대한 부분은 위법하다."고 판시했다. 위와 같은 가맹사업법 판결도 이익이나 불이익을 판단함에 있어 실질적인 판단을 했다는 점에서 공정거래법 판결과 궤를 같이 하는 것으로 이해할 수 있다.

결국, 공정거래법 등에서 문제된 '불이익'은 하도급법 제12조의2의 '경제적 이익'과 다르지 않다. 수급사업자가 제공한 경제적 이익은 수급사업자의 불이익에 해당한다. 이러한 공정거래법 및 가맹사업법상 불이익의 판단 사례와 비교할 때도 하도급법 제12조의2의 경제적 이익 요건에 있어서도 앞서 언급한 바와 같이 원사업자가 제공한 이익, 다면적 거래의 특성, 경제적 이익과 경제적 불이익의 대응, 이익의 밀접관련성, 이익의 귀속을 고려하여 종합적인 판단이 이루어져야 한다.

경제적 이익의 구체적 판단 기준

경제적 이익에 해당하는지를 종합적이고 전체적으로 판단함에 있어 다음과 같은 요소가 충분히 고려되어야 한다.

첫째, 다면적(多面的) 거래인 경우 전체적 고려가 필요하다. '경제적 이익'을 제공한 것에 해당하는지는 다면적 관계를 고려하여 종합적 판단이 이루어져야 한다. 이와 달리 전체 거래 중 일부분을 인위적으로 분리하여 이익제공으로 판단할 경우 거래의 실체와 부합하지 않을 수 있다. 특히 다면적 거래의 과정에서 발생한 사안은 거래 전체를 고찰할 필요가 있다.

둘째, 경제적 이익과 경제적 불이익의 대응 관계를 고려할 필요가 있다. 하도급법 제12조의2는 원사업자가 우월한 지위를 이용하여 수급사업자로 하여금 경제적 이익을 제공하도록 함으로써, 원사업자(또는 제3자)는 경제적 이익을 얻었고, 수급사업자는 그로 인하여 '경제적 불이익'을 입었다는 전제이다. 원칙적으로 경제적 이익과 경제적 불이익은 대응 관계에 있어야 한다.

셋째, 원사업자가 제공한 이익도 고려할 필요가 있다. 하도급법 제12조의2는 경제상 이익의 제공이 무상으로 이루어져서 수급사업자에 대하여 불이익이 발생함을 그 본질로 볼 수 있다. 이는 당연히 수급사업자가 제공한 부분에서 원사업자가 제공한 부분을 공제하거나 비교형량해야 함을 의미한다. 따라서 수급사업자가 제공한 부분에 국한하지 않고 원사업자가 제공한 부분도 함께 보아야 한다.

넷째, 수급사업자가 얻은 이익도 고려할 필요가 있다. 원사업자가 얻는 이익과 수급사업자가 얻는 이익을 비교형량하여 수급사업자의 이익보다 부담이 큰 경우에만 수급사업자가 이익을 제공함으로써 불이익을 입은 것으로 보아야 한다.[78] 이와 달리 수급사업자가 원사업자에게 경제적 이익을 제공하고 이로 인하여 수급사업자가 얻는 직접적 이익을 감안한 결과 합리적 범위를 넘지 않는다면, 수급사업자가 원사업자에게 경제적 이익을 제공한 것으로 보기 어렵다.

특히 경제적 이익 제공에 의하여 수급사업자가 직접적인 이익을 얻었다면 이는 수급사업자가 제공하는 경제적 이익이 합리적인 부담인지 판단함에 있어 반드시 고려할 필요가 있다.[79]

---

78 일본 하청법도 경제상 이익의 제공 요청 조항에서 경제상 이익을 '합리적 범위를 넘는 불이익'으로 보면서 상대방이 행위자에게 경제적 이익을 제공하고 이로 인하여 상대방이 얻는 직접적 이익을 감안한 결과 합리적 범위를 넘는 경우에 남용행위로 보고 있다. 나가사와 데쓰야, 최재원 역, 2018, p. 251.

79 일본 하청법에서도 이러한 해석론은 적용되는 것으로 보인다. 나가사와 데쓰야, 최재원 역, 2018, pp. 251, 252.

제3자에 대한 이익제공 문제

하도급법 제12조의2에 원사업자가 제3자를 위하여 경제적 이익을 제공하는 행위도 포함된다.

그런데, 하도급법 제12조의2는 원사업자가 수급사업자를 대상으로 착취행위 등 거래상 지위남용행위를 하는 것을 방지하기 위한 규정이다. 그 점에서 제3자에 대한 이익제공이 원사업자에 대하여 가지는 이해관계를 면밀하게 볼 필요가 있다. 따라서 이때 제3자는 원사업자와 이해관계를 같이하는 자 등으로 제한적으로 해석할 필요가 있다.

하도급법 제12조의2가 염두에 둔 제3자는 원사업자와 이해관계를 같이 하는 자인 경우가 통상적이다. 서울고등법원 2012. 5. 16. 선고 2011누10340 판결(신안 사건)[80]에서 문제된 제3자도 원사업자의 최대주주였음을 알 수 있다.

한편 제3자에 대한 이익제공 사안에서 비교법적인 검토도 할 필요가 있다. 동일한 취지의 규정인 일본 하청법 제4조 제2항 제3호는 원사업자를 위한 경우만 포함하고 제3자를 포함하지 않고 있다. 이는 우리 하도급법에서도 제3자를 위한 경제적 이익 제공의 문제를 신중하게 볼 필요가 있음을 시사하는 논거가 될 수 있다.

제공하도록 하는 행위와 강제성

'제공하도록 하는 행위'의 의미에 관해서는 강요 또는 강제성을 요한다는 견해(강제성 필요설), 법률상 또는 사실상 구속력을 요한다는 견해(사실상 구속력설), 제공하도록 하는 행위에 특별한 제한이 없고 강제성이나 구속력을 요하지 않는다는 견해(무제한설) 등이 있다. 결론적으로 '제공하도록 하는 행위'는 강압에 한정되지 않는다.[81] 하도급법상 경

---

80 심리불속행 기각.

제적 이익의 부당요구는 공정거래법상 거래상 지위남용의 한 유형인 이익제공 강요의 특별규정이다. 하도급거래에서 원사업자와 수급사업자의 관계를 고려하여 강요를 요구하지 않는 등 요건을 완화한 것으로 이해할 수 있다. 따라서 사실상 구속력으로 충분하다(사실상 구속력설).

대법원 2010. 12. 9. 선고 2009두2368 판결 등은 하도급법 제12조의2 제1항 사건에서 강제성 존부를 판단했다. 그러나 위 판결 등이 강제성을 요건으로 본 선례라고 보기는 어렵다. 강제성이 있는 경우에 제공하도록 하는 행위가 인정됨은 물론이지만, 강제성에 국한된다는 취지는 아니다. 법원은 당사자가 강제성 여부를 주장했으므로 이를 판단한 것으로 이해할 수 있다.

'제공하도록 하는 행위'의 한 유형으로 강제성을 인정한 사례에서 고려된 요소는, 하도급거래의 개시나 계속의 전제조건으로 작용했는지, 거래중단 등 큰 불이익이 예상되어 거부할 수 없었는지, 문제되는 재화나 용역이 선호되지 않는 경우 상호협의 없이 일방적으로 이루어졌는지 등이다.

앞서 지적한 바와 같이 '제공하도록 하는 행위' 요건을 충족하기 위하여 강제성이 있거나 사실상 구속력은 인정되어야 하며, 단순한 제공 '요구'만으로 제공하도록 하는 행위로 볼 수는 없다. 이 요건의 해석은 사실인정 문제에 가깝지만, 이 요건을 해석함에 있어 다음과 같은 사항에 유의할 필요가 있다.

먼저, 공정거래법과 균형 문제이다. 하도급법은 공정거래법상 거래상 지위남용에서 구체화된 특별법이다. 특히 하도급법 제12조의2는 공정거래법상 거래상 지위남용 중 이익제공강요를 하도급법에 도입한 규정으로 볼 수 있다. 그런데 공정거래법상 이익제공강요는 '거래상대

---

81 오승돈, 2019, 309쪽.

방에게 자기를 위해 금전·물품·용역 및 그 밖의 경제상 이익을 제공하도록 강요하는 행위'(공정거래법 시행령 제52조 [별표2])로 '강요'를 요하는 점과 균형이 고려될 필요가 있다. 따라서 사실상 구속력은 일정한 수준 이상이어야 한다. 즉 거래상 우월한 지위를 남용하여 사실상 거절하기 어려운 조건을 제시하거나 수급사업자가 응하지 아니할 수 없는 객관적인 상황을 만들어내는 경우 등이 전형적인 예가 될 수 있다.

한편 거래상 지위의 존부 문제와 제공하도록 하는 행위 문제는 차이가 있다. 그 점에서 거래상 지위가 다르다고 하여 사실상 구속력이 존재한다는 추론을 하는 것은 타당하지 않다. 거래상 지위와 구속력은 다른 문제이고, 거래상 지위는 구속력 판단의 한 요소에 불과하기 때문이다. 거래상 우월한 지위라고 하여 당연히 구속력이 있었다고 추단할 수는 없을 것이다. 거래상 지위에 차이가 있어도 협의를 거쳐서 자유의사에 따라 계약이 이루어지는 경우도 존재할 수 있기 때문이다.

판례 경제적 이익 제공요구 판단

▣ 대법원 2010. 12. 9. 선고 2009두2368 판결(남양건설 사건)

원사업자가 하도급거래를 하면서 자신의 우월적 지위를 이용하여 수급사업자에게 법률상 의무 없는 부담을 강요하는 불공정거래행위를 금지하는 데에 있는바, 수급사업자가 원사업자의 경제적 이익 제공요구를 수용할 수밖에 없는 조건을 내세워 하도급계약을 체결하는 행위도 위 조항의 규제대상에 포함되는 것으로 보아야 하고, 여기에서 말하는 '경제적 이익의 제공'에는 반드시 반대급부가 없는 일방적인 경제적 이익만이 아니라, 원사업자가 부담하여야 할 비용을 수급사업자에게 전가하거나 유동성을 확보하는 것 등 간접적이고 우회적인 형태로 수급사업자에게 경제적 부담을 지우는 것도 포함된다.

원심은 그 채용 증거들을 종합하여, 원고가 이 사건 39개 수급사업자들에게 건축공사를 하도급하면서 그 거래 조건으로 자신의 미분양 아파트를 분양받도록 하거나 자신과 특수한 관계에 있는 회사의 수입차량을 구매하도록 한 사실을 인정한 다음, 원고가 위와 같이 39개 수급사업자로 하여금 미분양된 아파트를 분양받는 것 및 수입차량을 구매하는 것을 조건으로 하여 하도급계약을 체결한 것은 자신 또는 제3자의 매출을 늘리고 자금운용을 원활하게 할 수 있는 경제적 이익의 요구행위로 볼 수 있고, 나아가 원고는 호남지역에서 시공능력평가 순위 3위의 대형건설업체로서 해당 지역 내에서 하도급업체들에 대하여 우월적 지위에 있었던 점, 원고는 하도급계약의 체결과 관련하여 협력업체 중 특별한 기준이 없이 해당 공종의 공사를 수행하는 데 적정하다고 판단되는 4, 5개 회사에 대하여 입찰을 위한 현장설명회에 참석할 것을 지명하고 현장설명회에 참석한 회사들이 응찰을 하여 최저가로 입찰한 회사가 낙찰을 받는 방식을 취하고 있었는데, 건축공사를 하도급받기 위해서는 원고로부터 지명을 받는 것이 필수적인 전제조건이 되는 수급사업자로서는 위와 같은 입찰 과정에서 원고가 내세운 구매조건을 사실상 거부하기 어려웠을 것으로 보이는 점, 원고가 수급사업자에게 배정한 일부 아파트에 대하여는 이후의 분양에 지장을 초래할 것을 우려해 일정 기간 동안 분양권의 전매를 금지했던 점 등 판시 사정에 비추어볼 때, 원고의 이 사건 미분양 아파트 분양행위 및 수입차량 매도행위는 39개 수급사업자들의 진정한 의사에 반하여 이루어진 것으로서 강제성이 있었다고 보인다는 이유로, 원고의 이 사건 미분양 아파트 분양행위 및 수입차량 매도행위 등은 정당한 사유 없이 수급사업자에게 자기 또는 제3자를 위하여 금전, 물품, 용역 그 밖에 경제적 이익을 제공하도록 하는 행위로서 구 하도급법 제12조의2에서 금지하는 위반행위에 해당한다고 판단했다.

원심 판결 이유를 위 법리 및 관계법령과 기록에 비추어보면, 위와 같은 사실인정 및 판단은 정당하고, 거기에 상고이유에서 주장하는 바와 같이 구 하도급법 제12조의2 규제대상의 범위 및 그 해석에 관하여 법리를 오해하거나 논리와 경험의 법칙에 위배되어 자유심증주의의 한계를 벗어나 사실을 인정한 잘못이 있다고 볼 수 없다.

▣ 대법원 2010. 12. 9. 선고 2008두22822 판결(대주건설 사건)

원심 판결 이유에 의하면, 원심은 그 채택증거를 종합하여 그 판시와 같은 사실을 인정한 다음, 원고가 많은 자금을 투자하여 건설한 아파트가 제대로 분양되지 않자 이 사건 20개 수급사업자와의 사이에 그와 같이 미분양된 아파트를 분양받는 것을 조건으로 하여 하도급계약을 체결한 것은 자신의 매출을 늘리고 자금운용을 원활하게 할 수 있는 경제적 이익의 요구행위에 해당하고, 나아가 이 사건 20개 수급사업자가 분양받은 아파트는 모두 실수요자들이 분양받기를 꺼리는 저층이었던 점, 원고는 하도급계약의 체결과 관련하여 등록된 협력업체 중 원고가 지명하는 회사만 입찰에 참가할 수 있는 이른바 지명입찰제도를 운영하면서 매년 협력업체에 대한 평가를 통해 우수협력업체에 대해서는 입찰 우선참가, 수의계약 등의 인센티브를 제공하는 한편, 불량협력업체에 대해서는 지명입찰 참여를 사실상 배제하고 있는데, 이 사건 미분양 아파트를 분양받은 수급사업자에 대하여는 협력업체 평가 시 인센티브를 부여하기로 했던 점 등에 비추어보면, 이 사건 20개 수급사업자는 원고와 하도급계약을 체결하기 위하여 어쩔 수 없이 이 사건 분양계약을 체결한 것으로 보이고, 이에 비하여 원고가 미분양 아파트를 수급사업자들에게 분양하기 이전에 분양가 인하 등 실질적 노력을 기울였다는 점 등을 인정할 증거가 없는 점 등에 비추어볼 때 정당한 사유가 있었다고 볼 수 없으므로, 원고의 이 사건 미분양 아파트 분양행위는 정당한 사유 없이 수급사업자에게 자기 또는 제3자를 위하여 금전, 물품, 용역 그 밖에 경제적 이익을 제공하도록 하는 행위로서 구 하도급법(2009. 4. 1. 법률 제9616호로 개정되기 전의 것) 제12조의2에서 금지하는 위반행위에 해당한다고 판단했다. 기록에 의하면, 원심의 위와 같은 사실인정과 판단은 정당한 것으로 수긍이 간다.

■ 서울고등법원 2012. 5. 16. 선고 2011누10340 판결(신안 사건)[82]

원사업자인 원고가 정당한 사유 없이 수급사업자에게 원고의 제1대 주주를 위하여 미분양 오피스텔을 분양받도록 했음을 인정했다.

정당한 사유 요건

정당한 사유 요건은 원사업자가 증명해야 한다. 「정당한 사유」 요건과 관련하여 고려할 수 있는 요소를 다음과 같이 제시할 수 있다.

첫째, 거래의 특성을 고려할 필요가 있다. 정당한 사유 판단에 있어 거래의 특성을 당연히 고려해야 한다.

둘째, 거래당사자의 이해관계를 고려할 필요가 있다. 수급사업자에게 이익이 되거나 될 것으로 예상되는 경우 정당한 사유의 판단에서 고려되어야 한다. 원사업자의 매출 증대 등 원사업자의 이익을 위한 경우나 수급사업자가 협력했다는 사정만으로는 정당한 사유라고 보기는 어려울 수 있지만, 거래가 수급사업자에게 적극적인 이익이 되었다면 정당한 사유를 부정할 수 있는 요소로 볼 수 있을 것이다.

다른 한편 원사업자가 업무합리화 경비의 일부를 수급사업자에게 부담하도록 하는 경우, 원사업자가 하도급거래와 다른 서비스를 제공하는 경우 당해 서비스에 대한 대가로서 일정한 비용을 부담하도록 하는 경우, 수급사업자가 판매촉진경비의 일부를 합리적인 범위 내에서 부담하는 경우 등에서는 하도급법 제12조의2 경제적 이익이라고 일률적으로 볼 것이 아니라 수급사업자가 얻는 이익 등을 평가하여 정당한 사유 판단에 반영할 필요가 있다.[83]

---

82 대법원 2012. 10. 11.자 2012두14385 판결로 심리불속행 기각.

83 이러한 사유는 일본 하청법에서 고려되고 있다. 나가사와 데쓰야, 최재원 역, 2018, pp. 254-257. 물론 일본 하청법은 한국법과 조문의 내용 및 체계가 다르다. 일본 하청법 제4조 제2항 제3호는 "자기를 위해서 금전, 용역 기타의 경제상 이익을 제공하도록 하는 행위"를 하여 수급사업자의 이익을 부당하게 침해하는 행위를 금지하고 있

참고로 일본 하청법 제4조 제2항 제3호 '부당한 경제상 이익의 제공 요청의 금지'에서 수급사업자에게 직접적 이익이 발생했는지는 법 위반 판단에서 핵심적인 기준이 되고 있다. 원사업자가 수급사업자에게 경제상 이익의 제공을 요청하는 경우에 당해 경제상 이익을 제공하는 것이 제조위탁을 받은 물품 등의 판매촉진에 연결되는 등 사정이 있는 경우에는 수급사업자가 직접적인 이익을 얻는 경우로 볼 수 있다. 또한, 수급사업자가 제공한 경제상 이익이 그 제공에 의하여 얻을 수 있는 직접 이익의 범위 내에 있는 경우에는 수급사업자의 이익을 부당하게 침해한 것으로 보기 어렵다. 이와 달리 경제상 이익과 수급사업자의 이익 사이의 관계가 명확하지 않은 경우에는 법 위반으로 볼 수 있다.[84]

원사업자 출연(부담)도 고려해야 한다. 경제적 이익을 수급사업자가 원사업자에게 제공한 부분에만 국한하지 않고, 그와 밀접한 관련을 가지고 있는 전체 거래를 기준으로 판단해야 한다.

셋째, 거래 과정을 고려할 필요가 있다. 거래 과정에는 원사업자와 수급사업자의 협의 등이 포함된다. 문제가 된 경제적 이익 제공이 어떤 과정으로 이루어졌는지도 고려되어야 한다. 강제성 또는 사실상 구속력이 없다면 위반행위 자체가 성립하지 않는다. 거래상 지위 등으로 인하여 구속력이 인정되는 것으로 평가하더라도, 원사업자와 수급사업자 사이의 협의 과정 등 절차적인 진행상황도 참고할 필요가 있다.

다. 한국 하도급법 제12조의2는 정당한 사유를 요건으로 함에 비하여 일본법은 부당성을 요건으로 하고 있다. 한국 하도급법은 '자기 또는 제3자를 위하여'로 규정하여 제3자도 포함되어 있으나, 일본 하청법은 원사업자를 위한 경우만 포함하고 제3자를 포함하지 않고 있다. 이러한 차이에도 불구하고 일본 하청법에서 논의되는 사례는 참조될 수 있을 것으로 보인다.

84 鈴木満, 『獨占禁止法·下請法: 豊富な事例で分かる違反行為の判断基準と実務上の留意点』, 第一法規, 2019, p. 622.

7. 기술자료 제공요구

가. 대상: 수급사업자의 기술자료

법령 **하도급법 제2조(정의) 제15항**

⑮ 이 법에서 "기술자료"란 비밀로 관리되는[85] 제조 · 수리 · 시공 또는 용역수행 방법에 관한 자료, 그 밖에 영업활동에 유용하고 독립된 경제적 가치를 가지는 것으로서 대통령령으로 정하는 자료를 말한다.

법령 **하도급법 시행령 제2조 제8항**

⑧ 법 제2조 제15항에서 "대통령령으로 정하는 자료"란 다음 각 호의 어느 하나에 해당하는 것을 말한다.

1. 특허권, 실용신안권, 디자인권, 저작권 등의 지식재산권과 관련된 정보
2. 시공 또는 제품개발 등을 위한 연구자료, 연구개발보고서 등 수급사업자의 생산 · 영업활동에 기술적으로 유용하고 독립된 경제적 가치가 있는 정보

85 2022. 2. 18. 시행 개정 하도급법은 종전의 "합리적인 노력에 의하여 비밀로 유지된"으로부터 '비밀로 관리되는'으로 개정되었다.

1) 요건 1: 기술자료

심사지침 **기술자료**

"기술자료"라 함은 수급사업자에 의하여 비밀로 관리되는 것으로서, 가. 제조·수리·시공 또는 용역 수행 방법에 관한 정보·자료, 나. 특허권, 실용신안권, 디자인권, 저작권 등의 지식재산권과 관련된 기술정보·자료로서 수급사업자의 기술개발(R&D)·생산·영업활동에 기술적으로 유용하고 독립된 경제적 가치가 있는 것, 다. 시공프로세스 매뉴얼, 장비제원, 설계도면, 연구자료, 연구개발보고서 등 가 목 또는 나 목에 포함되지 않는 기타 사업자의 정보·자료로서 수급사업자의 기술개발(R&D)·생산·영업활동에 기술적으로 유용하고 독립된 경제적 가치가 있는 것의 어느 하나에 해당하는 정보·자료를 말한다.[86]

"제조·수리·시공 또는 용역 수행 방법에 관한 정보·자료"라 함은 제품의 제조·수리·시공 또는 용역의 완성을 위해 사용되거나 참고되는 정보 또는 그러한 정보가 기재된 유·무형물(종이, CD, 컴퓨터 파일 등 형태에 제한이 없음)을 말한다. 이를 판단함에 있어 "제조·수리·시공 또는 용역 수행 방법"은 원사업자가 수급사업자에게 위탁한 당해 업무에 관련된 것에 한정하지 아니한다.[87]

"특허권, 실용신안권, 디자인권, 저작권 등의 지식재산권과 관련된다"함은 어떤 지식재산권의 내용 그 자체뿐만 아니라 그 지식재산권의 내용을 발명·고안·창작하는 전 과정 및 그 이후에 발생했거나 참고된 것으로서 그 지식재산권의 내용과 상당한 관련이 있는 것이라면 이에 해당한다. 지식재산권의 내용과 상당한 관련이 있는지 여부는 지식재산권을 보유한 수급사업자를 제외한 제3자가 당해 지식재산권의 내용을 이해하는 데, 또는 당해 지식재산권을 실시·사용하는 데 필요한지

86 기술자료 제공요구·유용행위 심사지침(2022. 2. 18. 공정거래위원회예규 제402호) III. 1.
87 기술자료 제공요구·유용행위 심사지침(2022. 2. 18. 공정거래위원회예규 제402호) III. 4.

여부 등을 기준으로 판단한다.[88]

기술자료와 영업비밀

하도급법상 기술자료와 부정경쟁방지법상 영업비밀의 관계는 어떻게 되는가? 기술상의 정보로 보면 하도급법상 기술자료의 범위가 넓고, 경영상의 정보가 포함된다는 점에서는 부정경쟁방지법상 영업비밀의 범위가 넓다. 사안별로는 기술자료와 영업비밀 모두에 해당하거나 어느 하나에만 해당할 수 있다.

우선 하도급법상 기술자료는 '기술상의 정보'에 있어 부정경쟁방지법상 영업비밀보다 넓을 수 있다. 즉 '기술상의 정보'에 있어 수급사업자 보호를 위해 기술자료의 범위를 넓게 규정하고 있다. 이는 객관적인 가치가 높지 않더라도 수급사업자에게 중요한 자료는 기술자료로 보호한다는 입법취지에서 비롯된 것으로 보인다.

영업비밀에서 정보가 '독립된 경제적 가치를 가진다'는 의미는, 그 정보의 보유자가 그 정보의 사용을 통해 경쟁자에 대하여 경쟁상의 이익을 얻을 수 있거나 그 정보의 취득·개발을 위해 상당한 비용·노력이 필요하다는 것인바, 어떠한 정보가 위와 같은 요건을 모두 갖추었다면, 위 정보가 바로 영업활동에 이용될 수 있을 정도의 완성된 단계에 이르지 못했거나, 실제 제3자에게 아무런 도움을 준 바 없거나, 누구나 시제품만 있으면 실험을 통하여 알아낼 수 있는 정보라고 하더라도 위 정보를 영업비밀로 보는 데 장애가 되는 것은 아니다(대법원 2008. 2. 15. 선고 2005도6223 판결). 즉 부정경쟁방지법상 영업비밀에서 요구되는 '독립된 경제적 가치'로서[89] 경제적 유용성의 수준은 기술자

88 기술자료 제공요구·유용행위 심사지침(2022. 2. 18. 공정거래위원회예규 제402호) III. 6.

89 부정경쟁방지법 제2조 제2호에 따르면 '영업비밀'이란 공공연히 알려져 있지 아니하

료보다 높다.

다음으로 부정경쟁방지법상 영업비밀은 기술상의 정보와 함께 경영상의 정보를 포함한다는 점에서 하도급법상 기술자료보다 그 범위가 넓을 수 있다.[90]

기술자료와 경영정보

기술자료에 경영상 정보가 포함되는가? 2016. 12. 27. 개정 전 하도급법 시행령 제2조 제8항은 기술자료에 관하여 '그 밖에 영업활동에 유용하고 독립된 경제적 가치가 있는 기술상 또는 경영상의 정보'라고 규정했다. 따라서 구법에 의하면 경영상 정보가 기술자료에 포함될 수 있다.

그러나 경영상 정보가 기술자료의 개념에 부합하지는 않는다. 수급사업자 보호를 위하여 기술자료를 '영업비밀'보다 확대할 필요가 있더라도 '경영정보'까지 기술자료로 보는 것은 문제가 있었다. 이 점에서 구법상으로도 '경영정보의 성격을 가진 기술자료'의 범위는 제한적으로 해석될 필요가 있었다. 이와 달리 현행 법령상 경영정보는 다음과 같은 이유에서 기술자료에서 제외되는 것으로 보아야 한다.

첫째, 하도급법 시행령 제2조 제8항은 '수급사업자의 생산·영업활동에 기술적으로 유용하고 독립된 경제적 가치가 있는 정보'라고 규정하고 있어, '경영상의 정보'가 빠져 있다.[91]

고 독립된 경제적 가치를 가지는 것으로서, 비밀로 관리된 생산 방법, 판매 방법, 그 밖에 영업활동에 유용한 기술상 또는 경영상의 정보를 말한다.

90 법무법인화우, 2020, 339쪽.

91 2016. 12. 27. 대통령령 제27702호로 하도급법 시행령 제2조 제8항 제2호가 개정되면서 "2. 그 밖에 영업활동에 유용하고 독립된 경제적 가치가 있는 기술상 또는 경영상의 정보"에서 "2. 시공 또는 제품개발 등을 위한 연구자료, 연구개발보고서 등 수급사업자의 생산·영업활동에 기술적으로 유용하고 독립된 경제적 가치가 있는 정보"로 개정되었고, 그에 따라 경영상의 정보가 빠지게 되었다.

둘째, 기술자료 제공에 관한 하도급법 제12조의3과 경영간섭에 관한 하도급법 제18조를 구별하기 위하여 하도급법 제12조의3을 제한적으로 해석할 필요가 있다. 2018. 1. 16.에 개정된 하도급법 제18조가 경영간섭의 금지로 경영정보 제공요구를 금지하고 있으므로, 굳이 하도급법 제12조의3에 경영상의 정보를 포함할 실익이 없다. 이 점에서 하도급법 제12조의3의 '기술자료'에 경영정보는 포함하지 않는 것이 타당하다.[92]

셋째, 하도급법상 기술자료와 경영정보의 한계에서 제기되는 문제가 '거래현황'으로, 기술자료에 거래현황이 포함되는지가 문제가 된다. 그러나 거래현황은 원칙적으로 기술자료로 보기 어렵다. 이 점에서 거래현황의 기술자료성은 제한적으로 판단되어야 한다.

기술자료와 비밀성(비공지성)

부정경쟁방지법상 영업비밀에는 '공공연히 알려져 있지 아니함'의 요건, 즉 비공지성 요건이 명시되어 있다. 하지만 하도급법상 기술자료에는 '비공지성'이 규정되어 있지 않다. 그럼에도 기술자료가 되기 위하여 비공지성의 요건이 필요한가? 이에 대해서는 세 가지 견해를 살펴볼 수 있다.

첫째, 공지된 정보·자료는 '비밀로 관리되는' 요건과 상충되므로 기술자료에 해당하지 않으며, 따라서 비공지성 요건이 필요하다는 견해이다(비공지성 필요설).[93] '비밀'은 그 개념상 '알려져 있지 아니할 것(비공지성)' 요건을 포함하고 있다는 견해도 같다.[94] 비공지성 요건 필요설은

---

92 강선희, "기술탈취에 대한 하도급법 적용과 그 범위에 관한 검토", 『중앙법학』 제21집 제4호, 2019, 22쪽.

93 오승돈, 2019, 322쪽.

94 법무법인화우, 2020, 339쪽.

다음을 근거로 한다. 즉 하도급법상 기술자료에는 비공지성 요건이 명시되어 있지 않으나, '비밀로 관리되는' 요건에서 비공지성 요건이 도출될 수 있으며, '공지된 자료'와 비밀유지는 서로 모순된다는 점에서 기술자료에 비공지성 요건이 전제된다. 이 견해에 따르면 수급사업자의 보호를 위해서라고 공지된 자료까지 보호하는 것이 되어 과도하다.

둘째, 기술자료에 비공지성이 요구되지 않는다고 보는 견해이다(비공지성 불요설).[95] 비공지성 불요설은 기술자료에 명문으로 규정되어 있지 않은 비공지성을 요하는 것은 문언에 부합하지 않고, 수급사업자 보호취지에 반한다는 점을 근거로 한다. 공정거래위원회 심결[96]도 같으며, 서울고등법원 2020. 7. 22. 선고 2018누77120 판결도 영업비밀과 달리 '공공연히 알려지지 아니했다'는 비공지성이 요구되지 않는다고 판단했다.

셋째, 공지된 자료도 보호대상에 포함되지만, 원사업자가 공지된 자료임을 증명한다면 유용에 해당하지 않을 가능성이 높다는 견해이다(절충설).[97]

판례 부정경쟁방지법상 영업비밀의 비공지성의 판단

▣ 대법원 2008. 2. 29. 선고 2007도9477 판결(부정경쟁방지법 사건)

'공연히 알려져 있지 아니하다'는 것은 그 정보가 간행물 등의 매체에 실리는 등 불특정 다수인에게 알려져 있지 않기 때문에 보유자를 통하지 아니하고는 그 정보를 통상 입수할 수 없는 것을 말하고, '독립된 경

95 손승호, "하도급법상 기술자료 요구/유용 및 경영상 정보 요구 관련 최근 동향", 『경쟁저널』 제202호, 2020, 36쪽.

96 공정거래위원회 2015. 8. 3. 의결 제2015-289호, 공정거래위원회 2018. 11. 13. 의결 제2018-339호.

97 손승호, 2020, 36쪽.

제적 가치를 가진다'는 것은 그 정보의 보유자가 그 정보의 사용을 통해 경쟁자에 대하여 경쟁상의 이익을 얻을 수 있거나 그 정보의 취득·개발을 위해 상당한 비용·노력이 필요하다는 것을 말한다(대법원 2009. 4. 9. 선고 2006도9022 판결).

피해자 회사가 2004. 5.경 공소외 3 주식회사에 납품하여 공소외 3 주식회사가 그 무렵 공소외 2 주식회사가 지정한 장소에 설치한 이 사건 회로도가 적용된 무선중계기는 제3자가 그 내부를 전혀 알 수 없고, 공소외 2 주식회사의 관계자라도 위 무선중계기가 운용되고 있는 이상은 역설계를 위하여 분해하기는 어려운 점, 피해자 회사가 공소외 3 주식회사에 납품한 위 무선중계기는 도급계약에 의하여 납품한 제품이어서 역설계를 위해 합법적인 방법으로 시중에서 구하기 어려운 점 등 역설계를 위해 합법적인 방법으로는 위 무선중계기에 접근하기 어려운 사정, 이 사건 회로도가 그 회로구성이 간단하다고 하더라도 기계장치와는 달리 완성된 제품에서 판독 가능한 회로도를 역설계하는 데에는 일반적으로 많은 시간과 노력이 들고, 각 소자 사이의 연결관계를 추출해내더라도 각각의 소자가 어떠한 기능과 역할을 하는지 등의 작동과정을 알아내는 데에 상당한 시간이 소요되는 점 등을 고려하면, 2004. 5.경 이 사건 회로도가 적용된 무선중계기 5대가 설치되었다고 하더라도 피고인이나 다른 경쟁자 등이 이 사건 범죄일시인 2004. 9.경까지 역설계와 같은 합법적인 방법에 의하여 이 사건 회로도에 나타난 기술상 정보를 취득하는 것은 어렵다고 할 것이므로 원심이, 이 사건 회로도의 비공지성이 상실되지 않았다고 본 것은 정당하다.

기술자료와 비밀관리성

비밀관리성 규정은 수회 변경되었다. 2018. 1. 16. 개정(2018. 7. 17. 시행) 전에는 '상당한 노력에 의한 비밀유지'를 요했으나, '합리적 노력에 의한 비밀유지'로 개정되었고, 2021. 8. 17. 개정(2022. 2. 18. 시행)에 따라 '비밀로 관리될' 것만을 요하게 개정되었다. 개정을 통하여 비밀유지의 수준은 점차 낮아졌다. 이는 하도급법상 기술자료 보호의 모델이 된 부정경쟁방지법에서 영업비밀의 요건으로 '관리'만을 요구하는 것으로 2019년 개정되는 등 부정경쟁방지법의 영업비밀 수준이 변경된 것과 균형을 맞추었다.

여기서 '상당한 노력'과 2018. 1. 16. 법 개정 후 포함된 '합리적 노력'은 어떻게 다른가? 하급심 중에는 '상당한 노력'은 '비밀인식 가능 표시 · 고지, 정보 접근 가능대상자 및 접근 방법 제한, 비밀유지 준수의무 부과 여부 등'을 고려하여 판단하는 반면, '합리적 노력'은 '기업 규모, 해당 정보의 성질 · 가치, 일상적 접근 허용 필요성, 영업비밀 보유자와 침해자 간 신뢰관계, 과거 침해전력 등'을 고려하여 판단하는 것으로 본 사례가 있다.[98]

그리고 2021. 8. 17. 법 개정 후 포함된 심사지침상 "비밀로 관리"된다 함은, 객관적으로 비밀로 관리되고 있다는 사실이 인식 가능한 상태로서, 비밀이라고 인식될 수 있는 표시를 하거나 고지를 했는지 여부,[99] 자료에 접근할 수 있는 대상자나 접근 방법을 제한했는지 여부,[100] 자료에 접근한 자에게 비밀유지 준수의무를 부과했는지 여부[101] 등을 종합적으로 고려하여 판단한다.[102]

한편 원사업자와 수급사업자 사이의 관계에 부정경쟁방지법상 영업비밀에서 논의되는 비밀관리약정의 법리를 적용할 수 있는가? 비밀

---

98 의정부지방법원 2016. 9. 27. 선고 2016노1670 판결.

99 자료에 "대외비", "컨피덴셜(Confidential)", "극비" 등의 문구를 기재한 경우, 수급사업자가 임직원에게 자료를 회사 외부로 반출하여서는 아니된다고 지시 또는 명령한 경우.

100 임원, 해당 업무 담당자 등 특정인에게만 접근 권한을 부여한 경우, 암호 설정, 시정장치, 지문인식장치 등으로 접근을 제한한 경우.

101 임직원, 거래상대방 등과 비밀유지계약을 체결하거나 그들로부터 비밀유지 각서를 징구한 경우, 취업규칙 등 사내규정으로 임직원에게 비밀유지 준수의무를 부과한 경우.

102 기술자료 제공요구 · 유용행위 심사지침(2022. 11. 29. 공정거래위원회예규 제412호) III. 2.

관리성을 인정받기 위하여 영업비밀 수준에 상응한 조치를 취해야 한다고 본다면 수급사업자의 기술자료는 영업비밀로 보호받기 어려울 수 있다. 거래 현실상 수급사업자가 엄격하게 원사업자에 대하여 비밀관리 요구를 하기 어려운 사정도 고려할 필요가 있다. 그 점에서 비밀관리약정에 관한 법리를 기술자료에 그대로 적용하는 것은 타당하지 않다.

기술자료와 유용하고 독립된 경제적 가치(경제적 유용성)

기술자료가 되기 위해서는 영업활동에 유용하고 독립된 경제적 가치가 필요하다. 즉 경제적 유용성 요건이 필요하다. 심사지침에 따르면 "기술개발(R&D) · 생산 · 영업활동에 기술적으로 유용하고 독립된 경제적 가치가 있는 것"이라 함은, 정보 · 자료의 보유자 혹은 다른 사업자가 그 정보 · 자료를 사용함으로써 기술개발(R&D) · 생산 · 영업활동에 있어 기술상의 우위를 얻을 수 있거나 그 정보 · 자료의 취득 및 개발을 위해 상당한 비용, 시간이나 노력이 필요한 경우를 말한다.[103]

그렇다면 하도급법에 규정된 기술자료에 대하여 그 세부적인 내용에 따라 경제적 유용성 정도를 달리 인정할 수 있는가? '제조 · 수리 · 시공 또는 용역 수행 방법에 관한 자료, 그 밖에 영업활동에 유용하고 독립된 경제적 가치를 가지는 것으로서 대통령령으로 정하는 자료'에서, 앞부분인 제조 · 수리 · 시공 또는 용역 수행 방법에 관한 자료는 수급사업자의 업무수행에 필수적인 자료로서 그 자체로 경제적 유용성이 인정된다는 견해가 있다.[104] 같은 취지의 심결도 있다.[105]

---

103 기술자료 제공요구 · 유용행위 심사지침(2022. 11. 29. 공정거래위원회예규 제412호) III. 5.

104 법무법인화우, 2020, 351쪽; 오승돈, 2019, 325쪽도 같은 견해를 취하면서, 두 번째 유형에만 경제적 가치성을 요하는 것은 법체계상 정합성을 잃은 것이라고 비판하고 있다.

105 공정거래위원회 2018. 11. 13. 의결 제2018-339호.

한편 하도급법에 규정된 기술자료에 대하여 특허법상 특허의 진보성, 부정경쟁방지법상 영업비밀의 경제적 유용성 기준이 원용될 수 있는가? 기술자료의 해석 및 적용에 있어 진보성이나 경제적 유용성 등과 관련하여 상당히 높은 수준을 요한다고 보기는 어렵다. 특히 사후적 고찰로 기술자료성을 쉽게 부인하는 것은 타당하지 않다. 따라서 '개선(improvement)'의 수준이라도 수급사업자의 노력이 반영되어 있는 경우 기술자료로 적극 보호할 필요가 있다. 서울고등법원 2020. 7. 22. 선고 2018누77120 판결은 승인도(수급사업자가 원사업자의 제조위탁 사양을 반영하여 원사업자의 제조위탁물을 제작·조립하기 위한 도면)에 대한 경제적 유용성을 인정했다. 이 판결은 기술자료의 유용성에 대하여 상대적으로 낮은 기준을 적용함으로써 수급사업자 보호를 시도한 판결로 이해할 수 있다.

심사지침은 기술자료에 "실패한 연구데이터 등과 같이 그 자체로는 외부로 유출될 경우 그로 인해 큰 피해가 발생하지 않더라도 다른 사업자가 제품이나 기술을 개발함에 있어 이를 입수하여 사용하면 시행착오를 줄여 시간을 단축하는 데 기여하는 등 참고할 만한 가치가 있거나 기타 생산 또는 영업활동에 도움이 될 만한 가치가 있는 정보나 자료인 경우(소극적 정보: negative information)"를 포함하여[106] 경제적 유용성의 범위를 넓게 인정한다. 여기서 실패한 연구데이터에 대해서는 심사지침이 예시하고 있는 "현재 기술개발(R&D)·생산·영업활동에 사용되고 있거나 가까운 장래에 사용될 가능성이 큰 경우"나 "현실적으로 사용되고 있지 않다 하더라도 가까운 장래에 있어서 경제적 가치를 발휘할 가능성이 큰 경우(잠재적으로 유용한 정보)"보다 넓게 유용성을 인정한다. 그런데 이러한 실패한 연구데이터는 아이디어와 구별이 어려울

106 기술자료 제공요구·유용행위 심사지침(2022. 2. 18. 공정거래위원회예규 제402호) III. 5.

수 있다. 기술자료로 보호되는 '실패한 연구데이터'는 단순한 아이디어 자료까지 기술자료의 범위를 확대한 것이 아니라,[107] 기술자료의 요건으로서 경제적 유용성의 범위를 유연하게 적용하여, 실패한 연구데이터 중 보호가치가 있는 예외적인 부분에 한하여 기술자료로 포섭함으로써 수급사업자 보호를 도모하려는 것으로 이해하는 것이 타당하다.

참고로 부정경쟁방지법에 관한 경제적 유용성에 대한 판례는 다음과 같다. 정보가 '독립된 경제적 가치를 가진다'는 의미는, 그 정보의 보유자가 그 정보의 사용을 통해 경쟁자에 대하여 경쟁상의 이익을 얻을 수 있거나 그 정보의 취득·개발을 위해 상당한 비용·노력이 필요하다는 것인바, 어떠한 정보가 위와 같은 요건을 모두 갖추었다면, 위 정보가 바로 영업활동에 이용될 수 있을 정도의 완성된 단계에 이르지 못했거나, 실제 제3자에게 아무런 도움을 준 바 없거나, 누구나 시제품만 있으면 실험을 통하여 알아낼 수 있는 정보라고 하더라도, 위 정보를 영업비밀로 보는 데 장애가 되는 것은 아니다(대법원 2008. 2. 15. 선고 2005도6223 판결).

2) 요건 2: 수급사업자 소유

기술자료의 공유와 수급사업자 소유 요건

하도급법 제12조의3은 '수급사업자'의 기술자료를 보호의 객체로 규정하고 있다. 이때 기술자료는 수급사업자가 단독으로 소유해야 한다. 만약 원사업자에게 기술자료에 대한 소유권이 있다면 이는 하도급법 제12조의3 요건에 해당할 수 없다.[108] 다만, 원사업자가 기술자료의

---

107 아이디어도 기술자료로 보호할 필요성을 지적한 견해로는 강선희, 2019, 23쪽 참조.
108 강선희, 2019, 16쪽.

소유권을 주장하는 경우에도 법 위반을 회피하기 위한 주장이 아닌지 유의할 필요가 있다. 공정거래위원회 심결로, 원사업자가 수급사업자로부터 설계도면을 제공받으면서 설계비용을 금형의 견적가에 포함하여 청구했으므로 원사업자가 금형 설계도면을 소유하고 있다고 주장한 사안에서, 하도급계약이 금형 구매계약이고 개발계약이 아니며, 계약서에도 설계도면에 관한 규정이 없음을 들어 원사업자의 주장을 배척한 사례가 있다.[109]

'수급사업자'의 기술자료에 '수급사업자가 원사업자와 공유하고 있는 기술자료'가 포함되는가? 이는 원사업자와 수급사업자 쌍방이 상당한 기여를 하여 지분을 가지고 있는 경우에 문제가 된다. 다음과 같은 세 가지 해석·적용 방향을 제시해볼 수 있다.

첫째, 결합 기술자료와 공유 기술자료는 구별해야 한다. 결합 기술자료는 원사업자와 수급사업자의 소유 부분이 구별되지만, 공유 기술자료의 경우에는 원사업자의 소유 부분과 수급사업자의 소유 부분이 구별되지 않는다. 결합 기술자료의 경우, 즉 원사업자의 소유 부분과 수급사업자의 소유 부분이 구별되는 경우에는 수급사업자의 단독 소유 부분은 하도급법상 수급사업자의 기술자료로 보아 하도급법 제12조의3을 적용할 수 있다. 이보다 실제 문제가 되는 사례는 결합 기술자료로 보기 어려운 공유 기술자료이다.

둘째, 민법상 공유 법리와 공유 기술자료의 관계이다. 공유 기술자료인 경우 민법상 공유의 법리를 적용할 것인가? 구체적으로 원사업자가 수급사업자와 협의 없이 공유 기술자료를 사용한 경우 하도급법 위반을 인정할 것인가? 민법에 의하면 이 경우에도 원사업자는 자신이 지분을 가지고 있는 기술자료를 사용한 것이라서 침해로 보기 어렵다.

---

109 공정거래위원회 2014. 10. 10. 의결 제2014-288호(엘지하우스 사건).

즉 공유자는 지분권을 가지지만, 전체에 대해서는 불가분의 권리를 가진다. 공유 기술자료는 수급사업자의 기술자료이기도 하지만 원사업자의 기술자료이기도 하다. 따라서 원사업자의 공유 기술자료 사용이 공유의 관리 방법 위반이 될 수는 있어도 타인의 권리를 침해하는 행위로 보기는 어렵다.

한편 하도급법 제12조의3 규정이 원사업자가 수급사업자와 공유하는 기술자료의 사용까지 금지한 것으로 해석할 근거는 부족하다. 민법과 구별되는 독자적인 공유 개념이 하도급법에는 존재하지 않는다. 그러므로 명문의 규정이 없는 한 소유권에 관한 기본법인 민법의 공유 법리를 존중해야 한다(저작권법, 특허법 등이 민법상 공유 법리를 제한하는 특별규정을 두고 있는 것과 구별된다). 그 결과 수급사업자가 원사업자와 기술자료를 공유하고 있는 경우는 침해라고 보기 어렵고, 내부적 정산 문제가 된다. 그 점에서 특허법원 2019. 9. 6. 선고 2018나1305 판결(현대자동차 사건)이 수급사업자와 원사업자가 공유하는 자료이기 때문에 구 하도급법에 따라 보호되는 수급사업자의 기술자료라고 할 수 없다는 이유로 구 하도급법 제12조의3 제3항 위반에 따른 손해배상청구를 배척하며, 공유관계인 경우 수급사업자의 기술자료가 아니라고 본 것은 합리적인 판시로 평가할 수 있다.

셋째, 민법상 공유의 법리를 기본으로 하더라도 공유관계의 특성과 양적·질적 특성을 함께 보아야 한다. 원사업자의 기여도가 높아 대부분의 지분을 가지고 있는 경우에는 원사업자의 단독 기술자료와 유사하게 처리할 수 있다. 반면에 수급사업자의 기여도가 현저히 높아 대부분의 지분을 가지고 있는 경우에는 수급사업자의 단독 기술자료와 같이 처리할 수 있다. 또, 민법상 공유 개념을 수용하면서도 하도급법의 취지를 고려하여 유연한 법 적용을 할 필요도 있다.

판례 공유 기술자료와 '수급사업자 소유' 요건의 판단

■ 대법원 2023. 6. 1. 선고 2019다270750 판결, 특허법원 2019. 9. 6. 선고 2018나1305 판결(현대자동차 사건)[110]

이 사건 9번 자료 중 1, 2차 테스트 결과 부분은 원피고가 공유하는 기술자료라고 보아야지 이를 원고의 기술자료라고 보기는 어렵고, 나머지 부분도 구 하도급법상 보호되는 기술자료에 해당한다고 보기 어렵다.

이 사건 1, 2차 테스트는 원피고의 사전협의에 따라 서로가 역할을 분담하여 실험한 결과이므로 그 결과물 역시 원피고가 공유하는 것으로 보아야 한다. 위에서 본 바와 같이 원고와 피고는 2013. 11. 22.에 'CWS 악취 저감 방안 협의'라는 회의를 하면서 피고는 △△ 1 공장을 시험장소로 제공하는 것 외에 협력사인 태화환경을 통하여 수질 검사 및 악취 검사를 하여 원고에게 그 시험 결과를 제공하기로 했고, 원고는 신규 미생물 균주를 선택하여 그 시험을 실시하기로 했으므로 비록 원고가 최종적으로 1, 2차 테스트 결과를 정리했다 하더라도 그러한 사정만으로 위 1, 2차 테스크 결과가 원고에게만 귀속되는 정보라고 볼 수는 없다.

위 1차, 2차 테스트를 위하여 원고는 신규 미생물제인 커스텀 FM++ 제품을 미화 6,960달러, 커스텀 HC 및 커스텀 CL을 합계 미화 9,360달러에 구매하여 총 미화 1만 6,320달러를 지출했고, 피고는 태화환경에 2013. 12. 4.에 164만 100원, 2013. 12. 19.에 354만 5,080원, 합계 518만 5,180원을 위 측정비용으로 지급했다.

원고는 위 1, 2차 테스트 결과는 미생물제 등을 이용하여 CWS의 순환수를 처리하는 방법에 관한 원고의 독자적인 기술을 적용한 결과이므로 원고에게 귀속되어야 한다고 주장한다. 그러나 이 사건 제9번 자료, 소외 2의 석사학위 논문, 이 사건 특허의 등록특허공보에 기술된 내

110 대법원 2019다270750 사건으로 상고 중.

용에 의하더라도 위 실험에 원고의 독자적인 기술이 적극 활용되었다고 보이지 않고, 원고의 역할은 단지 톨루엔, 자일렌 등 VOC를 저감시키는 신규 미생물제를 정기적으로 일정한 양을 투입했다는 것에 그친다. 이에 더하여 위 1, 2차 테스트에서 폐수 중 미생물 밀도는 시험 전 400,000cfu/ml에 비하여 42,000,000cfu/ml로 최대 100배 이상 증가했던 사정(이 사건 제9번 자료 중 표2: CWS 미생물 밀도 참조) 등을 고려해보면, 원고의 기술력이 1, 2차 테스트에 따른 수치를 얻는 데에 중요한 역할을 한 것으로 보이지는 아니한다. 그렇다면 원고의 시험행위를 근거로 위 각 테스트 결과가 원고에게만 귀속된다고 볼 수도 없다.
피고는 이 사건 시험을 하기 이전 자체적으로 악취 발생 원인을 CWS 내 톨루엔, 자일렌에 의한 것이라고 특정했을 뿐 아니라 △△ 1공장을 시험장소로 제공하고 원고가 한 시험에 따른 결과를 태화환경을 통하여 측정한 후 원고에게 통보하기까지 했으므로, 비록 원고가 시험을 진행하고, 최종적으로 피고로부터 받은 측정 결과를 통해 위 자료를 만들었다고 하더라도 이를 원고의 정보라고만 보기는 어렵고 원피고가 공유하는 정보라고 보아야 할 것이다.

나. 위반행위 유형 1: 기술자료 제공요구

법령 **하도급법 제12조의3(기술자료 제공요구 금지 등) 제1항**

① 원사업자는 수급사업자의 기술자료를 본인 또는 제3자에게 제공하도록 요구하여서는 아니된다. 다만, 원사업자가 정당한 사유를 입증한 경우에는 요구할 수 있다.

심사지침 **제공요구**

하도급계약을 체결하는 과정에서 기술자료 제공요구 등의 행위가 있고, 그 이후 실제 하도급계약을 체결하는 경우로는, 대표적인 경우를 예시하면 수의계약을 통하여 하도급계약을 체결하는 경우, 정당한 사유 없이 기술자료의 제공을 조건으로 하도급계약을 체결하고 그 기술자료를 제공받거나 유용하는 경우, 경쟁입찰을 통하여 하도급계약을 체결하는 경우, 입찰과정에서 참가자로부터 제안서 등의 기술자료를 제공받거나 유용하는 경우 등이다.

원사업자가 기존 거래와 관련되거나 무관한 별도의 거래를 위해 수급사업자와 협의하는 과정에서 기술자료 제공요구 등의 행위를 하는 경우(이 경우 계약 체결 여부와 무관하다)로는, 대표적인 경우를 예시하면 원사업자가 기존 거래와 관련되거나 무관한 별도의 거래에 대해 수급사업자와 수의계약을 진행하는 과정에서 수급사업자의 기술자료를 제공받거나 유용했지만 거래가 성립하지 않은 경우, 원사업자가 기존거래와 관련되거나 무관한 별도의 거래에 대해 경쟁입찰 과정에서 제안서 등 수급사업자의 기술자료를 제공받거나 유용했지만 거래가 성립되지 않은 경우, 원사업자와 수급사업자가 발주자에게 공동으로 제안서를 제출하는 과정에서 기술자료를 제공받아 유용했지만 거래가 성립되지 않은 경우 등이다.[111]

관련사례로, 기술자료 요구행위(법 제12조의3 제1항)를 인정한 사례로 서울고등법원 2019. 11. 27. 선고 2019누32513 판결(아너스 사건)[112] 등이 있다.

---

111 기술자료 제공요구 · 유용행위 심사지침(2022. 2. 18. 공정거래위원회예규 제402호) II. 2.

112 확정. 공정거래위원회 의결 제2018-364호에 대한 행정소송 사건이다. 손승호, 2020, 38쪽.

제공요구 시점

하도급계약 체결 전 교섭단계에서도 원사업자는 수급사업자보다 우월한 지위를 이용하여 기술자료를 제공받아 이를 유용할 수 있다. 그럼에도 하도급법의 규율 대상인 '원사업자'는 하도급계약의 체결이 전제되어 있어 현행 규정이 계약 체결 전 행위도 규율하는지는 불명확했다. 2022. 2. 11. 개정되어 2023. 1. 12. 시행된 하도급법 제12조의3은 하도급계약 체결 전의 기술유용행위도 이후 하도급계약이 체결되었다면 하도급법으로 규율하도록 명시했다.[113] 이러한 법 개정 전에도 기술자료의 제공요구는 그 시점이 하도급계약 체결 전은 물론이고, 후인 경우에도 위반이 인정될 수 있다고 볼 여지가 있다. 다만, 하도급계약이 체결되지 않은 경우는 원사업자와 수급사업자에 해당하지 않아 하도급법 제12조의3이 적용되지 않는다.[114]

심사지침 **제공요구의 정당성 판단**

원사업자가 수급사업자의 기술자료를 원사업자 또는 제3자에게 제공하도록 요구하는 행위는 원칙적으로 위법하지만, 원사업자가 기술자료를 요구할 정당한 사유가 있음을 입증하는 경우 위법하지 아니하다.

여기서 정당한 사유에 해당할 수 있는 경우는 제조 등의 위탁목적을 달성하기 위해 수급사업자의 기술자료가 절차적·기술적으로 불가피하게 필요한 경우를 의미하며, 이를 예시하면 원사업자와 수급사업자가 공동으로 특허를 개발하는 과정에서 그 특허출원을 위하여 필요

113 법 제12조의3 ④ 원사업자는 취득한 수급사업자의 기술자료에 관하여 부당하게 다음 각 호의 어느 하나에 해당하는 행위(하도급계약 체결 전 행한 행위를 포함한다)를 하여서는 아니된다.

114 법무법인화우, 2020, 355쪽.

한 기술자료를 요구하는 경우, 원사업자와 수급사업자가 공동으로 기술개발 약정을 체결하고 동 약정의 범위 내에서 기술개발에 필요한 기술자료를 요구하는 경우, 제품에 하자가 발생하여 원인규명을 위해 하자와 직접 관련된 기술자료를 요구하는 경우 등이다.

한편 정당한 기술자료 제공요구라 하여도 요구 목적 달성을 위해 필요한 최소한의 범위를 넘어서는 아니된다. 필요한 최소한의 범위를 넘어서는 경우를 예시하면 수급사업자가 원사업자에게 기술자료 제공 시 관련 없는 내용을 삭제한 상태로 제공하는 데 대하여 원사업자가 완전한 상태의 기술자료의 제공을 요구하는 경우 등이다.[115]

▣ 서울고등법원 2019. 11. 27. 선고 2019누32513 판결(아너스 사건)[116]

원사업자인 원고가 수급사업자에게 전화통화, 문자메시지 등을 통하여 전자제어장치 등의 회로도, 부품 목록, 거버(gubber, 도면), 프로그램 헥사파일 등 자료들을 제공할 것을 요구하여 제공받았고, 그 후 원고가 위 자료를 수급사업자의 경쟁사업자에게 제공하여 전자제어장치 견적가격, 유사 제품의 샘플 등을 제공하도록 한 사건이다. 공정거래위원회는 위 행위가 기술자료 요구행위(법 제12조의3 제1항)와 기술자료 유용행위(법 제12조의3 제3항)에 해당하는 것으로 보아 시정명령과 과징금을 부과했다. 이에 대한 행정소송에서 서울고등법원은 공정거래위원회의 위 처분이 적법하다고 판단했다.

---

115 기술자료 제공요구 · 유용행위 심사지침(2022. 2. 18. 공정거래위원회예규 제402호) IV. 1.

116 확정. 공정거래위원회 의결 제2018-364호에 대한 행정소송 사건이다. 손승호, 2020, 38쪽.

다. 위반행위 유형 2: 기술자료 제공요구 시 서면 미교부

법령 **하도급법 제12조의3(기술자료 제공요구 금지 등) 제2, 3, 5항**

② 원사업자는 제1항 단서에 따라 수급사업자에게 기술자료를 요구할 경우에는 요구목적, 권리귀속 관계, 대가 등 대통령령으로 정하는 사항을 해당 수급사업자와 미리 협의하여 정한 후 그 내용을 적은 서면을 해당 수급사업자에게 주어야 한다.

③ 수급사업자가 원사업자에게 기술자료를 제공하는 경우 원사업자는 해당 기술자료를 제공받는 날까지 해당 기술자료의 범위, 기술자료를 제공받아 보유할 임직원의 명단, 비밀유지의무 및 목적 외 사용금지, 위반 시 배상 등 대통령령으로 정하는 사항이 포함된 비밀유지계약을 수급사업자와 체결하여야 한다.

⑤ 공정거래위원회는 제3항에 따른 비밀유지계약 체결에 표준이 되는 계약서의 작성 및 사용을 권장할 수 있다.

서면 교부 요건의 충족

'서면 교부' 요건을 충족하기 위하여 실제 별도의 서면을 발부해야 하는지, 그렇지 않더라도 같은 기능의 서면을 실질적으로 발부한 것으로 인정되면 충분한지가 문제가 된다. 이 문제는 일률적으로 판단하기가 어려운데, 먼저 기술자료 제공요구는 서면 교부 등 절차 요건이 특히 중요하다. 그 점에서 다른 서면과 혼용할 것이 아니라, 객관적 · 외형적으로 구분되는 서면을 발급함이 원칙이다. 그로 인하여 원사업자의 부담은 높아지겠지만, 그동안 사회적으로 문제가 된 기술자료 제공요구의 폐해를 해결하기 위하여 서면 교부 요건 구비는 좁고 엄격하게 해석 · 적용할 필요가 있다. 이 점에서 '실질적 교부'의 의미를 확대하기는 곤란하다. 한편 원사업자와 수급사업자가 하도급계약 체결 시 수급사업자가 원사업자에게 승인도를 교부하도록 계약내용에 포함시키더라도 원사업자는 수급사업자에게 제조 등 위탁 시 서면을 교부하는 것과 별도로 기술자료 요구 시 서면을 교부해야 한다(대법원 2022. 9. 16. 선고 2020두47021 판결).

심사지침에 따르면, 정당한 기술자료 제공요구의 경우에도 요구 목적에 따른 제공 범위, 기술 제공 대가, 기술의 권리 귀속 관계 등 법 시행령 제7조의3에서 규정한 사항(서면 기재사항)에 대해 수급사업자와 미리 협의한 후 이를 서면으로 작성하여 기술자료 제공요구 시 교부하여야 한다. 동 협의가 공정하게 이루어졌는지 여부는 ① 원사업자가 기술자료의 제공을 요구함에 있어 수급사업자의 자율적인 의사를 제약하는 등 강제성이 있거나 수급사업자를 기망하여 착오를 일으키게 하는지 여부, ② 기술자료의 권리귀속 관계, 제공 및 활용범위 등을 반영한 정당한 대가에 대해 충분히 협의했는지 여부(이때 "정당한 대가"는 동종 또는 유사한 것에 대해 동일 또는 근접한 시기에 정상적인 거래관계에서 일반적으로 지급되는 대가인지 여부를 고려하여 판단하고, 신규 기술과 같이 동종 또는 유사한 것이 존재하지 아니하거나 그것을 알 수 없는 경우에는 기술평가전문기관의 기술가치평가에 따라 산출한 대가를 기준으로 판단한다), ③ 기타 정상적인 거래관행에 어긋나거나 사회통념상 올바르지 못한 것으로 인정되는 행위나 수단 등을 사용하여 기술자료를 요구했는지 여부 등을 종합적으로 고려하여 판단한다.[117]

심사지침상 정당하게 서면을 교부한 경우를 예시하면 아래와 같다. 원사업자가, 정당한 사유가 존재하여 수급사업자에게 기술자료를 요구하면서 서면기재사항이 모두 기재된 기술자료 요구서를 양사의 기

117 기술자료 제공요구 · 유용행위 심사지침(2022. 2. 18. 공정거래위원회예규 제402호) IV. 1.

명날인을 하여, 또는 대표자가 서명하여 발급한 경우, 원사업자가 수급사업자에게 기술자료를 요구하면서 정당한 사유가 있어 서면기재사항 중 일부 내용을 미리 확정하기 곤란함에 따라 그 사유와 대략적인 예정일을 기재하여 기술자료 요구서를 발급한 후 해당사항이 확정되고 나서 그 사항이 기재된 서면을 지체 없이 발급한 경우, 동일한 수급사업자에게 같은 목적으로 여러 건의 기술자료 요구서를 발급해야 함에 따라 이를 통합하여 하나의 기술자료 요구서를 발급한 경우 등이다.[118]

판례 **기술자료와 서면교부 요건 판단**

▣ 대법원 2022. 9. 16. 선고 2020두47021 판결, 서울고등법원 2020. 7. 22. 선고 2018누77120 판결(두산인프라코어 사건)[119]

하도급법 제12조의3 제2항이 정한 기술자료 요구 관련 서면 교부는 기술자료 요구 시 양자 간의 요구목적 등을 명확하게 하고 사후 분쟁에서의 절차적 정당성을 확인하기 위한 것이므로, 하도급법 제3조 제1, 3항과 입법취지가 다르다.

설령 원사업자와 수급사업자가 하도급계약 체결 시 수급사업자가 원사업자에게 승인도를 교부하도록 계약내용에 포함시키더라도 원사업자는 수급사업자에게 제조 등 위탁 시 서면을 교부하는 것과 별도로 기술자료 요구 시 서면을 교부해야 한다.

---

118 기술자료 제공요구 · 유용행위 심사지침(2022. 2. 18. 공정거래위원회예규 제402호) IV. 1.

119 상고기각.

라. 위반행위 유형 3: 기술자료 사용·제공

법령 하도급법 제12조의3(기술자료 제공요구 금지 등) 제4항

④ 원사업자는 취득한 수급사업자의 기술자료에 관하여 부당하게 다음 각 호의 어느 하나에 해당하는 행위(하도급계약 체결 전 행한 행위를 포함한다)[120]를 하여서는 아니된다.

1. 자기 또는 제3자를 위하여 사용하는 행위
2. 제3자에게 제공하는 행위

심사지침 사용·제공의 유형

하도급법 제12조의3 제4항에서 금지하고 있는 "기술자료의 사용·제공"이라 함은 원사업자가 수급사업자로부터 취득한 기술자료를 그 취득 목적 및 합의된 사용 범위(적용 분야, 지역, 기간 등)를 벗어나 자신 또는 제3자가 이익을 얻거나 수급사업자에게 손해를 입힐 목적으로 사용하거나 자신의 계열회사, 수급사업자의 경쟁사업자 등 제3자에게 제공하는 행위를 의미한다. 또한 원사업자가 하도급법 제12조의3 제1항 및 제2항의 규정에 따라 취득한 기술자료뿐만 아니라 그 외의 방법으로 열람 등을 통해 취득한 기술자료를 임의로 사용하는 행위도 대상이 된다.

거래 이전 단계의 유형으로, 원사업자가 최저가로 낙찰받은 수급사업자의 입찰제안서에 포함된 기술자료를 자신이 유용하거나 자신의 계열회사나 수급사업자의 경쟁회사 등 제3자에게 유출하는 경우, 원사업자가 거래 개시 등을 위해 수급사업자가 제시한 제품의 독창적인 디자인을 단순 열람한 후 이를 도용하여 자신이 직접 제품을 생산하거나 제

120 원사업자가 하도급계약 체결 전에도 수급사업자의 기술자료를 자기 또는 제3자를 위하여 사용하거나 제3자에게 제공하는 행위를 하여서는 아니되도록 규정하고 있다.

3자에게 해당 디자인을 제공하여 제품을 생산토록 하는 경우 등이 있다.

거래 단계의 유형으로, 원사업자가 거래를 위한 부품 승인과정에서 수급사업자로부터 공정도, 회로도 등 기술자료를 넘겨받아 납품가격을 경쟁시키기 위해 수급사업자의 경쟁회사에 그 기술을 제공하는 경우, 원사업자가 기술지도, 품질관리 명목으로 물품의 제조공법을 수급사업자로부터 습득한 후 자신이 직접 생산하거나 제3자에게 수급사업자의 제조공법을 전수하여 납품하도록 하는 경우, 원사업자가 수급사업자와 기술이전계약(기술사용계약 등 포함)을 체결하고 기술관련 자료를 제공받아 필요한 기술을 취득한 후 일방적으로 계약을 파기하거나 계약 종료 후 위 계약상의 비밀유지의무에 위반하여 그 기술을 이용하여 독자적으로 또는 제3자를 통하여 제품을 상용화하거나 무단으로 다른 기업에 기술을 공여하는 경우, 원사업자가 수급사업자와 공동으로 협력하여 기술개발을 하면서 수급사업자의 핵심기술을 탈취한 후 공동개발을 중단하고 자체적으로 제품을 생산하는 경우, 원사업자가 수급사업자로부터 취득한 기술에 대해 수급사업자가 출원을 하기 전에 원사업자가 선출원하여 해당 기술에 대한 특허권, 실용신안권을 선점하거나, 수급사업자가 제공한 기술을 일부 수정하여 원사업자가 선출원하는 경우, 원사업자가 수급사업자가 자체적으로 개발한 기술에 대해 특허권, 실용신안권 등을 자신과 공동으로 출원하도록 하는 경우, 원사업자가 수급사업자의 기술자료를 사전에 정한 반환·폐기 기한이 도래했거나 수급사업자가 반환·폐기를 요구했음에도 불구하고 반환·폐기하지 않고 사용하는 경우, 납품단가 인하 또는 수급사업자 변경을 위해 기존 수급사업자의 기술자료를 제3자에게 제공하고 동일 또는 유사제품을 제조·납품하도록 하는 경우 등이 있다.

거래 이후 단계의 유형으로, 원사업자가 수급사업자로부터 기술자료를 제공받고 거래 종료 후 자신이 직접 생산하거나 제3자에게 전수하여 납품하도록 하는 경우 등이 있다.[121]

---

121 기술자료 제공요구·유용행위 심사지침(2022. 2. 18. 공정거래위원회예규 제402호) IV. 3.

심사지침 **사용·제공의 부당성 판단**

부당하게 기술자료를 사용·제공하는 행위에 있어서 "부당하게"에 대한 판단은 기술자료를 자기 또는 제3자를 위하여 사용하거나 제3자에게 제공함에 있어서 그 내용, 수단, 방법 및 절차 등이 객관적이고 합리적이며 공정·타당한지 여부를 종합적으로 고려하여 판단한다. 이때 법 제12조의3 제2항에 따라 기술자료 요구서가 사전에 제공된 경우에는 기술자료 요구서에 적시된 기술자료의 사용 목적과 범위를 벗어나 기술자료를 사용·제공했는지 여부를 위주로 판단한다. 따라서 정당한 대가를 지급한 경우에도 합의된 사용목적과 범위를 벗어나 사용하는 행위는 하도급거래의 공정성을 침해했다고 볼 수 있다.

하도급거래의 부당성 여부는 ① 원사업자 및 제3자가 이익을 얻거나 수급사업자에게 손해를 입힐 목적과 의도로, 기술자료를 사용하거나 원사업자가 제3자에게 기술자료를 제공하는 것인지 여부, ② 특허법 등 관련 법령에 위반하여 기술자료를 사용하거나 사용하도록 했는지 여부, ③ 기술자료 사용의 범위가 당해 기술의 특수성 등을 고려한 통상적인 업계관행에서 벗어나는지 여부, ④ 기술자료 사용·제공과 관련하여 태양 및 범위, 사용 대가의 유무 및 금액 등에 대하여 서면을 통하여 충분한 협의를 거쳤는지 여부, 협의를 거쳤음에도 그 합의를 벗어나 사용했는지 여부, ⑤ 원사업자의 기술자료 사용·제공으로 수급사업자의 사업활동이 곤란하게 되는지 여부, ⑥ 정상적인 거래관행에 어긋나거나 사회통념상 올바르지 못한 것으로 인정되는 행위나 수단 등을 사용했는지 여부 등을 종합적으로 고려하여 판단한다.[122]

부당성의 증명책임은 공정거래위원회에 있다. 법문언상 '정당한 이유 없이'의 형식이 아니라 '부당하게'의 형식을 취한 이상 공정거래위원회에 증명책임이 있고, 이 점은 공정거래법 등 다른 법과 다르지 않다.

---

122 기술자료 제공요구·유용행위 심사지침(2022. 2. 18. 공정거래위원회예규 제402호) IV. 2.

유용과 사용·제공의 관계

2018. 4. 17. 개정 전 하도급법 제12조의3은 "자기 또는 제3자를 위하여 유용하여서는 아니된다."고 규정했다. 현행 하도급법은 '자기 또는 제3자를 위하여 사용하는 행위, 제3자에게 제공하는 행위'로 규정하고 있다. 여기서 알 수 있듯이 개정 전의 행위 유형은 '유용'인 데 비하여, 개정 후의 행위 유형은 '사용·제공'이다. 유용과 사용·제공의 관계는 어떻게 되는가?

첫째, '유용'[123]은 '사용'에 대응되는 개념이다. 유용은 '원래 용도가 정해진 것을 다른 용도로 사용하는 행위'를 의미하는데, 이처럼 유용은 사용보다 좁은 개념이므로 법 개정을 통하여 개념을 확장했다. 참고로 기술자료 유용행위(법 제12조의3 제3항)를 인정한 서울고등법원 2019. 11. 27. 선고 2019누32513 판결(아너스 사건)[124] 등이 있다.

둘째, '유용'과 '제공'은 구별되는 개념이다. '제공'은 법 개정을 통하여 새로 추가된 개념인데, 개정 전 심사지침에서는 유용의 예시로 "제3자 제공"이 포함되었으나 이는 법률의 문언을 넘어서는 예시였다. 그 점에서 법문에 '제공'을 규정하는 것이 타당했고, 적절한 개정이 이루어졌다.

셋째, 제3자에게 제공한다는 의미는 다양할 수 있고, 종합적으로 해석해야 한다. 제3자가 사용할 수 있는 상태로 두면 제공이 될 수 있다. 즉 참고할 수 있도록 배포한 것과 제3자가 사용할 수 있도록 제공한 것은 구별된다. 견적을 받기 위해 기술자료를 전달하는 행위를 유용행위로 본 사례로는 서울고등법원 2019. 11. 27. 선고 2019누32513 판

---

123 '유용'의 사전적 의미는 '남의 것이나 다른 곳에 쓰기로 되어 있는 것을 다른 데로 돌려씀'이다.

124 확정. 공정거래위원회 의결 제2018-364호에 대한 행정소송 사건이다. 손승호, 2020, 38쪽.

결, 공정거래위원회 2019. 6. 24. 제2소회의 의결 제2019-136호 등이 있다. 여기서 '제3자 제공'의 범위에 원사업자가 수급사업자로 하여금 공개적으로 기술을 발표하도록 강제하는 행위가 포함되는지가 문제가 된다. 이는 제3자의 범위에 불특정다수가 포함되는지의 문제이기도 하다.[125] 물론 제3자 제공에 불특정다수에 대한 공개를 포함하지 않을 경우 법 위반을 회피할 우려가 있으나, 제3자 제공에서 제3자는 특정성을 요구하는 것으로 보아야 한다. 불특정다수에 대한 공개까지 포함하는 것으로 보는 것은 문언의 한계를 넘은 것이다.

참고로 공정거래법상 불공정거래행위로서 거래거절은 특정사업자에 대하여 거래의 개시를 거절하거나, 계속적인 거래관계에 있는 특정사업자에 대하여 거래를 중단하거나, 거래하는 상품 또는 용역의 수량 및 내용을 현저히 제한하는 행위이다(공정거래법 제45조 제1항 제1호, 시행령 제52조 [별표2]). 자기의 생산 또는 판매정책상 합리적 기준을 설정하여 그 기준에 맞지 않는 불특정다수의 사업자와의 거래를 거절하는 행위는 원칙적으로 대상이 되지 아니한다. 서울고등법원 2018. 1. 19. 선고 2017누39862 판결(벨벳 사건)에서, 수의사 처방제가 2013. 8. 2.에 시행됨에 따라 심장사상충 예방제는 수의사 처방 없이 소비자들이 동물약국이나 도매상에서 자유롭게 구입할 수 있는 약품으로 분류되었음에도, 원고는 동물약국에 대하여 심장사상충 예방제 공급을 거절했다. 이와 관련하여 공정거래법 시행령은 '기타의 거래거절'을 특정사업자에 대하여 거래를 중단하는 행위 등으로 규정하고 있는데, 동물약국이 특정사업자에 해당하는지가 쟁점이 되었다. 위 법원은 원고가 심장사상충 예방제인 애드보킷의 공급을 거절한 대상은 특정 동물약국이나 도매상에 한정되지 아니하는 모든 동물약국과 도매상 일반이므로, 원

125 강선희, 2019, 25쪽.

고의 거래거절의 대상을 '특정사업자'에 해당한다고 보기는 어렵다고 판단했다. 이 판례와 비교해보더라도 제3자 제공에 불특정 다수에 대한 공개를 포함하기 어렵다.

하도급법 제12조의3 기술자료 제공요구 금지와 고의

하도급법 제12조의3을 위반할 경우 행정제재(시정조치, 과징금)와 형사제재가 모두 가능하다. 그럼 원사업자의 주의의무 위반 등 과실로 기술자료가 제3자에게 제공된 경우 행정책임과 형사책임은 어떻게 되는가? 이 둘은 다를 수 있다. 먼저 행정제재에서는 고의로 인한 행위만 제재하는 것은 아니다. 원칙적으로 위반행위가 인정되고 제재가 가능하다. 다만, 정당한 사유 문제로 제재에서 제외될 여지가 있을 뿐이다. 이와 달리 형벌 조항의 적용에서는 과실범에 대한 특칙이 없는 한 고의가 인정되어야 한다.

위반행위의 수
(법 제12조의3 제2항 위반행위와 제3항 위반행위의 관계)

하도급법 제12조의3 제2항 위반행위(서면 교부의무 위반)와 제3항 위반행위(사용·제공의무 위반)는 '행위의 수(數)'에서 어떤 관계인가? 기술자료가 다른 경우라면 별개의 위반행위가 됨이 명백하나, 기술자료가 동일한 경우에 주로 문제가 된다. 즉 기술자료가 동일하다면 별개의 위반행위로서 경합범에 준하는 관계로 보는 견해가 있다(경합행위설). 이와 달리 기술유용을 하기 위한 준비단계로 기술자료를 제출받았다는 전제에서 흡수관계로 이해하는 견해(흡수설)도 있을 수 있다.

마. 기술자료 관련 특칙

기술자료 유용 관련 조사시효

법령 **하도급법 제23조(조사대상 거래의 제한) 제1항**

① 제22조 제2항에 따라 공정거래위원회의 조사개시 대상이 되는 하도급거래(제13조 제11항이 적용되는 거래를 포함한다. 이하 이 조에서 같다)는 그 거래가 끝난 날부터 3년(제12조의3을 위반하는 경우에는 그 거래가 끝난 날부터 7년으로 한다. 이하 이 조에서 같다)이 지나지 아니한 것으로 한정한다. 다만, 거래가 끝난 날부터 3년 이내에 제22조 제1항 전단에 따라 신고되거나 제24조의4 제1항 제1호 또는 제2호의 분쟁당사자가 분쟁조정을 신청한 하도급거래의 경우에는 거래가 끝난 날부터 3년이 지난 경우에도 조사를 개시할 수 있다.

손해배상[126]

법령 **하도급법 제35조(손해배상 책임) 제2항**

② 원사업자가 제4조, 제8조 제1항, 제10조, 제11조 제1항 · 제2항, 제12조의3 제3항 및 제19조를 위반함으로써 손해를 입은 자가 있는 경우에는 그 자에게 발생한 손해의 3배를 넘지 아니하는 범위에서 배상 책임을 진다. 다만, 원사업자가 고의 또는 과실이 없음을 입증한 경우에는 그러하지 아니하다.

---

126 3배 배상에 관련된 내용은 제7장 제2절 손해배상 부분 참조.

바. 기술자료 제공과 과징금

2023. 1. 12. 시행된 개정 하도급법 시행령 [별표2] 제2호 가목에 따라 기술 유용 등 위반금액의 산정이 곤란한 행위에 대한 과징금의 상한이 낮아 위반행위에 대한 억제력이 충분하지 않은 문제가 발생함에 따라, 위반금액의 비율 산정이 곤란할 경우 부과되는 과징금 기본 산정 금액의 상한을 10억 원에서 20억 원으로 상향 조정했다.

▣ 대법원 2022. 9. 16. 선고 2020두47021 판결

원수급자인 갑 주식회사가 수급사업자인 을 주식회사의 기술자료를 제3자에게 제공한 행위와 수급사업자인 병 주식회사의 기술자료를 제3자에게 제공한 행위에 대하여 공정거래위원회가 갑 회사에 과징금 납부명령을 한 사안에서, 구 하도급거래 공정화에 관한 법률(2018. 4. 17. 법률 제15612호로 개정되기 전의 것) 제12조의3 제3항, 제25조의3 제1항 제3호, 구 하도급거래 공정화에 관한 법률 시행령(2018. 10. 16. 대통령령 제29238호로 개정되기 전의 것) 제13조 제1항 [별표2]의 내용과 체제 및 취지에 비추어보면, 하도급거래 공정화에 관한 법령은 위반행위별 과징금의 상한만을 정하면서 위반행위별 '과징금 산정기준'은 공정거래위원회가 위반행위의 횟수, 피해수급자의 수 등을 고려하여 합리적인 재량에 따라 정할 수 있도록 규정하고 있으므로 위반행위 유형별로 하나의 과징금을 산정해야 한다는 이유로, 을 회사 기술자료 유용행위와 병 회사 기술자료 유용행위는 모두 기술자료 유용행위라는 동일한 위반행위 유형에 해당하므로 위 각 행위에 대하여 각각 따로 과징금을 산정해야 할 것은 아니다.

8. 부당한 경영간섭

법령 **하도급법 제18조(부당한 경영간섭의 금지)**

① 원사업자는 하도급거래량을 조절하는 방법 등을 이용하여 수급사업자의 경영에 간섭하여서는 아니된다.

② 다음 각 호의 어느 하나에 해당하는 원사업자의 행위는 부당한 경영간섭으로 본다.

1. 정당한 사유 없이 수급사업자가 기술자료를 해외에 수출하는 행위를 제한하거나 기술자료의 수출을 이유로 거래를 제한하는 행위
2. 정당한 사유 없이 수급사업자로 하여금 자기 또는 자기가 지정하는 사업자와 거래하도록 구속하는 행위
3. 정당한 사유 없이 수급사업자에게 원가자료 등 공정거래위원회가 고시하는 경영상의 정보를 요구하는 행위

관련 사례로, 원사업자가 품질유지의 목적을 넘어서 수급사업자의 재하도급거래 내용을 제한하는 행위도 부당한 경영간섭을 인정한 서울고등법원 2009. 11. 12. 선고 2008누11237 판결, 품질유지라는 본래의 목적을 넘어 수급사업자의 재하도급거래 내용을 간섭한 행위로 보아 부당한 경영간섭을 인정한 서울고등법원 2009. 11. 12. 선고 2008누11237 판결(삼성전자 사건)[127] 등이 있다.

127 대법원 2010. 4. 8.자 2009두23303 판결로 심리불속행 기각.

심사지침 **경영간섭 판단 기준**

○ 기준

법 제18조에 규정된 경영간섭 행위의 부당성은 수급사업자가 자율적으로 결정할 수 있는 사안에 대해 간섭하는 원사업자의 행위로서 그 행위가 원사업자 자신이나 특정한 자(회사 또는 자연인)의 사적 이득을 위한 것인지, 국민경제 발전 도모라는 공익을 위한 것인지, 수급사업자에게 불이익한 결과를 초래하는지, 비용절감·품질향상 등 효율성 증진 효과 또는 수급사업자의 경영여건이나 수급사업자 소속 근로자의 근로조건 개선 효과를 나타낼 수 있는지 여부 등을 종합적으로 고려하여 판단한다.

○ 위반행위

원사업자의 부당한 경영간섭행위에는, ① 수급사업자가 임직원을 선임·해임함에 있어 자기의 지시 또는 승인을 얻게 하거나 수급사업자의 의사에 반하여 특정인을 채용하게 하는 등의 방법으로 인사에 간섭하는 행위, ② 수급사업자의 생산품목·시설규모 등을 제한하는 행위, ③ 1차 수급사업자의 재하도급거래에 개입하여 자신이 위탁한 목적물의 품질유지 및 납기 내 납품여부 등 하도급거래의 목적달성과 관계없이 원사업자 자신이나 특정한 자(회사 또는 자연인)의 사적 이득을 위해 2차 수급사업자의 선정·계약조건설정 등 재하도급거래 내용을 제한하는 행위, ④ 수급사업자가 정상적으로 공사를 시공 중에 있음에도 불구하고 수급사업자의 의사에 반하여 현장근로자를 동원하여 공사를 시공케 하는 행위, ⑤ 수급사업자로 하여금 자신 또는 자신의 계열회사의 경쟁사업자와 거래하지 못하도록 하는 행위, ⑥ 원사업자가 자신이 위탁한 목적물의 품질유지 및 납기 내 납품여부 등 하도급거래의 목적달성과 관계없이 원사업자 자신이나 특정한 자(회사 또는 자연인)의 사적 이득을 위해 수급사업자의 사업장에 출입하여 생산과정, 투입인력, 재료배합 등을 실사하는 행위(다만, 건설위탁의 경우 원사업자가 공사 현장에 출입하는 행위는 이에 해당하지 아니한다) 등이 포함된다.

○ 적법행위

원사업자가 하도급법 제3조의3에 근거한 협약(이하 "협약"이라 한다) 체결의 대상이 되는 수급사업자에게 행하는 다음과 같은 행위로, ① 2차 또는 그 이하 수급사업자와 협약을 체결하도록 권유하는 행위, ② 원사업자가 수급사업자에게 지원한 범위 안에서 2차 또는 그 이하 수급사업자에게 지원하도록 요청 내지 권유하는 행위는 적법하다. 원사업자가 협약을 체결하지 않은 경우일지라도 수급사업자에게 다음과 같은 행위를 통해 지원하면서 수급사업자로 하여금 2차 또는 그 이하 수급사업자에게도 동일한 행위를 하도록 요청 또는 권유하는 행위로는, ① 표준하도급계약서를 사용하여 계약을 체결하는 행위, ② 하도급대금 지급관리시스템을 통해 하도급대금을 지급하는 행위, ③ 하도급대금을 일정한 기한 내에 일정한 현금결제 비율로 지급하는 행위, ④ 인건비·복리후생비 지원 등 근로조건을 개선하는 행위, ⑤ 직업교육·채용박람회 실시 및 채용연계 등 일자리 창출을 지원하는 행위, ⑥ ①~⑤ 이외의 행위로서 효율성 증진, 경영여건 개선, 소속 근로자 근로조건 개선 등의 효과를 발생시키는 행위는 적법하다.

○ 정당한 사유

법 제18조 제2항 제3호에 규정된 '정당한 사유'란 당해 행위의 합목적성 및 대체수단의 유무 등을 고려할 때 제조 등 위탁목적을 달성하기 위하여 수급사업자의 경영정보가 절차적·기술적으로 불가피하게 필요하게 되는 경우를 의미한다. 다만, 이 경우에도 요구되는 정보는 목적달성을 위해 필요한 최소범위를 넘어서는 아니된다. 예를 들면 원사업자는 수급사업자가 정보제공의 목적과 무관한 일부 내용을 삭제한 상태로 정보를 제공했음에도 불구하고 완전한 상태의 경영상 정보의 제공을 요구하여서는 아니된다.

다음과 같은 행위는 법 제18조 제2항 제3호에서 금지하는 경영상의 정보 요구행위에 해당하지 아니한다. ① 원사업자가 관계법령상 자신의 의무를 이행하기 위하여 필요한 정보를 요구하는 경우(예: 건설위탁과 관련하여 원사업자가 수급사업자 소속 근로자의 임금을 구분 지급 또는 직접 지급하기 위하여 필요한 임금관련 정보를 요구하는 경우), ② 원사업자와 수급사업자가 공동으로 입찰에 참여하는 과정에서 상호 공유할 필요가 있는 정보를 요구하는 경우, ③ 원사업자와 수급사업자가 공동으로 신제품을 개발하는 과정에서 필요한 세부정보를 요구하는 경우, ④ 양산되지 않거나 시장가격이 형성되지 않은 품목에 관한 하도급계약과 관련하여 정산 등 계약이행을 위해 필요한 정보를 요구하는 경우, ⑤ 원사업자가 법 제3조의3에 근거한 협약 체결의 대상이 되는 수급사업자에게 2차 또는 그 이하 수급사업자에 대한 지원실적의 증빙자료를 요구하는 경우 등이다.[128]

하도금대금 연동제와 부당한 경영간섭 중 경영상의 정보 요구 (법 제18조 제2항 제3호)

하도급대금 연동제에서, 주요 원재료의 경우 납품대금의 10% 이상인지를 판단하기 위하여 원가자료를 확인하는 것이 필요하므로, 원사업자가 이를 확인하기 위하여 수급사업자에게 원가자료를 요구할 수 있는데, 이때 부당한 경영간섭 중 경영상의 정보 요구 문제가 제기될 수 있다. 원사업자가 연동제 합의와 이행을 위하여 필요한 범위를 넘어 원가자료 등을 요구할 경우 수급사업자로서는 주요 원재료 조달에 대한 경영상 정보 유출에 대한 부담으로 연동제 합의에 소극적일 수 있게 된다. 따라서 주요 원재료를 결정하기 위하여 필요한 최소의 범위에서 원가자료를 요구하는 경우에 정당한 사유가 인정될 수 있을

128 하도급거래공정화지침(2023. 2. 9. 공정거래위원회 예규 제421호) III. 17.

것이다.[129]

다른 한편 개정된 하도급거래공정화지침은 납품단가 연동계약을 체결한 원사업자가 자신의 수급사업자에게 하위협력사와 연동계약을 체결하도록 요청·권유하는 행위가 부당한 경영간섭이 아님을 명시하고 있다.[130] 납품단가 연동계약이 2·3차 협력사로 확산되도록 유도할 필요가 있어 원사업자의 납품단가 연동계약 체결 요청·권유 근거를 마련한 것이다.

판례 **경영간섭의 판단**

▣ 서울고등법원 2009. 11. 12. 선고 2008누11237 판결

원사업자가 품질유지의 목적을 넘어서 수급사업자의 재하도급거래 내용을 제한하는 행위도 부당한 경영간섭에 포함된다.

▣ 서울고등법원 2009. 11. 12. 선고 2008누11237 판결(삼성전자 사건)[131]

수급사업자에게 승인원 제출 시 핵심기술자료를 제공하도록 하고, 재하도급업자 관리를 위한 인력을 별도로 운영토록 요구했으며 재하도급업자 선정 및 작업자 변경 시에도 승인을 받도록 하면서 그 실적이 부진할 경우 물량감축 등의 불이익을 주는 등(부당한 경영간섭 행위) 불공정하도급거래행위를 했다는 이유로 시정명령을 내렸다.

원사업자가 수급사업자로부터 '승인원(Specification Sheet)'을 제공받아 수급사업자가 공급하는 부품의 적합성 여부를 확인하는 것은 품질관리를 위하여 필수적인 과정이고, 승인원에는 수급사업자의 핵심기술이나 고유기술이 기재되어 있지 않으며, 한편 휴대폰의 품질관리를 위해 원

---

129 김홍기·안준규, 2023, 35쪽.

130 하도급거래공정화지침(2023. 2. 9. 공정거래위원회 예규 제421호) III. 17.

131 대법원 2010. 4. 8.자 2009두23303 판결로 심리불속행 기각.

사업자가 수급사업자와 재하수급업자(2차 수급사업자 또는 2차 벤더)에 대한 점검과 지도를 하는 것은 당연한 일이므로, 원고는 이 과정에서 어떠한 부당한 영향력을 행사한 적도 없고, 수급사업자에게 재하수급업자 관리인력을 둘 것을 강요하거나 그 선임에 간섭한 적도 없으며, 재하수급업자에 대한 실사를 실시하도록 요구한 것은 품질유지를 위하여 필수적이고 정당한 행위이다(원고 주장).

원고가 동양이엔피에 그 승인원(갑 제20호증)을 요청한 제품인 휴대용 충전기는 수급사업자인 동양이엔피가 자체적으로 개발하여 원고에게 납품하는 ODM(Original Design Manufacturing) 제품으로서 다른 부품에 비해 그 구조나 동작원리가 비교적 간단한 것으로 보이는데도 그 승인원에는 회로도, 부품의 종류와 구체적인 기능, 동작원리뿐만 아니라 원자재 구매처 및 제조공정 등 구체적인 조립 방법까지 나타나 있는 점, 원고가 2004. 8.경 마련한 '04년 2차 벤더 관리 방안'(갑 제21호증)에는 협력업체 자체 판단에 따른 2차 벤더의 변경을 금지하고 협력업체로 하여금 2차 벤더 관리 전담 인력을 선정하여 운용하도록 하며 위 인력으로 하여금 2차 벤더를 정기적으로 방문하여 그 결과를 원고에게 월 1회 제출하도록 한 점, 원고가 2004. 11.경 마련한 '2차 벤더 관리기준'(갑 제22호증)에서는 변경점 신고의 경우 반드시 구매부서를 창구로 하여 승인하도록 하고 규정 미준수 업체는 1차 경고 조치 후 재발 시 거래축소 등의 조치를 취하며 협력업체로 하여금 2차 벤더 관리 담당 인력을 선정하게 하고 위 인력의 주요 역할까지 구체적으로 기재한 점, 2004. 12. 위 기준은 내부결재가 이루어져 2005. 1. 11. 내지 1. 13.까지 기간에 사내 전자우편을 통해 전사에 배포된 점, 원고가 제출한 '총괄별 2次 Vender 관리 세부현황'(갑 제21호증)에 '2차 Vender 현황을 별도로 File로 관리하고 있으며, 분기별로 Up-date 실시함'이라고 기재되어 있는 점, 원고는 2005. 1. 17.에도 위 2차 벤더 관리 기준과 유사한 내용을 가진 '2차 벤더 관리 방안'(을 제30호증)을 마련하기도 한 점 등에 비추어보면, 원고의 행위는 품질유지라는 본래의 목적을 넘어 수급사업자의 재하도급거래 내용을 간섭한 행위로서 법 제18조가 금지하는 부당한 경영간섭행위에 해당한다고 할 것이므로 원고의 위 주장도 받아들일 수 없다.

9. 보복조치

> **법령** **하도급법 제19조(보복조치의 금지)**
>
> 원사업자는 수급사업자 또는 조합이 다음 각 호의 어느 하나에 해당하는 행위를 한 것을 이유로 그 수급사업자에 대하여 수주기회를 제한하거나 거래의 정지, 그 밖에 불이익을 주는 행위를 하여서는 아니된다.
>
> 1. 원사업자가 이 법을 위반했음을 관계기관 등에 신고한 행위
> 2. 제16조의2 제1항 또는 제2항의 원사업자에 대한 하도급대금의 조정신청 또는 같은 조 제8항의 하도급분쟁조정협의회에 대한 조정신청
>
> 2의2. 관계기관의 조사에 협조한 행위
>
> 3. 제22조의2 제2항에 따라 하도급거래 서면실태조사를 위하여 공정거래위원회가 요구한 자료를 제출한 행위

보복조치의 금지를 위반한 경우에는 시정조치, 과징금, 벌금과 함께 벌점이 부과된다. 수급사업자가 공정거래위원회 등에 신고한 것에 대한 보복조치로서 하도급계약을 해지한 행위에 대하여 보복조치를 인정한 사례로 서울고등법원 2014. 10. 17. 선고 2013누32252 판결(고성조선해양 사건)[132] 등이 있다.

---

132 확정.

심사지침 **불이익 조치**

원사업자의 "그 밖의 불이익을 주는 행위"를 예시하면, ① 원사업자가 기존의 생산계획 등에 따라 생산을 하여야 하는 상황이거나 발주자로부터 향후 확보할 수 있는 예상물량이 충분함에도 불구하고 법 제19조 각 호의 신고, 조정신청, 조사협조를 한 수급사업자에 대해 정당한 사유 없이 기존 하도급거래상의 물량과 비교하여 발주물량을 축소하여 불이익을 주는 행위, ② 법 제19조 각 호의 신고, 조정신청, 조사협조를 한 수급사업자에 대해 원사업자가 정당한 사유 없이 그간 지급·제공하던 원재료, 자재 등의 공급을 중단하거나 회수하는 등의 방법으로 수급사업자의 사업활동을 곤란하게 하는 행위, ③ 원사업자가 동종업계의 다른 원사업자들로 하여금 법 제19조 각 호의 신고, 조정신청, 조사협조를 한 수급사업자를 대상으로 거래정지, 수주기회 제한, 위 ①, ②의 행위를 하도록 하는 행위, ④ 기타 합리성·객관성이 결여되거나 일반적인 거래관행상 통용되지 않는 수단·방법을 활용해 법 제19조 각 호의 신고, 조정신청, 조사협조를 한 수급사업자에 대해 불이익을 주는 행위 등이다.

수급사업자의 법 제19조 각 호의 신고, 조정신청, 조사협조와 원사업자의 해당 수급사업자에 대한 수주기회 제한, 거래정지, 그 밖의 불이익을 주는 행위 간에 인과관계가 있는지 여부는 해당 수급사업자가 신고 및 조정신청 등을 한 시점과 원사업자의 수주기회 제한 등의 행위가 발생한 시점 간의 격차, 해당 수급사업자를 제외한 동종업계의 다른 수급사업자들과 그 원사업자 간의 거래 내용 및 상황, 해당 수급사업자와 그 원사업자 간의 거래이력, 발주자의 발주물량 축소 등의 거래여건 변화 등 행위 당시의 구체적인 사정을 고려하여 개별적으로 판단한다.[133]

---

133 하도급거래공정화지침(2023. 2. 9. 공정거래위원회 예규 제421호) III. 17-1.

판례 **보복조치의 판단**

▣ 서울고등법원 2014. 10. 17. 선고 2013누32252 판결(고성조선해양 사건)[134]

대양산업해양이 원고의 법 위반사실을 관계기관 등에 신고했다는 이유로 대양산업해양과의 거래를 중단함으로써 대양산업해양에 보복조치를 가했다는 사유가 처분사유에 포함되었다.

① 원고는 2010. 3. 29.에 현대중공업으로부터 물량스케줄을 송부받은 이후 추가물량을 주문받지 못했고, 현대중공업 관계자로부터 2011년도에는 추가발주가 없을 것이라는 사실을 확인한 후에 대양산업해양과의 하도급계약을 해지한 것이고, 대양산업해양의 공정거래위원회에 대한 신고 등에 대한 보복조치로서 하도급계약을 해지한 것이 아니다. ② 대양산업해양이 원고의 주거래은행인 산업은행과 발주처인 현대중공업 등에 진정서를 제출하여 원고의 명예를 훼손한 것은 원고와의 하도급계약상 계약해지사유에 해당하므로, 원고는 정당한 권리행사로서 대양산업해양과의 하도급계약을 해지한 것이다(원고 주장).

현대중공업은 2010. 11. 1. 원고에게 마지막으로 해치커버 제작을 위탁한 사실, 이에 원고가 2010. 11. 10부터 12. 13.까지 위 물량을 납품한 사실을 인정할 수 있고, 원고가 2011. 11. 이전에 추가물량이 없다는 등의 이유로 대양산업해양과의 하도급거래를 사실상 중단한 사실은 위에서 본 바와 같다. 또한 대양산업해양이 현대중공업 및 산업은행에 진정서를 제출한 행위가 일단 명예훼손에 해당한다 하더라도, 그 목적이 원고로부터 변제받지 못한 기성고 대금을 지급받기 위한 것에 있으므로 이를 위법하다고 보기는 어렵다. 따라서 원고는 대양산업해양이 공정거래위원회 등에 신고한 것에 대한 보복조치로서 하도급계약을 해지한 것으로 봄이 상당하므로, 원고의 위 주장도 이유 없다.

---

134 확정.

10. 탈법행위

법령 하도급법 제20조(탈법행위의 금지)

원사업자는 하도급거래(제13조 제11항이 적용되는 거래를 포함한다)와 관련하여 우회적인 방법에 의하여 실질적으로 이 법의 적용을 피하려는 행위를 하여서는 아니된다.

하도급법 제20조는 우회적인 방법에 의하여 실질적으로 법의 적용을 피하려는 행위를 금지하고 있다. 탈법행위는 고의성에 대한 증명이 이루어져야 한다.[135] 참고로 공정거래법 제36조에도 탈법행위가 규정되어 있으나, '적용을 면탈하려는 행위'로 규정되어 요건에는 차이가 있다. 현금비율 유지의 외관을 위하여 하도급대금을 현금으로 송금했다 돌려받은 다음 어음으로 지급한 행위에 대하여 탈법행위를 인정한 사례로 서울고등법원 2012. 4. 26. 선고 2011누38973 판결(울트라건설 사건)[136] 등이 있다.

심사지침 탈법행위

원사업자의 "탈법행위"를 예시하면, 가. 공정거래위원회의 시정조치에 따라 하도급대금 등을 수급사업자에게 지급한 후 이를 회수하거나 납품대금에서 공제하는 등의 방법으로 환수하는 행위, 나. 어음할인료·지연이자 등을 수급사업자에게 지급한 후 이에 상응하는 금액만큼

135 공정거래위원회 2020. 4. 20. 의결 제2020-006호(삼성중공업 사건).

136 확정.

일률적으로 단가를 인하하는 행위, 다. 수급사업자에게 선급금 포기각서 제출을 강요한 후 선급금을 지급하지 않는 행위 등이다.[137]

위반행위와 탈법행위의 관계

탈법행위와 서면 미발급 위반 등 위반행위는 어떤 관계에 있는가? 두 위반행위가 동시에 성립할 수 있는가?[138] 원칙적으로 두 개의 법 위반행위는 경합관계로 볼 수 있다. 탈법행위를 통하여 법 위반을 피하려고 했으나, 결국 법 위반행위가 발견된 경우에는 두 법 위반이 모두 이루어질 수 있는 것이다. 탈법행위는 위법하지 않은 적법한 행위가 탈법을 위해 이루어지는 경우에 해당한다. 위법행위로 처벌하면서 탈법행위로 다시 처벌하는 것은 과도하며, 이 점에서 위반행위를 처벌할 경우 탈법행위 적용은 제한적으로 이루어져야 한다.

판례 탈법행위에 대한 과징금 부과 판결

▣ 대법원 2014. 2. 27. 선고 2012두11805 판결(에스아이지피오토멕 사건)

원심은 그 채택증거를 종합하여, 원고가 구 하도급법(2009. 4. 1. 법률 제9616호로 개정되기 전의 것)이 금지하는 이 사건 탈법행위 및 미지급행위를 했다는 이유로 피고가 원고에 대하여 이 사건 과징금 납부명령을 한 사실, 피고는 이 사건 과징금 납부명령을 함에 있어서, 구 하도급법 시행령(2009. 5. 13. 대통령령 제21491호로 개정되기 전의 것) [별표2] 2. 가. (1)항의 위반행위 유형별 부과점수를 탈법행위 유형의 부과점수인 100점으로, 위 [별표2] 2. 가. (2)항(이하 "이 사건 시행령 조항"이라 한다)의 위반행위의 수에 따른 부과점수를 위반행위가 2개인 경우의 부과점수

137 하도급거래공정화지침(2023. 2. 9. 공정거래위원회 예규 제421호) III. 18.

138 공정거래위원회 2020. 4. 20. 의결 제2020-006호(삼성중공업 사건).

인 60점으로 하여 이 사건 탈법행위와 미지급행위에 대한 기본과징금을 각 산정한 사실 등을 인정했다. 위와 같은 사실관계를 토대로 원심은, 피고가 이 사건 미지급행위에 대한 기본과징금을 산정하면서 탈법행위 유형의 부과점수를 적용한 것은 잘못이지만, 이 사건 시행령 조항의 '위반행위의 수'는 '동시에 심사대상이 된 위반행위의 수'를 의미하는 것으로 보아야 하므로 위반행위 횟수별 점수 산정에 있어서는 잘못이 있다고 볼 수 없고, 위반행위 유형별 점수 산정의 잘못을 고려하여 과징금을 다시 산정하더라도 이 사건 과징금 납부명령의 과징금 액수와 동일하므로 결과적으로 이 사건 과징금 납부명령은 정당하다고 판단했다.

원심 판결 이유를 관계법령과 기록에 비추어 살펴보면, 이 사건 시행령 조항의 '위반행위의 수'를 '당해 유형의 위반행위 수'로 제한 해석하여야 한다는 원고의 주장을 그 판시와 같은 이유로 배척한 원심의 판단은 정당한 것으로 수긍할 수 있고, 거기에 상고이유 주장과 같이 이 사건 시행령 조항의 해석에 관한 법리를 오해한 위법 등이 없다.

▣ 서울고등법원 2012. 4. 26. 선고 2011누38973 판결(울트라건설 사건)[139]

현금비율 유지의 외관을 위하여 하도급대금을 현금으로 송금했다 돌려받은 다음 어음으로 지급한 행위는 현금비율 유지의무 위반과 동시에 탈법행위이다.

---

139 확정.

제 6 장

하도급법 위반행위에 대한 제재

1. 시정조치 및 시정권고

법령 **하도급법 제25조(시정조치) 제1항**

① 공정거래위원회는 제3조 제1항부터 제4항까지 및 제9항, 제3조의4, 제4조부터 제12조까지, 제12조의2, 제12조의3, 제13조, 제13조의2, 제14조부터 제16조까지, 제16조의2 제7항 및 제17조부터 제20조까지의 규정을 위반한 발주자와 원사업자에 대하여 하도급대금 등의 지급, 법 위반행위의 중지, 특약의 삭제나 수정, 향후 재발방지, 그 밖에 시정에 필요한 조치를 명할 수 있다.

법령 **하도급법 제25조의5(시정권고)**

① 공정거래위원회는 이 법을 위반한 발주자와 원사업자에 대하여 시정방안을 정하여 이에 따를 것을 권고할 수 있다. 이 경우 발주자와 원사업자가 해당 권고를 수락한 때에는 공정거래위원회가 시정조치를 한 것으로 본다는 뜻을 함께 알려야 한다.
② 제1항에 따른 권고를 받은 발주자와 원사업자는 그 권고를 통지받은 날부터 10일 이내에 그 수락 여부를 공정거래위원회에 알려야 한다.
③ 제1항에 따른 권고를 받은 발주자와 원사업자가 그 권고를 수락했을 때에는 제25조 제1항에 따른 시정조치를 받은 것으로 본다.

하도급법상 조정과 시정조치

하도급법 제24조의6 제4항[1]에 의하면 조정이 이루어진 경우 시정조치를 부과하지 않는다. 이때 시정조치가 부과되지 않는 '조정'은 어떤 범위에서 인정되는가? 조정은 주로 하도급대금 미지급 사건에서 '하도급대금'에 관하여 성립된다. 그러나 위반행위가 문제되는 사안은 하도급대금 문제에 한정되지 않는다. 예를 들면 서면 미발급, 위탁취소 등 위반행위는 하도급대금과 직접 관련성이 없다. 그렇다면 하도급대금에 대하여 신고인인 수급사업자와 피심인인 원사업자 사이에 조정이 이루어졌다면 하도급대금과 직접 관련성이 없는 위반행위에 대하여 시정조치나 과징금을 부과할 수 있는가?

이 점에 대하여 하도급법 제24조의5 제4항은 명확하게 규정하지 않고 있다. 1설(적극설)은, 조정이 이루어진 부분은 대금 부분이므로 그 외 부분(대금 외 부분)은 시정조치 등이 가능하다는 견해이다. 2설(소극설)은, 조정이 이루어져 수급사업자와 원사업자의 분쟁이 실질적으로 해결된 경우 대금 부분과 비대금 부분을 구별하지 않고 원사업자에게 불이익한 조치를 하지 않는 것이 조정제도를 둔 입법취지에 부합한다는 견해이다. 이 견해에 따르면 조정이 이루어진 경우 하도급대금 이외의 부분에 대해서는 시정조치 등이 부과되지 않는다.

2설을 지지한다. 그 이유는 다음과 같다. 전체적 분쟁이 해결되었다면 특별한 사정이 없는 한 시정조치를 부과하지 않는 것이 타당하다. 조정제도가 하도급대금 관련 위반행위에 한정된다고 보기 어렵고, 조정제도의 범위를 대금 지급 부분에 한정한다면 조정이 실효성 있게 운영되기 어렵기 때문이다. 하도급법은 수급사업자 보호를 위하여 민사문제에 대한 예외적 개입을 허용한다. 따라서 조정의 취지를 존중하여, 대금 부분과 비대금 부분을 구별하지 않고 분쟁을 종국적으로 해결하는 것이 바람직하다.

---

1 하도급법 제24조의6 ④ 공정거래위원회는 제1항 또는 제2항에 따라 조정조서가 작성되고, 분쟁당사자가 조정조서에 기재된 사항을 이행한 경우에는 제25조 제1항에 따른 시정조치 및 제25조의5 제1항에 따른 시정권고를 하지 아니한다.

한편 하도급법상 조정이 아니라 합의가 이루어진 경우 조치는 어떻게 되는가? 이 경우 사건절차규칙 제46조 제1호, 제12조 제27호에 따라 심의절차를 종료할 수 있다.[2]

2. 지급명령

> **법령** **하도급법 제25조(시정조치) 제1항**
>
> ① 공정거래위원회는 제3조 제1항부터 제4항까지 및 제9항, 제3조의4, 제4조부터 제12조까지, 제12조의2, 제12조의3, 제13조, 제13조의2, 제14조부터 제16조까지, 제16조의2 제7항 및 제17조부터 제20조까지의 규정을 위반한 발주자와 원사업자에 대하여 하도급대금 등의 지급, 법 위반행위의 중지, 특약의 삭제나 수정, 향후 재발방지, 그 밖에 시정에 필요한 조치를 명할 수 있다.

가. 지급명령 제도

일본은 하도급법 위반에 대하여 시정권고 제도를 두는 반면, 과징금 및 지급명령 제도는 두지 않는다. 시정권고의 내용에는 하도급대금 지급에 대한 권고가 포함될 수 있다.[3] 한국은 1995. 1. 5. 하도급법이 법

2 공정거래위원회 2020. 6. 19. 의결 2018부사3183(태창이엔지 사건), 공정거래위원회 2020. 3. 27. 의결 2018서제0988(투비소프트 사건), 공정거래위원회 2020. 2. 14. 의결 2018서제1041(서해종합건설 사건).

률 제4860호로 개정되면서 하도급법 제25조 제1항에 '하도급대금 등의 지급'이 추가되어 지급명령의 근거가 명시되었다.[4] 지급명령 제도가 사적 영역에 대한 행정기관의 과도한 개입에 해당하여 헌법상 계약자유의 원칙과 과잉금지의 원칙에 위배된다고 보기 어렵다고 본 판결로 서울고등법원 2015. 1. 16. 선고 2013누8778 판결(성동조선해양 사건)[5] 등이 있다.

지급명령의 성격

하도급법상 지급명령에 따른 지급의무는 민사상 채무의 존부와 어떤 관계에 있는가? 이는 하도급법과 민사법의 관계를 어떻게 이해하는가에 따라 달라진다.

첫째, 하도급법상 지급의무를 불법행위로 인한 손해배상채무로 보는 견해(불법행위설)가 있다. 하도급법상 지급의무를 불법행위로 인한 채무로 본다면, 이는 고의의 불법행위로 인한 채무가 된다. 이때 하도급대금채권을 수동채권으로 한 상계가 불허된다는 면에서 차이가 발생한다. 하도급법상 지급명령의 성격과 공법상 의무의 성격에 관하여, 하도급계약에 따른 채권이 아니라 불법행위로 인한 손해배상채권으로 본 사례(서울고등법원 2015. 1. 16. 선고 2013누8778 판결, 성동조선해양 사건)가 있다.

둘째, 하도급법상 지급의무를 채무의 이행 또는 채무불이행에 따른 손해배상의무로 이해하는 견해(채무불이행설)가 있다. 이에 따르면 하도

3 황태희, "하도급거래에 있어서 수급사업자 보호의 실효성 제고방안에 관한 연구", 『경쟁법연구』 제25권, 2012.

4 손계준, "하도급법상 지금명령의 쟁점", 『경쟁법연구』 제33권, 2016, 354쪽.

5 대법원 2018. 5. 11. 선고 2015두38252 판결로 지급명령 부분이 파기되고, 나머지는 상고기각되었다.

급법상 지급의무는 민사상 채무의 이행을 공법상 강제하는 것으로 그 기본적 성격을 민사상 채무로 이해할 수 있고, 이를 수동채권으로 한 상계도 가능하다.

지급명령의 발령 필요성 심사

지급명령의 발령을 위해서는 하도급대금채권의 확정이 필요하다. 그러나 하도급 사건의 조사 및 심의 절차에서 하도급대금의 정확한 금액을 계산하기는 어렵다. 변제, 상계, 공제 등 다양한 채권소멸 사유가 존재하며, 특히 원사업자와 수급사업자 사이의 거래가 장기간 복잡하게 지속된 경우에는 채권액 확정을 두고 다양한 다툼이 생긴다. 이와 같이 공정거래위원회 조사 및 심의 단계에서 구체적인 금액을 계산하는 데에는 현실적인 한계가 있다.

물론 기존의 판례가 지급명령의 위헌성을 부정하지는 않았다. 다만, 이는 제도의 필요성을 고려할 때 제도 자체의 위헌성까지 부정되지 않는다는 취지로, 지급명령의 구체적 방식과 내용에는 민사법 및 그 전제인 사적 자치의 원칙과의 관계에서 일정한 제한이 있음을 부정하기 어렵다.[6] 따라서 지급명령은 필요한 최소한도로 제한적인 범위에서 발령되어야 한다. 지급명령의 발령이 분쟁의 해결을 위하여 필수적이고, 지급명령의 대상이 되는 하도급대금의 수액에 대하여 다툼의 여지가 적어서 금액을 정확하게 산정할 수 있는 경우에 발령하는 것이 타당하다. 이와 달리 하도급대금에 다툼이 있고, 증거가 명백하지 않은 경우에는 지급명령의 발령을 절제할 필요가 있다.

---

6 이문성, "하도급법 위반행위 유형별 지급명령에 관한 연구", 『경제규제와법』 제10권 제2호, 2017, 333쪽.

지급명령 제도의 개편 방안

지급명령의 발령의무가 있는 현 법제에서는 지급명령의 필요성을 형량하여 필요한 경우에 한하여 지급명령을 발령하는 방식을 검토할 수 있다. 다만, 이는 근본적인 문제해결 방식이 아니며 지급명령 제도 개편을 위한 보다 근본적인 대안으로는 다음이 있다.

첫째, 시정명령에 시정되어야 할 항목만 지적하고, 그 이후 구체적인 금액 획정은 민사 절차를 통하여 해결하는 방안이다.

둘째, 하도급법은 과징금 부과가 목적이 아니라 피해구제가 목적이므로 과징금 부과예정금액 중 일부를 피해회복 기금으로 대체하여 수급사업자 보호를 위하여 사용함으로써 시급한 권리구제 문제를 먼저 해결하는 방안이다. 이를 넘어서는 피해 금액은 민사 절차에 맡기는 것이 타당하다.[7]

판례 지급명령 제도의 위헌성 판단

▣ 서울고등법원 2015. 1. 16. 선고 2013누8778 판결(성동조선해양 사건)[8]

원사업자와 수급사업자 사이에 분쟁이 발생하는 경우 통상 민법 등의 규율을 받는 것이 원칙이나, 양 당사자의 거래상 지위의 현저한 불균형으로 말미암아 민법 등이 예정하고 있는 대등한 관계를 유지하기가 어렵다. 이에 따라 수급사업자가 원사업자와의 하도급거래 시 손해를 입었음을 이유로 이를 배상받기 위해서는 민법 등에 의해 원사업자의 손해배상의무와 귀책사유 등을 증명하여야 할 것인데, 이러한 구제 방법만으로는 열악한 지위에 있는 수급사업자의 정당한 이익을 충분히 보호하지 못할 우려가 있다.

---

7 이 부분은 신영호 전(前) 공정거래위원회 상임위원의 의견을 참조했다.

8 대법원 2018. 5. 11. 선고 2015두38252 판결로 지급명령 부분이 파기되고, 나머지는 상고기각되었다.

하도급법은 공정한 하도급거래질서를 확립하여 원사업자와 수급사업자가 대등한 지위에서 상호보완하며 균형 있게 발전할 수 있도록 함으로써 국민경제의 건전한 발전에 이바지함을 목적으로 하는바(구 하도급법 제1조), 위와 같이 수급사업자의 정당한 이익이 보호받지 못하는 경우를 대비하여 구 하도급법 제25조 제1항은 지급명령 제도를 통해 양 당사자를 대등한 지위에 두고 민사소송을 제기할 경우에 소요되는 시간과 비용을 절약하면서 분쟁을 신속히 해결하고자 하는 것이므로, 지급명령 제도가 사적 영역에 대한 행정기관의 과도한 개입에 해당하여 헌법상 계약자유의 원칙과 과잉금지의 원칙에 위배된다고 보기 어렵다. 따라서 원고의 위 주장도 이유 없다.

나. 지급명령 관련 쟁점

사정변경과 지급명령의 적법성

하도급대금의 수액에 있어 사정변경이 발생한 경우 지급명령은 위법하게 되는가? 이는 대금에 관한 사정변경, 특히 상계에서 자주 문제가 되므로 단계별로 나누어 판단해야 한다(상세한 내용은 제2장 2. 하도급대금의 지급 부분 참조). 먼저 하도급 사건에서 공정거래위원회 지급명령 발령(처분) 이전에 상계를 한 경우(상계의 의사표시를 한 경우)에는 지급명령의 위법성을 다툴 수 있다.

한편 공정거래위원회가 발령한 지급명령 이후에 상계의 의사표시를 했더라도 상계적상이 지급명령 이전에 있은 경우(상계적상-지급명령-상계 의사표시 순서), 그리고 상계적상이 지급명령 이후에 있었더라도 자동채권의 변제기가 먼저 도래하는 경우(기대이익이 있는 경우, 지급명령-상계적상-상계 의사표시 순서)에는 이를 사유로 지급명령의 위법성을 다툴 수 있는가? 지급명령 이전에 하도급대금 지급채무 소멸 사유가 이미 존재했음에도 증거가 제출되지 못한 경우에는 지급명령이 위법하다고 보는 견해가 있다(위법설). 이는 지급명령 발령 이전에 사정변경이 발생한 경우라면 이를 반영하지 못한 지급명령의 위법성을 인정하는 것이다.

그러나 처분일 이후에 상계의 의사표시를 한 경우는 처분 이후에 사정변경이 발생한 것이므로 위반행위가 인정되고, 지급명령도 일단 적법하다고 볼 수 있다(적법설). 처분일 이후에 있을 상계의 의사표시까지 고려하여 공정거래위원회가 처분하기를 기대할 수는 없기 때문이다(상세한 내용은 제2장 2.사. 부분 참조).

결론적으로 지급명령 이후에 발생한 사정변경으로 인하여 지급명령이 위법하다고 보기는 어렵다. 직접적으로 이 문제를 다룬 판례는 아니지만 대법원 2010. 10. 28. 선고 2010두16561 판결[9]도 이러한 취지에 가까운 사례로 참조할 수 있다.

그럼 지급명령이 적법하다고 볼 경우 원사업자의 상계, 그리고 이로 인한 채무의 소멸을 어떻게 반영할 것인가? 지급명령이 적법하다는 전

---

9 구 하도급법(2009. 4. 1. 법률 제9616호로 개정되기 전의 것)이 적용되는 하도급거래에서 발생한 하도급대금의 지급이 지체된 경우에 수급사업자가 원사업자를 상대로 청구할 수 있는 지연손해금에 대하여는 이에 관하여 규정하는 위 법 제13조 제8항에서 정한 다른 요건이 충족되는 한 위 법조항에 따라 공정거래위원회가 정하여 고시한 이율에 의할 것이고, 그 한도에서 민법 또는 상법상의 법정이율이나 그에 관한 보다 일반적인 특례인 소송촉진 등에 관한 특례법 제3조 제1항에서 정한 이율은 적용되지 아니한다. 그리하여 수급사업자는 애초 이와 같이 위 구 하도급법의 규정에 좇아 하도급대금에 관하여 고시이율에 좇은 지연손해금의 지급을 청구할 실체법상의 권리를 가진다. 따라서 그가 고시이율과 법정이율의 차이에 상응한 부분의 지연손해금을 포기하여 그 권리를 상실했다는 등의 특별한 사정이 인정되지 아니하는 한, 공정거래위원회의 시정명령 이후에 수급사업자의 원사업자에 대한 하도급대금 지급청구소송에서 법정이율에 의한 지연손해금의 지급을 명하는 확정판결이 있었다고 하더라도 이는 수급사업자의 실체적법 권리 그 자체에 영향이 있는 것은 아니므로 그러한 사정만으로 공정거래위원회의 시정명령 중 고시이율에 의한 지연손해금의 지급을 명하는 부분이 위법하게 된다고 할 수 없다.

제에서 지급명령의 이행은 변제에 한정되지 않고, 변제 외의 채무소멸 사유도 포함된다. 이 경우에는 상계를 통하여 지급명령을 실질적으로 이행한 것으로 처리하는 방안 등이 있다.

민사판결과 지급명령

수급사업자의 원사업자에 대한 하도급대금 지급청구소송에서 법정이율에 의한 지연손해금 지급을 명하는 확정판결이 있었다고 하더라도 공정거래위원회가 고시이율에 의한 지연손해금 지급을 시정명령으로 명하는 것은 가능하다(대법원 2010. 10. 28. 선고 2010두16561 판결).

하도급법 제4조(부당한 하도급대금)와 지급명령

하도급법 제4조 사안에서 지급명령의 허용 여부는 행위 유형에 따라 달라진다. 대법원은 지급명령에 대하여 제1호,[10] 제5호[11] 사안에서 부정적이고(대법원 2018. 3. 3. 선고 2016두59430 판결), 제7호[12] 사안에서 긍정적이다(대법원 2012. 11. 15. 선고 2012두13924 판결, 대법원 2023. 1. 12. 선고 2020두36915 판결).

판례 지급명령의 허용범위 판단

▣ 대법원 2018. 3. 13. 선고 2016두59430 판결(신영프레시젼 사건)

구 하도급법(2013. 5. 28. 법률 제11842호로 개정되기 전의 것) 제4조 위반으

---

10 1. 정당한 사유 없이 일률적인 비율로 단가를 인하하여 하도급대금을 결정하는 행위.

11 5. 원사업자가 일방적으로 낮은 단가에 의하여 하도급대금을 결정하는 행위.

12 7. 경쟁입찰에 의하여 하도급계약을 체결할 때 정당한 사유 없이 최저가로 입찰한 금액보다 낮은 금액으로 하도급대금을 결정하는 행위.

로 인한 지급명령은 공정거래위원회가 간편하게 손해배상 등의 지급을 명하는 것이라고 할 수 있다. 구 하도급법 제4조 제2항 제1호나 제5호 위반으로 인한 지급명령이 허용된다면 그 지급명령은 당사자 사이의 사적 자치에 따라 정하여졌을 대금액을 전제로 하여야 한다. 그런데 제1호 위반행위나 제5호 위반행위가 있다고 하더라도 각 품목이나 거래별로 개별적 사정이 있을 수 있어 위반행위 전의 단가가 당연히 지급명령액 산정의 기준액이 된다고 단정할 수 없고, 제1호 위반행위나 제5호 위반행위의 성질상 이러한 위반행위가 없었더라면 원사업자와 수급사업자가 실제 정했을 대금액을 상정하기도 어렵다. 따라서 제1호 위반행위 또는 제5호 위반행위에 대한 시정조치로서 지급명령은 원칙적으로 허용되지 않는다.

▣ 대법원 2010. 10. 28. 선고 2010두16561 판결

고시이율과 법정이율의 차이에 상응한 부분의 지연손해금을 포기하여 그 권리를 상실했다는 등의 특별한 사정이 인정되지 아니하는 한, 공정거래위원회의 시정명령 이후에 수급사업자의 원사업자에 대한 하도급대금 지급청구소송에서 법정이율에 의한 지연손해금 지급을 명하는 확정판결이 있었다고 하더라도 이는 수급사업자의 실체적법 권리 그 자체에 영향을 주는 것은 아니므로 그러한 사정만으로 공정거래위원회의 시정명령 중 고시이율에 의한 지연손해금 지급을 명하는 부분이 위법하게 된다고 할 수는 없다.

▣ 대법원 2023. 1. 12. 선고 2020두36915 판결

시정조치의 일환으로 특수한 형태의 지급명령이 허용되는지 여부가 다투어진 사건이다. 하도급거래 공정화에 관한 법률 제4조 제2항 제7호에 해당하는 행위에 대하여 특수한 형태의 시정조치로서 최저가 입찰금액과 실제 하도급대금의 차액 상당의 지급명령이 허용되는지 여부에 대하여 아래와 같이 허용된다는(적극) 판단을 했다.

하도급거래 공정화에 관한 법률(이하 '하도급법'이라고 한다) 제4조 제2항은 "다음 각 호의 어느 하나에 해당하는 원사업자의 행위는 부당한 하도급대금의 결정으로 본다."라고 규정하면서, 제7호에서 '경쟁입찰에 의하여 하도급계약을 체결할 때 정당한 사유 없이 최저가로 입찰한 금액보다 낮은 금액으로 하도급대금을 결정하는 행위'를 들고 있다. 위 규정은 경쟁입찰에 의한 하도급계약을 체결함에 있어 정당한 사유 없이 최저가로 입찰한 금액보다 낮은 금액으로 하도급대금을 결정하는 행위를 금지함으로써 종국적으로는 투명하고 공정한 하도급거래질서를 정착시키려는 데에 그 입법 취지와 목적이 있다.

한편 하도급법 제25조 제1항은 제4조 등의 규정을 위반한 발주자와 원사업자에 대한 시정조치로서 공정거래위원회는 하도급대금 등의 지급, 법 위반행위의 중지, 향후 재발방지 그 밖에 시정에 필요한 조치를 권고하거나 명할 수 있다고 정하고 있다.

하도급법 제4조 제2항 제7호는 부당한 하도급대금의 결정인지를 판단하는 기준을 최저가 입찰금액으로 명확히 규정하고 있고, '경쟁입찰'이라는 거래방식의 특수성에 비추어볼 때, 입찰과정에서 원사업자가 입찰예정가격을 정당하게 산정한 후 입찰금액이 이를 초과하는 경우 추가협상이 있을 수 있음을 사전에 고지함으로써 수급사업자는 경우에 따라 최저가 입찰금액보다 낮은 수준에서 하도급계약이 체결될 수 있음을 예상할 수 있었던 사정이 인정된다거나 그 밖에 공사현장 여건, 원사업자의 책임으로 돌릴 수 없는 사유 또는 수급사업자의 귀책사유 등 최저가로 입찰한 금액보다 낮은 금액으로 하도급대금을 결정하는 것을 정당화할 객관적·합리적 사유를 원사업자가 주장·증명하지 못하는 이상, 부당한 하도급대금의 결정이 없었더라면 원사업자와 수급사업자 사이에 적어도 최저 입찰가 수준에서 하도급계약이 체결되었을 것이라는 사정도 충분히 인정된다. 따라서 하도급법 제4조 제2항 제7호에 해당하는 행위에 대하여는 특수한 형태의 시정조치로서 최저가 입찰금액과 실제 하도급대금의 차액 상당의 지급명령이 허용된다.

☞ 해설

원고가 경쟁입찰에 의하여 황조건설 주식회사와 하도급계약을 체결하면서 정당한 사유 없이 최저가 견적가격보다 낮은 금액으로 계약금액을 정했음을 인정하면서도 원고와 황조건설 주식회사가 실제로 최저가 견적가격을 계약금액으로 정했을 것이라고 인정하기 어렵다는 이유로 원고의 부당한 하도급대금 결정행위에 대한 지급명령이 허용될 수 없다고 본 원심판결을 파기·환송한 사례이다.

지급명령과 사법상 효력

하도급상 시정명령, 지급명령과 민사상 계약의 효력은 어떻게 되는가? 이는 하도급상 지급명령과 민사상 하도급대금의 관계 문제에 선행하는 문제이다. 다음 사례를 고려할 수 있다.

대규모유통업법 사안에서 선고된 판결로, 대규모유통업법에 관한 대법원 2020. 6. 26. 선고 2016두55896 판결에서 다룬 '사법상 효력'에 관련된 법리를 참조할 수 있다. 이 판결은 대규모유통업법 제8조는 그 규정에 위반된 약정의 효력에 관하여는 아무런 규정을 두지 않는 반면, 그 규정을 위반한 원사업자를 벌금형에 처하도록 하면서 그 규정 위반행위 중 일정한 경우만을 공정거래위원회에서 조사하게 하여 그 위원회로 하여금 그 결과에 따라 원사업자에게 시정조치를 명하거나 과징금을 부과하도록 규정하고 있을 뿐이므로, 위 규정을 위반한 대규모유통업자와 납품업자 간 약정의 효력을 반드시 부인하여야 할 것은 아니라고 판단했다. 이 판결의 취지에 비추어보면 시정명령에도 불구하고 사법상 계약은 유효할 가능성이 높다.

참고로 다른 판례도 계약효력의 문제를 민사상 법리와 부합하게 해석하려는 취지로 보인다(대법원 2013. 9. 12. 선고 2011다6311 판결,[13] 대법원

---

13 공사도급계약 및 하도급계약을 함께 체결하면서 도급인, 원수급인과 하수급인이 '공

2014. 11. 13. 선고 2009다67351 판결).[14]

사대금은 도급인이 원수급인의 입회하에 하수급인에게 직접 지급하고, 원수급인에게는 지급하지 않는 것'으로 약정한 경우, 당사자들의 의사가 위 도급계약 및 하도급계약에 따른 공사가 실제로 시행 내지 완료되었는지 여부와 상관없이 원수급인의 도급인에 대한 공사대금채권 자체를 하수급인에게 이전하여 하수급인이 도급인에게 직접 그 공사대금을 청구하고 원수급인은 공사대금 청구를 하지 않기로 하는 취지라면 이는 실질적으로 원수급인이 도급인에 대한 공사대금채권을 하수급인에게 양도하고 그 채무자인 도급인이 이를 승낙한 것이라고 봄이 상당하다. 이러한 경우 위와 같은 채권양도에 대한 도급인의 승낙이 확정일자가 있는 증서에 의하여 이루어지지 않는 이상, 도급인은 위와 같은 채권양도와 그에 기한 채무의 변제를 들어서 원수급인의 위 공사대금채권에 대한 압류채권자에게 대항할 수 없다. 반면 당사자들의 의사가, 하수급인이 위 각 하도급계약에 기하여 실제로 공사를 시행 내지 완료한 범위 내에서는 도급인은 하수급인에게 그 공사대금을 직접 지급하기로 하고 원수급인에게 그 공사대금을 지급하지 않기로 하는 취지라면, 압류명령의 통지가 도급인에게 도달하기 전에 하수급인이 위 공사를 실제로 시행 내지 완료했는지 여부나 그 기성고 정도 등에 따라 도급인이 원수급인의 위 공사대금채권에 대한 압류채권자에게 하수급인의 시공 부분에 상당하는 하도급대금의 범위 내에서 대항할 수 있는지 여부 및 그 범위는 달라진다.

14 직접청구권의 발생과 원사업자의 공사대금채권 당연 이전 및 발주자의 원사업자에 대한 대금 지급채무 소멸이 서로를 각각 제약하는 관계에 있어서 그중 어느 하나가 일어나지 않으면 다른 법률효과도 발생하지 아니한다고 볼 것인 점, 발주자는 수급사업자의 직접청구권에 의하여 자신의 의사 또는 자신의 계약상대방인 원사업자의 의사에 기하지 아니하고 제3자에 대하여 공사대금을 지급하여야 할 의무를 부담하게 되는 것이어서 발주자에게 불측의 부담이 될 우려가 있다고 할 수 있는 점, 원사업자에 대하여 채권을 가지는 이가 자기 채권의 만족을 도모하여 원사업자의 공사대금채권에 대하여 압류 또는 가압류 등의 집행 보전의 조치에 나아가기에 이른 단계에까지 그의 이익을 후퇴시키고 수급사업자의 채권 만족을 앞세우는 것은 균형을 잃었다고 할 것인 점, 나아가 특히 원사업자의 무자력이 의심되는 단계에서 빈번하게 제기되는 원사업자의 재산을 둘러싼 여러 채권자들의 이해관계 조정의 문제는 법률관계의 당사자 지위에 따른 상대적 처리보다는 이를 일률적으로 간명하게 처리하는 것이 바람직한 점 등을 종합하여 고려하여 보면, 위와 같이 압류 등으로 집행보전된 채권에 해당하는 금액에 대하여는 수급사업자에게 직접청구권이 발생하지 아니하고, 원사업자의 발주자에 대한 공사대금채권은 다른 특별한 사정이 없는 한 그 집행 보전된 채권액의 한도에서는 수급사업자에게 이전되지 아니한다고 할 것이다.

3. 과징금

법령 **하도급법 제25조의3(과징금)**

① 공정거래위원회는 다음 각 호의 어느 하나에 해당하는 발주자·원사업자 또는 수급사업자에 대하여 수급사업자에게 제조 등의 위탁을 한 하도급대금이나 발주자·원사업자로부터 제조 등의 위탁을 받은 하도급대금의 2배를 초과하지 아니하는 범위에서 과징금을 부과할 수 있다.

1. 제3조 제1항부터 제4항까지의 규정을 위반한 원사업자
2. 제3조 제9항을 위반하여 서류를 보존하지 아니한 자 또는 하도급거래에 관한 서류를 거짓으로 작성·발급한 원사업자나 수급사업자
3. 제3조의4, 제4조부터 제12조까지, 제12조의2, 제12조의3, 제13조 및 제13조의2를 위반한 원사업자
4. 제14조 제1항 및 제3항을 위반한 발주자
5. 제14조 제5항을 위반한 원사업자
6. 제15조, 제16조, 제16조의2 제10항 및 제17조부터 제20조까지의 규정을 위반한 원사업자

② 공정거래위원회는 대통령령으로 정하는 금액을 초과하는 과징금을 부과받은 자가 다음 각 호의 어느 하나에 해당하는 사유로 과징금의 전액을 일시에 납부하기 어렵다고 인정되면 그 납부기한을 연기하거나 분할하여 납부하게 할 수 있다. 이 경우 필요하다고 인정되면 담보를 제공하게 할 수 있다.

1. 재해 또는 도난 등으로 재산에 현저한 손실을 입은 경우
2. 사업여건의 악화로 사업이 중대한 위기에 처한 경우
3. 과징금의 일시납부에 따라 자금사정에 현저한 어려움이 예상되

는 경우

4. 그 밖에 제1호부터 제3호까지의 규정에 준하는 사유가 있는 경우

③ 공정거래위원회는 제2항에 따라 과징금 납부기한을 연기하거나 분할납부하게 하려는 경우에는 다음 각 호의 사항에 관하여 대통령령으로 정하는 사항을 고려하여야 한다.

1. 당기순손실

2. 부채비율

3. 그 밖에 재무상태를 확인하기 위하여 필요한 사항

④ 제1항의 과징금에 관하여는 「독점규제 및 공정거래에 관한 법률」 제102조, 제103조(제1항은 제외한다) 및 제104조부터 제107조까지의 규정을 준용한다.

가. 과징금고시와 과징금

2016년 과징금고시와 2018년 과징금고시의 관계

하도급법 과징금고시는 수회 개정되었다. 이에 따라 2013-1호 고시(2013. 5. 22. 시행), 2016-10호 고시(2016. 7. 25. 시행), 2018-18호 고시(2018. 10. 18. 시행), 2020-17호 고시(2020. 12. 1. 시행)가 기간별로 적용된다.[15] 특히 2013, 2016, 2018 고시 사이의 관계는 실무상 중요한 의미를 가지고 있다.

2013-1호 고시와 2016-10호 고시의 관계에 대하여, 2016. 7. 25. 이전의 위반행위에 대해서는 2013-1 고시가 적용된다. 이는 시행령 중 과징금과 관련된 [별표2]가 2016. 1. 25.에 개정되어 2016. 7. 25.에 시행되면서, 개정 시행령 부칙 제4조에 2016. 7. 25. 이전의 위반행위에

15 2018년 과징금고시 변경으로 정액과징금의 상한이 인상되었다.

대하여 종전의 법령을 적용하도록 규정함에 따른 것이다.[16]

2016-10호 고시(2016. 7. 25. 시행)와 2018-18호 고시(2018. 10. 18. 시행)의 관계에 대하여, 2018-18호 고시의 부칙에 경과규정을 두고 있다. ① 2018. 10. 18. 이후 위반행위는 2018-18호 고시가 당연히 적용된다. ② 2016. 7. 25.부터 2018. 10. 17.까지의 위반행위는 2018-18호 고시를 적용하는 것이 원칙이다. ③ 다만, 2016. 7. 25.부터 2018. 10. 17.까지의 위반행위에 대하여 정액과징금을 부과하는 경우에는 2016-10호 고시를 적용한다.[17]

과징금고시에 부합하는 처분과 재량권

과징금고시에 적합한 경우 재량권 일탈·남용이 인정될 수 있는지에 관하여 아래와 같이 공정거래법 사안에서 논의가 있었고, 이는 하도급법 사안에서도 적용될 수 있다.

서울고등법원 2011. 6. 2. 선고 2010누21718 판결은 과징금고시에 적합하다고 하여 적법하다고 볼 수는 없다고 판단했으나, 그 상고심인 대법원 2014. 2. 13. 선고 2011두16049 판결에서 합의 자체가 인정되기 어렵다는 이유로 파기환송되어 이 부분에 관한 대법원의 판단이 나오지 않았다. 제재적 행정처분의 기준에 관하여 행정청 내부에 사무처리준칙이 있다고 하더라도 이는 대외적으로 국민이나 법원을 기속하

---

16 시행령 부칙 <제26933호, 2016. 1. 22.> 제1조(시행일): 이 영은 2016. 1. 25.부터 시행한다. 다만, 제13조 제2항 및 [별표2]의 개정규정은 2016. 7. 25.부터 시행한다. 제4조(과징금의 부과기준에 관한 경과조치) 부칙 제1조 단서에 따른 시행일 전의 위반행위에 대하여 과징금의 부과기준을 적용하는 경우에는 제13조 제2항 및 [별표2]의 개정규정에도 불구하고 종전의 규정에 따른다.

17 과징금고시 부칙 <제2018-18호, 2018. 10. 18.>: ① 이 고시는 2018. 10. 18.부터 시행한다. ② 이 고시 시행일 전의 위반행위에 대하여 부과기준금액을 적용하는 경우에는 IV. 1. 다. 개정 규정에도 불구하고 종전의 규정에 따른다. ③ IV. 4.의 개정 규정은 2016. 7. 25. 이후의 위반행위부터 적용한다.

는 효력이 없으므로, 당해 처분의 적법 여부는 위 처분기준만이 아니라 관계법령의 규정 내용과 취지에 따라 판단하여야 한다. 따라서 그 처분기준에 부합한다 하여 곧바로 당해 처분이 적법한 것이라고 할 수는 없지만, 위 처분기준이 그 자체로 헌법 또는 법률에 합치되지 않거나 그 기준을 적용한 결과가 처분사유인 위반행위의 내용 및 관계법령의 규정과 취지에 비추어 현저히 부당하다고 인정할 만한 합리적인 이유가 없는 한, 섣불리 그 기준에 따른 처분이 재량권의 범위를 일탈했다거나 재량권을 남용한 것이라고 판단해서는 안 된다(대법원 2007. 9. 20. 선고 2007두6946 판결 참조). 이 점에서 과징금고시는 원칙적으로 존중되어야 한다.

과징금고시에 위반된 처분과 재량권

과징금고시에 위반된 경우 재량권 일탈·남용이 인정될 수 있는지에 관해서는 아래와 같이 공정거래법 사안에서 논의가 있었고, 이는 하도급법 사안에서 원용될 수 있다.

과징금 부과가 과징금고시에 위반된 경우에는 상반된 판례가 있다. 서울고등법원 2008. 5. 29. 선고 2007누28580 판결[18]은 과징금 부과준칙을 초과하는 부과기준율 적용에 재량권 일탈·남용이 없다고 판단한 반면, 과징금 부과준칙을 위반한 경우 재량권 일탈·남용을 인정한 사례로는 서울고등법원 2004. 11. 24. 선고 2003누9000 판결[19]이 있다.[20] 조사협조자로서 감경 요건을 구비하고 있음에도 이에 미치지 못

18 심리불속행 기각.

19 확정.

20 과징금고시는 법규명령적인 성격을 갖지 않는 행정규칙이다. 판례를 종합하면 과징금 부과준칙을 위반한 경우 원칙적으로 재량권 일탈·남용의 여지가 높지만 이와 달리 적법하다고 볼 여지가 있다. 과징금 부과준칙에 따를 경우 원칙적으로 적법하지만 예외적으로 위법하다고 볼 가능성도 있는 것으로 볼 수 있다.

하는 감경을 한 경우 위법하다고 본 사례로는 대법원 2008. 9. 25. 선고 2007두12699 판결 등이 있다. 결국 과징금고시에 부합하는지 여부에 따라 바로 처분의 적법성을 판단할 수 있는 것이 아니라, 비례의 원칙, 평등의 원칙에 위반되는지를 심사해야 할 것이다. 다만, 과징금고시에 위반되는 경우 공정거래위원회의 기존 집행과 어긋나게 되어 자기구속의 원칙, 평등의 원칙 등을 매개로 재량권 일탈·남용이 인정될 가능성이 상대적으로 높다.[21]

관련 사례로, 개정 하도급법 시행령 부칙 제4조의 문언상 시행일 이전의 행위에 대하여 과징금 부과기준을 적용하는 경우에는 종전 규정에 따라야 하고, 개정 하도급법 시행령이 적용될 여지가 없다고 본 서울고등법원 2017. 11. 29. 선고 2017누57457 판결(선창아이티에스 사건),[22] 과징금 고시 부칙에서 "이 고시는 고시한 날부터 시행한다."고 규정하고 있음에도, 과징금고시의 고시일 이전의 행위에 대해서도 소급 적용한 것은 위법하다고 판단한 대법원 2013. 2. 15. 선고 2010두5288 판결(영조주택 사건) 등이 있다.

판례 하도급법 과징금고시 적용에 대한 판단

▣ 서울고등법원 2017. 11. 29. 선고 2017누57457 판결(선창아이티에스 사건)[23]

과징금을 부과함에 있어 원고의 위반행위 기간별로 2013. 12. 1.부터 2016. 7. 24.까지의 위반행위에 대해서는 위반금액이 3억 원을 초과하여 위반행위가 중대하고 그 파급효과가 큰 경우에 해당하므로 하도급

21 정재훈, 『공정거래법 소송실무(제3판)』, 육법사, 2020, 198쪽.

22 확정.

23 확정.

법 제25조의3 제1항, 구 하도급법 시행령(2016. 1. 22. 대통령령 제26933호로 개정되어 2016. 7. 25.에 시행되기 전의 것) 제13조의 규정에 따른 '하도급법 위반사업자에 대한 과징금 부과기준에 관한 고시'(공정거래위원회 고시 제2013-1호, 이하 "구 과징금고시"라 한다)를 적용하여 이 사건 과징금 납부명령을 했고, 2016. 7. 25. 이후의 위반행위에 대해서는 원고가 조사가 개시된 날 또는 위원회의 지급 요청을 받은 날부터 30일 이내에 미지급금을 수급사업자들에게 지급했으므로 하도급법 시행령(2016. 1. 22. 대통령령 제26933호로 개정되어 2016. 7. 25. 시행된 것, 이하 "개정 하도급법 시행령"이라 한다) 제13조 제1항 관련 [별표2] 과징금 부과기준 및 '하도급법 위반사업자에 대한 과징금 부과기준에 관한 고시'(공정거래위원회 고시 제2016-10호, 이하 "개정 과징금고시"라 한다)를 적용하여 과징금을 부과하지 아니했다.

이 사건에는 위반행위 기간의 구별 없이 개정 과징금고시 또는 개정 하도급법 시행령이 적용되어야 하고, 이에 따라 과징금이 감면되어야 한다. 구 과징금고시의 경우 부칙에서 "이 고시의 위반행위에 대하여 과징금을 부과하는 경우에는 종전의 규정에 의한다."는 경과규정을 둔 반면, 개정 과징금고시 부칙에서는 이와 같은 경과규정을 두지 않고 단지 2016. 7. 25.부터 개정 과징금고시를 시행한다고만 규정하고 있으므로, 2016. 7. 24. 이전의 법 위반행위에 대해서도 개정 과징금고시를 적용하여야 한다. 개정 하도급법 시행령 부칙에 의하더라도, 부칙 제4조는 '과징금 부과기준의 변경'에 따른 불측의 손해를 방지하기 위한 것이므로 '과징금을 부과할지 여부'에 관한 결정에 대하여는 부칙 제4조가 적용되지 않아 처분 시를 기준으로 개정 하도급법 시행령을 적용하는 것이 타당하다(원고 주장).

피고가 2016. 7. 24. 이전의 행위와 2016. 7. 25. 이후의 행위를 나누어, 후자의 행위에 한정하여 개정 하도급법 시행령 [별표2] 과징금 부과기준 나. 2) 나)를 적용하여 과징금을 면제한 이 사건 과징금 납부명령은 적법하다. 개정 하도급법 시행령 부칙 제1조는 "이 영은 2016년 1월 25일부터 시행한다. 다만, 제13조 제2항 및 [별표2]의 개정규정은

2016년 7월 25일부터 시행한다.", 제4조는 "부칙 제1조 단서에 따른 시행일 전의 위반행위에 대하여 과징금의 부과기준을 적용하는 경우에는 제13조 제2항 및 [별표2]의 개정규정에도 불구하고 종전의 규정에 따른다."고 규정한다. 따라서 위 부칙 제4조의 문언상 2016. 7. 24. 이전의 행위에 대하여 과징금 부과기준을 적용하는 경우에는 종전 규정에 따라야 하고, 개정 하도급법 시행령이 적용될 여지가 없음이 명백하다.[24]

▣ 대법원 2013. 2. 15. 선고 2010두5288 판결(영조주택 사건)

원심은, 그 채택증거를 종합하여 판시와 같은 사실을 인정한 다음, 원고가 원사업자로서 2007. 2. 15.부터 같은 해 12. 27.까지 15건의 공사를 지명경쟁입찰에 의하여 발주하면서 최저가 1개 업체를 낙찰자로 선정한 후 가격을 추가협상하여 최저입찰금액보다 더 낮은 금액으로 하도급대금을 결정함으로써 구 하도급법(2009. 4. 1. 법률 제9616호로 개정되기 전의 것) 제4조를 위반했다는 이유로 피고가 한 과징금 납부명령(이하 "이 사건 처분"이라 한다)에 대하여, '하도급법 위반사업자에 대한 과징금 부과기준에 관한 고시'(2007. 8. 30. 공정거래위원회 고시 제2007-7호. 이하 "이 사건 과징금고시"라 한다)의 부칙에서 "이 고시는 고시한 날부터 시행한다."고 규정하고 있음에도, 피고가 이 사건 과징금고시의 고시일인 2007. 8. 30. 전의 원고의 행위에 대해서도 이 사건 과징금고시를 소급 적용한 것은 위법하다고 판단했다.

공정거래위원회는 구 하도급법 위반행위에 대하여 과징금을 부과할 것인지 여부와 만일 과징금을 부과한다면 일정한 범위 안에서 과징금의 부과액수를 얼마로 정할 것인지에 관하여 재량을 가지고 있으므로, 공정거래위원회의 구 하도급법 위반행위자에 대한 과징금 부과처분은 재량행위에 해당한다. 그런데 피고는 구 하도급법 및 그 시행령에서 정한 과징금의 구체적인 부과액수 산정을 위하여 내부적으로 이 사건 과징

24 판결문 8, 9쪽.

금고시를 제정하여 시행하고 있으므로, 비록 이 사건 과징금고시가 피고 내부의 사무처리 준칙에 불과한 것이라고 하더라도 이는 구 하도급법 및 그 시행령에서 정한 금액의 범위 내에서 적정한 과징금 선정기준을 마련하기 위하여 제정된 것임에 비추어 피고로서는 과징금 부과대상을 결정하거나 과징금 액수를 산정함에 있어 이 사건 과징금고시의 기준 및 구 하도급법 및 그 시행령에서 정한 사유를 모두 참작해야 할 것이다.

원심 판결 이유를 위 법리와 기록에 비추어 살펴보면 원심의 사실인정과 판단은 정당하고, 거기에 상고이유의 주장과 같은 채증법칙위반이나 과징금 부과 근거에 관한 법리오해 등의 위법이 없다.

나. 과징금 산정 관련 쟁점

하도급대금 및 피해 수급사업자의 비율 산정

하도급법 위반행위에 대하여 과징금을 부과하는 경우 그 금액은 하도급법이 정한 상한금액인 '하도급대금의 2배'에 위반행위의 내용, 정도, 기간, 횟수 등을 고려하여 정한 과징금 부과율을 곱하고, 여기에 사업자의 사업규모와 과징금 납부 능력 등을 고려하여 가중하거나 감면하는 방식으로 산정한다(하도급법 제25조의3 제1항). 여기서 '하도급대금'은 제조 등의 위탁을 받은 수급사업자가 목적물 등을 제조·수리·시공하거나 용역을 수행하여 원사업자에게 납품·인도 또는 제공하고 받는 대가이다(하도급법 제2조 제1항). 과징금 산정 시 고려할 사항은 크게 세 가지를 살펴볼 수 있다.

첫째, 과징금 산정의 기준이 되는 '하도급대금'은 '위반행위와 관련한 하도급거래의 계약금액 전액'을 의미하는 것으로 보는 것이 옳다. 하도급계약 체결 후 일부는 정상적으로 이행되고 일부 거래만 부당하게 위탁취소되었다고 하더라도, 여기에서 말하는 '하도급대금'이 전체 하도급대금에서 정상적으로 이행된 부분의 하도급대금을 제외한 부당하게 위탁취소된 부분의 하도급대금 부분에 한정된다고 볼 수는 없다(대법원 2018. 10. 4. 선고 2016두59126 판결).

둘째, 공동이행방식의 공동수급체는 원칙적으로 민법상 조합의 성질을 가진다. 특히 조합채무를 조합원 전원을 위하여 상행위가 되는 행위로 부담하게 되었다면, 하도급계약을 체결할 때 공동수급체가 아닌 개별 구성원으로 하여금 지분 비율에 따라 직접 하수급인에 대하여 채무를 부담하게 하는 약정을 한 경우와 같은 특별한 사정이 없는 한 해당 채무에 대하여 상법 제57조 제1항에 따라 조합원들이 연대책임을 진다. 위와 같은 관계법령과 법리를 종합하면, 원사업자에 대한 과징금 산정의 기초가 되는 '하도급대금'은 원칙적으로 원사업자가 하도급계약이 정하는 바에 따라 수급사업자에게 지급하여야 할 대금을 뜻한다고 보아야 한다. 나아가 공동이행방식의 공동수급체 구성사업자 중 1인이 공동수급체 구성사업자 전원을 위한 하도급계약을 체결한 경우일지라도 개별 구성원으로 하여금 지분 비율에 따라 직접 하수급인에 대하여 채무를 부담하도록 약정하는 경우 등과 같은 특별한 사정이 없다면, 그 구성사업자 1인의 하도급법 위반행위에 대한 과징금 산정의 기초가 되는 '하도급대금' 역시 '하도급계약에 따라 수급사업자에게 지급하여야 할 대금'을 기준으로 함이 원칙이다. 이 경우 그 1인은 수급사업자에게 대금 전액을 지급할 책임이 있고, 그가 공동수급약정에 따라 최종적으로 부담하게 될 내부적 채무 비율은 공동수급체의 내부 사정에 불과하기 때문이다(대법원 2018. 12. 13. 선고 2018두51485 판결).[25] 서울고등법원 2013. 10. 2. 선고 2013누

---

25 원고는 2011. 3. 25. 금전기업 주식회사에 위 토목공사 중 수문 제작·설치공사를 위

7508 판결[26]도 같은 취지이다.

이에 대하여 공동수급체의 경우 지분상당액으로 한정해야 한다는 반대론이 있다.[27] 한편 공동수급체 방식의 계약에서 하도급법상 원사업자가 공동수급체 구성원이라는 견해[28]와 직접 기명날인한 사업자라는 견해[29]가 있으나, 위 대법원 2018. 12. 13. 선고 2018두51485 판결은 공동수급체 구성원이 모두 원사업자가 된다는 입장을 취한다.[30] 이는 민사상 하도급계약 당사자를 공동수급체로 보고, 공동수급체는 민법상 조합의 실질을 가지며, 조합채무는 조합원 전원을 위하여 상행위가 되는 행위로서 지분 비율에 따라 직접 수급사업자에 대하여 채무를 부담하는 약정을 체결했다는 사정이 없는 한 조합원들은 원사업자에 대하여 연대책임을 부담한다는 점과 일치한다.[31] 대법원 2013. 3. 28. 선고 2011다97898 판결도 공동이행방식의 공동수급체는 기본적으로 민법상 조합의 성질을 가지고, 특히 조합채무를 조합원 전원을 위하여 상행위가 되는 행위로 부담하게 되었다면 해당 채무에 대하여 상법 제57조 제1항에 따라 조합원들이 연대책임을 부담하는 것이 원칙이겠으나, 공동수급체가 하도급계약을 체결할 때 공동수급체가 아닌 개별 구성원으로 하여금 그 지분 비율에 따라 직접 하수급인에 대하여 채무를 부

탁하는 건의 하도급계약을 체결했다. 하도급계약서의 당사자 표시란에는 '공동수급체의 대표사 원사업자 지에스건설 주식회사'라고 기재되어 있고, 공동수급체 옆에는 원고 34%, 삼성중공업 주식회사 18% 등 공동수급체 구성사업자 8개 회사의 상호와 지분이 기재되어 있다.

26 확정.

27 송정원, 2000, 27쪽; 정종채, 2018, 130쪽.

28 정종채, 2018, 130쪽.

29 송정원, 2000, 27쪽.

30 문현호, "공동이행방식의 공동수급체가 체결한 하도급계약에서 과징금 산정기준이 되는 하도급대금의 의미", 『대법원판례해설』 제118호, 2018, 80쪽.

31 문현호, 2018, 80쪽.

담하게 하는 약정을 한 경우와 같이 하도급계약의 내용에 따라서는 공동수급체의 개별 구성원이 하수급인에게 부담하는 채무가 공동수급체의 구성원 각자에게 그 지분 비율에 따라 구분하여 귀속될 수도 있다는 입장이다.

셋째, 과징금 산정의 기초사실에서, 피해를 입은 수급사업자의 비율을 고려한다. 이때는 피해를 입은 수급사업자가 전체 사업자인지, 위반행위와 관련된 사업자인지 문제가 된다. 결론적으로 위반행위별로 판단하여 위반행위와 관련된 수급사업자의 비율을 고려하는 것이 합리적이다.

하도급법 위반 전력의 판단 기준 시점

위반 전력은 과징금 가중 사유이다. 그러나 위반 전력의 판단 기준에 대한 명백한 법령은 없다. 공정거래법 사건은 과징금고시를 참조하여 조사개시일을 기준으로 하는데, 하도급 고시는 공정거래법상 과징금고시와 규정에 본질적인 차이가 없으므로, 이 점에서 공정거래법과 동일하게 조사개시일을 기준으로 할 수 있다.[32] 이때 실무상 법 위반 횟수에 관하여 어떤 시점을 기준으로 산정하는가에 따라 그 결과는 크게 달라질 수 있어, 공정거래위원회 심의·의결 과정에서 사업자와 공정거래위원회 사이에서 다툼이 있는 사안을 흔히 볼 수 있다. 이 문제에 관하여 공정거래법령 및 과징금고시에 명시적인 규정이 없는 상태에서, 공정거래위원회는 실무상 조사개시일을 기준으로 법 위반 횟수를 산정하고 있고 서울고등법원도 대체로 이러한 기준을 존중하고 있다.

---

32 공정거래법은 위반 횟수 가중 문제와 처분시효가 모두 조사개시일 기준인 반면, 하도급법은 처분시효 문제에서 신고일과 조사개시일로 나누고 있다는 점에서 차이가 있다.

조사개시일을 기준으로 하는 경우에도 구체적인 사건에서 조사절차 중 어떤 시점을 조사개시일로 볼지는 사실관계에 따라 달라질 수 있는 문제이고, 다른 사업자와 형평성의 문제도 제기될 수 있다.[33] 또한 조사개시일을 기준으로 하더라도 구체적인 사건에서 조사개시일을 어떻게 특정할지는 어려운 경우가 많다. 이에 대하여 공정거래위원회 회의운영 및 사건절차 등에 관한 규칙(이하 "사건절차규칙"이라 한다)[34] 제10조의2는 공정거래법 제49조 제4항 제1호에 따른 조사개시일은 신고사건의 경우에 신고접수일, 인지사건의 경우에 최초 현장조사일, 또는 현장조사를 실시하지 않은 경우에 현장조사에 갈음하여 최초로 자료제출을 요청한 날을 조사개시일로 보도록 규정한다. 이에 따라 공정거래위원회도 신고접수일이나 조사공문 발송일, 현장조사일 등을 조사개시일로 보아 위반행위 횟수를 산정하는 경향이 있다.[35·36]

한편 위반행위 횟수 판단에서 '위반 전력'과 고발 여부 판단에서 '위반 전력'은 같은 기준을 적용하여 일관성을 유지할 필요가 있다.

과징금과 비례의 원칙

위반행위와 과징금 액수 간에 균형을 상실한 경우는 과징금 부과처분은 위법하게 된다(서울고등법원 2014. 5. 15. 선고 2013누3872 판결).[37] 또한, 과징금의 액수는 당해 위반행위의 구체적 태양 등에 기하여 판단되는 그 위법성의 정도뿐 아니라 그로 인한 이득액의 규모와도 상호 균

---

33 정재훈, 2020, 178쪽.

34 2017. 4. 14. 공정거래위원회 고시 제2017-2호.

35 예를 들면 공정거래위원회 2015. 10. 7. 의결 제2015-350호(대림산업 사건, 2015입담1862)는 직권조사공문 발송일을 기준으로 3회 이상 법 위반으로 조치를 받은 것으로 인정했다.

36 정재훈, 2020, 180쪽.

37 대법원 2014. 9. 16.자 2014두37832 판결로 심리불속행 기각.

형을 이루어야 한다(대법원 2010. 1. 14. 선고 2009두11843 판결).

과징금 산정과 위반행위의 수, 부가가치세 문제

먼저 과징금 가중 사유가 되는 시행령의 '위반행위의 수'를 '당해 유형의 위반행위 수'로 제한 해석할 필요가 없다. 같은 취지에서 대법원 2014. 2. 27. 선고 2012두11805 판결(에스아이지피오토멕 사건)도 다음과 같이 판시하고 있다. 원심은 그 채택 증거를 종합하여, 원고가 구 하도급법(2009. 4. 1. 법률 제9616호로 개정되기 전의 것)이 금지하는 이 사건 탈법행위 및 미지급행위를 했다는 이유로 피고가 원고에 대하여 이 사건 과징금 납부명령을 한 사실, 피고는 이 사건 과징금 납부명령을 함에 있어서, 구 하도급법 시행령(2009. 5. 13. 대통령령 제21491호로 개정되기 전의 것) [별표2] 2. 가. (1)항의 위반행위 유형별 부과점수를 탈법행위 유형의 부과점수인 100점으로, 위 [별표2] 2. 가. (2)항(이하 "이 사건 시행령 조항"이라 한다)의 위반행위의 수에 따른 부과점수를 위반행위가 2개인 경우의 부과점수인 60점으로 하여 이 사건 탈법행위와 미지급행위에 대한 기본과징금을 각 산정한 사실 등을 인정했다. 위와 같은 사실관계를 토대로 원심은, 피고가 이 사건 미지급행위에 대한 기본과징금을 산정하면서 탈법행위 유형의 부과점수를 적용한 것은 잘못이지만, 이 사건 시행령 조항의 '위반행위의 수'는 '동시에 심사대상이 된 위반행위의 수'를 의미하는 것으로 보아야 하므로 위반행위 횟수별 점수 산정에 있어서는 잘못이 있다고 볼 수 없고, 위반행위 유형별 점수 산정의 잘못을 고려하여 과징금을 다시 산정하더라도 이 사건 과징금 납부명령의 과징금 액수와 동일하므로 결과적으로 이 사건 과징금 납부명령은 정당하다고 판단했다.

원심 판결 이유를 관계법령과 기록에 비추어 살펴보면, 이 사건 시행령 조항의 '위반행위의 수'를 '당해 유형의 위반행위 수'로 제한 해석하여야 한다는 원고의 주장을 그 판시와 같은 이유로 배척한 원심의 판단은 정당한 것으로 수긍할 수 있고, 거기에 상고이유 주장과 같이 이 사건 시행령 조항의 해석에 관한 법리를 오해한 위법 등이 없다.

다음으로 과징금 산정과 부가가치세 문제에 대하여, 서울고등법원 2016. 9. 8. 선고 2014누72233 판결(대우건설 사건)[38]은 행정상의 제재금으로서 기본적 성격에 부당이득 환수적 요소가 부가되어 있는 과징금의 성질 등에 비추어보면 피고가 법 위반금액을 산정함에 있어 부가가치세를 포함한 것은 합리적인 근거가 없다고 판단했다.

판례 과징금 부과와 비례의 원칙, 부과기준에 대한 판단

▣ 서울고등법원 2014. 5. 15. 선고 2013누3872 판결(코아스 사건)[39]

이 사건은 하도급법상 과징금 부과에 있어서 비례의 원칙을 다루고 있다. 그 요지는 다음과 같다. 피고는 과징금을 부과했더라도 재무상태를 고려해 과징금을 납부할 능력이 없거나 현저히 부족하다고 인정되는 경우 과징금을 면제하기도 했고, 비슷한 사실관계에서 조정과징금을 95% 감경하여 과징금을 부과하기도 한 사례들이 있다. 이때 원고는 하도급법 위반 부분을 모두 자진 시정하여 위반행위로 인한 이익이 없다. 전체 하도급금액에서 법 위반금액 부분과 하도급대금 미지급 부분의 비율은 각각 약 1.9%와 0.5%에 불과하다. 위반행위도 거래상 지위남용 행위라기보다는 원고의 자금난과 회계처리상 착오에 기인한 단순한 채무불이행으로 볼 여지도 있는 등 위반행위의 내용 및 정도가 경미한 점을 고려해볼 때 이 사건 과징금의 액수는 지나치게 무거워 원고의 위반행위와 과징금 액수 간에 균형을 상실했다고 할 수 있다.[40]

---

38 확정.

39 대법원 2014. 9. 16.자 2014두37832 판결로 심리불속행 기각.

▣ **대법원 2010. 1. 14. 선고 2009두11843 판결**

하도급법상의 과징금 부과가 제재적 성격을 가진 것이기는 하여도 기본적으로는 하도급법 위반행위에 의하여 얻은 불법적인 경제적 이익을 박탈하기 위하여 부과되는 것이고, 위 법이 준용하는 공정거래법 제55조의3 제1항에서도 이를 고려하여 과징금을 부과할 때 위반행위의 내용과 정도, 기간과 횟수 외에 위반행위로 인하여 취득한 이익의 규모 등을 아울러 참작하도록 규정하고 있으므로, 과징금의 액수는 당해 위반행위의 구체적 태양 등에 기하여 판단되는 그 위법성의 정도뿐 아니라 그로 인한 이득액의 규모와도 상호 균형을 이루어야 하고, 이러한 균형을 상실할 경우에는 비례의 원칙에 위배되어 재량권의 일탈·남용에 해당할 수가 있다.

▣ **대법원 2018. 10. 4. 선고 2016두59126 판결(에코로바 사건)**

구 하도급법(2013. 5. 28. 법률 제11842호로 개정되기 전의 것) 제25조의3 제1항, 제2항, 공정거래법 제55조의3 제5항, 구 하도급법 시행령(2013. 3. 23. 대통령령 제24436호로 개정되기 전의 것) 제13조 제1항 [별표2] 제1호, 제2호의 체재, 문언 및 내용 등에 비추어보면, 구 하도급법 제25조의3 제1항에서 규정한 과징금 산정의 기준이 되는 '하도급대금'은 '위반행위와 관련한 하도급거래의 계약금액 전액'을 의미하는 것으로 보는 것이 옳다. 하도급계약 체결 후 일부는 정상적으로 이행되고 일부 거래만 부당하게 위탁취소되었다고 하더라도, 여기에서 말하는 '하도급대금'이 전체 하도급대금에서 정상적으로 이행된 부분의 하도급대금을 제외한 부당하게 위탁취소된 부분의 하도급대금 부분에 한정된다고 볼 수는 없다.

---

40 판결문 12쪽.

4. 하도급 벌점, 입찰 참가 제한요청, 명단공표

법령 하도급법 제26조(관계 행정기관의 협조)

① 공정거래위원회는 이 법을 시행하기 위하여 필요하다고 인정할 때에는 관계 행정기관의 장의 의견을 듣거나 관계 행정기관의 장에게 조사를 위한 인원의 지원이나 그 밖에 필요한 협조를 요청할 수 있다.

② 공정거래위원회는 제3조 제1항부터 제4항까지 및 제9항, 제3조의4, 제4조부터 제12조까지, 제12조의2, 제12조의3, 제13조, 제13조의2, 제14조부터 제16조까지, 제16조의2 제7항 및 제17조부터 제20조까지의 규정을 위반한 원사업자 또는 수급사업자에 대하여 그 위반 및 피해의 정도를 고려하여 대통령령으로 정하는 벌점을 부과하고, 그 벌점이 대통령령으로 정하는 기준을 초과하는 경우에는 관계 행정기관의 장에게 입찰 참가 자격의 제한, 「건설산업기본법」 제82조 제1항 제7호에 따른 영업정지, 그 밖에 하도급거래의 공정화를 위하여 필요한 조치를 취할 것을 요청하여야 한다.

법령 하도급법 제25조의4(상습법위반사업자 명단공표)

① 공정거래위원회 위원장은 제27조 제3항에 따라 준용되는 「독점규제 및 공정거래에 관한 법률」 제62조에도 불구하고 직전연도부터 과거 3년간 이 법 위반을 이유로 공정거래위원회로부터 경고, 제25조 제1항에 따른 시정조치 또는 제25조의5 제1항에 따른 시정권고를 3회 이상 받은 사업자 중 제26조 제2항에 따른 벌점이 대통령령으로 정하는 기준을 초과하는 사업자(이하 이 조에서 "상습법

위반사업자"라 한다)의 명단을 공표하여야 한다. 다만, 이의신청 등 불복절차가 진행 중인 조치는 제외한다.

② 공정거래위원회 위원장은 제1항 단서의 불복절차가 종료된 경우, 다음 각 호에 모두 해당하는 자의 명단을 추가로 공개하여야 한다.

1. 경고 또는 시정조치가 취소되지 아니한 자
2. 경고 또는 시정조치에 불복하지 아니했으면 상습법위반사업자에 해당하는 자

③ 제1항 및 제2항에 따른 상습법위반사업자 명단의 공표 여부를 심의하기 위하여 공정거래위원회에 공무원인 위원과 공무원이 아닌 위원으로 구성되는 상습법위반사업자명단공표심의위원회(이하 이 조에서 "심의위원회"라 한다)를 둔다.

④ 공정거래위원회는 심의위원회의 심의를 거친 공표대상 사업자에게 명단공표대상자임을 통지하여 소명기회를 부여하여야 하며, 통지일부터 1개월이 지난 후 심의위원회로 하여금 명단공표 여부를 재심의하게 하여 공표대상자를 선정한다.

⑤ 제1항 및 제2항에 따른 공표는 관보 또는 공정거래위원회 인터넷 홈페이지에 게시하는 방법에 의한다.

⑥ 심의위원회의 구성, 그 밖에 상습법위반사업자 명단공표와 관련하여 필요한 사항은 대통령령으로 정한다.

2021. 1. 12. 하도급법 시행령 [별표3] 제1호 및 제3호 개정을 통하여, 법 위반 사업자에게 부과되는 벌점에 대한 경감기준이 지나치게 엄격하거나 수급사업자의 권익보호와 거리가 멀어 원사업자의 행태 개선을 유도하는 효과가 떨어지는 문제를 개선하기 위하여, 수급사업자의 권익보호 효과가 적은 하도급 관련 교육이수실적, 전자입찰실적 등의 경감항목을 삭제하고, 수급사업자 권익보호 효과가 큰 표준하도

급계약서 사용실적, 수급사업자에 대한 발주자의 직접대금 지급실적 등에 관한 경감 폭을 확대하며, 하도급거래 모범업체 선정 사실이나 수급사업자에게 입힌 피해의 자발적인 구제실적 등의 경감항목을 신설했다.

한편 개정 하도급법 시행령에서는 하도급대금 연동계약을 체결할 경우 하도급법 위반사업자에게 부과되는 벌점의 경감사유 중 하나로 추가했다. 즉, 2023. 1. 12. 시행된 개정 하도급법 시행령 [별표3] 제1호 및 제2호에 따라 원재료 가격 변동으로 인한 수급사업자의 부담을 완화하기 위하여 법 위반 사업자에게 부과하는 벌점의 경감기준에 원재료 가격 변동에 연동하여 하도급대금을 조정하는 것을 내용으로 하는 연동계약 체결비율 등의 경감항목을 추가했다.

개정된 하도급거래공정화지침도 원사업자의 자발적인 연동계약 체결 및 적극적인 하도급대금 증액 유도를 위해 하도급법 시행령의 벌점 경감사유에 연동계약 체결 및 하도급대금증액비율이 신설되었고, 누산벌점 관리를 위한 세부적인 판단기준과 산정방법 등을 규정하고 있다.[41]

참고로, 대법원 2023. 4. 27. 선고 2020두47892 판결은 분할 전 회사에 부과된 하도급법상 벌점이 원고에게 승계된다고 판시했다.

벌점부과 등과 처분성 문제

하도급법 제26조 제2항은 공정거래위원회의 벌점부과, 벌점이 일정한 기준 이상일 경우의 관계기관에 대한 입찰 참가 제한요청, 관계기관의 입찰 참가 제한 또는 건설산업기본법상 영업정지 등으로 구성된다. 단계별 조치의 처분성은 다음과 같다.

---

41 하도급거래공정화지침(2023. 2. 9. 공정거래위원회 예규 제421호) III. 21. 가.

첫째, 하도급법상 벌점부과의 처분성이다. 이에 대하여 대법원 2023. 1. 12. 선고 2020두50683 판결은 하도급법상 벌점부과의 처분성에 대하여 명시적인 판단을 하지는 않았지만, 하도급법상 벌점 부과행위는 입찰 참가 자격의 제한 요청 등의 기초자료로 사용하기 위한 것이고 사업자의 권리·의무에 직접 영향을 미치는 행위라고 볼 수 없으므로 항고소송의 대상이 되는 행정처분에 해당하지 아니한다는 원심의 판단을 수긍했다.[42] 서울고등법원 2019. 12. 11. 선고 2018누113 판결[43]도 벌점부과가 하도급법과 그 시행령에 따라 이루어지는 이상 공정거래위원회 내부의 누산점수로만 보기는 어려움을 인정하면서도 처분성을 부정했다.

둘째, 입찰 참가 제한요청의 처분성이다. 종래 대법원 2000. 2. 11. 선고 98두5941 판결은 입찰 참가 제한요청의 처분성을 부정하며, 입찰 참가 제한을 다투어야 한다는 취지로 판시했다.[44] 그러나 이 판결 이후 국가계약법[45] 및 지방계약법의 개정을 통하여 관계기관의 장이 공정거

42 강정희, "하도급법 위반에 따른 벌점 부과 및 입찰 참가 자격제한 요청 결정에 대한 쟁송법적 검토", 『경쟁법연구』 제47권, 2023, 324쪽.

43 대법원 2020. 5. 14. 선고 2020두31217 판결로 파기환송되었다. 공정거래위원회만이 상고하여 벌점부과의 처분성은 대법원 판결에 포함되지 않았다.

44 원심은, 먼저 피고가 구 공정거래법(1996. 12. 8. 법률 제4513호로 개정되기 전의 것, 이하 같다) 제64조 제3항에 의거하여 서울특별시 교육청에 대하여 한 이 사건 입찰 참가 자격제한 요청은 항고소송의 대상이 되는 행정처분이라고 할 수 없다는 이유로, 원고의 이 사건 청구 중 피고의 위 제한요청이 위법하다고 주장하면서 그 취소를 구하는 부분은 나머지 주장에 관하여 판단할 필요 없이 부적법하다고 판단함으로써 이 부분 소를 각하했는바, 기록을 살펴보면 그와 같은 원심의 판단은 정당하고, 거기에 논지가 주장하는 바와 같이 항고소송의 대상이 되는 행정처분에 관한 법리오해나 심리미진, 판단유탈 등의 위법이 있다고 할 수 없다.

45 국가계약법 제27조 ① 각 중앙관서의 장은 다음 각 호의 어느 하나에 해당하는 자(이하 "부정당업자"라 한다)에게는 2년 이내의 범위에서 대통령령으로 정하는 바에 따라 입찰 참가 자격을 제한하여야 하며, 그 제한사실을 즉시 다른 중앙관서의 장에게 통보하여야 한다. 이 경우 통보를 받은 다른 중앙관서의 장은 대통령령으로 정하는 바에 따라 해당 부정당업자의 입찰 참가 자격을 제한하여야 한다.

래위원회의 요청에 기속되도록 하는 법 개정이 이루어졌으므로, 종전의 판결은 처분성 판단의 선례가 되기 어렵다.

법 개정 이후 공정거래위원회의 관계기관에 대한 입찰 참가 제한요청이 행정처분에 해당하는지에 대하여 서울고등법원 2019. 12. 11. 선고 2018누113 판결[46]은 판결 이유에서 해당 사업자에게 누산 점수를 통지하고 의견진술의 기회를 부여하며 최종 관계행정기관의 장에 대한 입찰 참가 자격제한 또는 영업 정지 요청 등을 의결하는 행위 자체를 처분으로 볼 여지가 있다고 판시했다.[47] 대법원 2023. 2. 2. 선고 2020두48260 판결도 입찰 참가 자격제한 요청 결정의 처분성을 인정하면서 원고가 표준하도급계약서를 사용한 것은 벌점경감 규정에 따른 벌점 경감 사유에 해당하므로 피고의 원고에 대한 입찰 참가 자격제한 요청 결정은 위법하다고 판단했다.[48] 대법원 2023. 4. 27. 선고 2020두47892 판결도 같은 취지에서 입찰 참가 자격제한 요청 결정의 처분성을 인정했다. 국가계약법 및 지방계약법[49]상 관계기관의 장이 공정거래위원회의 요청에 기속된다는 점에서 위와 같은 처분성 인정은 타당하다.[50]

---

46 대법원 2020. 5. 14. 선고 2020두31217 판결로 파기환송되었다.

47 처분성을 긍정하는 견해로는 한철수, "하도급법상 벌점제도 및 후속 제재의 문제점과 개선방향", 『경쟁저널』 제204호, 2020, 53쪽 참조.

48 그 원심인 서울고등법원 2020. 8. 13. 선고 2019누41906 판결도 공정거래위원회가 하도급법 위반사업자에 대하여 관계 행정기관의 장에게 한 입찰 참가 제한요청 결정을 취소하는 판결을 선고했다. 공정거래위원회의 결정이 다른 기관에 대한 요청임에도 불구하고 처분성을 인정하고, 요청대상이 아닌 입찰 참가 자격 대상자에게 해당 요청의 취소를 구할 이익이 있음을 인정한 것이다.

49 지방계약법 제31조 ① 지방자치단체의 장(지방자치단체의 장이 제7조 제1항에 따라 중앙행정기관의 장 또는 다른 지방자치단체의 장에게 계약사무를 위임하거나 위탁하여 처리하는 경우에는 그 위임 또는 위탁을 받은 중앙행정기관의 장 또는 지방자치단체의 장을 포함한다. 이하 제6항·제7항, 제31조의2 제1항·제5항 및 제31조의5 제1항·제3항에서 같다)은 다음 각 호의 어느 하나에 해당하는 자(이하 "부정당업자"라 한다)에 대해서는 대통령령으로 정하는 바에 따라 2년 이내의 범위에서 입찰 참가 자격을 제한하여야 한다.

셋째, 관계기관의 입찰 참가 제한조치가 행정처분에 해당함은 의문의 여지가 없다.

넷째, 벌점의 누적에 따라 상습법위반사업자에 해당하여 명단이 공표될 수 있다. 이 공표는 행정처분에 해당한다(서울고등법원 2017. 5. 17. 선고 2016누56594 판결).[51]

판례 하도급 벌점, 입찰 참가 제한요청, 명단공표 관련 판례

▣ 서울고등법원 2017. 5. 17. 선고 2016누56594 판결(삼부토건 사건)[52]

피고는 삼부토건의 위와 같은 행위로 인하여 삼부토건이 직전연도 3년간(2013. 1. 1.~2015. 12. 31.) 하도급법 위반으로 경고 이상의 조치를 3회 이상 받은 사업자 중 벌점 누산점수(부과점수-경감점수)가 대통령령으로 정하는 벌점 4점 기준을 초과하는 사업자에 해당한다는 이유로, 2016. 6. 29.에 하도급법 제25조의4 제1항에 따라 상습법위반사업자 명단공표를 했다(이하 "이 사건 처분"이라 한다).

명단공표는 국민의 구체적 권리·의무에 직접적 변동을 초래하는 공법상 행위로서 항고소송의 대상이 되는 처분에 해당한다.

이 사건 명단공표는 누구나 접속이 가능한 인터넷 홈페이지에서 이루어지므로 행정권 내부에서의 행위나 사실상의 통지라고 보기 어렵고, 공표로 인하여 회사의 명예·신용 등이 타격을 받을 것이 분명하며, 공개처분이 일회적이 아니라 1년간 그 공표의 상태가 지속되고, 공표대상이 된 사업자를 심의위원회를 거쳐 공표대상자로 선정한다는 점에서 행정청의 행위가 개입되며, 사업자는 명단공표에 이의가 있을 때 그 명단공표를 선정한 심의위원회에 소명하여 재심의를 받도록 되어 있으므로 사업자의 권리구제를 위하여 다른 구제절차가 필요하다.

---

50 법무법인화우, 2020, 503쪽.

51 대법원 2017. 10. 12.자 2017두50065 판결로 심리불속행 기각.

52 대법원 2017. 10. 12.자 2017두50065 판결로 심리불속행 기각.

원고는 이 사건 명단공표로 인하여 조달청에서 집행하는 시설공사 입찰 참가 자격에 직접적인 불이익을 받는다. 조달청 입찰자격사전심사기준(이하 "이 사건 사전심사기준"이라 한다)에서 '최근 2년 이내에 공정거래위원장으로부터 하도급 상습위반자로 통보받은 자'는 신인도평가에서 '-7'을 받는바, 사실상 조달청이 집행하는 시설공사의 입찰에 참가하는 것이 불가능하게 된다.[53]

▣ 대법원 2023. 2. 2. 선고 2020두48260 판결

공정거래위원회가 한 입찰 참가 자격제한 요청 결정이 항고소송의 대상이 되는 처분에 해당하는지 여부가 문제된 사건이다. 항고소송의 대상인 처분의 의미 및 판단 기준에 대하여 판시한 후, 하도급거래 공정화에 관한 법률」(2022. 1. 11. 법률 제18757호로 개정되기 전의 것) 제26조 제2항에 규정된 공정거래위원회의 '입찰 참가 자격제한 요청' 결정이 항고소송의 대상이 되는 처분인지 여부에 대하여 아래와 같이 처분에 해당한다는 판단을 했다.

항고소송의 대상인 '처분'이란 "행정청이 행하는 구체적 사실에 관한 법집행으로서의 공권력의 행사 또는 그 거부와 그 밖에 이에 준하는 행정작용(행정소송법 제2조 제1항 제1호)"을 말한다. 행정청의 행위가 항고소송의 대상이 될 수 있는지는 추상적 · 일반적으로 결정할 수 없고, 구체적인 경우에 관련 법령의 내용과 취지, 그 행위의 주체 · 내용 · 형식 · 절차, 그 행위와 상대방 등 이해관계인이 입는 불이익 사이의 실질적 견련성, 법치행정의 원리와 그 행위에 관련된 행정청이나 이해관계인의 태도 등을 고려하여 개별적으로 결정하여야 한다(대법원 2010. 11. 18. 선고 2008두167 전원합의체 판결, 대법원 2021. 1. 14. 선고 2020두50324 판결 등 참조).

「하도급거래 공정화에 관한 법률」(2022. 1. 11. 법률 제18757호로 개정되기 전의 것, 이하 '법'이라 한다) 제26조 제2항에 의하면, "공정거래위원회는

---

53 판결문 6쪽.

제3조 제1항부터 제4항까지 및 제9항, 제3조의4, 제4조부터 제12조까지, 제12조의2, 제12조의3, 제13조, 제13조의2, 제14조부터 제16조까지, 제16조의2 제7항 및 제17조부터 제20조까지의 규정을 위반한 원사업자 또는 수급사업자에 대하여 그 위반 및 피해의 정도를 고려하여 대통령령으로 정하는 벌점을 부과하고, 그 벌점이 대통령령으로 정하는 기준을 초과하는 경우에는 관계 행정기관의 장에게 입찰 참가 자격의 제한, 「건설산업기본법」 제82조 제1항 제7호에 따른 영업정지, 그 밖에 하도급거래의 공정화를 위하여 필요한 조치를 취할 것을 요청하여야 한다."라고 규정하고 있다. 그 위임에 따라 구 「하도급거래 공정화에 관한 법률」(2021. 1. 12. 대통령령 제31393호로 개정되기 전의 것, 이하 '시행령'이라 한다) 제17조 제1항은 "법 제26조 제2항에 따라 공정거래위원회가 부과하는 벌점의 부과기준은 [별표3]과 같다."라고 규정하고 있고, 같은 조 제2항은 "법 제26조 제2항에서 '대통령령으로 정하는 기준을 초과하는 경우'란 [별표3] 제1호 라목에 따른 누산점수가 다음 각 호의 구분에 따른 점수를 초과하는 경우를 말한다."라고 규정하면서, 각 호에서 '입찰 참가 자격의 제한 요청: 5점'(제1호), '「건설산업기본법」 제82조 제1항 제7호의 사유에 따른 영업정지 요청: 10점'(제2호)이라고 규정하고 있다.

법 제26조 제2항은 입찰 참가 자격제한 요청의 요건을 시행령으로 정하는 기준에 따라 부과한 벌점의 누산점수가 일정 기준을 초과하는 경우로 구체화하고, 위 요건을 충족하는 경우 피고는 법 제26조 제2항 후단에 따라 관계 행정기관의 장에게 해당 사업자에 대한 입찰 참가 자격제한 요청 결정을 하게 되며, 이를 요청받은 관계 행정기관의 장은 특별한 사정이 없는 한 그 사업자에 대하여 입찰 참가 자격을 제한하는 처분을 하여야 하므로, 사업자로서는 입찰 참가 자격제한 요청 결정이 있으면 장차 후속 처분으로 입찰 참가 자격이 제한될 수 있는 법률상 불이익이 존재한다. 이 때 입찰 참가 자격제한 요청 결정이 있음을 알고 있는 사업자로 하여금 입찰 참가 자격제한 처분에 대하여만 다툴 수 있도록 하는 것보다는 그에 앞서 직접 입찰 참가 자격제한 요청 결정의 적법성을 다툴 수 있도록 함으로써 분쟁을 조기에 근본적으로 해결하도록 하는 것이 법치행정의 원리에도 부합한다. 따라서 피고의 입찰 참가 자격제한 요청 결정은 항고소송의 대상이 되는 처분에 해당한다고 보아야 한다.

☞ 해설

피고(공정거래위원회)가 원고에 대하여 하도급거래 공정화에 관한 법률(이하 '하도급법') 및 동 시행령상의 표준하도급계약서 사용에 따른 벌점 경감규정을 적용하지 않고 벌점을 부과하고 원고의 벌점 누산점수가 기준점수(5점)를 초과했음을 이유로 하도급법 제26조 제2항 및 동법 시행령 제17조 제2항에 따라 관계 행정기관의 장에게 입찰 참가 자격제한 요청 결정을 하자, 원고가 피고를 상대로 입찰 참가 자격제한 요청 결정의 취소를 구한 사안이다.

대법원은 위와 같은 법리를 설시한 후, 입찰 참가 자격제한 요청 결정의 처분성을 인정하면서 원고가 표준하도급계약서를 사용한 것은 벌점 경감 규정에 따른 벌점 경감 사유에 해당하므로 피고의 원고에 대한 입찰 참가 자격제한 요청 결정은 위법하다고 판단한 원심을 수긍했다.

하도급법상 벌점 부과행위 및 그에 따른 행정기관에 대한 입찰 참가 자격제한 요청의 처분성 인정 여부와 관련하여 "하도급법상 벌점 부과행위는 입찰 참가 자격의 제한 요청 등의 기초자료로 사용하기 위한 것이고 사업자의 권리·의무에 직접 영향을 미치는 행위라고 볼 수 없으므로 항고소송의 대상이 되는 행정처분에 해당하지 아니한다"는 취지로 선고된 대법원 2023. 1. 12. 선고 2020두50683 판결을 함께 참고할 수 있다.

▣ 대법원 2023. 4. 27. 선고 2020두47892 판결

하도급법상 벌점 승계를 이유로 한 행정처분취소 청구 사건이다. 피고의 입찰 참가 자격제한 등 요청 결정이 항고소송의 대상이 되는 처분에 해당하는지 여부에 대하여 해당한다는 판단(적극)을 했다. 분할 전

회사에 부과된 하도급법상 벌점이 분할신설회사를 흡수합병한 원고에게 승계되었음을 이유로 입찰 참가 자격제한 등 요청 결정을 할 수 있는지 여부에 대하여 아래와 같이 요청 결정을 할 수 있다는 판단(적극)을 했다.

하도급법 제26조 제2항은 입찰 참가 자격제한 등 요청의 요건을 시행령으로 정한 기준에 따라 부과한 벌점의 누산점수가 일정 기준을 초과하는 경우로 구체화하고, 위 요건을 충족하는 경우 피고는 하도급법 제26조 제2항 후단에 따라 관계 행정기관의 장에게 해당 사업자에 대한 입찰 참가 자격제한 등 요청 결정을 하게 되며, 이를 요청받은 관계 행정기관의 장은 특별한 사정이 없는 한 그 사업자에 대하여 입찰 참가 자격제한 등의 처분을 하여야 하므로, 사업자로서는 입찰 참가 자격제한 등 요청 결정이 있으면 장차 후속 처분으로 입찰 참가 자격이 제한되고 영업이 정지될 수 있는 등의 법률상 불이익이 존재한다. 이때 입찰 참가 자격제한 등 요청 결정이 있음을 알고 있는 사업자로 하여금 입찰 참가 자격제한 처분 등에 대하여만 다툴 수 있도록 하는 것보다는 그에 앞서 직접 입찰 참가 자격제한 등 요청 결정의 적법성을 다툴 수 있도록 함으로써 분쟁을 조기에 근본적으로 해결하도록 하는 것이 법치행정의 원리에도 부합하므로, 공정거래위원회의 입찰 참가 자격제한 등 요청 결정은 항고소송의 대상이 되는 처분에 해당한다(대법원 2023. 2. 2. 선고 2020두48260 판결 참조).

하도급법령에서 시정조치 유형별로 미리 정해놓은 객관적 기준에 따라 벌점이 정형적으로 부과되도록 예정되어 있다는 점에서 피고에게 벌점의 부과 여부나 그 범위에 관하여 실질적으로 재량의 여지가 있다고 보기는 어렵다. 또한, 위 벌점이 시행령 제17조 제2항에서 정하는 기준을 초과하는 경우에는 피고에게 관계 행정기관의 장을 상대로 입찰 참가 자격의 제한 요청 등을 할 의무가 발생한다.

이러한 벌점 부과 및 입찰 참가 자격제한 요청 등의 법적 성격에 비추어보면, 하도급법에 따른 벌점은 시정조치나 과징금부과 처분에 따르는 부수적인 법적 효과에 해당함과 동시에 벌점 합계가 일정한 기준을 초과할 경우 피고의 법령상 의무로 규정된 입찰 참가 자격제한 요청 등의 법적 요건에도 해당한다. 따라서 하도급법에 따른 벌점 부과를 단순한 사실행위에 불과하다고만 볼 수는 없고, 공법상 지위 내지 의무·책임이 구체화된 경우라고 볼 여지가 크다.

☞ 해설

분할 전 회사에 부과된 하도급법상 벌점이 하도급법령에서 정하고 있는 기준을 초과하자, 피고 공정거래위원회가 분할신설회사를 흡수합병한 원고에 대하여 하도급법 제26조 제2항 및 같은 법 시행령 제17조 제2항에 따라 관계 행정기관의 장에게 입찰 참가 자격제한 및 영업정지 요청 결정을 하여 원고가 그 취소를 청구했다. 서울고등법원 2020. 8. 13. 선고 2019누54377 판결(한화시스템 사건)은 하도급법 위반 사건에서 분할 전 회사의 분할 전 법 위반행위 및 그로 인한 시정조치, 벌점 부과를 이유로 분할신설회사에 대하여 입찰 참가 자격제한 요청을 할 수 없다고 판단했으나, 그 상고심인 대법원 2023. 4. 27. 선고 2020두47892 판결은 위 법리에 따라 분할 전 회사에 부과된 하도급법상 벌점이 원고에게 승계된다는 이유로 이와 달리 원고 청구를 인용한 원심판결을 파기·환송했다.

5. 형사처벌

법령 **하도급법 제30조(벌칙)**

① 다음 각 호의 어느 하나에 해당하는 원사업자는 수급사업자에게 제조 등의 위탁을 한 하도급대금의 2배에 상당하는 금액 이하의 벌금에 처한다.

1. 제3조 제1항부터 제4항까지 및 제9항, 제3조의4, 제4조부터 제12조까지, 제12조의2, 제12조의3 및 제13조를 위반한 자
2. 제13조의2 제1항부터 제3항까지의 규정을 위반하여 공사대금 지급을 보증하지 아니한 자
3. 제15조, 제16조 제1항 · 제3항 · 제4항 및 제17조를 위반한 자
4. 제16조의2 제7항을 위반하여 정당한 사유 없이 협의를 거부한 자

② 다음 각 호 중 제1호에 해당하는 자는 3억 원 이하, 제2호 및 제3호에 해당하는 자는 1억 5,000만 원 이하의 벌금에 처한다.

1. 제19조를 위반하여 불이익을 주는 행위를 한 자
2. 제18조 및 제20조를 위반한 자
3. 제25조에 따른 명령에 따르지 아니한 자

③ 제27조 제2항에 따라 준용되는 「독점규제 및 공정거래에 관한 법률」 제50조 제1항 제2호에 따른 감정을 거짓으로 한 자는 3,000만 원 이하의 벌금에 처한다.

법령 하도급법 제32조(고발)

① 제30조의 죄는 공정거래위원회의 고발이 있어야 공소를 제기할 수 있다.

② 공정거래위원회는 제30조의 죄 중 위반 정도가 객관적으로 명백하고 중대하여 하도급거래 질서를 현저히 저해한다고 인정하는 경우에는 검찰총장에게 고발하여야 한다.

③ 검찰총장은 제2항에 따른 고발 요건에 해당하는 사실이 있음을 공정거래위원회에 통보하여 고발을 요청할 수 있다.

④ 공정거래위원회가 제2항에 따른 고발 요건에 해당하지 아니한다고 결정하더라도 감사원장, 중소벤처기업부장관은 사회적 파급효과, 수급사업자에게 미친 피해 정도 등 다른 사정을 이유로 공정거래위원회에 고발을 요청할 수 있다.

> ⑤ 제3항 또는 제4항에 따른 고발요청이 있는 때에는 공정거래위원회 위원장은 검찰총장에게 고발하여야 한다.
> ⑥ 공정거래위원회는 공소가 제기된 후에는 고발을 취소할 수 없다.

하도급법은 대부분의 규정을 위반할 경우 이에 대하여 형벌을 부과하는 등 형벌의 전면적 적용을 전제로 설계된 법이다. 이 점에서 형벌이 보충적, 제한적으로 적용되는 대규모유통업법 등과 구별된다.다만, 하도급법은 공정거래법의 조사에 대한 규정은 준용하면서도, 조사거부에 대한 벌칙 등은 준용하지 않고 있다.

가. 하도급법 제30조 제1항 제1호와 형벌 규정의 개편

하도급법 제30조 제1항 제1호는 다양한 형벌 규정을 규정하고 있는바 유형별로 그 존치 필요성을 판단할 필요가 있다.

첫째, 하도급 제3조 제1항부터 제4항까지 및 제9항(서면의 발급 및 서류의 보존)은 제조위탁 내용이 불분명함으로 발생하는 수급사업자의 불이익을 방지함과 동시에 당사자의 사후분쟁을 미리 방지하는 데 있다 (서울고등법원 2004. 10. 7. 선고 2003누17773 판결).

하도급법 제3조에 따른 서면은 하도급법을 사전에 준수하도록 유도한다는 점에서도 중요하지만, 하도급법 집행을 위한 증거를 보전한다는 측면에서 중요한 의미가 있다. 하도급법 위반 사건에서 법 제3조에 따른 서면을 기준으로, 하도급대금의 지급이 지연되었는지, 감액이 있었는지 등 위반 여부를 판단하게 된다.

다만 이러한 입법 목적은 과징금 등으로 충분히 확보될 수 있고, 형벌 부과가 필수적인 것으로 보기 어렵다. 이러한 서면 발급 의무 위반에 대하여 이미 과징금이 과도하다는 비판을 받고 있는 점(특히 과징금 고시 2013-1호가 적용된 부분에 대하여 정률 과징금 부과로 높은 과징금이 부과된 예가 있다)을 고려하더라도 형벌의 존치가 필수적인 것으로 보기 어렵다.

서면 미발급의 경우 과실로 서면이 발급되지 않은 사례도 실무상 존재하고, 서면 발급 대상인지에 대하여도 그동안 여러 논란이 있었던 점(실질적으로 동일한 공사, 추가 공사 등 문제)을 고려하더라도 형벌 부과의 적정성은 재검토될 필요가 있다.

둘째, 하도급법 제4조(부당한 하도급대금), 6조(선급금), 9조(납품 목적물에 대한 검사), 13조(하도급대금 지급)는 전형적인 민사문제에 가깝지만, 수급사업자 보호를 위하여 하도급법을 집행하는 대표적인 규정이다.

하도급법 제4조(부당한 하도급대금)는 원사업자 스스로도 부당한 하도급대금 판단이 사전적으로 어려운 문제가 있다. 특히 하도급법 제4조 제2항 제3호(차별), 법 제4조 제2항 제5호(일방적으로 낮은 대가) 등은 그동안 집행사례에서도 위반 여부 판단이 사전적으로 어려운 사례로 평가되고 있어 형벌 부과가 적정하다고 보기 어렵다. 과징금 등으로도 그 목적 달성이 가능하다.

하도급법 제6조(선급금), 제13조(하도급대금 지급)는 하도급대금 이행 지체의 문제로 과징금 등 현재 존재하는 행정제재만으로 그 목적을 달성하기에 충분하다. 이러한 사정을 종합하면 형벌 규정의 존치 필요성이 낮다. 과징금 등으로도 그 목적 달성이 가능하다.

하도급법 제9조(납품 목적물에 대한 검사)도 하도급대금 지급을 위한 전제로 의미를 가지고 있다. 수급사업자의 이익을 침해하는 정도가 낮을 뿐 아니라 위반행위가 발생할 경우 이미 존재하는 행정제재로 그 목적을 달성하기에 충분하므로, 형벌규정의 존치 필요성이 낮다. 과징금 등으로도 그 목적 달성이 가능하다.

셋째, 하도급법 제7조와 제8조도 이에 대한 형벌규정의 존치 필요성이 낮다. 하도급법 제7조(내국신용장의 개설)는 수급사업자의 이익을 침해하는 정도가 낮을 뿐 아니라 실무상 위반행위 사례도 드물다. 위반행위가 발생할 경우에도 이미 존재하는 행정제재로 충분하다.

하도급법 제8조(위탁취소)도 민사 문제에 맡기는 것이 바람직하다. 위탁취소는 민법상 취소와 동일하지 않고, 위탁취소에 원사업자의 계약자체를 소멸시키는 일체의 행위가 포함되어 그 개념이 명확하지 않다. 위탁취소는 계약 자체를 소멸시켜 원사업자가 자신의 책임을 면하려는 행위라는 점에서 민법상 취소보다 해제, 해지에 가깝다. 그 점에서 해석의 어려움이 원천적으로 존재한다.

특히 위탁취소의 부당성은 수급사업자의 책임으로 돌릴 사유가 있는지 여부에 따라 결정되는 경우가 대부분이다. 그런데, 수급사업자의 책임이 없음은 일의적으로 해석될 수 있는 개념은 아니다. 다양한 유형을 고려하여 적정한 기준을 설정해야 한다.

예를 들면 수급사업자의 책임이 전혀 없는 경우, 수급사업자의 책임이 적은 경우, 수급사업자와 원사업자의 책임이 모두 없는 경우, 사정변경이 발생한 경우 등이 논의될 수 있다. 특히 수급사업자의 책임 문제로 하자 존부가 문제되는 경우에는 사후적인 감정이 수반되어야 하는 사정 등으로 그 판단이 어렵다. 이 점에서 형벌을 부과하는 것보다 행정제재와 민사문제로 해결하는 것이 바람직하다.

나. 하도급법 제30조 제1항 제2호와 형벌 규정의 개편

하도급법 제13조의2 제1항부터 3항(원사업자의 공사대금 지급보증 의무) 규정은 법문상 의무를 강제적으로 부과하는 형식을 취하고 있고,

그 위반 시 하도급법 제25조의3, 제26조, 제30조에 따라 시정조치, 과징금, 벌점, 형사처벌 등 제재가 부과된다는 점을 고려하면 강행규정으로 볼 수 있다. 다만, 이 규정은 하도급법 대금지급을 확보하기 위한 규정으로 과징금 등 행정제재로 그 목적을 달성할 수 있어, 형벌 존치가 필요하지 않은 것으로 보인다.

하도급법 제13조의2 제1항부터 제3항(원사업자의 공사대금 지급보증 의무)의 형벌 존치는 하도급법 제4조(부당한 하도급대금), 제6조(선급금), 제9조(납품 목적물에 대한 검사), 제13조(하도급대금 지급)가 전형적인 민사문제에 가까우므로 행정제재로 충분하고 형벌존치가 필요하지 않은 것과 동일선상에 있다. 특히 하도급법 제13조의2 위반에 대한 형벌 부과 여부는 그 전제가 되는 하도급법 제13조에 대한 형벌 부과와 균형을 맞출 필요가 있다.

다. 하도급법 제30조 제1항 제3호와 형벌 규정의 개편

첫째, 하도급법 제15조(관세 등 환급액의 지급)의 경우는 수급사업자의 이익을 침해하는 정도가 낮을 뿐 아니라 실무상 위반행위 사례도 드문 편이다. 위반에 대하여 법 제25조의3 제1항 제6호는 과징금 부과대상으로 이미 규정하고 있다. 위반행위가 발생할 경우 이미 존재하는 행정제재로 충분하다. 형벌규정의 존치 필요성이 낮다.

하도급법 제16조 제1, 3, 4항 위반(설계변경에 따른 하도급대금 조정)의 경우 과징금 등 행정제재로 그 목적을 달성할 수 있어, 형벌이 필요하지 않다. 위 규정의 위반에 대하여 법 제25조의3 제1항 제6호는 과징금 부과대상으로 이미 규정하고 있다. 다만, 형벌 부과에 대한 법률 개정시 법 제16조의2 제10항 위반(공급원가 변동에 따른 하도급대금 조정)의 경우와 균형을 맞출 필요가 있다.

라. 하도급법 제30조 제1항 제4호와 형벌 규정의 개편

하도급법 제16조의2 제10항 위반(공급원가 변동에 따른 하도급대금 조정)의 경우 과징금 등 행정제재로 그 목적을 달성할 수 있어, 형벌이 필수적인 것으로 보기 어렵다. 법 제16조의2 제10항 위반에 대하여 법 제25조의3 제1항 제6호는 과징금 부과대상으로 이미 규정하고 있다. 다만, 법 제16조의2 제10항 위반(공급원가 변동에 따른 하도급대금 조정)에 대한 형벌 규정의 개정 시 법 제16조 제1, 3, 4항 위반(설계변경에 따른 하도급대금 조정)의 경우와 균형을 맞출 필요가 있다.

6. 하도급법 위반행위와 행위의 수(數) 판단의 법리

가. 하도급법 위반행위와 수의 판단

하도급법 위반행위의 수에 관련된 쟁점에 대하여는 다음과 같은 기준의 제시가 가능할 것으로 보인다. 다만, 사안의 특수성을 반영하여 기준을 제시할 수 있을 것으로 보인다.

행위의 수에 대한 논의가 중요한 이유는 주로 처분시효의 완성 여부에 있으나 과징금 산정에도 큰 영향을 미친다. 또한, 행위의 수 문제는 공동행위에 국한되는 문제가 아니라 단독행위와 공동행위 모두에 적용되는 문제이다. 최근 단독행위인 불공정거래행위 등에서 행위의 수 문제가 자주 발생하고 있다. 이때 부당한 공동행위에서 행위의 수에 관하여 축적된 법리는 공정거래법상 불공정거래행위 및 하도급법 위반행위 등 공정거래법 특별법에서 원칙적으로 참조될 수 있으나, 공동행위와 단독행위의 본질적 차이는 이에 반영되어야 한다.

예를 들면, 공동행위는 복수의 주체를 전제로 하지만, 단독행위는 단수의 주체를 전제로 하는 사정, 공동행위는 합의라는 행위요소를 통하여 행위가 이루어지지만, 단독행위는 다양한 행위를 통하여 이루어지고, '합의'와 다른 행위는 그 본질적 속성이 달라질 수 있음을 고려해야 한다.

여기에 더하여 개별적 행위를 전체적으로 하나의 행위로 평가하기 위하여 공통된 기준으로 동일성 기준과 연속성 기준을 충족해야 한다.

나. 하도급법 위반행위에서 동일성 기준

복수로 보이는 행위를 단일의 행위로 평가하기 위하여 먼저 각 행위 사이에 동일성이 존재해야 한다(동일성 요건). 동일성 판단 기준으로는 행위 참여(參與)자, 행위의 기본 구조와 성격, 구성요건을 포함한 행위 내용 등을 들 수 있다.

첫째, 수(數)에서 동일성의 판단을 위하여, 동질적인 요소와 차별적인 요소를 모두 비교할 필요가 있다. 차별적인 요소가 많거나, 본질적인 요소가 차별적일 때는 서로 다른 행위로 보아야 하지만, 이러한 차별성이 인정되지 않으면 동일성을 인정해야 한다.

둘째, 행위 참여자도 동일성 판단에서 핵심적인 요소가 된다. 이때 참여자는 행위의 주체와 상대방(객체)을 의미하며, 원칙적으로 주체와 객체가 동일해야 하지만, 주체와 객체가 다름에도 실질적으로 하나로 볼 수 있을 정도의 사정이 제출된다면 동일성을 인정할 수 있다.

셋째, 행위의 기본 구조와 성격에서 동일성이 인정되어야 한다. 행위의 기본 구조와 성격에서 상당한 차이를 보인다면 별개로 볼 수 있으나, 그렇지 않다면 동일성이 인정된다.

행위의 기본 구조가 동일한지 판단에서 주체와 객체, 기간, 대상 등을 종합적으로 고려할 수 있다. 행위주체, 시기, 의도, 방법 등에 있어 차이가 크지 않다면 동일성을 인정할 수 있다.

넷째, 구성요건을 포함한 행위 내용의 문제이다. 특히 거래조건을 달리하는 다수의 거래행위의 경우 그 동일성이 인정되는지가 문제된다. 거래조건의 차이가 세부적이고, 행위의 특성을 결정하지 않는다면 동일성을 인정할 수 있을 것이다.

다섯째, 의도 등 주관적 요소를 고려할 수 있다. 다만, 이는 객관적으로 평가되어야 하며, 행위의 동일성 판단을 할 때 지나치게 의도에 의존하는 것은 바람직하지 않다. 이는 부당한 공동행위에 있어 '기본합의'가 그 행위의 수 판단에 있어 중요한 고려 요소이지만, 이에 지나치게 의존하는 것이 바람직하지 않은 것과 다르지 않다.

다. 하도급법 위반행위에서 연속성 기준

장기간에 걸쳐서 복수의 행위가 이루어진 경우, 먼저 행위의 동일성이 인정된다는 전제하에서 하나의 행위로 평가되기 되기 위하여 연속성이 있어야 한다(연속성 요건). 즉 동일성이 있는 행위이더라도 연속되어야 하나의 행위가 된다.

따라서 연속성의 문제에서 중단의 문제는 중요한 판단기준이 된다.

하나의 행위로 평가하기 위하여 선행 행위와 후행 행위 사이에 동일성이 필요할 뿐 아니라 연속성이 있어야 하므로, 행위 사이에 중단 등 단절(斷切)적 요소가 있다면 이를 하나의 행위로 보기 어렵다(연속성 요건). 이 법리는 부당한 공동행위에서 구축된 법리이지만 하도급법 위반행위 등 불공정거래행위에서도 다르지 않다.[54]

라. 행위의 수 판단의 선례

하도급법 위반행위도 불공정거래행위라는 점에서 불공정거래행위에 관한 다음 선례를 참조할 수 있다.

1) 공정거래법상 불공정거래행위

첫째, 복수의 불공정거래행위로 판단한 사례이다. 대법원은 SK그룹 소속 에스케이엠이 단일 의사와 목적 하에 동산씨앤지에게 1998. 7.부터 1999. 6.까지 1년간 10회에 걸쳐 운영자금을 대여한 사건에서, "구 공정거래법 제23조 제1항 제7호 소정의 현저히 유리한 조건의 거래인지 여부는 원칙적으로 거래조건이 정해지는 각각의 행위별로 급부와 반대급부 사이의 차이는 물론 지원성 거래규모와 지원행위로 인한 경제상 이익, 지원기간, 지원횟수, 지원시기, 지원행위 당시 지원객체가 처한 경제적 상황 등을 종합적으로 고려하여 구체적·개별적으로 판단하여야 할 것이다"라고 판시하면서, "10회의 대여행위 중 2회의 대여

54 대법원 2015. 2. 12. 선고 2013두6169 판결(넥상스코리아 등, 한전전력선 담합 사건), 서울고등법원 2015. 7. 24. 선고 2014누55412 판결(귀뚜라미 사건). 부당한 공동행위에서는 합의 위반에 따른 가격인하, 경쟁입찰 등이 중단 사유가 된다.

행위는 실제적용금리와 정상금리의 차이와 그 대여 또는 대출된 금액 및 그로 인한 경제상 이익 등 여러 사정에 비추어 현저히 유리한 조건의 거래에 해당한다고 볼 수 없다"고 판단했다(대법원 2006. 10. 27. 선고 2004두3274 판결 참조).

위 대법원 판결은, 하나의 지원행위를 포괄적으로 인정한 원심판결을 파기한 것으로, 원심판결 중 "지원주체가 지원객체를 지원할 의도로 일정기간 동안 일정규모의 자산을 현저히 유리한 조건으로 거래했다면 이러한 행위는 포괄적으로 하나의 지원행위를 구성하고 일부 행위의 실제적용금리와 정상금리의 차이가 적다고 하여 그 행위가 현저히 유리한 조건의 거래에 해당하지 않다고 볼 수는 없다."고 판단한 부분에 법리오해의 위법이 있다고 판시한 것이다.

둘째, 단수의 불공정거래행위로 판단한 사례이다. 복수의 부당한 지원행위를 단일한 행위로 평가한 사례로, 포괄일죄로 되는 개개의 범죄행위가 법 개정의 전후에 걸쳐서 행하여진 경우 신·구법의 법정형에 대한 경중을 비교하여볼 필요도 없이 범죄실행 종료 시의 법이라고 할 수 있는 신법을 적용하여 포괄일죄로 처단하여야 한다는 전제에서 대법원 2022. 9. 16. 선고 2019도19067 판결은 부당한 지원행위로 인한 공정거래법위반죄에 대하여 포괄일죄의 법리를 적용했다.[55]

대법원 2010. 11. 25. 선고 2008두23177 판결, 대법원 2010. 11. 25. 선고 2009두3286 판결도 제약회사가 처방증대 목적으로 병·의원에게 경제상 이익을 제공한 사례에서 본사 차원의 판촉계획 수립에 따라 이루어진 개별적인 고객유인행위를 포괄하여 하나의 위반행위로

---

55 대법원 2022. 9. 16. 선고 2019도19067 판결은 구성요건적 표현이나 형량 관련 규정이 개정된 경우 포괄일죄에 관한 일반적 행위론이 적용되어 최종 행위종료시의 법을 적용한다는 대법원 2009. 4. 9. 선고 2009도321 판결 등 선례를 따르고 있다. 배윤경, "부당지원행위에 대한 소고: 특수관계인에 대한 부당한 이익제공행위와의 비교", 대법원판례해설 제134호, 2022, 558, 559, 571쪽.

보았다.

2) 대규모유통업법 위반행위

서울고등법원 2019. 2. 13. 선고 2017누86226 판결 등은 대규모유통업법 위반 사건에서 장기간에 걸친 다수의 개별거래와 관련한 서면 교부의무 위반행위를 1개의 위반행위로 판단했다. 이는 부당한 공동행위에서 수(數) 판단의 법리가 적용된 사례이다. 이처럼 대규모유통업법의 경우에는 하나의 행위로 보는 규정이 과징금고시에 있으나[56] 하도급법 과징금고시에는 이러한 규정이 없다.

3) 하도급법상 서면 미발급행위

서면 미발급이 장기간에 걸쳐 이루어진 경우 단수의 위반행위인지가 실무상 문제가 된다.[57] 어떤 과징금고시를 적용하는지에 따라 과징금이 달라지는데, 이 점에서 위반행위의 수를 어떻게 평가할지는 과징금고시 적용에 중요한 실익이 있다. 특히 2013년 과징금고시가 적용되는가, 2018년 과징금고시가 적용되는가의 문제와 관련되어 있다.[58]

---

56 대규모유통업법 위반사업자에 대한 과징금 부과 고시 II. 7. 나(2)에 따르면 위반행위가 2일 이상 행하여지되 불연속적으로 이루어진 경우에는, 당해 위반행위의 유형·성격·목적·동기, 연속되지 아니한 기간의 정도와 이유, 위반행위의 효과, 시장상황 등 제반사정을 고려하여 경제적·사회적 사실관계가 동일하다고 인정되는 범위 내에서 이를 하나의 위반행위로 보아 마지막 위반행위의 종료일을 당해 위반행위의 종료일로 본다.

57 공정거래위원회 2020. 4. 20. 의결 제2020-006호(삼성중공업 사건).

58 2018년 고시가 사업자에게는 더 유리할 수 있다. 하나의 행위로 볼 경우에 2018년 고시가 적용되는 것이 자연스럽다.

연속된 서면 미발급행위에 대하여 공정위가 두 개의 위반행위를 구분하여 서로 다른 과징금 고시를 적용한 사건에서 원고가 하나의 행위로 보아 개정된 과징금 고시를 적용해야 한다고 주장했으나 이를 받아들이지 않은 사건으로는 서울고등법원 2020. 4. 22. 선고 2019누62118 판결(동원로엑스, 구 동부익스프레스 사건)[59] 등이 있다. 다만, 이 사건에서 제시된 법리를 일반화할 수 있는지는 의문이 있다. 하도급법 위반행위에 대하여 하나의 행위로 평가한 대법원 2022. 9. 16. 선고 2020두47021 판결이나 불공정거래행위에 대한 행위의 수 평가의 기준과 차이가 있기 때문이다.

4) 하도급법상 기술유용행위

대법원 2022. 9. 16. 선고 2020두47021 판결은 다음과 같이 복수의 기술자료 유용행위에 대하여 하나의 위반행위로 보았다. 원수급자인 갑 주식회사가 수급사업자인 을 주식회사의 기술자료를 제3자에게 제공한 행위와 수급사업자인 병 주식회사의 기술자료를 제3자에게 제공한 행위에 대하여 공정거래위원회가 갑 회사에 과징금 납부명령을 한 사안에서, 구 하도급거래 공정화에 관한 법률(2018. 4. 17. 법률 제15612호로 개정되기 전의 것) 제12조의3 제3항, 제25조의3 제1항 제3호, 구 하도급거래 공정화에 관한 법률 시행령(2018. 10. 16. 대통령령 제29238호로 개정되기 전의 것) 제13조 제1항 [별표2]의 내용과 체제 및 취지에 비추어보면, 하도급거래 공정화에 관한 법령은 위반행위별 과징금의 상한만을 정하면서 위반행위별 '과징금 산정기준'은 공정거래위원회가 위반행위의 횟수, 피해수급자의 수 등을 고려하여 합리적인 재량에 따라 정할

59 확정.

수 있도록 규정하고 있으므로 위반행위 유형별로 하나의 과징금을 산정해야 한다는 이유로, 을 회사 기술자료 유용행위와 병 회사 기술자료 유용행위는 모두 기술자료 유용행위라는 동일한 위반행위 유형에 해당하므로 위 각 행위에 대하여 각각 따로 과징금을 산정해야 할 것은 아니다.[60]

7. 합병, 회사 분할과 시정조치, 과징금, 형벌[61]

> **법령** 하도급법 제25조의3(과징금) 제2항
>
> ② 제1항의 과징금에 관하여는 「독점규제 및 공정거래에 관한 법률」 제102조부터 제106조(구법 제55조의3부터 제55조의7)까지의 규정을 준용한다.

위반회사에 과징금이 부과된 후 합병되는 경우

이미 과징금이 부과된 경우에는 승계의 대상이 되는 과징금 납부의무가 존재하고, 이러한 의무는 합병을 통하여 승계된다. 신설합병의 경우에는 신설회사가, 흡수합병의 경우에는 존속회사가 위반회사의 과징금 납부의무를 승계한다.

---

60 이 판결에 대하여 각 수급사업자에 대한 일련의 기술자료 유용행위를 수급사업자별로 포괄하여 하나의 위반행위로 판단함으로써 하도급법 위반행위의 경우 일련의 행위를 포괄하여 하나로 보는 요건을 처음으로 제시했다는 견해로는 강정희, "기술자료 유용행위의 개수와 과징금 부과", 사법 제63호, 2023, 381쪽 참조.

61 이하 내용은 정재훈, 『공정거래법 소송실무(제4판)』, 육법사, 2023, 601-608쪽을 하도급법에 적용했다.

위반회사에 과징금이 부과된 후 분할·분할합병이 발생하는 경우

이미 과징금이 부과된 경우에는 승계의 대상이 되는 과징금 납부의무가 존재하고, 이러한 의무는 승계된다. 분할의 경우에는 승계되는 재산 등 분할대상, 분할계획서 등을 종합하여 의무의 승계 여부를 구체적으로 판단하게 된다. 그 결과 과징금 납부의무가 승계되는 경우에는 단순분할의 경우에는 단순분할신설회사가, 흡수분할합병의 경우에는 분할승계회사가, 신설분할합병의 경우에는 분할합병신설회사가 그 의무를 부담하게 된다.

다만, 하도급법 제25조의3 제2항, 공정거래법 제104조 제1항(구법 제55조의5 제1항)은 과징금이 부과된 후 과징금을 부과받은 회사가 분할 또는 분할합병되는 경우 ① 분할되는 회사, ② 분할 또는 분할합병으로 인하여 설립되는 회사, ③ 분할되는 회사의 일부가 다른 회사와 합병하여 그 다른 회사가 존속하는 경우의 그 다른 회사가 연대하여 납부하도록 규정한다. 공정거래법 제104조 제2항(구법 제55조의5 제2항)은 과징금이 부과된 후 과징금을 부과받은 회사가 분할 또는 분할합병으로 해산되는 경우 ① 분할 또는 분할합병으로 인하여 설립되는 회사, ② 분할되는 회사의 일부가 다른 회사와 합병하여 그 다른 회사가 존속하는 경우의 그 다른 회사가 연대하여 납부하도록 규정한다.

한편 이때 하도급법 제25조의3 제2항, 공정거래법 제104조(구법 제55조의5)의 표제는 '연대납부의무'로 기재되어 있고, 본문에는 "연대하여 납부할 책임을 진다."고 기재되어 있어 채무를 부담하는 것인지, 책임만을 부담하는 것인지 의문이 있을 수 있다.[62]

---

62 민법상 연대채무의 법리에 비추어보면 채무로 보는 것이 자연스럽다. 만약 책임만을 부담하게 된다면, 채무를 부담하는 회사와 책임만을 부담하는 회사를 특정할 필요가 있게 된다.

위반회사에 과징금이 부과되기 전에 합병되는 경우

하도급법 제25조의3 제2항, 공정거래법 제102조 제2항(구법 제55조의3 제2항)은 위반한 회사인 사업자의 합병이 있는 경우에는 당해 회사의 위반행위를 합병 후 존속하거나 합병에 의해 설립된 회사의 행위로 보아 과징금을 부과·징수할 수 있도록 규정하고 있다. 즉 신설합병의 경우에는 신설회사에 대하여, 흡수합병의 경우에는 존속회사에 대하여 과징금을 부과할 수 있다.

위반회사에 과징금이 부과되기 전에 분할·분할합병이 발생하는 경우

이 경우는 종래 실무상 가장 논란이 많았던 부분이다. 대법원은 신설회사 또는 존속회사가 승계하는 것은 분할하는 회사의 권리와 의무라 할 것인바, 분할하는 회사의 분할 전 법 위반행위를 이유로 과징금이 부과되기 전까지는 단순한 사실행위만 존재할 뿐 그 과징금과 관련하여 분할하는 회사에게 승계의 대상이 되는 어떠한 의무가 있다고 할 수 없고, 특별한 규정이 없는 한 신설회사에 대하여 분할하는 회사의 분할 전 법 위반행위를 이유로 과징금을 부과하는 것은 허용되지 않는다고 보았다(대법원 2007. 11. 29. 선고 2006두18928 판결). 또한 이미 과징금이 발생한 후 분할·합병되는 경우와 달리 과징금이 아직 발생하지 않은 경우에는 승계되지 않는다고 보았다(대법원 2011. 5. 26. 선고 2008두18335 판결(엘지화학 사건)).[63] 이러한 판례에 대하여는 회사 분할 제도가 과징금 회피수단으로 사용된다는 비판이 있었다.[64]

그 후 과징금의 승계에 관하여 공정거래법 제102조 제3항(구 공정거래법 제55조의3의 제3항)에서 "공정거래위원회는 이 법을 위반한 회사인

63 합병이 있은 경우 합병된 회사의 행위를 합병 후 존속하는 회사의 가중사유로 삼을 수 있다는 취지의 대법원 2013. 11. 28. 선고 2012두18523 판결 등과 비교된다.

64 김건식·노혁준·천경훈, 『회사법(제3판)』, 박영사, 2018, 796쪽.

사업자가 분할되거나 분할합병되는 경우 분할되는 사업자의 분할일 또는 분할합병일 이전의 위반행위를 다음 각 호의 어느 하나에 해당하는 회사의 행위로 보고 과징금을 부과·징수할 수 있다."고 규정하면서 각 호로 "분할되는 회사(제1호), 분할 또는 분할합병으로 설립되는 새로운 회사(제2호), 분할되는 회사의 일부가 다른 회사에 합병된 후 그 다른 회사가 존속하는 경우 그 다른 회사(제3호)"를 규정함으로써 공정거래위원회가 분할 전 위반행위에 대하여 분할되는 회사 또는 분할로 신설되는 회사 중 어느 한 곳에 대하여 과징금 납부명령을 할 수 있는 법적 근거를 명확히 했다.

위 규정은 "어느 하나의 회사의 행위로 보고"라고 규정하고 있다. 법문언에 기재된 바와 같이 공정거래위원회는 1, 2, 3호의 회사 중 하나의 회사를 선택하여 과징금을 부과할 수 있을 뿐 모든 회사에 과징금을 부과할 수는 없을 것이다. 하급심 판결(서울고등법원 2017. 1. 11. 선고 2015누64703 판결)도 같은 취지로 보인다. 이때 공정거래위원회는 과징금 부과대상인 회사의 선택에 대하여 재량권이 있다.

하도급법 제25조의3 제2항, 공정거래법 제102조 제3항(구법 제55조의3 제3항)에 따른 과징금 부과대상 선정에 있어 재량권 행사의 기준은 무엇인가? 즉 어떤 기준으로 존속회사와 신설회사 중 과징금 부과대상을 선정할지가 문제가 된다. 먼저 책임의 귀속에 관련된 부분으로, 위반사업 부분이 존속회사와 신설회사 중 어떤 회사에 귀속되었는지, 그리고 누가 위반행위로 인한 이익을 누렸는지를 고려할 수 있다. 신설회사가 해당 사업 부분을 보유하고 있다고 해서 신설회사에게 이익이 귀속된 것으로 단정할 수는 없다. 존속회사가 이익을 모두 취한 다음, 분할을 통하여 사업 부분이 신설회사에 귀속되었다면 존속회사가 이익을 향유했다고 볼 여지도 있기 때문이다. 다음으로 집행의 실효성 측면에서 과징금 납부능력과 과징금 부과의 실효성, 분할이 과징금 회피수단으로 남용될 우려 등을 고려할 수 있다. 공정거래위원회 실무에도 존속회사에 과징금을 부과한 사례와 신설회사에 과징금을 부과한 사례가 모두 존재하는 실정이다.

다만, 이 경우 심사관은 존속회사와 신설회사를 모두 심사대상으로 하여 위원회가 재량권을 행사할 수 있도록 조치하여야 한다. 이와 달리 심사관의 판단으로 한 회사만을 심사대상으로 회부한다면 위원회가 행사해야 할 재량권을 심사관이 행사함으로써 위원회가 재량권을 행사하지 않게 되어 '재량권의 불행사에 따른 처분의 위법성'이 문제될 소지가 있다.

법 위반 관련 사업이 이전되었는지가 실무상 쟁점이 되는 경우가 있다. 법 위반 사업이 신설회사에 이전된 경우와 이전되지 않은 경우가 있다. 법 위반사업이 신설회사에 이전된 경우에 신설회사에 과징금 부과가 당연히 가능하다.[65] 이전되지 않은 경우에도 과징금 부과가 가능한지, 즉 하도급법 제25조의3 제2항, 공정거래법 제102조 제3항 적용을 위하여 위반사업 부분 이전이 필요한가의 문제이다.

위반회사에 시정조치가 부과되기 전에 분할·분할합병이 발생하는 경우

위반행위가 있고 과징금이 부과되기 전에 회사가 분할된 경우 하도급법 제25조의3 제2항, 공정거래법 제102조 제3항(구법 제55조의3)이 적용되어 공정거래위원회는 과징금 부과대상을 존속회사와 신설회사 중에 선택할 수 있다. 이와 같이 과징금에 대해서는 명시적인 규정이 있으나, 시정조치에 대한 명시적인 규정은 없다.[66] 그럼 시정조치에도 위

---

65 수입현미 운송용역 입찰담합 사건(공정위 전원회의 제2019-264호), 3개 크롤로 제조판매회사 담합 사건(공정위 제1소회의 제2015-217호)은 분할 후 신설법인이 법 위반사업 부분을 이전받아 영위한 사건이다.

66 반면, 2021. 12. 30. 개정된 공정거래법은 제7조(시장지배적지위남용행위에 대한 시정조치) 제3항에 "공정거래위원회는 남용행위를 한 회사인 시장지배적사업자가 분할되거

규정이 유추적용될 수 있는가?

공정거래위원회의 심결례는 엇갈린다. 법 위반행위를 한 존속회사에 시정조치를 부과한 사례[67]와 신설회사에 시정조치를 부과한 사례[68]가 모두 있다. 한편 하도급법 제25조의3 제2항, 공정거래법 제102조(구법 제55조의3)는 과징금에 관한 규정이고 시정조치, 고발에는 적용된다고 볼 명시적인 근거가 없다. 위 규정은 행위책임의 법리를 확대한 특별한 규정으로서, 이와 같이 침익적인 규정을 적용하기 위해서는 명문의 근거가 필요한 것으로 보인다. 이 점에서 시정조치는 법 위반행위를 한 존속회사에 부과함이 타당하다.

공정거래위원회가 과징금에 대하여 공정거래법 제102조(구법 제55조의3)에 따라 신설회사를 부과대상으로 선택할 경우 과징금은 신설회사에, 시정조치는 존속회사에 부과됨으로써 대상자가 분리되는 현상이 나타난다. 그러나 이는 과징금에 대하여 특별규정을 통해 신설회사로 그 책임을 확대한 데 따른 불가피한 결과로 이해할 수 있다.

한편 이미 전술한 부분[과징금이 부과 전 분할, 분할합병이 발생하는 경우]과 같이 과징금에서 대법원 2007. 11. 29. 선고 2006두18928 판결은 분할합병 사안에서 단순한 사실관계는 포괄승계 대상이 아니라고 보았다. 이에 따른 과징금 부과의 공백을 해결하기 위하여 현 공정거래법 제102조 제3항이 입법되었다. 과징금과 달리 시정조치에 대하여는 특별한 규정이 없으므로, 대법원 2007. 11. 29. 선고 2006두

나 분할합병된 경우에는 분할되는 시장지배적사업자의 분할일 또는 분할합병일 이전의 남용행위를 다음 각 호의 어느 하나에 해당하는 회사의 행위로 보고 제1항의 시정조치를 명할 수 있다."라는 규정을 두고, 기업결합을 제외한 나머지 위반행위에 이를 준용하고 있다. 공정거래법 제37조 제2항(경제력 집중), 제42조 제2항(부당한 공동행위), 제49조 제2항(불공정거래행위 등), 제52조 제2항(사업자단체) 등이다.

67 법 위반 후 과징금 부과 전에 분할이 이루어진 사안에서, 존속회사에 시정명령을 부과하고 고발을 했으며, 신설회사(단순분할 신설회사)에 과징금을 부과한 사례 등이다.

68 공정거래위원회 2019. 1. 9. 의결 제2019-011호(현대산업개발 사건).

18928 판결의 법리에 따라 신설회사가 시정조치의 대상이 되지 않고 존속회사가 대상이 되는 것으로 볼 수도 있다.[69]

대법원 2023. 6. 15. 선고 2021두55159 판결(현대중공업 사건)에서 대법원은 신설회사에 대하여 분할하는 회사의 분할 전 하도급법 위반행위를 이유로 하도급법 제25조 제1항에 따른 시정조치를 명하는 것은 허용되지 않는다고 판단한 원심과 같은 결론을 내렸다.

▣ 대법원 2023. 6. 15. 선고 2021두55159 판결

분할 전 회사의 하도급법 위반행위를 이유로 신설회사에 부과한 시정명령 등의 취소를 청구한 사건이다. 분할 전 회사의 하도급대금 미지급을 이유로 신설회사에게 시정명령 등을 부과할 수 있는지 여부에 대하여 아래와 같이 부과할 수 없다는 판단을 했다.

회사 분할 시 특별한 규정이 없는 한 신설회사에 대하여 분할하는 회사의 분할 전 하도급법 위반행위를 이유로 하도급법 제25조 제1항에 따른 시정조치를 명하는 것은 허용되지 않는다. 그 구체적인 이유는 아래와 같다.

1. 대법원은 2007. 11. 29. 선고 2006두18928 판결에서 법률 규정이 없는 이상 분할하는 회사의 분할 전 「독점규제 및 공정거래에 관한 법률」(이하 '공정거래법'이라고 한다) 위반행위를 이유로 신설회사에 대하여 과징금을 부과하는 것은 허용되지 않는다고 판시했다. 공정거래법에 따

69 현행 공정거래법은 분할하는 회사의 분할 전 공정거래법 위반행위를 이유로 신설회사에게 과징금 부과(공정거래법 제102조 제3항) 또는 시정조치(공정거래법 제7조 제3항)를 할 수 있도록 규정을 신설했다. 현행 하도급법은 과징금 부과처분에 관하여는 신설회사에게 제재사유를 승계시키는 공정거래법 규정을 준용하고 있으나 시정조치에 관하여는 이러한 규정을 두고 있지 않다. 이와 같이 공정거래법과 하도급법이 회사 분할 전 법 위반행위에 관하여 신설회사에게 과징금 부과 또는 시정조치의 제재사유를 승계시킬 수 있는 경우를 따로 규정하고 있는 이상, 그와 같은 규정을 두고 있지 아니하는 이 사건 사안, 즉 회사 분할 전 법 위반행위에 관하여 신설회사에게 시정조치의 제재사유가 승계되는지 여부가 쟁점이 되는 사안에서는 이를 소극적으로 보는 것이 자연스럽다.

른 과징금 부과처분과 「하도급거래 공정화에 관한 법률」(2022. 1. 11. 법률 제18757호로 개정되기 전의 것, 이하 '하도급법'이라고 한다) 제25조 제1항에 따른 시정조치명령 모두 해당 법 규정을 위반한 사업자를 처분 상대방으로 하는 점, 회사 분할 전에 공정거래법 위반이나 하도급법 위반이 있는 경우 시정조치의 제재사유는 이미 발생했고 신설회사로서는 제재사유를 제거할 수 있는 지위에 있지 않는 점(예를 들어 분할하는 회사가 목적물 등의 수령일부터 60일 이내에 하도급대금을 지급하지 않았다면 그 사실만으로 하도급법상 시정조치의 제재사유가 발생하고, 이후 신설회사가 이를 지급했다고 하여 위 제재사유가 소멸하지는 않는다. 신설회사가 하도급대금 지급채무를 승계했음에도 그로부터 일정 기한 내에 이를 지급하지 아니하는 경우 이것이 별도의 위반사실이 될 여지가 있을 뿐이다), 공정거래위원회는 사업자에게 하도급법 위반 제재사유가 있는 경우 시정조치 또는 과징금을 선택적으로 부과할 수 있고, 그 과징금 부과처분의 성격이 공정거래법상의 그것과 다르지 않은바, 제재사유 승계에 관한 특별한 규정이 없음에도 법위반사유에 대한 처분의 선택에 따라 제재사유의 승계 여부가 달라지는 결과를 초래하는 것은 형평에 맞지 않은 점 등에 비추어볼 때, 공정거래법상 과징금 부과처분에 관한 위 법리는 아래에서 보는 바와 같이 제재사유의 승계에 관하여 법률 규정을 두고 있지 않은 하도급법상 시정조치명령의 경우에도 그대로 적용되어야 한다.

2. 현행 공정거래법은 분할하는 회사의 분할 전 공정거래법 위반행위를 이유로 신설회사에게 과징금 부과 또는 시정조치를 할 수 있도록 규정을 신설했다. 현행 하도급법은 과징금 부과처분에 관하여는 신설회사에게 제재사유를 승계시키는 공정거래법 규정을 준용하고 있으나 시정조치에 관하여는 이러한 규정을 두고 있지 않다. 이와 같이 공정거래법과 하도급법이 회사 분할 전 법 위반행위에 관하여 신설회사에게 과징금 부과 또는 시정조치의 제재사유를 승계시킬 수 있는 경우를 따로 규정하고 있는 이상, 그와 같은 규정을 두고 있지 아니하는 이 사건 사안, 즉 회사 분할 전 법 위반행위에 관하여 신설회사에게 시정조치의 제재사유가 승계되는지 여부가 쟁점이 되는 사안에서는 이를 소극적으

로 보는 것이 자연스럽다.

☞ 해설

피고 공정거래위원회가 원고에 대하여 원고가 분할 전 회사의 하도급법 위반(하도급대금 미지급) 관련 사업부분의 권리·의무를 포괄적으로 승계했다는 이유로 재발방지명령 및 하도급대금의 지급명령을 부과하여 원고가 그 취소를 청구했다. 대법원은, 위 법리에 따라 신설회사에 대하여 분할하는 회사의 분할 전 하도급법 위반행위를 이유로 하도급법 제25조 제1항에 따른 시정조치를 명하는 것은 허용되지 않는다고 판단한 원심을 수긍하여 상고를 기각했다.

시정조치 부과 전 합병이 있는 경우

대법원 2022. 5. 12. 선고 2022두31433 판결(에스케이브로드밴드 사건)에 의하면, 합병 후 존속회사에 시정조치를 할 수 있다.[70] 대법원 2004. 7. 8. 선고 2002두1946 판결도 사법상의 관계 또는 공법상의 관계를 불문하고 그 성질상 이전이 허용되지 않는 것을 제외하고 모두 합병으로 인하여 존속한 회사에 승계된다고 보고 있다.[71]

---

70 회사합병이 있는 경우에는 피합병회사의 권리·의무는 사법상의 관계 혹은 공법상의 관계를 불문하고 그 성질상 이전이 허용되지 않는 것을 제외하고는 모두 합병으로 인하여 존속한 회사에 승계되는 것으로 보아야 한다.

71 한편 2021. 12. 30. 개정된 공정거래법은 제7조(시장지배적지위남용행위에 대한 시정조치) 제2항에 "공정거래위원회는 남용행위를 한 회사인 시장지배적사업자가 합병으로 소멸한 경우에는 해당 회사가 한 남용행위를 합병 후 존속하거나 합병에 따라 설립된 회사가 한 행위로 보아 제1항의 시정조치를 명할 수 있다."라는 규정을 두고, 기업결합을 제외한 나머지 위반행위에 이를 준용하고 있다. 법 제37조 제2항(경제력 집중), 제42조 제2항(부당한 공동행위), 제49조 제2항(불공정거래행위 등), 제52조 제2항(사업자단체) 등이다.

위반회사에 형벌이 부과되기 전에 분할·분할합병이 발생하는 경우

위반행위 후 형벌의 부과 전에 회사가 분할된 경우 형벌 책임은 누가 부담하는지가 문제가 된다. 이와 관련하여 하도급법 제25조의3 제2항, 공정거래법 제102조 제3항(구법 제55조의3 제3항)은 과징금에 관한 명시적인 규정만 두고, 시정조치나 형벌에 대하여는 규정하지 않는다. 대법원 2007. 8. 23. 선고 2005도4471 판결도 합병으로 소멸한 법인이 양벌규정에 따라 부담하던 형사책임(벌금형)이 합병 후 존속회사에 승계되지 않는다고 판단했다.

대법원 2015. 12. 24. 선고 2015도13946 판결은 법인이 형사처벌을 면탈하기 위한 방편으로 합병제도 등을 남용하는 경우 이를 처벌하거나 형사책임을 승계시킬 수 있는 근거규정을 특별히 두고 있지 않다면 합병으로 인하여 소멸한 법인이 그 종업원 등의 위법행위에 대해 양벌규정에 따라 부담하던 형사책임은 그 성질상 이전을 허용하지 않는 것으로서 합병으로 인하여 존속하는 법인에 승계되지 않는다고 판단했다.

분할의 경우 형벌책임을 승계하지 않는다는 취지의 하급심 판결로는 서울중앙지법 2010. 11. 3. 선고 2010노639 판결 등이 있다. 이에 따르면 특별한 규정이 없는 상태에서 위반행위를 하지 아니한 당사자에게 형벌을 부과할 수는 없을 것이므로, 위반행위를 한 존속회사가 형벌책임을 부담하는 것이 타당하다.

8. 하도급 사건의 증거 평가

사실인정을 해야 하는 모든 절차에서는 증거에 대한 평가와 그 기준이 당연히 문제가 된다. 그러므로 사실인정에 있어서 종합적인 판단이 다른 유형의 사건에 비하여 중요하고 필수적인 하도급법 위반 사건에서 증거의 적격과 증명력 판단에 대한 기준이 문제되는 것은 당연하다.

가. 증거별 차등성

증거별 차등성이 고려되어야 한다. 사실에 대한 진술과 의견은 구별되어야 하며, 진술인의 단순한 의견은 원칙적으로 사실을 인정하는 주요 증거가 되기 어렵다. 또한 사실에 대한 진술인 경우에도 직접증거[72]와 간접증거,[73] 원본증거와 전문증거가 구별되어야 한다. 간접증거에 의하여 사실을 인정하는 경우에는 그 추론과정이 논리칙과 경험칙에 부합해야 할 것이고, 이는 일종의 공리(公理)로 인정된다.[74] 원본증거가 아닌 전문증거의 경우에는 신용성이 보장되거나 특별한 필요성이 인정되는 경우에 예외적으로 증거로 사용될 수 있으며, 이때 반대신문권을 통한 탄핵의 기회가 충분히 보장되어야 한다.

나. 증거의 신뢰성

증거의 신뢰성 내지 신빙성 유무와 관련하여 일반화된 기준을 제시하는 것은 어렵다. 개개의 사건마다 독특한 사정이 존재하고 있기 때문에 판례 등 선례가 제시하는 기준이 구체적인 사건에 있어 어떻게

---

72 요증사실을 직접 증명하는 증거로 목격자의 진술 등이다.

73 요증사실을 간접적으로 추인하게 하는 사실로 정황사실 등이다.

74 대법원 1994. 9. 13. 선고 94도1335 판결.

적용되는지를 일률적으로 확정하기도 어렵다. 그러므로 문제가 된 증거가 합리성을 갖추었는지, 그 진술내용이 어느 정도 자연스러운지, 문제가 된 진술 증거의 진술내용과 양립할 수 없는 사실이 있는지, 진술내용이 사회통념상 수긍할 수 있는 수준인지, 논리와 경험칙의 측면에서 문제가 없는지 등을 통상인의 상식에 비추어 판단할 필요가 있다.[75]

증거 자체의 신뢰성

문제되는 증거가 일반적이고 객관적인 기준에서 그 자체로 믿을만한 것인지, 믿을 만한 근거를 가지는 것인지, 신뢰할 만한 합리적인 이유가 있는지가 기준이 될 수 있다. 예를 들면 직접 사실을 목격한 자의 진술인 경우,[76] 처분문서 등 비교적 확실한 자료에 기한 진술인지는 중요한 고려요소가 된다. 상업장부와 통상적인 업무일지 등에 기초한 진술도 이에 포함될 수 있다.

물론 직접 사실을 목격한 자의 진술이라고 하더라도 이를 배척할 만한 합리적인 근거가 있다면 배척되어야 한다.[77] 가령 처분문서와 상업장부, 업무일지 등 객관적 자료에 기초한 진술이라고 하더라도 그 기초가 된 자료가 위조 또는 변조되거나 객관적인 정황을 기록하지 않은 경우에는 그에 기초한 진술을 믿기 어렵다.

진술자의 객관적 상황(위치) 및 이해관계

진술자가 어떤 입장 혹은 상황에서 진술했는지도 중요한 판단 기준이 된다. 진술은 그 진술자의 객관적 진술 상황에 따라 그 신빙성 판단

---

75 대법원 2003. 10. 10. 선고 2003도3463 판결.

76 대법원 1986. 3. 25. 선고 85도1572 판결.

77 대법원 2001. 2. 9. 선고 2000도4946 판결.

이 달라질 수 있다. 또한 진술자의 중립성과 이해관계도 중요하다. 진술을 한 자가 객관적·중립적 지위에 있는지, 어느 일방에 편파적인지 여부도 판단 시 고려해야 할 중요한 요소이다. 그리고 진술자가 대립되는 이해관계를 가진 자인지,[78] 그에게 허위진술을 할 동기가 존재하는지도[79] 중요한 고려요소가 된다. 허위진술의 동기는 형사사건뿐 아니라 하도급 사건에서도 중요한 고려요소이다.

하도급 사건에서 피심인이 제출한 협력사 확인서에 관한 판례로 서울고등법원 2019. 8. 22. 선고 2018누57485 판결(심리불속행 기각)은 다음과 같이 판시했다. 즉 원고인 수급사업자들이 이 사건 조사과정에서 작성하여 제출한 확인서는 이 사건에 대한 피고의 조사가 개시된 이후에 작성된 점, 원고와의 하도급거래 지속 여부에 따라 사업의 존폐에 영향을 받는 수급사업자들로서는 원고에게 유리한 내용의 확인서 작성을 거부하기 어려운 점 등을 고려하면 그 기재내용을 그대로 믿을 수 없다는 것이다.

다른 증거와의 부합성

다른 증거와의 일치 여부도 중요한 판단 기준이 된다. 이때 그 진술내용이 관련 증거와 일치하지 않는 경우 그 진술의 신빙성은 의심받게 된다.[80] 또한 진술이 객관적으로 인정된 사실에 배치되는 경우에도 그 진술의 신빙성을 의심할 필요가 있다. 진술과 양립할 수 없는 사실이 존재할 경우 그 진술의 신빙성은 저하된다.[81] 이에 더해 진술이 사건 당시의 정황과 배치되는 경우에도 신빙성은 인정되기 어렵다.

---

78 대법원 2004. 2. 13. 선고 2003도4776 판결.
79 대법원 1986. 3. 25. 선고 85도1572 판결.
80 대법원 1997. 5. 23. 선고 97도852 판결.
81 대법원 2003. 10. 10. 선고 2003도3463 판결.

진술의 종합적 이해

진술의 전후 맥락을 종합적으로 이해해야 한다. 특정 용어나 단어에만 집착하여 이 용어가 바로 유력한 증거라고 평가하는 것은 위험할 수 있다.

제 7 장

하도급법 집행 관련 제도

1. 하도급법상 처분시효와 조사시효

가. 처분시효

법령 **하도급법 제22조(위반행위의 신고 등) 제4항**

④ 공정거래위원회는 다음 각 호의 구분에 따른 기간이 경과한 경우에는 이 법 위반행위에 대하여 제25조 제1항에 따른 시정조치를 명하거나 제25조의3에 따른 과징금을 부과하지 아니한다. 다만, 법원의 판결에 따라 시정조치 또는 과징금 부과처분이 취소된 경우로서 그 판결이유에 따라 새로운 처분을 하는 경우에는 그러하지 아니하다.

1. 공정거래위원회가 이 법 위반행위에 대하여 제1항 전단에 따른 신고를 받고 제2항에 따라 조사를 개시한 경우: 신고일부터 3년
2. 제1호 외의 경우로서 공정거래위원회가 이 법 위반행위에 대하여 제2항에 따라 조사를 개시한 경우: 조사개시일부터 3년

하도급상 처분시효

처분시효에 관한 하도급법 제22조 제4항 본문은 피고가 하도급법 위반행위에 대하여 같은 조 제2항에 따라 조사를 개시한 경우 일정 기간이 지나면 시정조치를 명하거나 과징금을 부과하지 않도록 함으로써 하도급법 위반행위를 둘러싼 법률관계를 신속히 확정하여 피고가 일방적으로 처분권을 남용하지 못하도록 하고 법적 안정성을 유지하기 위한 것이다(대법원 2021. 5. 7. 선고 2020두57332 판결).

하도급법상 처분시효는 공정거래법상 처분시효와 같은 성격인가? 공정거래위원회는 공정거래법상 처분시효와 같은 성격으로 보고 처리

한다. 기간이 다르다는 것 외에 공정거래법의 처분시효와 달리 보아야 할 이유가 없기 때문이다. 하도급법은 공정거래법상 거래상 지위남용에서 파생된 특별법이기도 하다.

처분시효 기산일인 신고일의 의미

하도급법 제22조 제4항 제1호의 문언·내용과 그 취지, 하도급법 제22조 제1항 전단에 따른 신고의 법적 성격 등을 종합하면, 하도급법 제22조 제4항 본문 제1호의 '신고일'은 피고가 하도급법 위반행위에 대하여 제1항 전단에 따른 '신고를 받은 날'을 뜻한다.

공정거래위원회가 피고보조참가인으로부터 원고의 법 위반사실에 대한 신고를 받고도 그 접수를 보류한 채 한국공정거래조정원 하도급분쟁조정협의회에 분쟁조정을 요청했다가 분쟁조정절차가 종료된 후 위 신고를 접수한 사건에서, 하도급법 제22조 제4항 본문 제1호의 '신고일'은 공정거래위원회가 하도급법 위반행위에 대하여 제1항 전단에 따른 '신고를 받은 날'을 뜻하므로, 공정거래위원회가 피고보조참가인으로부터 원고의 하도급법 위반행위에 대하여 신고를 받고도 그 접수를 보류하다가 신고를 접수한 날인 2016. 10. 26.이 아니라, 위 신고를 받은 2016. 7. 13.을 위 신고일로 보아, 그로부터 3년이 지난 후 이루어진 이 사건 처분은 처분시효의 기간이 지나 위법하다고 판단했다(대법원 2021. 5. 7. 선고 2020두57332 판결).

위 판결은 하도급법 제22조 제4항 본문 제1호의 '신고일'은 공정거래위원회가 하도급법 위반행위에 대하여 제1항 전단에 따른 '신고를 받은 날'을 뜻하는 것이지, 신고를 받고도 그 접수를 보류하다가 '신고를 접수한 날'이 아니라고 본 취지이다. 이 사안에서 공정거래위원회는 2016. 7. 13.에 불공정하도급거래 행위 신고를 받고서 그 접수를 보류한 채 한국공정거래조정원 하도급분쟁조정협의회에 분쟁조정을 요청했는데, 동 협의회는 참가인의 불출석으로 인하여 조정절차를 종료했다. 이후에 공정거래위원회는 동 협의회로부터 조정불성립을 보고받은 날인 2016. 10. 26.에 불공정하도급거래행위 신고를 접수했다. 이 사건에서 공정거래위원회에 신고서를 제출한 날을 신고일로 보아야 한다는 점에 다툼이 있기 어려우므로, 실질적인 쟁점은 신고일 이후에 하도급분쟁조정협의회에 회부된 기간이 처분시효의 정지사유가 되는지에 있다는 견해가 있다.[1] 즉, 처분시효 정지제도가 도입되어 있지 않은 상태에서, 신고일을 신고를 받은 날이 아니라 접수를 받은 날로 늦추어서 실질적으로 처분시효가 정지된 것처럼 볼 수 있는지에 대하여 법원이 이를 부정적으로 판단한 것으로 이해하는 입장이다.

재신고와 처분시효

공정거래법상 처분시효 기산점은 조사개시일이며, 조사개시일에는 신고도 포함되는 것으로 본다. 즉 신고 사건의 경우 신고를 수리한 공정거래위원회가 수리한 신고내용을 정확하게 분석하여 합리적인 재량으로 공정거래법 위반사건의 조사 단서로 처리하는 경우에 한하여 그 신고의 접수일을 조사개시일로 본다.

하도급법은 기산점을 신고 시로 명시하여 '조사개시일에 신고가 포함되는지'에 관한 논란이 없다. 이 점에서 신고가 특정적으로 이루어진 경우 신고 시점을 기산점으로 보아야 한다.[2] 그 이후 동일한 재신고가 있더라도 같은 위반행위에 대한 것이라면 재신고 시점이 아니라 최초 신고 시점으로 보아야 한다. 재신고 시점을 처분시효 기산점으로 본다

---

1 오금석·강연수, "하도급법과 공정거래법상 처분시효 관련 최근 판례 평석", 『경쟁저널』 제213호, 2022, 80쪽.

2 하도급법 사안에서는 수급사업자라는 피해자가 존재한다는 점에서 공정거래법상 신고와 의미가 다를 수 있다.

면, 제척기간의 중단을 인정하는 것과 다를 바 없게 되어 법률의 근거가 필요할 뿐 아니라, 중지나 중단이 인정되지 않는 제척기간으로서 처분시효의 본질에 반한다.

참고로, 신고일과 조사개시일의 문제는 공정거래법에서 위반행위의 횟수 판단, 제척기간 등과 관련한 사례가 있고, 그와 같은 연장선상에서 해석될 필요가 있다.[3]

나. 조사시효

법령 **하도급법 제23조(조사대상 거래의 제한)**

① 제22조 제2항에 따라 공정거래위원회의 조사개시 대상이 되는 하도급거래(제13조 제11항이 적용되는 거래를 포함한다. 이하 이 조에서 같다)는 그 거래가 끝난 날부터 3년(제12조의3을 위반하는 경우에는 그 거래가 끝난 날부터 7년으로 한다. 이하 이 조에서 같다)이 지나지 아니한 것으로 한정한다. 다만, 거래가 끝난 날부터 3년 이내에 제22조 제1항 전단에 따라 신고되거나 제24조의4 제1항 제1호 또는 제2호의 분쟁당사자가 분쟁조정을 신청한 하도급거래의 경우에는 거래가 끝난 날부터 3년이 지난 경우에도 조사를 개시할 수 있다.

② 제1항에서 "거래가 끝난 날"이란 제조위탁·수리위탁 및 용역위탁 중 지식·정보성과물의 작성위탁의 경우에는 수급사업자가 원사업자에게 위탁받은 목적물을 납품 또는 인도한 날을, 용역위탁 중 역무의 공급위탁의 경우에는 원사업자가 수급사업자에게 위탁한 역무공급을 완료한 날을 말하며, 건설위탁의 경우에는 원사업자가 수급사업자에게 건설위탁한 공사가 완공된 날을 말한다. 다만, 하

3 공정거래위원회, 2020. 3. 9. 의결 제2020-054호(지에스건설 사건).

도급계약이 중도에 해지되거나 하도급거래가 중지된 경우에는 해지 또는 중지된 날을 말한다.

대법원 2023. 3. 13. 선고 2022두57893 판결(원심 서울고등법원 2022. 8. 25. 선고 2021누48443 판결)은 하도급거래에 관하여 이 사건 원신고가 있은 후 그중 일부 하도급거래에 관하여 피고의 심사절차가 종료되었다가 그 거래가 끝난 날부터 3년이 지난 다음에 이루어진 이 사건 재신고에 따라 피고의 심사절차가 개시되었다고 하더라도, 이 사건 원신고가 이 사건 처분사유인 각 하도급거래가 끝난 날부터 3년 이내에 이루어진 이상, 이 사건 처분은 하도급법 제23조 제1항에 위반되지 않는다고 판단했다.

2. 동의의결

법령 **하도급법 제24조의9(동의의결)**

① 공정거래위원회의 조사나 심의를 받고 있는 원사업자 등(이하 이 조에서 "신청인"이라 한다)은 해당 조사나 심의의 대상이 되는 행위(이하 이 조에서 "해당 행위"라 한다)로 인한 불공정한 거래 내용 등의 자발적 해결, 수급사업자의 피해구제 및 거래질서의 개선 등을 위하여 제3항에 따른 동의의결을 하여 줄 것을 공정거래위원회에 신청할 수 있다. 다만, 해당 행위가 다음 각 호의 어느 하나에 해당하는 경우 공정거래위원회는 동의의결을 하지 아니하고 이 법에 따른 심의 절차를 진행하여야 한다.

1. 제32조 제2항에 따른 고발요건에 해당하는 경우
2. 동의의결이 있기 전 신청인이 신청을 취소하는 경우

② 신청인이 제1항에 따른 신청을 하는 경우 다음 각 호의 사항을 기재한 서면으로 하여야 한다.

1. 해당 행위를 특정할 수 있는 사실관계
2. 해당 행위의 중지, 원상회복 등 경쟁질서의 회복이나 하도급거래질서의 적극적 개선을 위하여 필요한 시정방안
3. 그 밖에 수급사업자, 다른 사업자 등의 피해를 구제하거나 예방하기 위하여 필요한 시정방안

③ 공정거래위원회는 해당 행위의 사실관계에 대한 조사를 마친 후 제2항 제2호 및 제3호에 따른 시정방안(이하 "시정방안"이라 한다)이 다음 각 호의 요건을 모두 충족한다고 판단되는 경우에는 해당 행위 관련 심의 절차를 중단하고 시정방안과 같은 취지의 의결(이하 "동의의결"이라 한다)을 할 수 있다. 이 경우 신청인과의 협의를 거쳐 시정방안을 수정할 수 있다.

1. 해당 행위가 이 법을 위반한 것으로 판단될 경우에 예상되는 시정조치 및 그 밖의 제재와 균형을 이룰 것
2. 공정하고 자유로운 경쟁질서나 하도급거래질서를 회복시키거나 수급사업자 등을 보호하기에 적절하다고 인정될 것

④ 공정거래위원회의 동의의결은 해당 행위가 이 법에 위반된다고 인정한 것을 의미하지 아니하며, 누구든지 신청인이 동의의결을 받은 사실을 들어 해당 행위가 이 법에 위반된다고 주장할 수 없다.

법령 하도급법 제24조의10(동의의결의 절차 및 취소)

동의의결의 절차 및 취소에 관하여는 「독점규제 및 공정거래에 관한 법률」 제90조 및 제91조를 준용한다. 이 경우 같은 법 제90조 제1항 중 "소비자"는 "수급사업자"로, 같은 조 제3항 단서 중 "제124조부터

제127조까지의 규정"은 "이 법 제29조 및 제30조"로 본다.

법령 **하도급법 제24조의11(이행강제금)**

① 공정거래위원회는 정당한 이유 없이 동의의결 시 정한 이행기한까지 동의의결을 이행하지 아니한 자에게 동의의결이 이행되거나 취소되기 전까지 이행기한이 지난 날부터 1일당 200만 원 이하의 이행강제금을 부과할 수 있다.
② 이행강제금의 부과·납부·징수 및 환급 등에 관하여는 「독점규제 및 공정거래에 관한 법률」 제16조 제2항 및 제3항을 준용한다.

2023. 1. 12. 시행된 개정 하도급법은 동의의결 제도를 도입 하고 있다(제24조의9부터 제24조의11까지 신설, 제36조).

3. 조정제도

법령 **하도급법 제24조의4(분쟁조정의 신청 등)**

① 다음 각 호의 어느 하나에 해당하는 분쟁당사자는 원사업자와 수급사업자 간의 하도급거래의 분쟁에 대하여 협의회에 조정을 신청할 수 있다. 이 경우 분쟁당사자가 각각 다른 협의회에 분쟁조정을 신청한 때에는 수급사업자 또는 제3호에 따른 조합이 분쟁조정을 신청한 협의회가 이를 담당한다.
1. 원사업자

2. 수급사업자

3. 제16조의2 제8항에 따른 조합

② 공정거래위원회는 원사업자와 수급사업자 간의 하도급거래의 분쟁에 대하여 협의회에 그 조정을 의뢰할 수 있다.

③ 협의회는 제1항에 따라 분쟁당사자로부터 분쟁조정을 신청받은 때에는 지체 없이 그 내용을 공정거래위원회에 보고하여야 한다.

④ 제1항에 따른 분쟁조정의 신청은 시효중단의 효력이 있다. 다만, 신청이 취하되거나 제24조의5 제3항에 따라 각하된 경우에는 그러하지 아니하다.

⑤ 제4항 본문에 따라 중단된 시효는 다음 각 호의 어느 하나에 해당하는 때부터 새로 진행한다.

1. 분쟁조정이 성립되어 조정조서를 작성한 때

2. 분쟁조정이 성립되지 아니하고 조정절차가 종료된 때

⑥ 제4항 단서의 경우에 6개월 내에 재판상의 청구, 파산절차참가, 압류 또는 가압류, 가처분을 한 때에는 시효는 최초의 분쟁조정의 신청으로 인하여 중단된 것으로 본다.

법령 하도급법 제24조의5(조정 등)

① 협의회는 분쟁당사자에게 분쟁조정사항에 대하여 스스로 합의하도록 권고하거나 조정안을 작성하여 제시할 수 있다.

② 협의회는 해당 분쟁조정사항에 관한 사실을 확인하기 위하여 필요한 경우 조사를 하거나 분쟁당사자에게 관련 자료의 제출이나 출석을 요구할 수 있다.

③ 협의회는 다음 각 호의 어느 하나에 해당되는 경우에는 조정신청을 각하하여야 한다.

1. 조정신청의 내용과 직접적인 이해관계가 없는 자가 조정신청을 한 경우

2. 이 법의 적용 대상이 아닌 사안에 관하여 조정신청을 한 경우
3. 조정신청이 있기 전에 공정거래위원회가 제22조 제2항에 따라 조사를 개시한 사건에 대하여 조정신청을 한 경우

④ 협의회는 다음 각 호의 어느 하나에 해당되는 경우에는 조정절차를 종료하여야 한다.
1. 분쟁당사자가 협의회의 권고 또는 조정안을 수락하거나 스스로 조정하는 등 조정이 성립된 경우
2. 제24조의4 제1항에 따른 조정의 신청을 받은 날 또는 같은 조 제2항에 따른 의뢰를 받은 날부터 60일(분쟁당사자 쌍방이 기간연장에 동의한 경우에는 90일)이 경과하여도 조정이 성립되지 아니한 경우
3. 분쟁당사자의 일방이 조정을 거부하거나 해당 분쟁조정사항에 대하여 법원에 소(訴)를 제기하는 등 조정절차를 진행할 실익이 없는 경우

⑤ 협의회는 조정신청을 각하하거나 조정절차를 종료한 경우에는 대통령령으로 정하는 바에 따라 공정거래위원회에 조정의 경위, 조정신청 각하 또는 조정절차 종료의 사유 등을 관계 서류와 함께 지체 없이 서면으로 보고하여야 하고, 분쟁당사자에게 그 사실을 통보하여야 한다.

⑥ 공정거래위원회는 분쟁조정사항에 관하여 조정절차가 종료될 때까지는 해당 분쟁의 당사자인 원사업자에게 제25조 제1항에 따른 시정조치를 명하거나 제25조의5 제1항에 따른 시정권고를 해서는 아니된다. 다만, 공정거래위원회가 제22조 제2항에 따라 조사 중인 사건에 대해서는 그러하지 아니하다.

법령 **하도급법 제24조의6(조정조서의 작성과 그 효력)**

① 협의회는 조정사항에 대하여 조정이 성립된 경우 조정에 참가한 위원과 분쟁당사자가 서명 또는 기명날인한 조정조서를 작성한다.

② 협의회는 분쟁당사자가 조정절차를 개시하기 전에 조정사항을 스스로 조정하고 조정조서의 작성을 요구하는 경우에는 그 조정조서를 작성하여야 한다.
③ 분쟁당사자는 제1항 또는 제2항에 따라 작성된 조정조서의 내용을 이행하여야 하고, 이행결과를 공정거래위원회에 제출하여야 한다.
④ 공정거래위원회는 제1항 또는 제2항에 따라 조정조서가 작성되고, 분쟁당사자가 조정조서에 기재된 사항을 이행한 경우에는 제25조 제1항에 따른 시정조치 및 제25조의5 제1항에 따른 시정권고를 하지 아니한다.
⑤ 제1항 또는 제2항에 따라 조정조서가 작성된 경우 조정조서는 재판상 화해와 동일한 효력을 갖는다.

법령 하도급법 제24조의8(소송과의 관계)

① 조정이 신청된 사건에 대하여 신청 전 또는 신청 후 소가 제기되어 소송이 진행 중일 때에는 수소법원(受訴法院)은 조정이 있을 때까지 소송절차를 중지할 수 있다.
② 협의회는 제1항에 따라 소송절차가 중지되지 아니하는 경우에는 해당 사건의 조정절차를 중지하여야 한다.
③ 협의회는 조정이 신청된 사건과 동일한 원인으로 다수인이 관련되는 동종·유사 사건에 대한 소송이 진행 중인 경우에는 협의회의 결정으로 조정절차를 중지할 수 있다.

2021. 1. 12. 하도급법 시행령 제9조의2 개정(같은 날 시행)을 통하여 중소기업협동조합을 통한 원사업자와 수급사업자 간의 하도급대금 조정을 활성화하기 위해 조정 대상이 되는 원사업자의 범위를 연간 매출액 3,000억 원 이상인 중견기업에서 모든 중견기업으로 확대하고, 하

도급계약을 체결한 날부터 60일이 지나지 않았더라도 중소기업협동조합이 하도급대금의 조정을 위한 협의를 할 수 있도록 했다. 2023. 1. 12. 시행된 개정 하도급법은 수소법원의 소송중지 제도 등을 도입하고 있다(제24조의5, 제24조의8 신설).

2024. 2. 9. 시행되는 개정 하도급법(2023. 8. 8. 법률 제19619호)을 통하여 한국공정거래조정원에 설치하는 하도급분쟁조정협의회에 공익을 대표하는 위원 중 상임위원 1명을 두도록 하고, 상임위원이 위원장을 겸임하도록 하며, 위원의 임기를 2년에서 3년으로 늘리고, 위원의 자격 요건에 하도급거래 및 분쟁조정에 관한 학식과 경험이 풍부한 자를 추가하는 등 현행 제도의 운영상 나타난 일부 미비점을 개선·보완했다.

4. 건설하도급 입찰결과의 공개

법령 **하도급법 제3조의5(건설하도급 입찰결과의 공개)**

국가 또는 「공공기관의 운영에 관한 법률」 제5조에 따른 공기업 및 준정부기관이 발주하는 공사입찰로서 「국가를 당사자로 하는 계약에 관한 법률」 제10조 제2항에 따라 각 입찰자의 입찰가격, 공사수행능력 및 사회적 책임 등을 종합 심사할 필요가 있는 대통령령으로 정하는 건설공사를 위탁받은 사업자는 경쟁입찰에 의하여 하도급계약을 체결하려는 경우 건설하도급 입찰에 관한 다음 각 호의 사항을 대통령령으로 정하는 바에 따라 입찰 참가자에게 알려야 한다.

1. 입찰금액
2. 낙찰금액 및 낙찰자(상호, 대표자 및 영업소 소재지를 포함한다)
3. 유찰된 경우 유찰 사유

법령 **하도급법 시행령 제6조의5(건설하도급 입찰결과의 공개)**

① 법 제3조의5 각 호 외의 부분에서 "대통령령으로 정하는 건설공사"란 「국가를 당사자로 하는 계약에 관한 법률 시행령」 제42조 제4항 제1호 및 제2호의 공사 중 건설공사를 말한다.
② 제1항에 따른 건설공사를 위탁받은 사업자는 법 제3조의5에 따라 같은 조 각 호의 사항을 개찰 후 지체 없이 서면이나 전자적 방법으로 입찰 참가자에게 알려야 한다.

2023. 1. 12. 시행된 개정 하도급법에 따라 종합심사낙찰제가 적용되는 국가 또는 국가 소속 공공기관이 발주하는 건설공사의 경우 하도급계약의 입찰금액 및 낙찰 결과를 입찰 참가자들에게 공개하도록 한다(법 제3조의5 신설).

2023. 1. 12. 시행된 개정 하도급법 시행령에 따라 국가 또는 공공기관이 발주하는 공사로서 종합심사낙찰제가 적용되는 건설공사를 위탁받은 사업자는 추정가격이 100억 원 이상인 건설공사와 문화재수리 중 건설공사의 건설하도급 입찰결과를 개찰 후 지체 없이 서면이나 전자적 방법으로 입찰 참가자에게 알리도록 했다.

제 8 장

하도급법의 역외적용

하도급법의 역외적용에서는 수급사업자 요건과 원사업자 요건이 중요한 의미를 갖는다. 외국사업자가 여기에 해당하지 않으면 처음부터 역외적용이 논의되기 어렵다. 하도급법은 수급사업자를 국내사업자로 한정하지만, 원사업자는 국내사업자에 한정하지 않는 규율체계를 취하고 있다.

한편 하도급법이 국제적 강행규정에 해당하는지에 대하여는 긍정론과 부정론이 모두 존재한다. 부정론은 하도급법이 국제거래를 상정하지 않았다는 점을 근거로 한다.[1]

1. 수급사업자의 외국사업자 여부

외국사업자도 수급사업자에 포함되는지가 실무상 문제가 있다. 이 문제는 국내에 소재하는 법인의 실체에 따라 유형화할 수 있다.

첫째, 외국 법인의 문제이다. 이는 외국 법인 자체가 중소기업기본법상 중소기업에 해당하는지의 문제로 귀결된다. 외국 법인은 국내 법인 중소기업기본법상 중소기업이 될 수 없으므로, 수급사업자가 될 수 없다.

물론 중소기업기본법에 중소기업을 국내기업으로 한정한다는 명문의 규정은 없다. 그러나 중소기업법기본법이 국내 중소기업을 육성하기 위한 법이라는 점(중소기업기본법 제1조)을 고려하면, 외국기업이 중소기업기본법상 중소기업에 포함되지 않는 것으로 해석함이 상당하다. 실제 외국기업이 중소기업기본법상 중소기업의 요건을 갖추는 것도

---

1 김민경, 『국제계약과 국제적 강행규정』, 박영사, 2022, 102쪽.

어려울 것으로 보인다.

같은 취지에서 외국 법인은 중소기업 또는 중견기업이 될 수 없으므로 하도급법상 수급사업자가 될 수 없다는 견해가 있다.[2] 일본의 경우 하청법이 적용되는 것은 수급사업자가 일본에 소재하는 경우이며, 원사업자의 소재지는 상관없다는 견해도 있다.[3]

둘째, 외국 법인의 국내 지점, 영업소 문제이다. 외국 법인의 국내 지점이나 영업소는 별도의 법인격을 가지고 있지 않으므로, 원칙적으로 외국 법인으로 보아야 한다. 그 점에서 외국 법인의 국내 지점이나 영업소가 수급사업자가 되기 어려운 경우가 많을 것이다. 다만, 일률적으로 수급사업자 해당성을 단정하기는 어렵고, 개별적으로 중소기업기본법의 요건을 갖추었는지 판단할 필요가 있다.

셋째, 외국 법인의 자회사 문제이다. 외국 법인이 그 자회사를 국내에 설립한 경우, 그 자회사는 국내 법인이 된다. 국내 법인인 자회사는 중소기업에 해당할 수 있고, 이는 국내 매출과 자산규모가 중소기업기본법의 요건에 해당하는지에 따라 수급사업자에 해당하는지를 판단하게 된다.[4]

2. 원사업자의 외국사업자 여부

수급사업자를 국내사업자로 해석해야 함은 위에서 본 바와 같다. 이

2 정종채, 2018, 120쪽.

3 나가사와 데쓰야, 2018, p. 111.

4 외국 법인이 출자한 국내 법인은 중소기업의 범위 요건을 충족하면 중소기업자에 해당할 수 있다는 견해. 오승돈, 2019, 43쪽.

에 비하여 원사업자는 국내사업자로 국한되지 않는다.

원사업자는 중소기업자(「중소기업기본법」 제2조 제1항 또는 제3항에 따른 자를 말하며, 「중소기업협동조합법」에 따른 중소기업협동조합을 포함한다. 이하 같다)가 아닌 사업자로서 중소기업자에게 제조 등의 위탁을 한 자일 것을 요하고 있다. 이때 원사업자는 하도급법상 중소기업자가 아닌 사업자, 중소기업자이지만 매출액이 많은 경우, 상호출자제한기업집단 소속 회사 등으로 구성된다. 그중 중소기업자가 아닌 사업자는 국내사업자뿐 아니라 국외 사업자도 해당할 수 있다.[5]

이에 대하여 외국법인을 원사업자에서 제외할 문언상 근거가 없으나, 외국법인을 원사업자로 보지 않는 것이 공정위의 실무적 의견이라는 견해가 있다.[6] 물론 문언 해석과 실제 하도급법 적용은 다를 수도 있다. 문언상 원사업자에 외국사업자가 해당할 수 있더라도, 이런 경우까지 하도급법을 적용하려는 것이 입법취지인지 명백하지 않기 때문이다.

외국사업자가 원사업자이고, 수급사업자가 국내사업자인 경우에도 외국사업자가 국내사업자에 대하여 외국에서 위탁을 하는 경우와 국내에서 위탁을 하는 경우는 다르다. 국내 위탁의 경우에는 하도급법 적용이 검토될 수 있으나, 외국에서 위탁을 하는 경우는 후술하는 바와 같이 그 해석 및 적용에 어려움이 있다.

---

5 원사업자가 국내사업자에 국한된다는 견해로는 김민경, 2022, 100쪽. 이 견해는 '하도급법의 적용대상인 원사업자와 수급사업자를 국내기업으로 규정하고 있다.'라고 기재하고 있으나, 이 견해는 원사업자가 '중소기업자가 아닌 사업자'임에도 '중소기업자'로 본데 따른 것으로 동의하기 어렵다.

6 정종채, 2018, 121쪽.

3. 하도급법의 역외적용

아래에서는 외국적 요소가 있는 하도급거래를 유형별로 접근해본다.

가. 원사업자와 수급사업자가 모두 국내사업자인 경우

원사업자와 수급사업자가 모두 국내사업자인 경우이다. 원사업자와 수급사업자가 국내사업자이면서, 국내에서 하도급거래가 발생한 경우는 하도급법 적용대상임에 의문이 없다. 다음은 원사업자와 수급사업자가 국내사업자이고, 하도급거래가 외국에서 발생한 경우이다. 원사업자와 수급사업자가 국내사업자이면서, 해외건설공사계약인 경우에도 하도급법이 적용된다는 것이 공정위 입장이다.[7] 국내회사 사이의 해외건설공사 계약에도 하도급법이 적용됨을 전제로 표준계약서가 작성되어 있다.

나. 수급사업자가 외국사업자인 경우

수급사업자가 외국사업자인 경우이다. 이때 원사업자가 국내사업

---

7 김민경, 2022, 100쪽. 공정위 2007. 10. 19. 의결 제2007-493(대우건설 사건). 이 사건은 대우건설이 나이지리아 해상 석유 생산설비공사 중 일부를 유진건업에 하도급을 준 사건이다. 이 사건은 공정위 처분에 대한 취소청구의 소가 제기되어 서울고등법원 2008. 8. 28. 선고 2007누31609 판결로 원고 승소 판결이 선고되었고, 대법원 2010. 9. 30. 선고 2008두16377 판결로 상고가 기각되었다. 다만, 해외 공사에 대한 하도급법 적용 여부는 다투어지지 않았다.

자이면서 수급사업자가 외국사업자인 경우, 원사업자가 외국사업자이면서 수급사업자가 외국사업자인 경우가 있다. 어떤 경우이든 수급사업자가 외국사업자인 경우 하도급법이 적용되지 않으므로 역외적용이 문제되지 않는다. 따라서 하도급거래가 국내에서 발생한 것인지, 외국에서 발생한 것인지에 관계 없이 하도급법이 적용될 여지가 없다.

다. 원사업자가 외국사업자이고, 수급사업자가 국내사업자인 경우

원사업자가 외국사업자이고, 수급사업자가 국내사업자인 경우이다. 외국사업자인 원사업자가 한국 수급사업자에게 위탁을 한 경우 하도급법 적용이 가능한지가 문제된다. 역외적용의 첨예한 쟁점은 이러한 사안에서 발생한다. 이에 대하여 외국사업자가 원사업자인 경우 하도급법을 적용하지 않는 것이 공정위 실무라는 견해도 있다.[8]

이 경우도 몇 가지로 사안을 나누어볼 수 있다. 하도급거래가 국내에서 발생한 경우와 국외에서 발생한 경우로 나누어볼 수 있다.

첫째, 외국사업자인 원사업자가 국내에 진입한 것으로 볼 수 있는 경우이다. 원사업자가 외국사업자이지만 국내에 자회사 등 법인을 둔 경우, 수급사업자가 국내사업자인 경우에는 하도급법 적용이 가능하다. 외국법인의 국내 자회사를 원사업자로 볼 수 있고, 이는 역외적용의 문제가 아니라 하도급법의 단순 적용 문제가 된다. 외국사업자의 지점이나 사무소가 국내에 존재하면서 이를 통하여 위탁이 이루어진 경우이다. 이 문제도 역시 국내에서 발생한 사건으로 하도급법의 단순 적용문제이며, 역외적용의 문제가 아니다. 참고로 시장지배적 지위남용

---

8 정종채, 2018, 121쪽.

의 경우에도 국내 지점 등이 존재하는 경우 역외적용의 문제가 아니라 단순 국내법 적용의 문제로 처리한 바 있다. 한국에서 문제된 외국 기업의 시장지배적 지위남용 사건에서, 외국 기업의 자회사, 지점 등이 한국에 존재하고, 행위에 관여한 점 등을 고려하여 한국에서 발생한 외국 기업의 행위로 이해하여, 역외적용으로 보지 않은 것으로 보인다.

둘째, 원사업자가 외국사업자이면서 국내에 진입하지 않은 상태에서 국내에서 국내사업자인 수급사업자에게 위탁을 한 경우이다. 주로 공사현장이나 작업장 등이 국내에 소재하는 경우 등이다. 원사업자가 외국사업자이고 수급사업자가 국내사업자이면서 국내에서 하도급거래가 이루어진 경우는 하도급법 적용이 가능할 여지가 있으나 뚜렷한 선례가 없는 것으로 보인다.

셋째, 원사업자가 외국사업자이면서 국내에 진입하지 않은 상태에서 외국에서 국내사업자인 수급사업자에게 위탁을 한 경우이다. 주로 공사현장이나 작업장 등이 외국에 소재하는 경우 등이다.

원사업자가 외국사업자이고 수급사업자가 국내사업자이고 외국에서 하도급거래가 이루어진 경우는 전형적인 역외적용의 문제가 될 수 있다. 외국사업자가 관련된 하도급법 사안 중 어려운 문제가 된다. 실질적으로는 국내사업자임에도 외국에서 하도급공사를 하기 위하여 외국 법인을 설립하여 진행한 경우, 국내사업자가 외국 컨소시엄에 참여하여 하도급을 준 경우 등에는 실질적으로 국내사업자이므로 하도급법을 적용해야 한다는 견해도 있을 수 있다.

제 9 장

하도급법과 공정거래법, 공정거래특별법의 관계

1. 대규모유통업법과 하도급법의 관계[1]

가. 대규모유통업법 제4조

대규모유통업법 제4조는 "이 법은 대규모유통업자와 납품업자 등 사이의 거래에 관하여 「독점규제 및 공정거래에 관한 법률」 제45조 제1항 제6호 및 제7호에 우선하여 적용한다. 다만, 대규모유통업자와 납품업자 등 사이의 거래가 「하도급거래 공정화에 관한 법률」 제2조 제6항에 따른 제조위탁에 해당하는 경우에는 같은 법을 이 법에 우선하여 적용한다."라고 규정하고 있다.

이 문제는 단지 법령의 개별적 해석 문제에 국한되지 않고, 공정거래특별법인 하도급법, 대규모유통업법의 관계를 고려할 때 법 전체의 균형과 조화를 위하여 어떤 법 적용이 타당한지 등 근본적인 문제와 연결되어 있다.

대규모유통업법 제정 이후에는 주로 대규모유통업법이 적용되던 유통 분야에 하도급법을 전면 적용하는 것이 법체계상, 법집행상 정당한지에 대한 근본적인 문제와 관련되어 있다. 대규모유통업법 제정 이후에는 유통업체에 대하여 하도급법이 적용된 사례가 드물었기 때문이다. 이 문제는 최근 유통업체가 PB 상품을 납품업체에 제조위탁하는 과정에서 발생한 성과장려금 수취행위, 판매촉진비 부과행위, 정보제공료 수취행위 등에 대한 하도급법 적용 사례에서 드러난바 있다.[2]

---

1 하도급법과 대규모유통업법의 관계 부분은 정재훈, "대규모유통업법과 하도급법의 관계: 현행 규정의 문제점과 그 대안을 중심으로", 『경쟁법연구』 제48권 2023을 요약하여 작성함.

2 김근성, "주식회사 지에스리테일의 불공정하도급거래행위에 대한 건 관련 심결례", 『경쟁저널』 제213호, 2022, 116-118쪽.

나. 입법 경위

하도급법과 대규모유통업법의 관계에 대하여 하도급법의 우선적용만을 규정한 대규모유통업법 제4조는 그 입법연혁에 비추어 두 법의 관계에 대한 면밀한 고려를 하지 못한 채 입법되었을 가능성이 높다.

주지하다시피 대규모유통업법은 정부입법이 아니라 의원입법으로 제정되었는데, 대규모유통업법 제4조의 우선적용 규정은 초안에 없었으나 국회 심의 과정에서 삽입되었다.[3] 대규모유통업법에 '제4조의 하도급법 우선 적용' 조항이 포함된 것은 과거 '대규모소매업고시'상 "주문 제조거래[4]가 하도급법상 하도급거래에 해당되는 경우에는 고시를 적용하지 않는다."는 조항을 반영한 것이다.[5]

그런데 대규모소매업고시는 일반법인 공정거래법 중 '거래상 지위남용'만을 구체화한 것이며, 추가적 의무를 규정하지 않고 있다.[6] 그 점에서 대규모소매업고시와 하도급법이 상충될 여지가 없었다.

이와 달리 대규모유통업법은 '거래상 지위남용'에 국한되지 않고 거래관계 전반에 걸친 각종 규제가 추가된 특별법이다. 따라서 하도급법과 대규모유통업법이라는 특별법과 특별법의 관계가 전면적으로 문제되는 상황에서, 어떤 법 적용이 타당한지 면밀한 고려가 필요했다. 그렇지 않을 경우 수범자는 특별법 사이에서 상충되는 의무 중 어느 것

---

3 대규모유통업 납품거래 공정화에 관한 법률안(박선숙 의원 대표발의) 검토보고, 2010. 11., 10쪽. "주문제조매입거래"의 경우 이 법 이외에 「하도급거래 공정화에 관한 법률」도 적용될 수 있으므로, 「대규모소매업고시」와 마찬가지로 하도급거래에 해당하는 경우에는 이 법이 적용되지 않음을 명시할 필요가 있다는 검토의견을 제시하고 있다.

4 대규모소매업자가 납품업자에게 특별한 규격·의장·형식 등을 정하여 상품의 제조를 위탁하고 이를 매입하여 판매하는 거래 형태.

5 대규모유통업 납품거래 공정화에 관한 법률안(박선숙 의원 대표발의) 검토보고, 2010. 11., 10쪽.

6 '서면 교부 의무' 등의 추가 의무는 대규모소매업고시에 규정될 수 없다.

을 준수할지 알기 어렵게 되는 문제가 발생한다. 그런데도 대규모유통업법은 이러한 고려 없이 과거 고시를 그대로 답습(踏襲)하며, 제조위탁에 해당하면 하도급법을 적용한다는 규정만을 두었고, 그 결과 개별 법 적용에서 난점(難點)이 발생하고 있다. 따라서 유통 분야에 대한 하도급법 적용에 신중할 필요가 있고, 이를 위하여 대규모유통업법 제4조 요건도 신중하게 해석·적용할 필요가 있다.

다. 관계 조정 조항의 흠결

한편 공정거래특별법인 가맹사업법, 대규모유통업법, 하도급법, 대리점법 등은 모두 적용범위가 넓어서 하나의 사안에 여러 법이 동시에 적용될 수 있다. 이 경우 법을 형식적으로 적용하여 위반행위를 중첩적으로 인정할 경우 거래 실체와 부합하지 않는 문제가 발생한다.

이러한 문제를 해결하기 위하여, 각 개별법의 상호관계를 고려하여 개별 거래에 어떤 법 적용이 타당한지를 결정해야 한다. 예를 들면 법률의 적용에 관한 구체적인 문제를 명시적으로 규정하거나, 시행령 등으로 법이 적용되는 분야를 지정할 수 있도록 위임을 하는 방법 등이다. 하도급법 개별 규정별로 대규모유통업법과 관계를 규정하여, 적용 여부를 밝히는 방법도 가능하다. 그런데도 입법과정에서 이러한 조치가 이루어지지 못했다.

유사한 예로, 소비자보호법인 방문판매법, 할부거래법, 전자상거래법은 하나의 사안에 중첩 적용가능하다.[7] 이러한 문제를 해결하기 위하

7 방문판매법과 할부거래법이 동시에 적용되는 경우는 다수 있다. 청약 또는 계약 체결 방식은 방문판매로, 대금 지급 방식은 할부거래로 이루어지는 경우이다. 다른 한편 전자상거래법과 할부거래법이 동시에 적용되는 경우도 다수 있다. 정보의 제공과 청

여 방문판매법과 할부거래법 사이에는 조정 규정이 존재한다. 이와 달리 대규모유통업법 제4조는 제조위탁에 해당하면 모든 경우에 하도급법이 우선적용되는 것처럼 규정함으로써 논란의 여지를 남기고 있다.

결국, 하도급법과 대규모유통업법을 포함하여 공정거래특별법 사이에 면밀한 관계 조정 조항이 필요함에도 대규모유통업법의 입법과정에서 그러한 고려가 이루어지지 못했다. 그 결과 현행 대규모유통업법 제4조는 그 입법연혁에서 알 수 있듯이 대규모유통업법과 하도급법의 관계를 충분히 반영하지 못하고 있다. 그런데도 대규모유통업법 제4조에 근거하여, 기존에 하도급법이 적용되지 않던 유통 분야에 하도급법을 전면 적용할 경우 상당한 혼란이 야기될 수 있다.

2. 유통 분야에 대한 하도급법 적용의 문제점

가. 하도급법과 대규모유통업법의 차이

하도급법과 대규모유통업법은 모두 공정거래법상 거래상 지위남용에서 출발한 공정거래특별법이라는 공통점을 가지고 있으나, 구체적으로 보면 다음과 같은 상당한 차이가 존재한다.

첫째, 대금 관련 작위 의무에서 상당한 차이가 있다. 하도급법은 선급금(제6조), 하도금대금의 지급시기, 현금결제 비율, 어음만기일, 어음할인료, 어음결제수단 지급 시 수수료(제13조), 지급보증 이행(제13조의

약 방식은 비대면방식인 통신판매로 이루어지면서, 대금 지급 방식은 할부거래로 이루어지는 경우 등이다.

2), 관세 등 환급액(제15조), 설계변경에 따른 대금 조정(제16조), 공급원가 변경에 따른 대금 조정 의무(제16조의2) 등 상세한 규정을 두고 있다. 이와 달리 대규모유통업법은 상품판매대금의 지급의무에 관한 규정을 두고 있고, 그 내용도 하도급법과 차이가 있다. 예를 들면 대규모유통업법 제8조는 납품업자에게 판매대금을 월 판매마감일로부터 40일 이내에 지급하도록 규정함에 비하여, 하도급법 제13조 제1항은 목적물 수령일로부터 60일 이내에 지급하도록 규정하고 있다.

둘째, 대금 관련 부작위 의무에서 상당한 차이가 있다. 하도급법 제4조는 일반적으로 지급되는 대가보다 낮은 수준의 하도급대금 결정을 금지한다. 반면, 대규모유통업법은 이에 대응하는 규정을 두지 않고 있고, 대규모유통업법 제17조 제2호에 따라 통상적인 시장의 납품 가격보다 현저히 낮은 가격으로 납품하게 하는 행위만을 금지하고 있다.

하도급법(제11조)과 대규모유통업법(제7조)은 모두 대금감액 금지 규정을 두고 있지만, 대규모유통업법은 유통 산업의 특성을 반영하여 농·수·축산물을 대상으로 한 규정을 두고 있다(제7조 제2항). 또한, 하도급법은 일반적으로 대물변제를 금지하면서 예외적으로 허용되는 경우를 규정하고 있다(제17조 제1, 2항). 이에 비하여 대규모유통업법은 상품권이나 물품에 따른 대물변제를 금지하고 있으며, 별도의 예외 사유를 규정하지 않고 있다(제8조 제4항).

셋째, 일반적 작위 의무에서 상당한 차이가 있다. 하도급법 제3조와 대규모유통업법 제6조가 각각 규정하는 서면의 작성 및 보존 의무에 차이가 있다. 하도급법은 내국신용장의 개설 의무(제7조), 목적물에 대한 검사 의무(제9조) 등을 두고 있으나, 유통산업의 특성상 대규모유통업법은 이에 대응하는 규정을 두지 않고 있다.

넷째, 일반적 부작위 의무에서 상당한 차이가 있다. 대규모유통업법은 제17조에서 불이익제공행위를 일반적으로 금지하며, 경영정보 제공

요구 금지(제14조), 경제적 이익 제공 요구 금지(제15조) 등 규정을 둔 반면, 하도급법은 부당특약(제3조의4), 물품 등 구매강제(제5조), 부당위탁 취소(제8조), 부당반품(제10조), 부당결제청구(제12조), 경제적 이익의 부당요구(제12조의2), 기술자료 제공 요구(제12조의3), 부당한 경영간섭(제18조) 등 다양한 규정을 두고 있다.

하도급법(제10조)과 대규모유통업법(제10조)은 모두 반품 금지 규정을 두고 있으나, 대규모유통업법은 직매입거래나 농·수·축산물에 대한 특칙을 두고 있다(제10조 제1항 제6, 7호, 제10조 제2항). 여기에 유통이라는 특정 산업을 대상으로 한 대규모유통업법에는 유통 분야의 특수성을 반영한 규정(제11조, 제12, 제13조, 제15조의2, 제16조)이 추가되어 있다.

나. 기존 규제와 정합성 문제

유통 분야와 하도급법의 정합성

유통 분야에 하도급법을 전면 적용할 경우 기존에 형성된 거래질서와 어긋날 수 있다. 최소한 대규모유통업법 제정 이후에는 유통 관련 기업의 실무는 대규모유통업법에 맞추어 정비되어 유지되었기 때문이다. 이러한 상태에서 대규모유통업법 대신 하도급법을 유통 분야에 전면 적용할 경우 기존의 거래질서와 거래현황을 크게 변경해야 하는 문제가 생긴다. 이는 유통업의 특수성이나 유통 거래의 본질에 부합하지 않을 가능성이 있다.

예를 들어, 최근 공정거래위원회가 유통 분야에 하도급법을 적용한 사례를 보면[8] 다음과 같은 특성이 있다. 편의점(가맹점)은 이 사건에서

8 공정거래위원회 2022. 9. 7. 의결 제2022-224호. 현재 서울고등법원 2022누62774 사

문제된 신선식품(Fresh Food)을 소비자에게 직접 판매한다는 점에서 소비자의 기호와 선택에 직접 노출되어 있다. 이에 따라 편의점은 소비자의 선호도를 예측하여 상품을 선택하여 발주하고, 가맹본부인 동시에 대규모유통업자인 가맹본부는 이를 취합하여 납품업자에 전달한다. 그 후 납품업자가 생산한 상품을 가맹점에게 배송하는 역할을 한다. 하도급법이 작동하려면 가맹본부가 편의점에 판매하는 상품을 납품업자에게 위탁하여 제조하는 구조여야 하는데, 이 사건에서 문제된 거래는 이러한 수직적으로 단계화된 거래가 아니라 편의점과 납품업자 사이에서 가맹본부가 중간자 역할을 한 것으로 평가할 수 있다.

즉, 가맹본부인 사업자는 가맹점인 편의점에 대하여 가맹서비스를 제공하는데, 이에는 원재료 및 부재료의 공급이 필수적으로 수반된다. 원재료 및 부재료 등을 납품업자로부터 조달하는 과정에서 유통으로서 특성을 띠게 된다. 가맹본부인 사업자가 수행한 역할이 매개자 또는 중간경유자(intermediary)의 역할이라면 거래의 실질은 위탁보다 유통에 가깝다.

한편 유통 거래에서 같은 종류의 제품은 계속 판매되는 특성을 가지고 있다. 편의점에서 판매되는 제품이 소비자의 기호에 부합할 경우 계속 판매될 수 있고, 이는 편의점의 계속된 발주로 납품업자의 매출이 증가할 가능성이 있다. 유통거래에서 드러나는 이러한 반복 가능성은 하도급거래에서 발견되기 어렵다. 이는 유통거래에서 판촉비 분담이 허용되는 반면, 하도급거래에서 판촉비 분담이 허용되지 않는 근본적인 이유이기도 하다.

이 경우 외형상으로 가맹사업법, 대규모유통업법, 하도급법이 모두 관련성이 있는 것으로 보이지만, 거래 실체에 가장 가까운 법은 가맹사

건으로 심리 중이다. 사실관계는 위 사건 의결서 및 김근성, 2022, 117쪽 참조.

업법(편의점과 가맹본부)과 대규모유통업법(가맹본부와 납품업자)이고, 하도급법은 거래 실체와 상당한 거리가 있음을 알 수 있다.

그동안 납품업자와 가맹본부 사이의 거래에서 준수되어야 하는 거래질서는 대규모유통업법이 규율하고, 가맹본부와 편의점 사이의 거래에서 준수되어야 하는 거래질서는 가맹사업법이 규율하고 있었다. 그런데 이러한 납품업자와 가맹본부, 가맹본부와 편의점 사이의 양면적 관계를 고려하지 않고, 하도급법을 적용할 경우 기존의 거래질서를 인위적으로 무리하게 바꾸는 결과에 이를 우려가 있다.

특히 대상 거래에서 문제되는 '거래공정화'의 목적을 거래의 실체에 더 가까운 법률인 대규모유통업법(납품업자와 가맹본부인 유통업자)과 가맹사업법(가맹본부인 유통업자와 가맹점)으로 해결할 수 없는지의 문제는 고민할 필요가 있다. 이 두 법률로 거래공정화의 목적을 달성할 수 있다면, 단지 문언상 포섭가능성이 있다는 이유로 하도급법을 적용해야 할 당위성이 있는지 고민할 필요가 있다.

규제의 경직성과 형벌의 문제

이는 전문규제를 도입할 경우 그에 불가피하게 따르는 규제의 경직성과 지속성 문제이기도 하다. 전문규제는 불가피하게 유형화 방식을 채택하며, 구체적 사실관계 반영이 어려울 수 있다. 개별 규제법으로 도입된 전문규제는 시간이 지나도 유지되고 확장될 수 있다. 긍정적이든 부정적이든, 일단 만들어진 전문규제의 경직성과 지속성도 고려할 필요가 있다. 이러한 전문규제의 경직성과 지속성의 대표적인 사례로 하도급법을 들 수 있다. 하도급법이 그동안 무리하게 확장되었다는 지적[9]에 유의할 필요가 있다. 하도급법은 건설, 조선 등 하도급법이 적용

---

9 한철수, "공정거래법 집행주체간 역할분담과 협력방안", 2022년 경쟁법학회 추계학

대상으로 산정한 분야를 염두에 두고 그 규제가 강화되었다. 그럼에도 이를 기존 하도급법이 문제삼지 않던 분야에 그대로 적용할 경우 과잉 규제가 될 가능성이 높다.

이러한 하도급법의 유통 산업에 대한 전면 적용은 수범자의 예측 가능성 측면에서도 문제가 있다. 그동안 유통 산업은 대규모유통업법의 규율에 맞추어 거래질서를 형성했고, 공정거래위원회의 집행도 그러했음에도 갑자기 유통 산업에 하도급법을 전면 적용할 경우 수범자의 입장에서는 상당한 혼란을 겪을 수밖에 없다.

나아가 이러한 법적용 문제는 형벌 규정까지 고려할 때 큰 파급효가 있음을 알 수 있다. 대규모유통업법 제39조는 같은 법 제13조를 위반하여 납품업자 등에게 배타적 거래를 하도록 하거나 납품업자 등이 다른 사업자와 거래하는 것을 방해한 자(제1호), 같은 법 제14조 제1항을 위반하여 납품업자 등에게 정보 제공을 요구한 자(제2호), 같은 법 제18조를 위반하여 납품업자 등에게 불리하게 계약조건을 변경하는 행위, 납품이나 매장 임차의 기회를 제한하는 행위 또는 계약의 이행 과정에서 불이익을 주는 행위를 한 자(제3호) 등에 대하여만 형벌을 부과하는 등 형벌의 보충적·제한적 적용을 전제로 설계된 법이다. 이와 달리 하도급법 제12조의2를 포함한 대부분의 하도급법 규정은 이를 위반할 경우 형벌을 부과하는 등 형벌의 전면적 적용을 전제로 설계된 법이다. 이 점에서 유통 산업에 대한 하도급법의 전면 적용은 수범자의 입장에서 새로운 규제의 등장이라는 측면에 그치지 않고, 형벌 부과라는 강력한 제재에 노출되는 상황이 된다.

술대회 자료집, 2022, 50, 51쪽.

다. 대규모유통업법과 하도급법의 상충

이미 기술한 바와 같이 유통 분야와 하도급법은 조화되지 않고, 하도급법은 다른 법에서 찾기 어려운 규제를 많이 두고 있어, 하도급법에서 확장되어 온 규제를 종래 적용되지 않던 유통 분야에 적용할 경우 규제와 현실이 맞지 않게 된다.

앞서 가 부분에서 본 바와 같은 하도급법과 대규모유통업법의 규율 차이로 유통 분야에 하도급법을 그대로 적용할 경우 불합리한 결과를 가져올 수 있다. 특히, 개별적인 규정에서 발생하는 하도급법과 대규모유통업법의 상충(相衝)은 문제가 된다. 이는 대규모유통업법에 의하여 허용되는 행위가 하도급법에 의하여 금지되는 등 상충되는 결과를 낳는다. 예를 들면, 대규모유통법상 판촉비, 장려금, 파견사원 등이 제한된 요건 하에서 허용되고 있다. 그런데 이러한 규정이 하도급법상으로는 모두 위법한 행위가 될 소지가 있고, 예외적으로 정당한 사유가 있는 경우에만 허용이 된다.

따라서 법적 안정성이라는 보편적 가치와 거래비용의 감소를 통한 효율성 증진이라는 측면에서 두 법의 상충이 갖는 위험성에 대하여 객관적 평가가 이루어질 필요가 있다. 장려금, 판촉비용 등의 문제에서 대규모유통업법이 적용될 경우 일정한 객관적 기준을 준수하면 적법하게 된다. 그런데 이에 대하여 하도급법 제12조의2를 적용할 경우 매번 경제적 이익의 요건과 정당한 사유 요건을 평가해서 그 적법 여부를 고민해야 한다. 이로 인하여 예측가능성이 저하되며 법적 안정성이 약화될 가능성이 높다. 이는 장기적으로 거래비용을 증가시켜 산업의 효율성을 저해할 우려가 있다. 구체적으로 상충되는 예는 다음과 같다.

첫째, 장려금의 문제이다. 대규모유통업법에서 장려금을 인정하는 이유는, 장려금을 도입할 경우 대규모유통업자는 판촉노력을 통하여 판매를 증가시킬 것이어서 납품업자에게도 이익이 되기 때문이다.[10] 이러한 이유에서 대규모유통업법의 경우 제15조 제2항[11]에 따라 일정 범위 내에서 장려금 수취가 허용된다. 그런데 이러한 장려금에 대하여 하도급법 제12조의2를 적용할 경우 수취 자체가 위법하게 될 소지가 있다.

둘째, 판촉비용 문제이다. 대규모유통업법 제11조는 일정한 범위 내에서 납품업자의 판매촉진 비용 부담을 허용하고 있다.[12] 이에 비하여 하도급법상 이러한 판매촉진 비용을 수급사업자에게 부담하도록 하는 것은 하도급법 제12조의2 경제적 이익의 요구에 해당할 소지가 있다.

최근 문제된 편의점에 대한 신선식품 공급 과정에서 발생한 유통 분야에 대한 하도급법 적용 사건[13]은 유통업체가 PB 상품을 납품업체에 제조위탁하는 과정에서 발생한 성과장려금 수취행위, 판매촉진비 부과행위, 정보제공료 수취행위 등을 하도급법상 경제적 이익의 부당한 요구로 보아 하도급법 제12조의2를 적용한 사건이다. 이미 언급한 바와 같이 이 사건에서 가맹점인 편의점은 소비자의 선호도를 예측하여 신선식품 상품을 선택하여 발주하고, 가맹본부인 사업자는 이를 취합하여 납품업자에 전달한다. 그 후 납품업자가 생산한 상품을 가맹점에게 배송하는 역할을 하는 것으로 보인다.[14]

그런데, 가맹본부인 사업자가 납품업자로부터 전달받은 폐기지원금,

---

10 오금석 외, 『대규모유통업법 이론과 실무』, 박영사, 2012, 311쪽.

11 ② 제1항에도 불구하고 대규모유통업자는 대통령령으로 정하는 바에 따라 연간거래 기본계약의 내용으로 판매장려금의 지급목적, 지급시기 및 횟수, 판매장려금의 비율이나 액수 등의 사항을 납품업자와 약정하고 이에 따라 납품업자로부터 판매장려금을 받을 수 있다. 이 경우 판매장려금은 해당 거래분야에서 합리적이라고 인정되는 범위를 넘을 수 없다.

12 대규모유통업법 제11조 제4항은 "제3항에 따른 납품업자 등의 판매촉진비용 분담비율은 100분의 50을 초과하여서는 아니된다."라고 규정하고 있다.

13 공정거래위원회 2022. 9. 7. 의결 제2022-224호. 현재 서울고등법원 2022누62774 사건으로 심리 중이다.

14 사건의 내용은 김근성, 2022, 116쪽 이하.

증정지원금, 할인지원금이 가맹본부인 사업자에게 귀속되지 않고, 편의점(가맹점)에 대한 지원이나 판매촉진비용으로 사용되었다면,[15] 가맹본부인 사업자는 납품업자와 편의점 사이에 매출증대가 이루어지도록 가교 역할을 한 것으로 볼 여지가 있다. 하도급법은 원사업자가 거래상 지위를 남용하여 수급사업자로부터 일종의 착취적 남용행위를 하는 것을 방지하려는 것인데, 그러한 양상이 드러나지 않는다.[16] 이는 하도급법 제12조의2를 문언 그대로 유통 분야에 적용하는 것이 타당한지 의문이 생기는 부분이다. 납품업자와 편의점 사이의 문제가 사건의 핵심임에도 이를 보지 않고, 납품업자와 가맹본부의 관계만 단편적으로 보아 경제적 이익이 착취된 것으로 보아 하도급법을 적용했기 때문이다.

셋째, 납품업자의 종업원 사용도 대규모유통업법 제12조에 따라 일정한 경우 허용되고 있다.[17] 그런데 이러한 행위도 하도급법 제12조의2

---

15 공정거래위원회 2022. 9. 7. 의결 제2022-224호 의결서 28쪽에도 납품업체가 지불한 폐기지원금이 편의점을 위하여 사용되었다는 내용이 포함되어 있다.

16 하도급법 제12조의2가 예정한 행위 유형은 하도급계약과 별개로 제공된 이익을 문제 삼는 것으로 보인다. 대법원 2010. 12. 9. 선고 2009두2368 판결(남양건설 사건), 대법원 2010. 12. 9. 선고 2008두22822 판결(대주건설 사건), 서울고등법원 2012. 5. 16. 선고 2011누10340 판결(신안 사건) 등 종래 선례는 모두 이 유형에 해당한다. 일본 하청법 제4조 제2항 제3호의 해석에 있어 하도급거래에서 경제상 이익 제공 요구가 문제되는 사례로 위탁 내용 이외의 서비스 등을 제공 요구하는 것을 제시하는 견해도 있다. 白石忠志·論点体系, 『獨占禁止法』, 第一法規, 2021, 793쪽.

17 1. 대규모유통업자가 대통령령으로 정하는 바에 따라 파견된 종업원 등의 인건비를 비롯한 제반 비용을 부담하는 경우
2. 납품업자 등이 종업원 등의 파견에 따른 예상이익과 비용의 내역 및 산출근거를 객관적·구체적으로 작성하여 명시한 서면에 따라 대규모유통업자에게 자발적으로 자신이 고용한 종업원 등의 파견을 요청하는 경우
3. 특수한 판매기법 또는 능력을 지닌 숙련된 종업원 등을 파견받는 경우
4. 특약매입거래를 하는 납품업자 등이 상시적으로 운영하는 매장에서 상품의 특성상 전문지식이 중요하다고 공정거래위원회가 정하여 고시하는 상품류를 판매·관리하기 위하여 종업원 등을 파견받는 경우

에 위반될 소지가 있게 된다.

3. 대규모유통업법 제4조의 합리적 해석을 위한 대안

가. 유통 분야에 대한 하도급법 적용의 전체적인 방향성

유통 분야에 대한 하도급법 적용의 기준으로, 다음과 같은 방향을 생각해볼 수 있다.

첫째, 유통 분야에 대한 하도급법 적용은 대규모유통업법과 하도급법이 상충되지 않고, 대규모유통업법에 의한 보호가 흠결되어 있어 하도급법에 따른 보호가 불가피한 경우로 한정될 필요가 있다. 그 점에서 대규모유통업법 제4조의 하도급법 적용 취지는 이러한 하도급법상 보호가 필수적인 경우로 제한하여 적용할 필요가 있다. 이는 개별 사안별로 판단해야 할 문제이지만, 예를 들면 선급금의 지급에 관한 하도급법 제6조, 하도급대금 조정에 관한 하도급법 제16조, 제16조의2 등은 하도급법에 따른 보호는 필요한 반면, 대규모유통업법에 의한 보호가 흠결된 조항으로 볼 수 있을 것이다.

둘째, 특정 행위에 대하여 하도급법과 대규모유통업법이 상충되는 경우에는 특별한 사정이 없는 한 산업별 특수성을 반영한 대규모유통업법을 우선적으로 고려할 필요가 있다.

대규모유통업법 제15조와 하도급법 제12조의2가 상충될 소지가 있는 장려금의 문제, 대규모유통업법 제11조와 하도급법 제12조의2가 상충될 소지가 있는 판촉비용 문제, 대규모유통업법 제12조와 하도급법 제12조의2가 상충될 소지가 있는 종업원 사용 문제 등에서 이러한 필요성이 높다.

나. 대규모유통업법 제4조의 제조위탁 개념의 제한적 해석 방안

1) 문언 해석의 한계

입법과정에서 드러난 문제, 법률 사이의 관계, 유통 분야와 하도급법의 부조화 등을 종합적으로 고려하여, '제조위탁'에 해당하는지를 엄격하게 판단함으로써 하도급법 적용을 신중하게 할 필요가 있다.[18] 장기적으로 이러한 문제를 입법적으로 해결하는 것이 바람직하지만, 법 개정 전에도 해석을 통하여 해결할 여지가 있다. 이러한 해석론은 법률의 문제점을 합리적인 범위 내에서 보완할 수 있는 선택지가 된다.

과거 대법원은 공정거래 분야에서 이러한 유연성을 보인 바 있다. 예를 들면, 구 공정거래법 제29조 제1항은 "사업자는 재판매가격유지행위를 하여서는 아니된다. 다만, 상품이나 용역을 일정한 가격 이상으로 거래하지 못하도록 하는 최고가격유지행위로서 정당한 이유가 있는 경우에는 그러하지 아니한다."라고 규정하고 있을 뿐이어서, 법률 문언상 최저 재판매가격유지행위에 대하여는 정당한 이유가 규정되어 있지 않았음에도 대법원 2010. 11. 25. 선고 2009두9543 판결(한미약품 사건)은 합리의 원칙상 정당한 이유가 필요하다고 보아 해석상 이를 인정했다. 그 후 이 문제는 2021. 12. 30. 공정거래법 전면 개정을 통하여 위와 같은 판례를 반영하여 현 공정거래법 제46조가 최저재판매가격

---

18 이러한 문제를 해결하기 위하여 입법적 조치가 취해지는 것이 바람직하지만, 그렇지 않더라도 해석 적용 과정에서 적극적이고 합리적인 해석이 이루어질 필요가 있다.

유지행위를 포함한 재판매가격유지행위 전체에 대하여 "효율성 증대로 인한 소비자후생 증대효과가 경쟁제한으로 인한 폐해보다 큰 경우 등 재판매가격유지행위에 정당한 이유가 있는 경우"를 새로 규정함으로 입법적으로 해결되었다. 즉, 판례를 통한 유연성이 구현된 이후 입법적 해결이 뒤따른 사례로 볼 수 있다.[19]

다른 사례로, 대법원 2021. 1. 14. 선고 2019두59639 판결(일본케미콘 사건)은 "공정거래법 제49조 제4항 제1호가 적용되는 경우 공정거래위원회가 조사를 개시한 시점 전후에 걸쳐 계속된 부당한 공동행위가 조사개시 시점 이후에 종료된 경우에는 '부당한 공동행위의 종료일'을 처분시효의 기산점인 '조사 개시일'로 보아야 한다."라고 판시하여 문언상 '종료일'을 그와 별개의 개념인 '조사 개시일'로 해석하는 유연성을 보인 바 있다. 이는 공동행위가 종료하지 않았음에도 조사가 개시되었다는 사정으로 제척기간이 진행된다는 문언해석이 형사법적 법리[20]와 균형이 맞지 않음을 고려하여 유연성을 보인 것으로 이해할 수 있다.[21]

이러한 유연한 해석론은 공정거래 분야뿐 아니라 법 영역 전반에 걸쳐 이루어지고 있음을 알 수 있다.[22] 법 제정 당시 예정하지 못했던 법의 흠결이나 모순을 법해석을 통하여 해결해야 하는 상황은 다양한 법 영역에서 발생하기 때문이다. 예를 들어, 민법 제201조 제1항은 "선의의 점유자는 점유물의 과실을 취득한다."라고 규정하고 있으나, "민법 제201조 제1항에 의하여 과실수취권이 인정되는 선의의 점유자란 과실수취권을 포함하는 권원이 있다고 오신한 점유자를 말하고, 그와 같

---

19 이러한 경과에 대하여는 이봉의, 『공정거래법』, 박영사, 2022, 1097, 1098쪽 참조.

20 공소시효 등은 범죄행위가 종료되어야 진행되며 계속범의 경우에도 동일하게 보고 있다.

21 오금석 · 강연수, 2022, 85-87쪽. 정재훈, 2023, 540, 541쪽.

22 미국 경쟁법을 중심으로 문언해석의 한계를 다룬 문헌으로는 Hovenkamp, *Federal Antitrust Policy*, West, 2020, p. 69, 70, 74.

은 오신을 함에는 오신할 만한 정당한 근거가 있어야 한다."라고 해석함으로써 법문에 없는 '정당한 근거' 요건을 부과하고 있다(대법원 1995. 8. 25. 선고 94다27069 판결). 이는 실제 사건에서 문제되는 과실의 대부분이 사용이익인 현실에 비추어 농경사회와 달리 현대사회에서 선의의 점유자라고 하여 모두 과실을 취득하는 것은 불합리하므로 정당한 근거를 요하도록 하는 방식으로 요건을 제한할 필요가 있었기 때문이다.[23]

2) 제조위탁 요건의 해석 방안

아래에서는 제조위탁 개념의 제한적 해석의 문제를 상술한다.

법적용 요건으로서 제조위탁 요건의 특수성

하도급법 적용 요건(적용 제외 요건)으로서 '제조위탁' 요건의 특수성을 고려할 필요가 있다. 통상적인 하도급법 사건에서 하도급법이 적용된다는 전제에서 제조위탁인지를 판단하는 국면과 하도급법과 대규모유통업법 중 어떤 법이 우선 적용되어야 하는지를 판단함에 있어 '제조위탁' 요건을 판단하는 국면은 그 성격이 다르다.

대규모유통업법 제4조의 제조위탁에 해당하는지 여부를 판단할 때에는 대규모유통업법보다 하도급법 적용이 타당한지에 대한 판단이 먼저 이루어져야 할 필요가 있다. 이를 위하여 하도급법 적용 여부를 결정하기 위한 제조위탁 요건은 신중한 해석이 필요하며, 제한적 해석이 필요할 수 있다.

---

23 선의의 점유자가 취득하는 과실에 천연과실 외에 법정과실도 포함하는 것에는 상당한 비판이 존재한다. 천연과실은 수취하여 소비하는 것이 보통이어서 그것을 반환하게 하는 것이 가혹하지만, 물건을 이용한 대가는 이를 반환하게 하여도 가혹하지 않다는 견해로는 송덕수, 『물권법(제6판)』, 박영사, 2023, 259쪽.

'업으로 하는' 사업자 요건의 해석

하도급법 제2조 제6항은 "이 법에서 '제조위탁'이란 물품의 제조, 물품의 판매, 물품의 수리, 건설의 어느 하나에 해당하는 행위를 업(業)으로 하는 사업자가 그 업에 따른 물품의 제조를 다른 사업자에게 위탁하는 것을 말한다. 이 경우 그 업에 따른 물품의 범위는 공정거래위원회가 정하여 고시한다."라고 규정하고 있다. 이에 따라 '제조위탁이 되는 물품의 범위 고시'[24]는 제조위탁의 대상이 되는 물품의 범위와 사업자가 건설을 업으로 하는 경우로 나누어 규정하고 있다. 여기에 더하여 하도급거래공정화지침[25] III. 1. 가.도 법 적용대상이 되는 제조위탁을 사업자가 물품의 제조·판매·수리를 업으로 하는 경우와 사업자가 건설을 업으로 하는 경우로 나누어 예시하고 있다.

하도급법 제2조 제6항이 규정하는 바와 같이 하도급법상 제조위탁에 해당하기 위하여 물품의 제조, 물품의 판매, 물품의 수리, 건설을 '업으로 하는' 사업자에 해당해야 한다. 유통 분야에 하도급법을 적용함에 있어 이러한 '업으로 하는' 사업자에 해당하는지는 신중하게 판단할 필요가 있다.

법률 용어로 '업'이란 반복·계속적으로 행하는 통상 사업의 수행을 의미하는 것이 통상적이다.[26] 업 또는 업에 따른 것인지를 판단함에 있어 형식보다 실질을 보아야 한다. 예를 들면 회사의 정관이나 상업등기에 기재되어 있는 것으로는 부족하고 실제 전문적으로 영위하는 사업에 대하여만 '업으로 하거나, 업에 따른 위탁'이 이루어지는 것으로 보

---

24 2015. 10. 23. 공정거래위원회 고시 제2015-15호.

25 2023. 2. 9. 공정거래위원회 예규 제421호.

26 일본 하청법의 경우에는 '업으로서'의 의미에 대하여 어떤 행위를 반복적·계속적으로 행하고 있어 사회통념상 사업의 수행으로 볼 수 있는 경우로 해석하는 견해가 유력하다. 鈴木滿,『獨占禁止法·下請法: 豊富な事例で分かる違反行為の判断基準と実務上の留意点』, 第一法規, 2019, p. 571

아야 한다.[27] 또한, 반복성 · 계속성과 함께 사회통념을 고려해야 한다. 원사업자가 관련 사업을 영위하지 않는다면 '업에 따른' 위탁으로 볼 수 없다.[28] 예를 들면, 행정기관이나 공기업이 자신의 사무실로 사용하기 위하여 도급계약을 체결한 경우 등이 이에 해당한다.[29]

위와 같은 '반복 · 계속성'에 더하여 '영업성'도 업으로 하는지를 판단함에 중요한 징표가 될 수 있다. 통상 사업자의 '업(業)'이란 '영업(營業)'과 다르지 않기 때문이다. 이 문제에 대하여 하도급법상 뚜렷한 선례는 발견되지 않지만, 다른 법률에서 '영업성'이 고려된 사례는 다수 있다. 예를 들면, 「파견근로자 보호 등에 관한 법률」 제2조 제2호의 "근로자파견사업이란 근로자파견을 업으로 하는 것을 말한다"는 규정에 대하여 '근로자파견을 업으로 하는 자란 반복 · 계속하여 영업으로 근로자파견행위를 하는 자를 말한다'고 판시한 사례(대법원 2022. 7. 14. 선고 2019다299393 판결), 소득세법상 '사업'이라는 문언에 대하여 '사업에의 해당 여부는 거래행위의 영리성, 계속성, 반복성의 유무 등 제반사정을 고려하여 사회통념에 비추어 판단하여야 한다'고 판시한 사례(대법원 2005. 8. 19. 선고 2003두14505 판결), 상법상 '영업으로 한다'고 함은 영리를 목적으로 동종의 행위를 계속 반복적으로 하는 것을 의미한다고 판시한 사례(대법원 2020. 3. 12. 선고 2019다283794 판결) 등이다. 따라서 하도급법이 예정한 '업으로 하는 제조위탁' 사안과 개별 사건이 가지는 '영업성'의 차이도 '업으로' 하는 사업자인지를 판단할 때 고려할 필요가 있다.

'업으로 하는 경우'를 지나치게 넓게 본다면, 거래실정에 비추어 지나치게 넓은 거래가 하도급법상 제조위탁에 포함되어 하도급법 적용

---

27 정종채, 2018, 165쪽.

28 한철수 외, 『하도급법 기업거래 실무가이드』, 공정경쟁연합회, 2020, 14쪽.

29 정재훈, 『하도급법연구: 이론과 실무』, 이화여자대학교출판문화원, 2022, 27, 28쪽.

을 받는 결과에 이를 수 있다. 특히 종래 대규모유통업법에 따라 거래질서가 규율되던 분야에 '업의 개념'을 넓게 적용하여 하도급법을 적용할 경우 기존에 문제가 없던 거래관행을 무리하게 변경해야 하는 결과에 이를 수 있다.

위탁 요건의 해석

"하도급 거래"란 원사업자가 수급사업자에게 제조위탁(가공위탁을 포함)·수리위탁·건설위탁 또는 용역위탁을 하거나 원사업자가 다른 사업자로부터 제조위탁·수리위탁·건설위탁 또는 용역위탁을 받은 것을 수급사업자에게 다시 위탁한 경우, 그 위탁을 받은 수급사업자가 위탁받은 것을 제조·수리·시공하거나 용역 수행하여 원사업자에게 납품·인도 또는 제공하고 그 대가를 받는 행위이다. 이와 같이 하도급 거래에서 '위탁'은 핵심 개념임에도 그 정의 규정이 하도급법에 없다. 다만, 하도급법 제2조 제6, 7, 8, 9, 11항, 제8조 제1항 등 개별 규정에서 알 수 있듯이, 하도급법상 위탁은 민법상 도급이나 위임과 구별된다.[30]

그런데 하도급법상 '위탁' 개념은 유통 분야의 거래를 설명하기에 적합하지 않음에 유의할 필요가 있다. 따라서 유통 분야의 거래가 하도급법상 위탁의 성질을 가지고 있는 것으로 일견 보이더라도, 거래의 본질이 무엇인지를 가려낼 필요가 있다. 거래의 실질이 하도급거래의 핵심인 위탁에 가까운지, 대규모유통업법 등이 규율하려는 유통 과정에

---

30 정재훈, 2022, 24쪽. 하도급법상 위탁에 해당하는지는 수급사업자가 작업한 위탁목적물의 전용(轉用)이 곤란한지에 따라 판단하여야 하므로, 원사업자가 사양을 지정하지 않고 작업을 의뢰한 경우 또는 사양을 지정했더라도 손실 없이 쉽게 전용이 가능한 경우는 위탁에 해당하지 않는다는 견해로는 오승돈, 2019, 52쪽. 사양 등을 지정하지 않고 물품제조 등을 의뢰하는 경우 수급사업자는 범용품(汎用品)으로서 당해 물품을 다른 곳에 판매하는 등 전용하는 것이 통상 가능하기 때문에 그러한 경우에는 수급사업자를 보호할 필요성이 높지 않고 하도급법의 적용 대상이 되지 않는다는 견해로는 나가사와 데쓰야, 최재원 역, 2018, 23쪽.

가까운지 고려할 필요가 있다. 거래의 실질이 유통 과정에 가깝다면 외견상 위탁으로 볼 수 있는 여지가 있더라도 이를 하도급법상 위탁에 해당한다고 단정하는 것은 신중할 필요가 있다.

다. 유통 분야에 대한 하도급법 적용의 개별적 판단 방안

하도급법과 대규모유통업법은 모두 공정거래특별법이다. 그런데 하도급법은 원칙적으로 대상이 되는 산업을 구별하지 않음에 비하여, 대규모유통업법은 특정 산업에 적용된다는 점에서 하도급법에 비하여 특별법적 성격이 더 강한 것으로 볼 수 있다. 한편 납품업자가 위탁에 따라 거래를 한다는 이유로 적용법률이 달라져야 할 필연적인 이유도 발견되지 않는다.

특별법인 대규모유통업법이 입법된 이상 유통거래에 대하여 하도급법을 우선적용할 실익은 적다. 공정거래특별법 중 가장 넓고 강화된 규제인 하도급법을 개별 산업에 대한 특별법(대규모유통업법)이 있음에도 이를 전면 적용할 경우 과잉규제로 이어질 수 있다. 그 점에서 대규모유통업법 제4조의 하도급법 우선 적용 규정을 일률적으로 해석할 것이 아니라, 개별 사안의 특수성을 고려하여 사안별로 하도급법 적용이 가능한지를 신중하게 판단해야 한다. 따라서 대규모유통업법 제4조가 "제조위탁에 해당하는 경우에는 같은 법(하도급법)을 이 법(대규모유통업법)에 우선하여 적용한다."는 규정을 '대규모유통업법'을 전면 배제한다는 의미로 해석하는 대신, 대규모유통업법의 법리를 고려한 조화로운 해석을 시도할 여지가 있을 것으로 보인다.

예를 들면 장려금의 경우 대규모유통업법을 적용할 경우 일정한 요건을 갖추면 적법하게 되는데, 그 과정에 위탁으로 평가할 요소가 있다고 하여 하도급법을 적용하여 그 위법성 평가가 달라지는 것은 수범자의 예측가능성에 반하고 과잉규제가 될 가능성이 높다. 거래의 실체는 같은데도, 거래에서 발견되는 특정 요소를 분리한 결과 규제가 달라지는 것은 바람직하지 않다.

참고로, 택배업의 대리점법이나 가맹사업법 적용 문제에서 공정거래위원회 스스로도 이러한 넓은 법 적용의 문제점을 인식한 바가 있었다. 택배업이 물류산업에 대한 규제법인 생활물류서비스산업발전법에 따라 등록이 이루어지고 규율되고 있으며, 대리점법이나 가맹사업법이 적용되지 않았다. 그런데, 대법원 2021. 8. 19. 선고 2021다225708 판결[31]이 택배 지점과 택배 회사 사이의 계약 해지의 적법성이 문제된 사안에서 택배업이 가맹사업에 해당한다고 판단했고,[32] 이에 따라 택배업에 대하여 가맹사업법에 따라 등록이 모두 이루어져야 하는지 문제가 제기되었다. 위 대법원 판결에도 불구하고, 공정거래위원회는 택배업에 대하여 가맹사업법에 따른 등록 등을 요하지 않는 방식으로 혼선을 정리한 것으로 알려져 있다.

---

31 그 원심인 수원지방법원 2020나63566 판결도 같은 취지이다.

32 원심은 다음과 같이 판단했다. "이 사건 계약은 본사인 피고가 지점사업자인 원고로 하여금 피고의 영업권, 상표 등 영업표지를 사용하여 택배사업을 수탁·운영하도록 하면서 원고에게 영업활동에 대한 지원과 통제를 하고, 원고는 피고의 영업표지를 사용하여 택배영업을 하면서 택배전산시스템을 이용하여 피고에게 일 단위로 매출수입금 전액을 보고하고 월 단위로 정산하는 것을 주된 내용으로 하고 있다. 이러한 사정을 종합하면 이 사건 계약은 「가맹사업거래의 공정화에 관한 법률」(이하 '가맹사업법'이라 한다) 제2조 제1호 에서 정한 '가맹사업'에 해당한다." 대법원은 원심판결 이유를 관련 법리와 기록에 비추어 살펴보면, 상고이유 주장과 같이 가맹사업에 관한 법리 등을 오해하거나 논리와 경험의 법칙에 반하여 자유심증주의의 한계를 벗어난 잘못이 없다고 보았다.

제 10 장

하도급대금과 민사 문제

1. 하도급대금의 직접 지급

하도급법이 규정하고 있는 직접 지급제도는 직접 지급 합의 또는 직접 지급의 요청에 따라 도급인(즉 발주자)에게 하도급대금의 직접 지급 의무를 부담시킴으로써 하수급인(즉 수급사업자)을 수급인(즉 원사업자)과 일반채권자에 우선하여 보호하는 제도이다(대법원 2017. 4. 26. 선고 2014다38678 판결).

가. 직접 지급 사유

직접 지급 사유의 독립성

하도급법 제14조 제1항 각 호의 직접 지급 사유는 독립적인 지급 사유이고, 청구원인과 소송물을 달리한다. 대법원도, 하도급법 제14조 제1항 제2호 사유를 근거로 직접 지급 청구를 했다가 위 직접 청구에 제3호에 따른 직접 지급 청구가 포함되었다고 주장하는 것은 허용될 수 없다고 판단했다(대법원 2017. 4. 26. 선고 2014다38678 판결).

위 판결은 도급인인 갑 주식회사, 수급인인 을 주식회사, 하수급업체 대표인 병 주식회사 등이 을 회사의 워크아웃 신청으로 중단되었던 공사를 재개하기 위한 사업약정을 체결하면서 갑 회사가 하수급업자 등에게 하도급대금 등을 직접 지급하기로 했고, 이에 따라 하수급인인 정 주식회사와 갑 회사, 을 회사가 직접 지급 합의서를 작성했는데, 정 회사가 갑 회사 등을 상대로 하도급대금의 지급을 청구하는 전소를 제기하면서 직접 지급 합의서에는 기재되어 있지 않은 을 회사와 변경계약한 증액대금도 함께 지급할 것을 청구했으나, 법원이 갑 회사가 직접 지급 합의서에 따른 최초의 하도급대금만을 지급할 의무가 있음을 전제로 증액대금의 지급약정 등에 관한 정 회사의 주장을 배척하자, 정 회사가 을 회사를 흡수합병한 무 주식회사를 상대로 증액대금의 지급을 구하는 소를 제기한 사안이다.

대법원은 이 사건에서, 전소 소장에 기재된 문언의 내용, 사업약정과 직접 지급 합의의 경위와 내용, 증액대금에 관한 변경계약의 경위, 전소에서 증액대금과 관련하여 당사자들이 했던 주장과 이에 관하여 법원이 심리·판단한 내용과 범위, 소제기의 경위, 전소판결에 관한 당사자들의 불복 여부, 정 회사의 진정한 의사와 갑 회사가 인식한 내용 등을 종합적으로 고찰해보면, 정 회사는 전소에서 사업약정과 지급합의에 기하여 갑 회사가 정 회사에 지급하기로 한 하도급대금을 청구한 것이고, 그것이 동시에 증액대금에 관한 구 하도급법(2014. 5. 28. 법률 제12709호로 개정되기 전의 것)상 직접 지급 청구권의 발생 요건인 같은 법 제14조 제1항 제3호에 따른 직접 지급의 요청에 해당한다고 보기는 어렵다고 판단했다.

1) 원사업자의 지급정지 등

법령 **하도급법 제14조(하도급대금의 직접 지급) 제1항 제1호**

① 발주자는 다음 각 호의 어느 하나에 해당하는 사유가 발생한 때에는 수급사업자가 제조·수리·시공 또는 용역 수행을 한 부분에 상당하는 하도급대금을 그 수급사업자에게 직접 지급하여야 한다.

1. 원사업자의 지급정지·파산, 그 밖에 이와 유사한 사유가 있거나 사업에 관한 허가·인가·면허·등록 등이 취소되어 원사업자가 하도급대금을 지급할 수 없게 된 경우로서 수급사업자가 하도

급대금의 직접 지급을 요청한 때

원사업자의 지급정지·파산, 그 밖에 이와 유사한 사유가 있거나 사업에 관한 허가·인가·면허·등록 등이 취소될 것

원사업자의 파산으로 발생한 직접 지급 청구권은 파산폐지 결정으로 소멸하지 않는다는 것이 판례(대법원 2005. 7. 28. 선고 2004다64050 판결)의 입장이다. 직접청구권자의 지위를 사후적인 사정으로 불안정하게 구성하는 것은 직접 지급 청구권 제도에 부합하지 않는다는 점에서 이러한 판례는 타당하다.

피고가 상고이유에서 한양이 원심 소송 계속 중에 파산폐지 결정을 받은 이상 발주자인 피고의 하도급대금 직접 지급의무도 소멸된다고 주장한 사안에 대해, 대법원은 한양이 원심 소송 계속 중이던 2003. 4. 25.에 서울중앙지방법원으로부터 파산채권자의 동의에 의한 파산폐지 결정을 받고 그 후 위 결정이 그대로 확정된 사실을 알 수 있으나, 위 하도급법 제14조 제2항의 규정에 비추어볼 때 위와 같은 사정으로 피고의 하도급대금 직접 지급의무가 소멸된다고 볼 수 없다고 판단했다(대법원 2005. 7. 28. 선고 2004다64050 판결).

원사업자가 하도급대금을 지급할 수 없게 된 경우일 것

'지급할 수 없게 된 경우', 즉 지급불능은 채무자가 변제능력이 부족하여 즉시 변제하여야 할 채무를 일반적·계속적으로 변제할 수 없는 객관적 상태를 말한다(대법원 2018. 8. 1. 선고 2018다23278 판결, 대법원 2009. 3. 12. 선고 2008다65839 판결).

지급정지 등 사유(제1요건), 원사업자의 하도급대금 지급불능(제2요건)은 수시로 변화할 수 있다. 이때 어떤 시점을 기준으로 지급정지와 지급불능을 판단하는가에 따라 지급 청구권 성립에 대한 결론은 달라진다. 이에 대하여 판례는 수급사업자의 지급 요청 의사표시의 도달 시를 기준으로 한다. 즉 대법원은, 수급사업자가 발주자에 대하여 하도급대금의 직접 지급을 구할 수 있는 권리가 발생하는지, 즉 원사업자가 지급정지·파산, 그 밖에 이와 유사한 사유 등으로 인하여 하도급대금을 지급할 수 없게 되었는지 등에 관하여 수급사업자의 직접 지급 요청의 의사표시가 발주자에게 도달한 시점을 기준으로 판단했다(대법원 2018. 8. 1. 선고 2018다23278 판결, 대법원 2009. 3. 12. 선고 2008다65839 판결).

수급사업자가 하도급대금 직접 지급을 요청할 것

하도급법 제14조 제1항 제1호의 경우 직접 지급 청구권은 당연히 발생하지 않으며, 수급사업자가 하도급대금 직접 지급을 요청해야만 발생한다. 이때는 직접 지급 요청의 의사표시가 도달했음을 수급사업자가 증명해야 한다(시행령 제9조 제1항, 대법원 2012. 5. 10. 선고 2010다24176 판결).

수급사업자의 지급 요청이 있었는지 여부는 명백한 경우도 있으나(명시적 요청) 간접적인 정황증거로 판단해야 하는 경우도 있다(묵시적 요청). 여기서 수급사업자의 지급 요청을 명시적 요청으로 한정한다면 아직 명시적 의사표시의 문화에 취약한 현실상 수급사업자 보호에 취약할 수 있다. 이를 고려하여 판례는 실질적으로 요청한 경우로 볼 수 있는 경우도 지급 요청에 포함하여 수급사업자 보호를 도모했다. 다만, 그에 따라 판단이 어렵고 불명확하게 되는 문제도 수반된다.

판례의 기준에 따르면 아래와 같은 종합적인 사정을 고려하여 판단해야 한다. 즉 하도급법 제14조 제1항에 따르면, 같은 항 제2호('발주자가 하도급대금을 직접 수급사업자에게 지급하기로 발주자·원사업자 및 수급사업자 간에 합의한 때')에 해당하는 경우에는 하수급인이 직접 지급을 요청하지 않아도 같은 조 제1항, 제4항, 하도급법 시행령 제9조 제3항이 정한 범위에서 직접 지급 청구권이 발생하나, 나머지 제1, 3, 4호에 해당하는 경우에는 수급사업자가 직접 지급을 요청한 때에야 비로소 위와 같은 직접 지급 청구권이 발생한다. 하수급인이 하도급법 제14조 제1항에서 말하는 하도급대금의 직접 지급을 요청했는지는 하수급인의 도급인에 대한 요청 내용과 방식, 하수급인이 달성하려고 하는 목적, 문제되는 직접 지급 사유와 하도급대금의 내역, 하도급대금의 증액 여부와 시기, 직접 지급제도의 취지, 도급인·수급인·하수급인의 이해관계, 직접 지급의 요청에 따르는 법적 효과와 이에 대한 예견 가능성 등을 종합적으로 고려하여 판단하여야 한다(대법원 2017. 4. 26. 선고 2014다38678 판결).[1]

하도급법 및 그 시행령은 직접 지급 요청을 수급사업자가 하여야 하는 것으로 규정하고 있으므로, 수급사업자의 위임을 받아 원사업자가 발주자에게 직접 지급을 요청하는 경우라면 그 의사표시의 상대방인 발주자가 그 직접 지급 요청이 수급사업자의 직접 지급 요청에 따른 것임을 알았거나 알 수 있었어야 위 하도급법령에 따른 수급사업자의 직접 지급 요청으로서의 효력이 발생한다(대법원 2018. 8. 1. 선고 2018다23278 판결).[2]

---

1 수급사업자인 원고가 발주자를 상대로 직접 지급 합의를 원인으로 하도급공사 추가공사대금을 청구했다가 패소하자 후소에서 원사업자인 피고를 상대로 추가공사대금을 청구했는데, 전소의 제기로써 하도급법 제14조 제1항 제3호의 직접 지급 요청이 있었다고 볼 수 있는지가 문제가 된 사안이다.

2 원사업자가 발주자인 피고에게 하도급대금의 직접 지급을 요청한 후 폐업함에 따라 수급사업자인 원고가 발주자인 피고에게 하도급대금의 직접 지급을 청구했는데, 이때 원사업자의 직접 지급 요청을 수급사업자의 그것으로 볼 수 있는지, 수급사업자의 직접 지급 요청으로 볼 수 있는 시기는 언제인지가 문제된 사안이다.

판례 **직접 지급 요청의 판단**

▣ 대법원 2017. 5. 11. 선고 2014두13966 판결(우방 사건)

신한석재건설(수급사업자)은 전소에서 사업약정과 지급합의에 기하여 명지씨엠(발주자)이 신한석재건설에게 지급하기로 한 하도급대금을 청구한 것일 뿐, 그것이 동시에 이 사건 증액대금에 관한 하도급법상 직접 지급 청구권의 발생 요건인 하도급법 제14조 제1항 제3호에 따른 직접 지급의 요청에 해당한다고 볼 수 없고, 따라서 원고의 신한석재건설에 대한 미지급 하도급대금과 이에 대한 지연손해금 지급의무는 다른 특별한 사정이 없는 한 소멸했다고 할 수 없다.

2) 발주자·원사업자 및 수급사업자 간 합의

법령 **하도급법 제14조(하도급대금의 직접 지급) 제1항 제2호**

2. 발주자가 하도급대금을 직접 수급사업자에게 지급하기로 발주자·원사업자 및 수급사업자 간에 합의한 때

발주자의 승낙 방식

발주자·원사업자 및 수급사업자 간 합의는 원사업자가 발주자에 대한 공사대금채권을 수급사업자에게 양도하고, 그 채무자인 발주자가 이를 승낙한 것에 해당한다. 이러한 채권양도에 대한 발주자의 승낙은 확정일자가 있는 증서에 의하여 이루어져야 한다. 판례의 입장도 다음과 같이 동일하다.

발주자·원사업자 및 수급사업자 사이에서 발주자가 하도급대금을 직접 수급사업자에게 지급하기로 합의한 경우에, 당사자들의 의사가

도급계약 및 하도급계약에 따른 공사가 실제로 시행 내지 완료되었는지 여부와 상관없이 원사업자의 발주자에 대한 공사대금채권 자체를 수급사업자에게 이전하여 수급사업자가 발주자에게 직접 그 공사대금을 청구하고 원사업자는 공사대금 청구를 하지 않기로 하는 취지라면, 이는 실질적으로 원사업자가 발주자에 대한 공사대금채권을 수급사업자에게 양도하고 그 채무자인 발주자가 이를 승낙한 것에 해당한다. 그런데 이러한 채권양도에 대한 발주자의 승낙이 확정일자가 있는 증서에 의하여 이루어지지 않는 이상, 발주자는 위와 같은 채권양도와 그에 기한 채무의 변제를 들어서 원사업자의 위 공사대금채권에 대한 압류채권자에게 대항할 수 없다(대법원 2014. 12. 24. 선고 2012다85267 판결, 대법원 2008. 2. 29. 선고 2007다54108 판결).

직접 지급 청구 범위

당사자들의 의사가 하수급인이 위 각 하도급계약에 기하여 실제로 공사를 시행 내지 완료한 범위 내에서는 도급인은 하수급인에게 그 공사대금을 직접 지급하기로 하고 원수급인에게 그 공사대금을 지급하지 않기로 하는 취지라면, 압류명령의 통지가 도급인에게 도달하기 전에 하수급인이 위 공사를 실제로 시행 내지 완료했는지 여부, 혹은 그 기성고 정도 등에 따라 도급인이 원수급인의 위 공사대금채권에 대한 압류채권자에게 하수급인의 시공 부분에 상당하는 하도급대금의 범위 내에서 대항할 수 있는지 여부 및 그 범위가 달라진다(대법원 2008. 2. 29. 선고 2007다54108 판결).

'발주자가 하도급대금을 직접 수급사업자에게 지급하기로 발주자·원사업자 및 수급사업자 간에 합의한 경우'에는 발주자가 그 하도급대금 전액을 해당 수급사업자에게 직접 지급할 의무가 바로 발생하는 것이 아니라, '수급사업자가 제조·수리·시공 또는 용역 수행을 한 부분에 상당하는' 하도급대금을 해당 수급사업자에게 직접 지급할 의무가 발생하는 것이고, 그 범위 내에서 발주자의 원사업자에 대한 대금 지급채무가 소멸한다고 해석함이 타당하다(대법원 2014. 12. 24. 선고 2012다85267 판결). 또 발주자·원사업자 및 수급사업자 사이에 하도급대금 직접 지급합의가 있었던 경우에도 발주자는 바로 하도급대금 전액을 지급하여야 하는 것은 아니고, 수급사업자가 실제 공사 등을 시행한 범위에서 그에 상당하는 하도급대금을 지급할 의무를 부담해야 한다(대법원 2017. 5. 30. 선고 2015다25570 판결).

직접 지급합의 이후 발생한 사정변경은 발주자의 직접 지급의무 범위에 어떤 영향을 미치는가? 이 경우 직접 지급의무가 생긴 하도급대금의 범위에서 발주자의 원사업자에 대한 대금 지급채무와 원사업자의 수급사업자에 대한 하도급대금 지급채무는 모두 소멸하므로, 발주자는 수급사업자에 대한 직접 지급채무가 발생한 후에 생긴 원사업자의 수급사업자에 대한 사유로 수급사업자에게 대항할 수 없다(대법원 2017. 5. 30. 선고 2015다25570 판결).[3]

3) 하도급대금 2회분 이상 미지급

법령 하도급법 제14조(하도급대금의 직접 지급) 제1항 제3호

3. 원사업자가 제13조 제1항 또는 제3항에 따라 지급하여야 하는 하도

3 수급사업자의 채권자로서 발주자 및 원사업자와 직접 지급을 합의한 수급사업자의 원사업자에 대한 하도급대금채권을 양수하고 가압류한 원고가, 직접 지급합의에 의한 하도급대금 직접 지급 청구권이 성립한 후 발주자인 피고에게 하도급대금의 직접 지급을 청구했는데, 발주자인 피고가 원사업자가 그 이후 수급사업자의 노무비를 대신 지급한 사정으로 대항할 수 있는지가 문제가 된 사안이다.

급대금의 2회분 이상을 해당 수급사업자에게 지급하지 아니한 경우로서 수급사업자가 하도급대금의 직접 지급을 요청한 때

원사업자가 하도급법 제13조 제1항 또는 제3항에 따라 지급하여야 하는 하도급대금의 2회분 이상을 해당 수급사업자에게 지급하지 아니한 경우일 것, 수급사업자가 하도급대금의 직접 지급을 요청할 것 등의 요건이 필요하다.

수급인이 하도급대금을 2회 이상 지체함으로써 하수급인이 발주자에게 하도급대금의 직접 지급을 요청한 경우에는 발주자, 수급인, 하수급인 사이에 직접 지급에 관한 합의가 있을 것을 필요로 하지 않는다. 이에 따른 하수급인의 직접 청구권은 수급인이 하수급인에게 하도급을 준 범위와 구체적 내용을 발주자가 알았는지 여부와 관계없이 인정되는 것이므로, 발주자가 수급인에게 도급을 준 부분 중에서 하수급인이 시공한 부분에 해당하면 된다(대법원 2018. 6. 15. 선고 2016다229478 판결). 직접 지급 요청 요건은 법 제14조 제1항 제1호의 '직접 지급 요청' 부분과 동일하다.

4) 지급보증 의무 미이행

법령 하도급법 제14조(하도급대금의 직접 지급) 제1항 제4호

4. 원사업자가 제13조의2 제1항 또는 제2항에 따른 하도급대금 지급보증의무를 이행하지 아니한 경우로서 수급사업자가 하도급대금의 직접 지급을 요청한 때

원사업자가 하도급대금 지급보증 의무를 이행하지 아니한 경우에,

'수급사업자가 제조·수리·시공 또는 용역 수행을 한 부분'에 대하여 직접 지급 청구권을 인정했다. 원사업자가 제13조의2 제1항 또는 제2항에 따른 하도급대금 지급보증 의무를 이행하지 아니한 경우일 것, 수급사업자가 하도급대금의 직접 지급을 요청할 것 등 요건이 필요하다. 직접 지급 요청 요건은 법 제14조 제1항 제1호의 '직접 지급 요청' 부분과 동일하다.

나. 직접 지급 청구권의 발생

법령 **하도급법 제14조(하도급대금의 직접 지급) 제2, 3항**

② 제1항에 따른 사유가 발생한 경우 원사업자에 대한 발주자의 대금 지급채무와 수급사업자에 대한 원사업자의 하도급대금 지급채무는 그 범위에서 소멸한 것으로 본다.

③ 원사업자가 발주자에게 해당 하도급계약과 관련된 수급사업자의 임금, 자재대금 등의 지급 지체 사실(원사업자의 귀책사유로 그 지급 지체가 발생한 경우는 제외한다)을 입증할 수 있는 서류를 첨부하여 해당 하도급대금의 직접 지급 중지를 요청한 경우, 발주자는 제1항에도 불구하고 그 하도급대금을 직접 지급하여서는 아니된다.

직접 지급 청구권과 직접 지급의무

도급인은 도급대금채무의 범위에서 하수급인에 대한 직접 지급의무를 부담한다(하도급법 시행령 제9조 제3항). 그리고 이와 동시에 하수급인의 수급인에 대한 하도급대금채권과 도급인의 수급인에 대한 도급대금채무가 소멸한다(하도급법 제14조 제2항, 대법원 2017. 4. 26. 선고 2014다

38678 판결). 종전에는 발주자가 직접 지급할지 여부를 결정할 수 있었으나, 2019. 4.에 법 개정을 통하여 직접 지급의무가 인정되었다.

한편 직접 지급 청구권의 발생을 통하여 공사대금채권 이전의 효과가 발생한다. 즉 발주자·원사업자 및 수급사업자 사이에서 발주자가 하도급대금을 직접 수급사업자에게 지급하기로 합의하여 수급사업자의 발주자에 대한 직접 지급 청구권이 발생함과 아울러 발주자의 원사업자에 대한 대금 지급채무가 하도급대금의 범위 안에서 소멸하는 경우에, 발주자가 직접 지급의무를 부담하게 되는 부분에 해당하는 원사업자의 발주자에 대한 공사대금채권은 동일성을 유지한 채 수급사업자에게 이전한다(대법원 2015. 8. 27. 선고 2013다81224, 81231 판결).

하도급대금채무 소멸 시기

대법원 2007. 11. 29. 선고 2007다50717 판결, 대법원 2008. 2. 29. 선고 2007다54108 판결은 하도급대금채무 소멸 시기를 '도급인의 실제 지급 시'가 아니라 '하수급인의 직접 청구 시 또는 합의 시'로 보았고, 그 이후에도 같은 법리가 유지되고 있다.

채무 소멸 범위에 대한 아래 판례도 주목할 필요가 있다. 즉 이 사건 약정을 체결함에 있어서 당사자들의 의사가, 소외인이 위 각 하도급계약에 기하여 실제로 공사를 시행 내지 완료한 범위 내에서는 피고는 소외인에게 그 공사대금을 직접 지급하기로 하고 에세스건설에게 그 공사대금을 지급하지 않기로 하는 취지라면(원심이 들고 있는 하도급법 제14조 제2항의 규정 취지도 위 조항에서 지칭하고 있는 같은 조 제1항의 규정 내용에 비추어보면, '발주자가 하도급대금을 직접 수급사업자에게 지급하기로 발주자·원사업자 및 수급사업자 간에 합의한 경우'에, 발주자는 바로 그 하도급대금 전액을 해당 수급사업자에게 직접 지급할 의무가 발생하는 것이 아니라, '수급사업자가 제조·수리·시공 또는 용역 수행을 한 부분에 상당하는' 하도급대금을 해당 수급사업자에게 직접 지급할 의무가 발생하는 것이고 그 범위 내에서 발주자의 원사업자에 대한 대금 지급채무가 소멸한다고 해석함이 상당하다), 이 사건 압류명령의 통지가 피고에게 도달하기 전에 소외인이 위 공사를 실제로 시행 내지 완료했는지 여부나 그 기성고 정도 등에 따라 피고가 에세스건설의 위 공사대금채권에 대한 압류채권자인 원고에게 소외인의 시공 부분에 상당하는 하도급대금의 범위 내에서 대항할 수 있는지 여부 및 그 범위가 달라지게 된다(대법원 2008. 2. 29. 선고 2007다54108 판결).

판례 **하도급법상 가중된 지연손해금과 발주자에 대한 적용의 판단**

▣ 대법원 2005. 7. 28. 선고 2004다64050 판결

하도급법상 가중된 이자는 발주자가 수급사업자에게 하도급대금을 직접 지급하는 경우에 적용되지 않는다. 대법원도 구 하도급법 제13조 제7항 소정의 "원사업자가 하도급대금을 목적물의 수령일부터 60일을 초과하여 지급하는 경우에는 그 초과 기간에 대하여 공정거래위원회가 정하여 고시하는 이자율에 의한 이자를 지급하여야 한다."는 규정은, 원사업자가 수급사업자에 대하여 하도급대금을 지급하는 경우에 관한 규정이어서, 이 사건과 같이 발주자인 피고가 원사업자의 파산 등으로 수급사업자에게 하도급대금을 직접 지급하는 경우에는 적용될 수 없다고 보았다.

다. 직접 지급 방법과 절차

법령 **하도급법 제14조(하도급대금의 직접 지급) 제4, 6항**

④ 제1항에 따라 발주자가 해당 수급사업자에게 하도급대금을 직접

지급할 때에 발주자가 원사업자에게 이미 지급한 하도급금액은 빼고 지급한다.

⑥ 제1항에 따라 하도급대금을 직접 지급하는 경우의 지급 방법 및 절차 등에 관하여 필요한 사항은 대통령령으로 정한다.

법령 하도급법 시행령 제9조(하도급대금의 직접 지급)

① 법 제14조 제1항에 따른 수급사업자의 직접 지급 요청은 그 의사표시가 발주자에게 도달한 때부터 효력이 발생하며, 그 의사표시가 도달되었다는 사실은 수급사업자가 증명하여야 한다.

② 발주자는 하도급대금을 직접 지급할 때에 「민사집행법」 제248조 제1항 등의 공탁사유가 있는 경우에는 해당 법령에 따라 공탁(供託)할 수 있다.

③ 발주자는 원사업자에 대한 대금지급의무의 범위에서 하도급대금 직접 지급의무를 부담한다.

④ 하도급대금의 직접 지급 요건을 갖추고, 그 수급사업자가 제조·수리·시공한 분(分)에 대한 하도급대금이 확정된 경우, 발주자는 도급계약의 내용에 따라 수급사업자에게 하도급대금을 지급하여야 한다.

직접 지급의무의 범위

특별한 사정이 없는 한 도급인은 구 하도급법 시행령 제4조 제3항에 따라 수급인에 대한 대금 지급의무를 한도로 하여 하도급대금의 직접 지급의무를 부담한다. 더불어 구 하도급법 제14조 제4항에 따라 하수급인의 하도급대금에서 도급인이 수급인에게 이미 지급한 도급대금 중 당해 하수급인의 하도급대금에 해당하는 부분을 공제한 금액에 대하여 직접 지급의무를 부담한다(대법원 2011. 7. 14. 선고 2011다12194 판결). 이 판결은 하도급법 제14조 제4항을 그대로 적용한 판례이다.

라. 직접 지급액과 선급금의 관계

기성금과 선급금

공사도급계약에서 수수되는 이른바 선급금은 자금 사정이 좋지 않은 수급인으로 하여금 자재확보·노임지급 등에 어려움이 없이 공사를 원활하게 진행할 수 있도록 하기 위하여 도급인이 장차 지급할 공사대금을 수급인에게 미리 지급하여주는 것으로서, 구체적인 기성고와 관련하여 지급된 공사대금이 아니라 전체 공사와 관련하여 지급된 공사대금이다. 이러한 점에 비추어 선급금을 지급한 후 계약이 해제 또는 해지되는 등의 사유로 수급인이 도중에 선급금을 반환하여야 할 사유가 발생했다면, 특별한 사정이 없는 한 별도의 상계 의사표시 없이도 그때까지의 기성고에 해당하는 공사대금 중 미지급액은 선급금으로 충당되고 도급인은 나머지 공사대금이 있는 경우 그 금액에 한하여 지급할 의무를 부담하게 된다(대법원 2010. 5. 13. 선고 2007다31211 판결).

예외적 정산약정

발주자가 원사업자에게 선급금을 지급하면서 수급사업자에게 직접 지급할 공사대금을 그 선급금에서 공제하지 않기로 하는 약정이 '예외적 정산약정'이다. 예외적 정산약정은 선급금에 대한 보증책임을 지는 건설공제조합에 대한 청구에서 주로 문제가 된다. 네 가지 쟁점이 있다.

첫째, 선급금은 미지급공사대금에 충당될 수 있다. 즉 공사도급계약에서 수수되는 이른바 선급금은 자금 사정이 좋지 않은 수급인에게 자재확보·노임지급 등에 어려움이 없이 공사를 원활하게 진행할 수 있도록 하기 위하여 도급인이 장차 지급할 공사대금을 수급인에게 미리 지급하여주는 것으로서, 구체적인 기성고와 관련하여 지급된 공사대금이 아니라 전체 공사와 관련하여 지급된 공사대금이다. 이러한 점에 비추어 선급금을 지급한 후 계약이 해제 또는 해지되는 등의 사유로 수급인이 도중에 선급금을 반환하여야 할 사유가 발생했다면, 특별한 사정이 없는 한 별도의 상계 의사표시 없이도 그때까지의 기성고에 해당하는 공사대금 중 미지급액은 선급금으로 충당되고 도급인은 나머지 공사대금이 있는 경우 그 금액에 한하여 지급할 의무를 부담하게 된다(대법원 2014. 1. 23. 선고 2013다214437 판결).

둘째, 예외적 정산약정이 존재하는 경우에는 선급금 충당을 이유로 도급의 하수급인에 대한 지급의무를 면할 수 없다. 공사도급계약에 편입된 공사계약일반조건 제43조 제1항에서 도급인이 하수급인에게 하도급대금을 직접 지급해야 하는 경우를 규정하고, 제44조 제5항에서 계약이 해제 또는 해지된 경우 수급인이 미정산 선급금 등을 반환하여야 하고 도급인은 위 금액과 기성공사대금을 상계할 수 있다는 내용을 규정하면서, 그 단서에서 "다만, 제43조 제1항의 규정에 의하여 하도급대가를 직접 지급하는 경우 하도급대가의 지급 후 잔액이 있을 때에는 이와 상계할 수 있다."고 규정하고 있는 사안에서, 도급인이 하도급대금을 직접 지급하는 사유가 발생한 경우에는 이에 해당하는 금원은 선급금 충당의 대상이 되는 기성공사대금의 내역에서 제외하기로 하는 예외적 정산약정을 한 것으로 보아야 하고, 위 공사계약일반조건 제44조 제5항 단서에 의하여 설정된 미정산 선급금의 충당에 대한 예외적 정산약정은 하수급인에게 하도급대금을 직접 지급할 사유가 인정되는 범위 안에서는, 도급인으로 하여금 미정산 선급금이 기성공사대금에 충당되었음을 이유로 하수급인에게 부담하는 하도급대금 지급의무를 면할 수 없다(대법원 2010. 5. 13. 선고 2007다31211 판결, 대법원 2014. 1. 23.

선고 2013다214437 판결).

셋째, 예외적 정산약정 역시 특별한 사정이 없는 한 도급인에게 도급대금채무를 넘어서는 새로운 부담을 지우지 않는 범위 내에서 하수급인을 수급인에 우선하여 보호하려는 약정이라고 보아야 하므로, 도급인이 하도급대금을 직접 지급하는 사유가 발생하기 전에 선급금이 기성공사대금에 충당되어 도급대금채무가 모두 소멸한 경우 도급인은 더 이상 하수급인에 대한 하도급대금 지급의무를 부담하지 않는다(대법원 2014. 1. 23. 선고 2013다214437 판결).

넷째, 하도급대금 직접 지급 사유가 발생하기 전에 원사업자의 발주자에 대한 공사대금채권이 가압류되었다면 그 집행보전된 채권은 그 이후 발생한 하도급대금의 직접 지급 사유에도 불구하고 소멸하지 않는다. 이러한 상태에서 발주자가 수급사업자에게 하도급대금을 직접 지급했다고 하더라도 예외적 정산약정은 적용되지 않으므로, 선급금에서 하도급대금을 공제해야 한다.

같은 취지에서, 국가가 갑 주식회사와 공사도급계약을 체결하면서 계약에서 정한 직접 지급 사유가 발생한 하도급대금을 선급금 충당의 대상이 되는 기성공사대금의 내역에서 제외하겠다는 취지의 예외적 정산약정을 했는데, 그 후 갑 회사와 건설공제조합이 선급금 보증계약을 체결했고, 하도급법 제14조 제1항 제2호에 따라 국가가 하도급대금을 하수급인들에게 직접 지급하기로 하는 직불합의가 이루어진 사안에서, 예외적 정산약정이 이루어진 상황에서 직불합의가 이루어졌다면 다른 특별한 약정이 없는 한 이러한 직불합의에는 직불합의의 대상인 하도급대금을 선급금 충당의 대상이 되는 기성공사대금의 내역에서 제외하기로 하는 예외적 정산약정도 포함되었다고 봄이 타당하므로, 위 직불합의로써 그 하도급대금에 대하여 선급금 충당에 대한 예외적 정산약정이 체결되었다고 볼 수 있으나, 선급금 보증계약 체결 이후 이루어진 '발주자, 수급인, 하수급인 사이의 직불합의'에 따른 예외적 정산약정은 그들 사이에서만 효력이 미칠 뿐 선급금 보증인에게는 효력이 미치지 아니하므로, 건설공제조합이 선급금 보증계약을 체결한 이후 체결된 직불합의로 직접 지급의 사유가 발생한 하도급대금에 대하여 국가는 건설공제조합에 예외적 정산약정으로 인하여 선급금으로 충당되지 않는다는 주장을 하지 못하고, 건설공제조합은 위 하도급대금을 기성공사대금의 내역에 포함하여 선급금으로 충당하고 남은 선급금에 한해서 보증책임을 진다고 대법원은 판시했다(대법원 2021. 7. 8. 선고 2016다267067 판결).

마. 직접 지급 청구에 대한 발주자의 항변

발주자가 수급사업자에 대하여 주장할 수 있는 항변에, 발주자 자신이 원사업자에 대하여 가지는 항변과, 원사업자가 수급사업자에 대하여 가지는 항변이 모두 포함된다. 다만, 항변 사유가 발생한 시기와 직접 지급 청구권 발생 시기를 비교할 필요가 있다. 직접 지급 청구권 발생 이전에 발생한 항변 사유로 수급사업자에게 대항할 수 있으나, 직접 지급 청구권 발생 이후에 발생한 항변 사유로 수급사업자에게 대항할 수는 없다. 항변 사유에 대해서는 세 가지 쟁점을 살펴볼 수 있다.

첫째, 발주자가 원사업자에게 가지는 항변 사유는 직접 지급 청구권 발생 이전에 존재해야 한다. 하도급법 제14조 제1항에서 정한 직접 지급 요청이 있는 경우 그에 해당하는 수급인의 도급인에 대한 공사대금 채권이 동일성을 유지한 채 하수급인에게 이전되므로 도급인은 직접 지급 요청이 있기 전에 수급인에게 대항할 수 있는 사유로 하수급인에게 대항할 수 있다(대법원 2021. 2. 25. 선고 2018다265911 판결). 그 연장선상에서, 발주자는 수급사업자의 직접 지급 청구권이 발생하기 전에 원사업자에 대하여 대항할 수 있는 사유로써 수급사업자에게 대항할 수 있으나, 수급사업자의 직접 지급 청구권이 발생한 후에 원사업자에 대하여 생긴 사유로는 수급사업자에게 대항할 수 없음이 원칙이다(대법원 2015. 8. 27. 선고 2013다81224, 81231 판결).[4] 하도급대금의 직접 지급의무 발생 후 생긴 발주자가 원사업자에 대한 지체상금채권으로 수급사업자에게 상계항변으로 대항할 수 없다는 내용이다. 원심은 공사도급계약상 도급인의 지체상금채권과 수급인의 공사대금채권이 동시이행 관계에 있으므로 상계항변이 가능하다고 보았으나, 지체상금채권이 수급사업자의 직접 지급 청구권 발생 이후에 발생했다는 점에서 설득력이 부족하다.

둘째, 원사업자가 수급사업자에 대하여 가지는 항변 사유도 직접 지급 청구권 발생 이전에 존재해야 한다. 발주자는 수급사업자의 직접청구 시까지 발생한 '원사업자의 수급사업자에 대한 항변'을 원용하여 지급을 거절할 수 있고, 이때 공사대금의 변제기 도래나 수액의 확정을 요하지 않는다.[5]

셋째, 항변 사유가 상계인 경우 도급인(발주자)의 수급인(원사업자)에 대한 자동채권이 수동채권인 수급인(원사업자)의 도급인(발주자)에 대한 공사대금채권과 동시이행 관계 등 밀접한 관계에 있는 경우에는 하수급인(수급사업자)의 직접 청구권이 생긴 후에 자동채권이 발생했다고 하더라도 도급인(발주자)은 그 채권으로 상계하여 하수급인(수급사업자)에게 대항할 수 있다. 이 경우 자동채권이 발생한 기초가 되는 원인은 하수급인(수급사업자)이 직접 지급을 요청하기 전에 이미 성립하여 존재하

---

4 하도급대금의 직접 지급의무 발생 후 생긴 발주자의 원사업자에 대한 지체상금채권으로 수급사업자에게 상계항변으로 대항할 수 있는지가 문제가 된 사안이다.

5 윤재윤, 『건설분쟁관계법(제8판)』, 박영사, 2021, 506쪽.

고 있었으므로, 자동채권은 도급인(발주자)이 직접 지급 요청 후에 취득한 채권에 해당하지 않는다(대법원 2021. 2. 25. 선고 2018다265911 판결).

넷째, 수급사업자(하수급인)의 직접 지급요청에 대하여, 하도급법상 발주자인 피고는 원사업자(시공사) 등과 합의하여 신탁계약 등에서 정한 자금집행순서가 도래하지 않았다는 이유로 공사대금 직접 지급에 대항할 수 있는지 여부에 대하여 원칙적으로 대항할 수 있다(대법원 2023. 6. 29. 선고 2023다221830 판결).

▣ 대법원 2023. 6. 29. 선고 2023다221830 판결

수급사업자(하수급인)인 원고가 발주자인 피고를 상대로 직불합의에 따라 공사대금 직접 지급을 청구하는 사건이다. 수급사업자(하수급인)의 직접 지급요청에 대하여, 하도급법상 발주자인 피고는 원사업자(시공사) 등과 합의하여 신탁계약 등에서 정한 자금집행순서가 도래하지 않았다는 이유로 공사대금 직접 지급에 대항할 수 있는지 여부에 대하여 아래와 같이 원칙적으로 대항할 수 있다는 판단을 했다. 여기에 더하여 신탁계약 등에서 정한 자금집행순서의 성격이 정지조건인지, 불확정기한인지 문제에서 이를 정지조건으로 보았다. 자금집행순서 도래에 대한 증명책임 부담자를 권리취득을 주장하는 자로 보았다.

발주자 · 원사업자 및 수급사업자 사이에서 발주자가 하도급대금을 직접 수급사업자에게 지급하기로 합의하여 「하도급거래 공정화에 관한 법률」(이하 '하도급법'이라 한다) 제14조 제1항, 제2항에 따라 수급사업자의 발주자에 대한 직접 지급청구권이 발생함과 아울러 발주자의 원사업자에 대한 대금지급채무가 하도급대금의 범위 안에서 소멸하는 경우에, 발주자가 직접 지급의무를 부담하게 되는 부분에 해당하는 원사업자의 발주자에 대한 공사대금 채권은 동일성을 유지한 채 수급사업자에게 이전되고, 발주자는 수급사업자의 직접 지급청구권이 발생하기 전에 원사업자에 대하여 대항할 수 있는 사유로써 수급사업자에게 대항할 수 있으나, 수급사업자의 직접 지급청구권이 발생한 후에 원사업자에 대하여 생긴 사유로는 수급사업자에게 대항할 수 없음이 원칙이다(대법원 2010. 6. 10. 선고 2009다19574 판결, 대법원 2015. 8. 27. 선고 2013다81224, 81231 판결 등 참조). 하도급법은 발주자에게 도급대금채무를 넘는 새로운 부담을 지우지 아니하는 범위 내에서 수급사업자가 시공한 부분에 상당한 하도급대금채무에 대한 직접 지급의무를 부담하게 함으로써 수급사업자를 원사업자 및 그 일반채권자에 우선하여 보호하려는 것이다. 이러한 입법 취지를 고려하면 특별한 사정이 없는 한 발주자는 하도급법 시행령 제9조 제3항에 따라 원사업자에 대한 대금지급의무를 한도로 하여 하도급대금의 직접 지급의무를 부담한다(대법원 2015. 5. 28. 선고 2014다203960 판결, 대법원 2017. 12. 13. 선고 2017다242300 판결 등).
부관이 붙은 법률행위에 있어서 부관에 표시된 사실이 발생하지 아니하면 채무를 이행하지 아니하여도 된다고 보는 것이 상당한 경우에는 조건으로 보아야 하고, 표시된 사실이 발생한 때에는 물론이고 반대로 발생하지 아니하는 것이 확정된 때에도 그 채무를 이행하여야 한다고 보는 것이 상당한 경우에는 표시된 사실의 발생 여부가 확정되는 것을 불확정기한으로 정한 것으로 보아야 한다(대법원 2003. 8. 19. 선고 2003다24215 판결, 대법원 2011. 4. 28. 선고 2010다89036 판결 참조).
정지조건부 법률행위에서 조건이 성취되었다는 사실은 이에 의하여 권리를 취득하고자 하는 측에게 그 증명책임이 있다(대법원 1983. 4. 12. 선고 81다카692 판결 등 참조).

☞ 해설

수급사업자(하수급인)인 원고가 발주자인 피고를 상대로 직불합의에 따라 공사대금 직접 지급을 청구하는 사안이다.

대법원은, 하도급법상 원사업자이자 이 사건 신탁약정, 신탁계약, 승계계약 등을 체결한 당사자인 다인건설이 피고 등과 사이에 신탁사업약정 등에 따른 자금집행순서에 따라 공사대금을 청구하기로 합의한 이상 피고는 다인건설이 공사대금을 청구할 경우 자금집행순서 약정을 이유로 지급을 거절할 수 있고, 발주자인 피고가 하도급법상 직접 지급의무를 부담하는 공사대금 채권은 동일성을 유지한 채 수급사업자인 원고에게 이전되며, 피고는 새로운 부담을 지지 않는 범위 내에서 직접 지급의무를 부담하므로, 피고는 원고의 직접청구에 대해서도 동일한 사유로 대항할 수 있다고 판단했다.

또한 대법원은, 자금집행순서 관련 약정의 문언, 동기와 목적 등 제반 사정을 고려하면, 이 사건 사업시행에 따른 건물 완공 후 일정 기간이 도과했다고 하여 집행순서와 상관없이 신탁자금에서 지급받을 수 있다고 보는 것은 신탁약정 등의 당사자들 의사에 부합한다고 볼 수 없고, 선순위 채권에 대한 자금이 집행되지 않은 상태에서는 특별한 사정이 없는 한 후순위 채권을 지급하지 않는다는 취지에서 자금집행순서를 정한 것으로 보아야 하므로, 위 자금집행순서의 성격은 정지조건이고, 지급순서가 도래했다는 정지조건이 성취되었다는 사실은 직접청구권의 효력을 주장하는 원고 측이 부담한다고 판단했다.

이러한 판단에 따라, 이 사건에서 자금집행순서의 성격은 정지조건이 아닌 불확정기한이고, 지급순서가 도래하지 않았다는 피고의 증명이 부족하며, 선순위자에게 자금집행이 완료되지 않을 것이 확정된 것으로 보아야 한다는 등의 이유로, 피고의 공사대금 직접 지급의무의 이행기가 도래했다고 판단한 원심판결을 파기·환송했다.

바. 직접 지급 청구권자와 압류채권자의 우열

원사업자의 발주자에 대한 공사대금채권이 집행채권자(가압류채권자, 압류채권자) 등에 의하여 집행보전된 경우에는 수급사업자의 직접 지급 청구권과의 관계가 문제가 된다. 압류명령(가압류명령)이 송달된 시기와 직접 지급 청구권의 발생 시기를 비교하여, 압류명령 송달일자가 직접 지급 청구권의 발생일자보다 앞선 경우에는 압류 등으로 집행보전된 채권에 해당하는 금액에 대하여는 수급사업자에게 직접청구권이 발생하지 아니하고, 원사업자의 발주자에 대한 공사대금채권은 다른 특별한 사정이 없는 한 그 집행보전된 채권액의 한도에서는 수급사업자에게 이전되지 아니한다(대법원 2014. 12. 24. 선고 2012다85267 판결). 직접 지급 청구권과 압류채권의 우열에 대한 쟁점은 크게 세 가지를 볼 수 있다.

첫째, 원사업자의 부도로 원사업자가 하도급대금을 지급할 수 없어 수급사업자가 발주자에게 하도급대금의 직접 지급을 요청하면 발주자는 수급사업자에게 하도급공사대금을 직접 지급하여야 할 의무를 지는 한편, 발주자의 원사업자에 대한 대금 지급채무와 원사업자의 수급사업자에 대한 하도급대금 지급채무는 지급된 범위 안에서 소멸하게 되나, 그렇다고 하여 그 사유발생 전에 이루어진 강제집행 또는 보전집행의 효력을 배제하는 규정은 없으므로 그 규정들에 의한 하도급대금 직접 지급 사유가 발생하기 전에 원사업자의 제3채권자가 원사업자의 발주자에 대한 채권에 대하여 압류 또는 가압류 등으로 집행보전을 한 경우에는 그 이후에 발생한 하도급공사대금의 직접 지급 사유에도 불구하고 그 집행보전된 채권은 소멸하지 않는다(대법원 2016. 9. 23. 선고 2015다201107 판결, 대법원 2003. 9. 5. 선고 2001다64769 판결).

둘째, 압류 등으로 집행 보전된 채권에 해당하는 금액에 대해서는 수급사업자에게 직접 지급 청구권이 발생하지 아니하고, 원사업자의 발주자에 대한 공사대금채권도 다른 특별한 사정이 없는 한 그 집행보전된 채권액의 한도에서는 수급사업자에게 이전되지 아니한다(대법원 2016. 9. 23. 선고 2015다201107 판결).[6]

셋째, 압류 등 집행보전과 하도급법상 직접 지급 청구권의 관계에

6 발주자인 원고가 원사업자와 예외적 정산약정을 체결했는데, 하도급대금 직접 지급 사유 발생 전에 원사업자의 발주자에 대한 공사대금채권에 관한 가압류 또는 압류가 이루어진 경우 수급사업자들의 직접 지급 청구에 따라 하도급대금을 직접 지급한 금액을 선급금에서 충당할 수 있는지가 문제가 된 사안이다.

관한 법리는 원사업자의 재산을 둘러싼 여러 채권자의 이해관계 조정의 문제를 법률관계 당사자의 지위에 따라 상대적으로 처리하기보다는 이를 일률적으로 간명하게 처리하는 것이 바람직하다는 점을 고려하여 인정되는 것이므로, 가압류 또는 압류명령의 당사자 사이에서만 상대적으로 발생하는 것이라고 볼 수는 없다. 또한 이러한 법리는 원사업자의 발주자에 대한 채권에 관한 가압류 등이 수급사업자의 원사업자에 대한 하도급대금채권의 실현을 위하여 이루어진 경우에도 마찬가지로 적용된다. 즉 하도급법 제14조에 의한 하도급대금 직접 지급 사유가 발생하기 전에 오로지 수급사업자의 신청에 의해서만 원사업자의 발주자에 대한 공사대금채권이 가압류된 경우 등에도, 직접 지급 사유 발생 전에 가압류 등에 따른 집행보전의 효력이 집행해제나 집행취소 등의 사유로 실효되지 않는 한, 집행보전된 채권은 소멸하지 아니하고 수급사업자의 발주자에 대한 직접 지급 청구권도 발생하지 아니한다(대법원 2017. 12. 5. 선고 2015다4238 판결).[7]

사. 원사업자의 협조의무

법령 **하도급법 제14조(하도급대금의 직접 지급) 제5항**

⑤ 제1항에 따라 수급사업자가 발주자로부터 하도급대금을 직접 받기 위하여 기성부분의 확인 등이 필요한 경우 원사업자는 지체 없이 이에 필요한 조치를 이행하여야 한다.

---

7 수급사업자인 원고가 원사업자의 발주자인 피고에 대한 공사대금채권을 가압류한 후 발주자인 피고를 상대로 하도급대금 직접 지급을 요청한 사안이다.

아. 기타 쟁점

발주자가 초과 지급한 대금에 대한 부당이득 반환의무

하도급법 제14조 제4항은 "제1항에 따라 발주자가 해당 수급사업자에게 하도급대금을 직접 지급할 때에 발주자가 원사업자에게 이미 지급한 하도급금액은 빼고 지급한다."고 규정하고, 하도급법 시행령 제9조 제3항은 "발주자는 원사업자에 대한 대금 지급의무의 범위에서 하도급대금 직접 지급의무를 부담한다."고 규정한다. 이에 비추어볼 때, 하도급법은 발주자에게 도급대금채무를 넘어서는 새로운 부담을 지게 하지 아니하는 범위 내에서 수급사업자가 시공한 부분에 상당한 하도급대금채무에 대한 직접 지급의무를 부담하게 함으로써 수급사업자를 원사업자 및 그 일반채권자에 우선하여 보호하려는 것임을 알 수 있다.

이러한 입법 취지를 고려하면 특별한 사정이 없는 한 발주자로서는 하도급법 시행령 제9조 제3항에 따라 원사업자에 대한 대금 지급의무를 한도로 하여 하도급대금의 직접 지급의무를 부담한다고 해석함이 타당하다. 또한 건설산업기본법 제35조 제7항, 건설산업기본법 시행규칙 제29조 제3항에 의하면 수급인이 건설산업기본법 제32조 제4항, 제35조 제2항 제4호에 따라 건설기계 대여업자에게 건설기계 대여대금을 직접 지급하는 경우에도 하도급법 제9조 제3항이 준용되므로, 특별한 사정이 없는 한 발주자로서는 수급인에 대한 대금 지급의무를 한도로 하여 직접 지급의무를 부담한다.

따라서 발주자가 하도급법 제14조 제1항 제1호 또는 건설산업기본법 제32조 제4항, 제35조 제2항 제4호에 따라 수급사업자나 건설기계 대여업자(이하 "수급사업자 등"이라 한다)로부터 하도급대금 또는 건설기계 대여대금(이하 "하도급대금 등"이라 한다)의 직접 지급을 요청받을 당시 원사업자 또는 수급인에 대한 대금 지급채무가 이미 변제로 소멸한 상태인 경우에는 발주자의 수급사업자 등에 대한 직접 지급의무가 발생하지 않는다. 그럼에도 발주자가 수급사업자 등에 대한 직접 지급의무가 발생했다고 착오를 일으킨 나머지 수급사업자 등에게 하도급대금 등을 지급했다면, 이는 채무자가 아닌 제3자가 타인의 채무를 자기의 채무로 잘못 알고 자기 채무의 이행으로서 변제한 경우에 해당하므로 특별한 사정이 없는 한 발주자는 수급사업자 등을 상대로 부당이득반환을 청구할 수 있다(대법원 2017. 12. 13. 선고 2017다242300 판결).[8] 대법원 2019. 12. 24. 선고 2018다223139 판결도 같은 취지이다.[9]

하도급공사의 변경 또는 추가와 관련된 직접 지급 청구 범위

당사자 사이에 계약의 해석을 둘러싸고 다툼이 있어 처분문서에 나타난 당사자의 의사해석이 문제가 되는 경우에는 문언의 내용, 약정이 이루어진 동기와 경위, 약정으로 달성하려는 목적, 당사자의 진정한 의사 등을 종합적으로 고찰하여 논리와 경험칙에 따라 합리적으로 해석하여야 한다. 발주자가 하도급대금을 직접 하수급인에게 지급하기로 발주자, 수급인, 하수급인 사이에 합의하는 경우에도 같은 법리가 적용된다. 이때 발주자, 수급인, 하수급인 사이의 직접 지급 합의 후 수급인과 하수급인의 별개 계약에 따라 추가적인 공사대금이 발생한 경우 그 부분에 대해서도 직접 지급합의의 효력이 미치는지는 신중하게 판단하여야 한다.

---

8 수급사업자인 원고가 발주자인 피고를 상대로 직접 지급합의, 또는 하도급법 제14조 제1항 제3호의 사유로 하도급공사의 변경 또는 추가 부분에 대한 대금의 직접 지급을 청구한 사안이다.

9 발주자인 원고가 원수급자들인 피고들을 상대로 초과 지급한 대금의 반환을 구했는데, 초과 지급한 대금의 성격이 선급금인지, 기성대금인지, 또 수급사업자에게 초과 지급한 경우 그 반환청구의 상대방이 원사업자인지, 수급사업자인지가 문제가 된 사안이다.

수급인은 도급받은 건설공사에 대한 준공금 또는 기성금을 받으면 그 준공금 또는 기성금을 받은 날부터 15일 이내에 하수급인에게 하도급대금을 지급해야 한다(건설산업기본법 제34조 제1항). 수급인이 위와 같은 하도급대금 지급을 2회 이상 지체하여 하수급인이 발주자에게 하도급대금의 직접 지급을 요청한 경우에 발주자는 하수급인이 시공한 부분에 해당하는 하도급대금을 하수급인에게 직접 지급해야 한다(건설산업기본법 제35조 제2항 제3호, 하도급법 제14조 제1항 제3호도 거의 같은 내용으로 정하고 있다). 이와 같이 수급인이 하도급대금을 2회 이상 지체함으로써 하수급인이 발주자에게 하도급대금의 직접 지급을 요청한 경우에는 발주자, 수급인, 하수급인 사이에 직접 지급에 관한 합의가 있을 것을 필요로 하지 않는다. 이에 따른 하수급인의 직접 청구권은 수급인이 하수급인에게 하도급을 준 범위와 구체적 내용을 발주자가 알았는지 여부와 관계없이 인정되는 것이므로, 발주자가 수급인에게 도급을 준 부분 중에서 하수급인이 시공한 부분에 해당하면 된다.

하도급법 제14조 제4항은 "제1항에 따라 발주자가 해당 수급사업자에게 하도급대금을 직접 지급할 때에 발주자가 원사업자에게 이미 지급한 하도급금액은 빼고 지급한다."고 정하고, 하도급법 시행령 제9조 제3항은 "발주자는 원사업자에 대한 대금 지급의무의 범위에서 하도급대금 직접 지급의무를 부담한다."고 정하고 있다. 건설산업기본법 제35조 제7항, 건설산업기본법 시행규칙 제29조 제3항에 따르면, 발주자가 건설산업기본법 제35조 제2항 제3호에 따라 하수급인에게 공사대금을 직접 지급하는 경우에도 하도급법 시행령 제9조 제3항이 준용되므로, 특별한 사정이 없는 한 발주자로서는 수급인에 대한 대금 지급의무를 한도로 하여 직접 지급의무를 부담한다고 보아야 한다. 따라서 발주자가 하도급법 제14조 제1항 제3호 또는 건설산업기본법 제35조 제2항 제3호에 따라 하수급인으로부터 하도급대금의 직접 지급을 요청받을 당시 수급인에 대한 대금 지급채무가 이미 변제로 소멸한 경우 발주자의 하수급인에 대한 직접 지급의무는 발생하지 않는다(대법원 2018. 6. 15. 선고 2016다229478 판결).[10]

한편 직접 지급합의 후 하도급계약의 변경이 있고, 수급사업자가 변경된 공사계약에 따라 발주자에게 변경된 공사대금을 추가로 직접 청구할 수 있는지 여부가 문제가 된다. 위 판결은 당초 직접 지급합의에 변경될 공사 부분을 포함하기로 했는지 여부에 관한 의사해석이 1차적으로 문제되기는 하나, 직접 지급 청구권의 요건은 법에 정한 대로 인정되어야 하므로 변경된 공사대금의 직접 지급 청구가 부정된다고 판시했다.

판례 직접 지급의무의 범위 판단

▣ 대법원 2005. 7. 28. 선고 2004다64050 판결

"원사업자가 하도급대금을 목적물의 수령일부터 60일을 초과하여 지급하는 경우에는 그 초과 기간에 대하여 공정거래위원회가 정하여 고시하는 이자율에 의한 이자를 지급하여야 한다."는 규정은, 원사업자가 수급사업자에 대하여 하도급대금을 지급하는 경우에 관한 규정이어서, 이 사건과 같이 발주자인 피고가 원사업자의 파산 등으로 수급사업자에게 하도급대금을 직접 지급하는 경우에는 적용될 수 없다.

▣ 대법원 2011. 4. 28. 선고 2011다2029 판결

하도급법 제14조 제1항에 따른 발주자의 수급사업자에 대한 직접 지급의무의 범위는 특별한 사정이 없는 한 발주자의 원사업자에 대한 대금

---

10 수급사업자인 원고가 발주자인 피고를 상대로 직접 지급합의, 또는 하도급법 제14조 제1항 제3호의 사유로 하도급공사의 변경 또는 추가 부분에 대한 대금의 직접 지급을 청구한 사안이다.

지급의무를 한도로 하여 해당 수급사업자가 제조·수리·시공 또는 용역 수행을 한 부분에 상당하는 하도급대금에서 발주자가 원사업자에게 이미 지급한 기성공사대금 내역 중 해당 수급사업자의 하도급공사 부분의 금액을 공제한 금액이라고 보아야 한다.

▣ 대법원 2013. 9. 12. 선고 2011다6311 판결(호아건설 사건)

공사도급계약 및 하도급계약을 함께 체결하면서 도급인, 원수급인과 하수급인이 '공사대금은 도급인이 원수급인의 입회하에 하수급인에게 직접 지급하고, 원수급인에게는 지급하지 않는 것'으로 약정한 경우, 당사자들의 의사가 위 도급계약 및 하도급계약에 따른 공사가 실제로 시행 내지 완료되었는지 여부와 상관없이 원수급인의 도급인에 대한 공사대금채권 자체를 하수급인에게 이전하여 하수급인이 도급인에게 직접 그 공사대금을 청구하고 원수급인은 공사대금 청구를 하지 않기로 하는 취지라면 이는 실질적으로 원수급인이 도급인에 대한 공사대금채권을 하수급인에게 양도하고 그 채무자인 도급인이 이를 승낙한 것이라고 봄이 상당하다.

이러한 경우 위와 같은 채권양도에 대한 도급인의 승낙이 확정일자가 있는 증서에 의하여 이루어지지 않는 이상, 도급인은 위와 같은 채권양도와 그에 기한 채무의 변제를 들어서 원수급인의 위 공사대금채권에 대한 압류채권자에게 대항할 수 없다. 반면 당사자들의 의사가 하수급인이 위 각 하도급계약에 기하여 실제로 공사를 시행 내지 완료한 범위 내에서는, 도급인은 하수급인에게 그 공사대금을 직접 지급하기로 하고 원수급인에게 그 공사대금을 지급하지 않기로 하는 취지라면, 압류명령의 통지가 도급인에게 도달하기 전에 하수급인이 위 공사를 실제로 시행 내지 완료했는지 여부나 그 기성고 정도 등에 따라 도급인이 원수급인의 위 공사대금채권에 대한 압류채권자에게 하수급인의 시공부분에 상당하는 하도급대금의 범위 내에서 대항할 수 있는지 여부 및 그 범위가 달라진다.

2. 손해배상 책임[11]

가. 하도급법 위반으로 인한 손해배상 책임의 인정

법령 **하도급법 제35조(손해배상 책임) 제 1, 2, 3항**

① 원사업자가 이 법의 규정을 위반함으로써 손해를 입은 자가 있는 경우에는 그 자에게 발생한 손해에 대하여 배상 책임을 진다. 다만, 원사업자가 고의 또는 과실이 없음을 입증한 경우에는 그러하지 아니하다.

② 원사업자가 제4조, 제8조 제1항, 제10조, 제11조 제1항·제2항, 제12조의3 제4항 및 제19조를 위반함으로써 손해를 입은 자가 있는 경우에는 그 자에게 발생한 손해의 3배를 넘지 아니하는 범위에서 배상 책임을 진다. 다만, 원사업자가 고의 또는 과실이 없음을 입증한 경우에는 그러하지 아니하다.

③ 법원은 제2항의 배상액을 정할 때에는 다음 각 호의 사항을 고려하여야 한다.

1. 고의 또는 손해 발생의 우려를 인식한 정도
2. 위반행위로 인하여 수급사업자와 다른 사람이 입은 피해규모
3. 위법행위로 인하여 원사업자가 취득한 경제적 이익
4. 위반행위에 따른 벌금 및 과징금
5. 위반행위의 기간·횟수 등
6. 원사업자의 재산 상태

11 이 절은 정재훈, 「특별법상 손해배상 책임 Ⅰ: 독점규제 및 공정거래에 관한 법률」, 김용덕 편저, 『주석 민법: 채권 각칙 7(제5판)』(291-342쪽), 한국사법행정학회, 2022, 294-296, 305-311, 313, 314, 321-324, 329-331쪽의 내용을 하도급법에 적용하여 집필한 것이다.

7. 원사업자의 피해구제 노력의 정도

하도급법 집행은 공적 집행(public enforcement)과 사적 집행(private enforcement)으로 분류된다. 공적 집행에는 행정 집행과 형사 집행이 포함되고, 사적 집행에는 피해자 등의 손해배상청구와 금지청구가 포함된다. 하도급법 제35조는 사적 집행 중 손해배상에 관한 특별 규정이다.

하도급법 위반행위의 경우에는 민법 제750조에 따른 불법행위가 인정될 가능성이 높다. 이러한 불법행위로 인한 손해배상청구를 용이하게 함으로써 사적 집행을 활성화하기 위하여 하도급법에 특칙을 둔 것으로 이해할 수 있다.[12] 따라서 손해배상에 관하여 하도급법에 규정되지 않은 내용에는 민법상 불법행위의 법리가 그대로 적용된다.

1) 당사자

하도급법 위반행위로 손해를 입었다고 주장하는 자는 민사소송법상 이행청구의 주체로서 당연히 원고 적격이 있다(형식적 당사자 개념). 따라서 수급사업자가 원고가, 원사업자가 피고가 되는 경우가 통상적이다.

2) 손해배상청구의 요건

손해배상을 청구하기 위해 갖추어야 하는 요건에는 무엇이 있는가?

---

12 공정거래법 시행 초기의 손해배상 규정은 소멸시효 기간을 단기로 정하는 등 손해배상청구에 부정적인 조항이었으나, 이후 개정을 통해 손해배상청구를 용이하게 하는 조항으로 변경되었다.

크게 다음의 다섯 가지를 살펴볼 수 있다.

하도급법 위반행위

하도급법에 위반되는 행위가 존재해야 한다. 하도급법 위반을 이유로 손해배상을 청구하기 위하여 먼저 문제되는 행위가 하도급법에 위반됨을 증명하여야 한다. 판례는 시정조치가 확정된 경우 거기서 인정된 사실은 손해배상소송에서 법원을 구속하지는 못하지만 사실상 추정을 받게 된다고 하여,[13] 시정조치의 구속력에 관하여 사실상 추정설을 취하고 있다.

위법성

행위가 위법해야 한다. 위법한 행위로 인정되려면 그 행위가 외형적으로 법 규정이 정하는 요건을 갖추는 것 외에 그것이 법의 목적에 비추어 허용될 수 없는 행위여야 한다.[14] 하도급법이 정한 유형별 위법성이 인정되는 사안이라면, 하도급거래질서를 침해한 행위로서 손해배상청구의 위법성도 인정될 가능성이 크다. 여기에 위 각 규정 위반의 경우 적용되는 형벌 규정(하도급법 제30조)에 비추어보더라도 하도급법 위반행위가 인정되는 경우에는 손해배상청구의 요건으로서 위법성도 인정된다. 결국 하도급법 위반이 인정되면 민사상 손해배상청구의 요건으로 위법성도 충족된다.

고의 또는 과실

불법행위에 의한 손해배상 책임이 성립하기 위하여 고의 또는 과실

---

13 대법원 1990. 4. 10. 선고 89다카29075 판결.

14 대법원 1998. 9. 8. 선고 96누9003 판결.

이 필요하다. 일반적인 불법행위에 있어서는 피해자가 고의 및 과실을 증명해야 하지만, 공정거래법은 고의 및 과실의 증명책임에 대하여 특칙을 두고 있다. 하도급법 제35조 제1항은 원사업자가 이 법의 규정을 위반함으로써 손해를 입은 자가 있는 경우에는 그 자에게 발생한 손해에 대하여 배상 책임을 지지만, 원사업자가 고의 또는 과실이 없음을 입증한 경우에는 손해배상 책임이 부정된다고 규정하여, 원사업자가 고의 또는 과실이 없음을 항변하도록 하고 있다.

다만, 실무상 하도급법 위반행위가 인정되는 상황에서 사업자 등의 고의 또는 과실이 부정되는 사례는 드물 것으로 보인다. 공정거래법 위반 사건인 신용카드 수수료 담합 사건에서, 피고 신용카드사들은 수수료 인하 담합과 관련하여 신용카드사로서는 수수료 인하로 직접구매자인 VAN사들이 입게 되는 손해가 그대로 간접구매자들인 원고(VAN사의 대리점)들에게 전가될 것임을 예상할 수 없었으므로 피고가 원고들에게 손해배상 책임을 부담하지 않는다고 주장했으나, 법원은 고의 또는 과실이 부정된다는 취지의 피고들의 주장을 배척했다.[15]

손해 발생

법 위반행위에 따른 손해가 발생하여야 하고 원고가 그 발생 사실을 증명해야 한다. 법 위반행위가 있더라도 원고에게 손해가 발생하지 않았거나, 원고가 발생한 손해를 증명하지 못한다면 손해배상을 구할 수 없게 된다.

15 서울고등법원 2011. 11. 4. 선고 2011나106169 판결(대법원 2014. 8. 28. 선고 2013다16619 판결로 상고기각).

행위와 손해의 인과관계

법 위반행위와 피해자에게 발생한 손해 사이에 인과관계가 존재하여야 한다. 수급사업자가 피해자인 경우 증거가 원사업자에 편재되어 있어 증명의 어려움이 있다면 하도급법 위반의 손해배상 소송에도 환경소송, 의료과오소송, 제조물책임소송과 같이 인과관계의 증명책임을 완화하는 것이 바람직하다.

나. 손해액 산정

> **법령** **하도급법 제35조(손해배상 책임) 제4항**
>
> ④ 제1항 또는 제2항에 따라 손해배상청구의 소가 제기된 경우 「독점규제 및 공정거래에 관한 법률」 제110조 및 제115조를 준용한다.

> **법령** **공정거래법 제115조(손해액의 인정)**
>
> 법원은 이 법을 위반한 행위로 손해가 발생한 것은 인정되나 그 손해액을 입증하기 위하여 필요한 사실을 입증하는 것이 해당 사실의 성질상 매우 곤란한 경우에 변론 전체의 취지와 증거조사의 결과에 기초하여 상당한 손해액을 인정할 수 있다.

하도급 손해배상청구 소송에서는 손해액 증명의 책임을 완화하는 규정을 두고 있다. 이러한 손해액에 관한 규정이 하도급법이나 공정거래법의 특유한 조항은 아니다. 예를 들면 민사소송법 제202조의2(손해배상 액수의 산정)는 손해가 발생한 사실은 인정되나 구체적인 손해의 액수를 증명하는 것이 사안의 성질상 매우 어려운 경우에 법원은 변론 전체의 취지와 증거조사의 결과에 의하여 인정되는 모든 사정을 종합하여 상당하다고 인정되는 금액을 손해배상 액수로 정할 수 있다고 규정한다.

저작권법 제126조(손해액의 인정)는 법원은 손해가 발생한 사실은 인정되나 제125조의 규정에 따른 손해액을 산정하기 어려운 때에는 변론의 취지 및 증거조사의 결과를 참작하여 상당한 손해액을 인정할 수 있다고 규정한다. 또, 특허법 제128조(손해배상청구권 등) 제7항은 법원은 특허권 또는 전용실시권의 침해에 관한 소송에서 손해가 발생된 것은 인정되나 그 손해액을 증명하기 위하여 필요한 사실을 증명하는 것이 해당 사실의 성질상 극히 곤란한 경우에는 제2항부터 제6항까지의 규정에도 불구하고 변론 전체의 취지와 증거조사의 결과에 기초하여 상당한 손해액을 인정할 수 있다고 규정한다.

1) 손해액 산정의 기본 원칙

재산상 손해

불법행위로 인한 재산상 손해의 산정 방법에 관해서는 차액설이 판례의 입장이다. 즉 위법한 가해행위로 인하여 발생한 재산상 불이익, 또 그 위법행위가 없었더라면 존재했을 재산 상태와 그 위법행위가 가해진 현재 재산 상태의 차이가 손해로 산정되며, 여기에는 기존의 이익이 상실되는 적극적 손해와 장차 얻을 수 있는 이익을 얻지 못하는 소극적 손해가 포함된다.[16]

---

16 대법원 1992. 6. 23. 선고 91다33070 전원합의체 판결, 대법원 1996. 2. 9. 선고 94다53372 판결, 대법원 1998. 7. 10. 선고 96다38971 판결 등.

하도급법 제35조 제4항, 공정거래법 제115조는 적극적으로 활용될 필요가 있다. 공정거래법 사건에서 판례는 손해액 산정이 전문가 감정으로서 적정성을 크게 벗어나지 않으면 이를 채택하는 등 사실상 증명의 부담을 완화하는 방식으로 위 규정의 취지를 손해액 산정 과정에 반영하고 있다. 대표적인 판결로 대법원 2018. 10. 12. 선고 2016다243115 판결(한국전력공사 사건)을 들 수 있다. 이 사건에서는 손해액 산정에 있어 상이한 감정결과가 있었고, 감정결과가 달라진 원인은 경쟁기간을 언제로 볼 것인지의 기준에 있었다. 대법원은 원심이 채택한 감정결과에 경험칙에 반하거나 합리성이 없는 등 현저한 잘못이 없는 한 이를 존중한다는 기존의 입장을 재확인했다.

기타 손해

하도급법 위반행위로 장래 얻을 수 있었던 이익을 얻지 못하는 손해가 발생한 경우 소극적 손해인 일실이익을 구할 수 있다. 일실이익은 위반행위가 없었을 경우 얻었을 수입과 실제로 얻은 수입의 차이가 된다. 다만, 수입을 얻기 위하여 소요되는 비용이 있다면 그 비용을 공제해야 한다.[17]

하도급 손해배상 사건에서 위자료가 통상 인정되지는 않더라도 하도급법 제17조(보복조치의 금지) 위반 등 일부 유형에서는 위자료가 인정될 수 있다. 공정거래 사건인 이동통신사 간의 전화요금 담합사건에서, 원고들이 가지는 행복추구권의 일종으로서 계약의 자유, 알 권리·선택할 권리 등 인격형성권으로서의 소비자의 권리, 원고들이 고도의 사회적 신뢰를 공유함으로써 사회구성원인 개인으로서 누리는 안정감과 만족감 등의 인격적 법익이 침해되었다고 주장했으나, 법원은 이를

17 대법원 2012. 6. 14. 선고 2010다26035 판결.

받아들이지 않았다.[18]

2) 책임의 제한

일반론

불법행위로 인한 손해배상청구소송에서는 손해의 공평 부담이라는 손해배상법의 기본 이념이 적용되므로, 피해자에게 손해의 발생 및 확대에 기여한 과실이 있다는 이유로 과실상계를 하거나 공평의 원칙에 기하여 손해배상액을 제한할 수 있다. 과실상계는 가해자와 피해자의 고의 또는 과실의 정도, 위법행위의 발생 및 손해의 확대에 관하여 어느 정도의 원인이 되어 있는지 등의 제반 사정을 고려하여 배상액의 범위를 정하는 것으로서 과실상계 사유에 관한 사실인정이나 그 비율을 정하는 것은 형평의 원칙에 비추어 현저히 불합리하다고 인정되지 않는 한 사실심의 전권사항에 속한다.[19]

대법원은 대규모소매업자가 납품업자로부터 납품받은 상품의 판매를 위해 그 납품업자로부터 직원을 파견받아 판매업무에 종사하게 하고도 그 인건비 등을 납품업자로 하여금 부담하도록 한 사안에서, 납품업체가 협력사원이라는 명목으로 파견종업원의 인건비를 부담함으로써 대형할인점 매장에서 납품업체 제품의 매출을 확대하는 등의 이익을 얻을 수 있었던 점 및 그 밖의 기록에 나타난 여러 사정을 감안하여 신의칙 내지 공평의 원칙을 고려하여 대규모소매업자의 손해배상 책임을 적정한 범위로 제한할 수 있다고 판시했다.[20]

---

18 서울고등법원 2009. 12. 24. 선고 2008나22773, 2008나22780(병합) 판결.

19 대법원 2012. 1. 12. 선고 2010다79947 판결.

20 대법원 2009. 7. 23. 선고 2008다40526 판결.

과징금과 손해액 제한

사업자가 공정거래위원회로부터 과징금을 부과받은 경우 이러한 사정이 손해액 제한의 참작사유가 되는지가 문제가 된다. 이는 사업자가 과징금을 부과받아 납부하게 되는 경우 그 부분은 사업자의 이득이 환수됨으로써 손해가 감소한 것으로 볼 수 있는지와 관련되어 있다.

과징금은 부당이득환수적 요소 외에 행정목적을 실현하기 위하여 그 위반행위에 대하여 제재를 가하는 행정상의 제재금으로서의 기본 성격이 있다.[21] 이와 같이 과징금의 성격이 단지 부당이득환수에 그치지 않고 위반행위에 대한 행정상 제재로서 의미도 있는 이상, 이미 발생한 손해를 가해자와 피해자가 공평하게 분담한다는 의미에서의 손해액 제한과 구별된다는 점에서는 손해배상액 제한 사유로 보기 어렵다. 다만, 부당이득의 환수는 피해자의 손해배상 등 사적 집행으로 회수되어야 함에도 국가가 과징금을 통하여 부당이득을 환수하고도 이를 피해자에게 지급하지 않는 것이 타당한지는 의문이다. 한편 위반사업자가 과징금을 부과받기 전에 스스로 피해자에게 손해를 배상한 경우에는 과징금 부과에서 고려될 수 있다.

3) 손익상계

손해배상 책임의 원인이 되는 불법행위로 인하여 피해자가 새로운 이득을 얻었을 뿐만 아니라 그 이득이 배상 의무자가 배상하여야 할 손해의 범위에 대응하는 것이라면, 손해배상액 산정에서 손익상계가 허용된다.[22] 이때 원고가 얻은 이익 등이 있는 경우에는 책임 제한을

21 대법원 2004. 10. 28. 선고 2002두7456 판결.

22 대법원 2011. 4. 28. 선고 2009다98652 판결.

할 수 있다.[23]

공정거래 사건인 대법원 2017. 2. 5. 선고 2017다252987 판결(남양유업 사건)에서, 구입강제로 인한 손해액은 과징금 부과처분 취소소송에서 다른 대리점주들이 구입강제로 받은 물량이 전체 물량 중 10~30%라고 진술했고, 피고 남양유업과 100여 개 대리점주들 간에 상사중재가 이루어졌을 때 도매에서의 구입강제율은 약 9%, 위탁판매에서의 구입강제율은 약 4.5%로 인정된 점 등을 종합하여 총 매출액의 7%로 정했으며, 판촉사원 임금 상당의 이익제공 강요행위로 인한 손해배상 책임에 대하여 진열판촉사원을 투입함으로써 위 원고들이 진열판촉사원에게 지급해야 할 임금은 위 원고들이 진열판촉사원에게 실제로 지급한 임금의 1/3이라고 전제한 다음, 위 원고들이 입은 손해액은 위 원고들이 판촉사원에게 실제로 지급한 임금액 중 피고의 지원금을 공제하고 남은 대리점 부담액에서 위 원고들이 부담하여야 할 의무가 있는 금액(실제로 지급한 임금액의 1/3)을 공제한 금액이라고 판단했다.

4) 3배 배상

하도급법은 2013. 5. 28.에 개정되면서(법 제11842호) 3배 배상 제도를 도입했다. 실제로 다양한 법률에서 징벌적 손해배상으로 3배 배상 제도를 두고 있고, 공정거래법, 하도급법, 대리점거래의 공정화에 관한 법률, 가맹사업거래의 공정화에 관한 법률, 대규모유통업에서의 거래 공정화에 관한 법률 등이 공정거래법 또는 그 특별법으로 징벌적 배상 제도를 두고 있다. 2021년 2월 기준으로 징벌적 손해배상 관련 판례는 하도급법 16건, 대리점법 1건, 가맹사업법 4건, 기간제 및 단시간 근로

---

23 대법원 2009. 7. 23. 선고 2008다40526 판결.

자 보호 등에 관한 법률 1건 등 12건이 있고, 공정거래법상 징벌적 손해배상 사례는 발견되지 않고 있다.[24]

3배 배상의 요건

원사업자가 제4조(부당한 하도급대금 결정), 제8조 제1항(부당한 위탁취소), 제10조(부당반품), 제11조 제1항·제2항(부당 감액), 제12조의3 제4항(기술자료 사용 및 제공) 및 제19조(보복조치)를 위반함으로써 손해를 입은 자가 있는 경우에는 그 자에게 발생한 손해의 3배를 넘지 아니하는 범위에서 배상 책임을 진다.

하도급법상 3배 배상 제도는 사적 집행의 강화를 통하여 하도급법 위반 억지를 도모하고, 피해자 구제의 수준을 높이려는 제도로 이해할 수 있다. 3배 배상의 경우에도, 원사업자가 고의 또는 과실이 없음을 입증한 경우에는 배상 책임을 지지 않음은 다르지 않다.

배상액의 심사

법원은 3배 배상액을 정할 때에는 고의 또는 손해 발생의 우려를 인식한 정도, 위반행위로 인하여 수급사업자와 다른 사람이 입은 피해 규모, 위법행위로 인하여 원사업자가 취득한 경제적 이익, 위반행위에 따른 벌금 및 과징금, 위반행위의 기간·횟수 등, 원사업자의 재산 상태, 원사업자의 피해구제 노력의 정도 등을 고려하여야 한다. 징벌적 배상이 인정된 하도급법 위반 사례로는 수원지방법원 성남지원 2017. 9. 19. 선고 2016가합202844 판결,[25] 울산지방법원 2020. 10. 28. 선고

---

24 2019년 기준 통계는 사법정책연구원, 『징벌적 손해배상의 적정한 운영방안에 관한 연구』, 2019, 220, 221쪽 참조.

25 하도급법 제4조 제2항 제7호(부당한 하도급대금 결정 중 경쟁입찰에서 최저가보다 낮은 금액으로 하도급대금 결정) 위반 사례이다. 이 사례에서 수급사업자의 피해규모, 원사업자가 손해발생을 충분히 인식했던 점, 수급사업자와 원사업자의 경제적 지위의 차이,

2018가합26457 판결 등이 있다.

판례 **하도급법 3배 배상 적용**

▣ 서울고등법원 2018. 4. 5. 선고 2017나2059193 판결(에코플랜트개발 사건)

하도급법 제4조 제2항 제7호 위반이 인정된 사안으로 하도급법 제35조 제2항 3배 배상이 적용되었다. 위와 같은 위반행위로 인하여 원고가 입은 것으로 보이는 피해규모, 피고가 위 손해 발생을 충분히 인식했음에도 불구하고 최저 입찰 금액보다 낮은 공사금액을 결정한 것으로 보이는 점, 원고는 피고에 대한 하도급업체로서 이 사건 공사계약의 체결에 있어서 원고와 피고의 경제적 지위가 대등하지 않은 점, 피고가 현재까지도 원고에게 이 사건 공사대금 중 일부를 지급하지 아니하고 있는 점, 다만 위에서 본 공사대금 청구에 대한 판단에서 감정인의 감정결과에 기초하여 산정한 이 사건 미지급 공사대금 중에는 일반관리비와 이윤이 중복 계상된 부분이 일부 포함되어 있어 피고에게 불리한 측면이 있는 점 등을 두루 참작하면, 피고가 원고에게 지급하여야 할 손해배상액을 위 차액 5,446만 원의 1.5배인 8,169만 원으로 정함이 타당하다.

5) 소멸시효

하도급법 위반행위의 경우 먼저 공정거래위원회의 시정조치가 있고, 그에 대한 행정소송이 진행된 이후에 손해배상청구 소송이 제기되는 경향이 있다. 이러한 이유로 손해배상청구권의 소멸시효가 문제될

원사업자가 소송에 이르기까지 미지급대금을 지급하지 아니한 점을 고려했다. 부당한 하도급대금(최저입찰금액과 실제 공사대금의 차액)은 5,445만 6,000원이고, 그 3배인 1억 6,338만 원의 범위 내에서 1억 8,920만 원으로 손해배상액을 정했다.

수 있다.

불법행위를 한 날(민법 제766조 제2항)과 손해 및 가해자를 안 날이 기산일이 된다(민법 제766조 제1항). 선행 행정소송이 있었던 경우에는 손해를 안 날이 언제인지가 문제가 된다. 공정거래법 사건인 대법원 2014. 9. 4. 선고 2013다215843 판결은, 불법행위로 인한 손해배상청구권의 단기소멸시효 기산일이 되는 민법 제766조 제1항의 '손해 및 가해자를 안 날'이란 손해의 발생, 위법한 가해행위의 존재, 가해행위와 손해의 발생 사이에 상당인과관계가 있다는 사실 등 불법행위의 요건사실에 대하여 현실적이고도 구체적으로 인식했을 때를 의미하고, 피해자 등이 언제 불법행위 요건사실을 현실적이고도 구체적으로 인식했다고 볼 것인지는 개별적 사건에서 여러 객관적 사정을 참작하고 손해배상청구가 사실상 가능하게 된 상황을 고려하여 합리적으로 인정하여야 함(대법원 2011. 11. 10. 선고 2011다54686 판결 등 참조)을 전제로 했다.

이러한 전제에서 원고의 피고들에 대한 손해배상청구권의 성립 여부는 피고들의 행위가 공정거래법에서 정한 부당한 공동행위에 해당하는지 여부와 밀접히 관련된 것으로서, 비록 공정거래위원회의 시정명령과 과징금 부과명령이 있다고 하더라도 행정소송에 의하여 부당한 공동행위에 해당하는지 여부가 다투어지고 있는 상황이라면 공정거래위원회의 처분이 있다는 사실만으로는 피고들의 행위에 대한 법적 평가의 귀결이 확실해졌다고 할 수 없고, 피고들의 행위가 공정거래법상의 부당한 공동행위에 해당하고, 이로 인하여 손해를 입었다고 주장해야 하는 원고로서는 위와 같은 행정소송 판결이 확정된 때에 비로소 피고들의 공정거래법 위반으로 인한 손해의 발생을 현실적이고도 구체적으로 인식했다고 보아야 할 것이나, 특별한 사정이 없는 한 공동행위자들 모두에 관한 행정소송 판결이 확정될 필요는 없고 그중 1인에 의한 행정소송 판결이 확정됨으로써 관련 공동행위자들 전부의 불법행위를 현실적이고 구체적으로 인식했다고 보아야 한다고 판단하여, 소멸시효 완성을 인정하지 않았다. 이는 하도급법 사안에도 적용될 수 있다.

한편 거래상 지위남용 관련 사건인 대법원 2017. 2. 5. 선고 2017다252987 판결(남양유업 사건)에서, 법원은 피고가 2006. 12. 6. 공정거래위원회로부터 구입강제 행위와 관련하여 시정명령을 받은 사실, 피고는 위 시정명령에 따라 2007. 1. 15.경 원고들을 포함한 피고의 대리점주들에게 "피고가 공정거래법 위반으로 공정거래위원회로부터 '자기의 거래상의 지위를 부당하게 이용하여 피고의 대리점에게 대리점이 구입할 의사가 없는 상품을 구입하도록 강제하는 행위를 다시 하여서는 아니된다'라는 시정명령을 받았다."는 내용의 통지를 한 사실을 인정한 후, 위 원고들은 위 통지를 받은 무렵부터는 피고가 대리점에 대하여 하는 '구입강제'라는 행위 자체는 공정거래법에 위반되는 불공정거래행위에 해당함을 현실적이고 구체적으로 인식하게 되었다고 보았다.

그러나 "위 원고들은 위 통지를 받은 이후부터는 통지 이후에 자신들에 대하여 이루어진 피고의 이 사건 구입강제 행위가 공정거래법에 위반되는 불공정거래행위로서 불법행위에 해당함을 그 각각의 행위가 이루어질 때마다 현실적이고 구체적으로 인식하게 되어 손해배상청구 등의 권리를 행사할 수 있었다."고 전제한 다음, 원고들이 피고의 대리점 영업을 계속한 기간에는 객관적으로 피고를 상대로 손해배상청구 등의 권리행사를 기대할 수 없는 특별한 사정이 있다고 보는 한편, 그러한 사실상의 장애사유는 위 원고들이 피고와 거래관계가 종료한 날 해소되었다고 보아, 피고의 구입강제 행위로 인한 위 원고들의 손해배상청구권의 소멸시효는 위 거래종료일로부터 진행한다고 판단했다. 이러한 법리도 공정거래법상 거래상 지위남용에 대한 특별법적 성격을 가지고 있는 하도급법 위반으로 인한 손해배상사건에 원용될 수 있다.

다. 자료의 제출

법령 **하도급법 제35조의2(자료의 제출)**

① 법원은 이 법을 위반한 행위로 인한 손해배상청구소송에서 당사자의 신청에 따라 상대방 당사자에게 해당 손해의 증명 또는 손해액의 산정에 필요한 자료의 제출을 명할 수 있다. 다만, 제출명령을 받은 자가 그 자료의 제출을 거부할 정당한 이유가 있으면 그러하지 아니하다.

② 법원은 제1항에 따른 제출명령을 받은 자가 그 자료의 제출을 거부할 정당한 이유가 있다고 주장하는 경우에는 그 주장의 당부(當否)를 판단하기 위하여 자료의 제시를 명할 수 있다. 이 경우 법원은 그 자료를 다른 사람이 보게 하여서는 아니된다.

③ 제1항에 따른 제출 대상이 되는 자료가 「부정경쟁방지 및 영업비밀보호에 관한 법률」 제2조 제2호에 따른 영업비밀(이하 "영업비밀"이라 한다)에 해당하더라도 손해의 증명 또는 손해액의 산정에 반드시 필요한 경우에는 제1항 단서에 따른 정당한 이유가 있는 것으로 보지 아니한다. 이 경우 법원은 제출명령의 목적을 벗어나지 아니하는 범위에서 열람할 수 있는 범위 또는 열람할 수 있는 사람을 지정하여야 한다.

④ 법원은 제1항에 따른 제출명령을 받은 자가 정당한 이유 없이 그 명령에 따르지 아니한 경우 자료의 기재에 대한 신청인의 주장을 진실한 것으로 인정할 수 있다. 이 경우 신청인이 자료의 기재를 구체적으로 주장하기에 현저히 곤란한 사정이 있고 그 자료로 증명하려는 사실을 다른 증거로 증명하는 것을 기대하기도 어려운

때에는 신청인이 자료의 기재로 증명하려는 사실에 관한 주장을 진실한 것으로 인정할 수 있다.

자료제출제도

하도급 손해배상 사건에서는 증거가 위반행위를 한 사업자에게 편재되어 있어 피해자가 증거를 확보하기 어려운 경우가 많다. 이를 해결하기 위하여 민사소송법상 문서제출명령 제도에 더해 자료제출명령 제도를 신설했다. 자료제출명령 제도는 개정 하도급법이 시행된 2022. 2. 18. 이후에 제기되는 손해배상청구 소송부터 적용된다(부칙 제3조).

당사자(이행청구 소송의 경우 주로 원고이지만, 부존재확인 소송의 경우는 피고가 된다)의 신청이 있어야 하며, 자료제출명령의 상대방은 소송의 상대방 당사자(주로 피고)이고 제3자는 포함되지 않는다. 자료제출명령의 범위는 해당 손해의 증명 또는 손해액의 산정에 필요한 자료이며, 자진신고 관련 자료는 제외된다. 제출명령의 대상은 '자료'이므로 문서에 한정되지 않는다.

소송의 상대방인 해당 자료의 소지자가 자료의 제출을 거절할 정당한 이유가 있는 경우에는 법원은 자료제출을 명할 수 없다(법 제35조의2 제1항 단서). 법원은 자료의 소지자가 제출을 거부할 정당한 이유가 있다고 주장하는 경우에는 그러한 주장의 당부를 판단하기 위하여 자료의 제시를 명할 수 있고, 이 경우 법원은 그 자료를 다른 사람이 보게 하여서는 아니된다고 규정함으로써(법 제35조의2 제2항), 정당한 사유 판단을 위하여 'In Camera 제도'[26]를 도입했다. 다만, 법원의 자료제출명령에 따라 제출되어야 할 자료가 영업비밀에 해당한다 하더라도 손

---

26 법관이 소송당사자가 제출한 증거 등을 공개 법정이 아닌 집무실 등 별도의 공간에서 검토하게 된다.

해의 증명 또는 손해액의 산정에 반드시 필요한 경우에는 자료의 제출을 거절할 정당한 이유로 보지 않고, 법원은 제출명령의 목적 내에서 열람할 수 있는 범위 또는 열람할 수 있는 사람을 지정하여야 한다(법 제35조의2 제3항). 이 점에서 민사소송법상 문서제출명령 제도에 비하여 제출해야 할 자료의 범위가 확대될 수 있다.

법원은 당사자가 정당한 이유 없이 자료제출명령에 따르지 아니한 경우에는 자료의 기재에 대한 상대방의 주장을 진실한 것으로 인정할 수 있다(법 제35조의2 제4항 전문). 이는 민사소송법 제349조에 규정된 문서제출명령 불이행의 효과가 도입된 것이다. 한편 법원은 당사자가 정당한 이유 없이 자료제출명령에 따르지 않는 경우 자료의 제출을 신청한 당사자가 자료의 기재에 관하여 구체적으로 주장하기에 현저히 곤란한 사정이 있고 자료로 증명할 사실을 다른 증거로 증명하는 것을 기대하기도 어려운 경우에는 그 당사자가 자료의 기재로 증명하려는 사실에 관한 주장을 진실한 것으로 인정할 수 있다(법 제35조의2 제4항 후문). 즉 자료제출명령에 따르지 않을 경우 일정한 요건이 충족되는 경우에는 법원이 증명하려는 사실 자체를 진실한 것으로 인정할 수 있다. “자료의 기재에 관한 상대방의 주장”은 자료의 기재사항의 존부에 그치지만, “자료의 기재로 증명하려는 사실에 관한 주장”은 위반행위 자체에 대한 사실이므로 여기에 더 강력한 효과를 부여한 것이다.

라. 비밀유지명령 제도

법령 **하도급법 제35조의3(비밀유지명령)**

① 법원은 이 법을 위반한 행위로 인한 손해배상청구소송에서 당사자

의 신청에 따른 결정으로 다음 각 호의 자에게 그 당사자가 보유한 영업비밀을 해당 소송의 계속적인 수행 외의 목적으로 사용하거나 그 영업비밀에 관계된 명령으로서 이 항에 따른 명령을 받지 아니한 자에게 공개하지 아니할 것을 명할 수 있다. 다만, 그 신청 이전에 다음 각 호의 자가 준비서면의 열람이나 증거조사 외의 방법으로 그 영업비밀을 취득하고 있는 경우에는 그러하지 아니하다.

1. 다른 당사자(법인인 경우에는 그 대표자를 말한다)
2. 당사자를 위하여 해당 소송을 대리하는 자
3. 그 밖에 해당 소송으로 영업비밀을 알게 된 자

② 제1항에 따른 명령(이하 "비밀유지명령"이라 한다)을 신청하는 자는 다음 각 호의 사유를 모두 소명하여야 한다.

1. 다음 각 목의 어느 하나에 해당하는 자료에 영업비밀이 포함되어 있다는 점
   가. 이미 제출했거나 제출하여야 할 준비서면
   나. 이미 조사했거나 조사하여야 할 증거
   다. 제35조의2 제1항에 따라 제출했거나 제출하여야 할 자료
2. 제1호 각 목의 자료에 포함된 영업비밀이 해당 소송 수행 외의 목적으로 사용되거나 공개되면 당사자의 영업에 지장을 줄 우려가 있어 이를 방지하기 위하여 영업비밀의 사용이나 공개를 제한할 필요가 있다는 점

③ 비밀유지명령의 신청은 다음 각 호의 사항을 적은 서면으로 하여야 한다.

1. 비밀유지명령을 받을 자
2. 비밀유지명령의 대상이 될 영업비밀을 특정하기에 충분한 사실
3. 제2항 각 호의 사유에 해당하는 사실

④ 법원은 비밀유지명령이 결정된 경우에는 그 결정서를 비밀유지명령을 받을 자에게 송달하여야 한다.

⑤ 비밀유지명령은 제4항에 따른 결정서가 송달된 때부터 효력이 발생한다.

⑥ 비밀유지명령의 신청을 기각하거나 각하한 재판에 대해서는 즉시 항고를 할 수 있다.

법령 **하도급법 제35조의4(비밀유지명령의 취소)**

① 비밀유지명령을 신청한 자 또는 비밀유지명령을 받은 자는 제35조의3 제2항 각 호의 사유에 부합하지 아니하는 사실이나 사정이 있는 경우에는 소송기록을 보관하고 있는 법원(소송기록을 보관하고 있는 법원이 없는 경우에는 비밀유지명령을 내린 법원을 말한다)에 비밀유지명령의 취소를 신청할 수 있다.

② 법원은 비밀유지명령의 취소신청에 대한 결정을 한 경우에는 그 결정서를 그 신청을 한 자 및 상대방에게 송달하여야 한다.

③ 비밀유지명령의 취소신청에 대한 법원의 결정에 대해서는 즉시항고를 할 수 있다.

④ 비밀유지명령을 취소하는 법원의 결정은 확정되어야 효력이 발생한다.

⑤ 비밀유지명령을 취소하는 결정을 한 법원은 비밀유지명령의 취소를 신청한 자 또는 상대방 외에 해당 영업비밀에 관한 비밀유지명령을 받은 자가 있으면 그 자에게 즉시 그 취소결정을 한 사실을 알려야 한다.

법령 **하도급법 제35조의5(소송기록 열람 등의 청구 통지 등)**

① 비밀유지명령이 내려진 소송(비밀유지명령이 모두 취소된 소송은 제외한다)에 관한 소송기록에 대하여 「민사소송법」 제163조 제1항에 따라 열람 등의 신청인을 당사자로 제한하는 결정이 있었던 경우로서 당사자가 그 열람 등을 신청했으나 그 절차를 비밀유지명령을

받지 아니한 자를 통하여 밟은 때에는 법원서기관, 법원사무관, 법원주사 또는 법원주사보(이하 이 조에서 "법원사무관등"이라 한다)는 즉시 같은 항에 따라 그 열람 등의 제한을 신청한 당사자(그 열람 등의 신청을 한 자는 제외한다. 이하 제2항 단서에서 같다)에게 그 열람 등의 신청이 있었다는 사실을 알려야 한다.

② 법원사무관등은 제1항에 따른 열람 등의 신청이 있었던 날부터 2주일이 지날 때까지(그 열람 등의 신청 절차를 밟은 자에 대한 비밀유지명령 신청이 해당 기간 내에 이루어진 경우에는 비밀유지명령 신청에 대한 재판이 확정되는 시점까지를 말한다) 그 열람 등의 신청 절차를 밟은 자에게 영업비밀이 적혀 있는 부분의 열람 등을 하게 하여서는 아니된다. 다만, 그 열람 등의 신청 절차를 밟은 자가 영업비밀이 적혀 있는 부분의 열람 등을 하는 것에 대하여 「민사소송법」 제163조 제1항에 따른 열람 등의 제한을 신청한 당사자 모두가 동의하는 경우에는 본문에 따른 기한이 지나기 전이라도 열람 등을 하게 할 수 있다.

비밀유지명령 제도

개정 하도급법은 비밀유지명령 제도를 도입했다. 자료제출명령 제도의 도입으로 인해 영업비밀이 공개될 가능성이 높아진 점과 균형상, 영업비밀이 손해배상청구 외의 목적으로 사용되거나 공개되지 않도록 비밀유지명령 제도를 도입하는 것이 자연스럽다. 특허법 제132조가 자료의 제출 제도를 두면서, 비밀유지명령(특허법 제224조의3), 비밀유지명령의 취소(특허법 제224조의4), 소송기록 열람 등의 청구 통지(특허법 제224조의5)를 두고 있는 것과 동일하다. 비밀유지명령은 당사자 등에게 비밀유지의무를 부과할 뿐 제3자의 소송기록 열람을 제한하는 효력은 없으므로, 민사소송법 제163조에 따른 제3자에 대한 소송기록 열람 제한도 신청할 필요가 있다. 비밀유지명령 제도는 개정 하도급법이 시행된 2022. 2. 18. 이후에 제기되는 손해배상청구 소송부터 적용된다(부칙 제3조).

하도급법 위반에 대해 제기된 손해배상청구소송에서 그 당사자가 보유한 영업비밀에 대하여, ① 이미 제출했거나 제출하여야 할 준비서면, 이미 조사했거나 조사하여야 할 증거 또는 법원의 자료제출명령에 따라 제출했거나 제출하여야 할 자료에 영업비밀이 포함되어 있다는 것, ② 이러한 영업비밀이 해당 소송 수행 외의 목적으로 사용되거나 공개되면 당사자의 영업에 지장을 줄 우려가 있어 이를 방지하기 위하여 영업비밀의 사용 또는 공개를 제한할 필요가 있다는 것을 모두 소명한 경우에는, 그 당사자의 신청에 따라 결정으로 다른 당사자(법인인 경우에는 그 대표자), 당사자를 위하여 소송을 대리하는 자, 그 밖에 그 소송으로 영업비밀을 알게 된 자에게 그 영업비밀을 그 소송의 계속적인 수행 외의 목적으로 사용하거나 그 영업비밀에 관계된 비밀유지명령을 받은 자 외의 자에게 공개하지 아니할 것을 명할 수 있다(법 제35조의3 제1, 2항). 다만, 그 신청 시점까지 비밀유지명령 대상자들이 준비서면의 열람이나 증거조사 외의 방법으로 그 영업비밀을 이미 취득하고 있는 경우에는 그러하지 않다(법 제35조의3 제1항 단서). 소송절차에서 이루어지는 자료의 제출에 따른 영업비밀을 보호하기 위한 제도이므로 소송절차와 관계없이 취득한 영업비밀은 비밀유지를 명할 이유가 없음을 고려한 규정이다.

당사자는 ① 비밀유지명령을 받을 자, ② 비밀유지명령의 대상이 될 영업비밀을 특정하기에 충분한 사실, ③ 비밀유지명령을 받기 위해 소명해야 하는 사실들(법 제35조의3 제2항 각 호의 사유에 해당하는 사실)을 기재한 서면으로 비밀유지명령을 신청한다(법 제35조의3 제3항). 법원은 비밀유지명령이 결정된 경우 결정서를 비밀유지명령을 받을 자에게 송달하여야 하며(같은 조 제4항), 결정서가 송달된 때부터 효력이 발생한다(같은 조 제5항). 비밀유지명령의 신청을 기각하거나 각하한 재판에 대해서는 즉시항고를 할 수 있다(같은 조 제6항).

민사소송법 제163조[27]는 비밀보호를 위해 소송기록 등의 제3자 열람을 제한하고 있으나, 제3자가 아닌 당사자에 의한 열람은 금지되지 않는다. 당사자가 법인인 경우에 비밀유지명령은 그 법인의 대표자가 받게 되므로(법 제35조의3 제1항) 비밀유지명령을 받지 않은 종업원 등이 법인으로부터 위임을 받아 소송기록 열람 청구절차를 통해 영업비밀을 알게 될 우려가 있다. 이를 방지하기 위하여 비밀유지명령이 내려진 소송(모든 비밀유지명령이 취소된 소송은 제외)에 관한 소송기록에 대하여 민사소송법 제163조 제1항의 결정이 있었던 경우, 당사자가 같은 항에서 규정하는 비밀 기재부분의 열람 등을 청구했으나 그 청구 절차를 해당 소송에서 비밀유지명령을 받지 아니한 자가 밟는 경우에는 법원사무관 등은 같은 항의 신청을 한 당사자에게 그 청구 직후에 그 열람 등의 청구가 있었다는 사실을 알리도록 제도적 보완을 하고 있다(법 제35조의5 제1항). 법원사무관 등은 법 제35조의5 제1항의 청구가 있었던 날부터 2주일이 지날 때까지(그 청구를 밟은 자에 대한 비밀유지명령 신청이 그 기간 내에 이루어진 경우에는 그 신청에 대한 재판이 확정되는 시점까지) 그 청구 절차를 밟은 자에게 제1항의 비밀 기재 부분의 열람 등을 하게 하여서는 아니된다(같은 조 제2항).

이로써 통지를 받은 당사자가 청구 절차를 수행한 자에 대해 비밀유지를 위한 조치를 취할 수 있는 기회가 부여된다. 비밀유지명령을 받지

---

27 공정거래위원회의 처분에 대한 취소소송 등 행정소송에서도 행정소송법 제8조 제2항, 민사소송법 제163조에 따라 당사자의 신청에 의하여 소송기록 중 비밀 부분의 열람·복사, 재판서·조서 중 비밀 부분의 정본·등본·초본 교부를 신청할 수 있는 자를 당사자로 한정할 수 있다. 특허 등 영업비밀이 관련된 사건에서는 다수의 소송기록 열람 및 복사 제한신청이 이루어진다.

않은 종업원 등 법인으로부터 위임을 받은 자에 대하여 취할 수 있는 조치는 민사소송법 제163조의 제3자에 대한 소송기록 열람 제한신청이 아니라 하도급법 제35조의3 제1항의 비밀유지명령이 된다. 위 종업원 등은 민사소송법 제163조의 제3자로 보기 어려울 뿐 아니라, 소송기록 열람 제한의 결정이 이미 있었음을 고려하면 이와 같이 해석해야 한다. 동일한 규정을 두고 있는 특허법 제224조의5에서도 비밀유지명령을 신청하도록 해석하고 있다. 하도급법 제35조의3 제1항이 비밀유지명령의 상대방에 대하여 "법인인 경우에는 그 대표자를 말한다."고 규정하고 있으나, 이는 최초의 비밀유지명령을 의미하며, 종업원 등에 대하여 추가로 비밀유지명령을 신청하는 경우에는 적용되지 않는다. 다만, 동조 제2항은 동조 제1항의 열람 등의 청구를 한 자에게 제1항의 비밀 기재부분의 열람 등을 하게 하는 것에 대하여 민사소송법 제163조 제1항의 신청을 한 당사자 모두가 동의하는 경우에는 적용되지 않는다(법 제35조의3 제2항 단서).

비밀유지명령을 신청한 자 또는 비밀유지명령을 받은 자는 비밀유지명령의 요건을 갖추지 못했거나 갖추지 못하게 된 경우 소송기록을 보관하고 있는 법원(소송기록을 보관하고 있는 법원이 없는 경우에는 비밀유지명령을 내린 법원)에 비밀유지명령의 취소를 신청할 수 있다(법 제35조의4 제1항). 법원은 취소신청에 대한 재판이 있는 경우 그 결정서를 그 신청을 한 자 및 상대방에게 송달하여야 한다(같은 조 제2항). 비밀유지명령의 취소신청 관련 재판에 대해서는 즉시항고를 할 수 있고(같은 조 제3항), 비밀유지명령을 취소하는 재판은 확정되어야 효력이 발생한다(같은 조 제4항). 비밀유지명령을 취소하는 재판을 한 법원은 비밀유지명령의 취소신청을 한 자 또는 상대방 외에 해당 영업비밀에 관한 비밀유지명령을 받은 자가 있는 경우 그 자에게 즉시 취소 재판을 한 사실을 알려야 한다(같은 조 제5항).

국내외에서 정당한 사유 없이 제35조의3 제1항에 따른 명령을 위반한 자는 2년 이하의 징역 또는 2,000만 원 이하의 벌금에 처해질 수 있다(법 제29조 제1항 제1호). 비밀유지명령 위반의 죄는 비밀유지명령을 신청한 자의 고소가 없으면 공소를 제기할 수 없다(같은 조 제2항).

3. 하도급법 위반과 사법상 효력

대법원 2011. 1. 27. 선고 2010다53457 판결은 부당한 대금감액에 관한 하도급법 제11조 사건에서 법을 위반하더라도 사법상 효력을 부정하는 것은 아니라고 본다.[28] 기타 하도급법 위반 사건에서 대법원 2000. 7. 28. 선고 2000다20434 판결, 대법원 2003. 5. 16. 선고 2001다27470 판결 등은 사법상 효력을 부정하지 않았다.

일본의 경우 하청법 위반의 경우 법 규정의 취지에 비추어 부당성이 강한 경우에는 합의가 공서양속에 위반되어 무효가 될 수 있지만, 그렇지 않은 경우에는 법에 저촉된다는 점만으로 합의가 무효가 되는 것은 아니라고 본다.[29]

판례 하도급법 위반과 사법상 효력 판단

▣ 대법원 2000. 7. 28. 선고 2000다20434 판결

구 하도급법(1995. 1. 5. 법률 제4860호로 개정되기 전의 것) 제16조에는 원

28 김민기, "하도급대금의 부당감액을 금지하는 하도급거래 공정화에 관한 법률 제11조 위반 시 법률관계", 『대법원판례해설』 제87호, 2011.

29 일본 최고재판소 판례도 같은 취지로 보인다. 鈴木滿, 2019, p. 569.

사업자가 제조 등의 위탁을 한 후에 발주자로부터 설계변경 또는 경제 상황의 변동 등의 이유로 추가금액을 지급받는 경우 동일한 사유로 목적물의 완성에 추가비용이 소요될 때에는 그가 받은 추가금액의 내용과 비율에 따라 하도급대금을 증액하여야 한다는 취지로 규정되어 있으나, 그 법은 그 조항에 위반된 하도급약정의 효력에 관하여는 아무런 규정을 두지 않는 반면 위의 조항을 위반한 원사업자를 벌금형에 처하도록 하면서 그 조항 위반행위 중 일정한 경우만을 공정거래위원회에서 조사하게 하여 그 위원회로 하여금 그 결과에 따라 하도급분쟁조정협의회에 조정 등을 요청하게 하거나, 원사업자에게 통지·최고하게 하거나, 그 위반행위의 신고를 각하 또는 기각하게 하도록 규정하고 있을 뿐이어서 그 조항은 그에 위배한 하도급인과 하수급인 간의 계약의 사법상 효력을 부인하는 조항이라고 볼 것은 아니다.

▣ 대법원 2003. 5. 16. 선고 2001다27470 판결

하도급법 제17조는 "원사업자는 수급사업자의 의사에 반하여 하도급대금을 물품으로 지급하여서는 아니된다."고 규정하고 있고, 같은 법 제20조는 "원사업자는 하도급거래와 관련하여 우회적인 방법에 의하여 실질적으로 이 법의 적용을 면탈하려는 행위를 하여서는 아니된다."고 규정하고 있으나, 하도급법은 그 조항에 위반된 도급 또는 하도급약정의 효력에 관하여는 아무런 규정을 두지 않는 반면, 위의 조항을 위반한 원사업자를 벌금형에 처하도록 하면서 그 조항 위반행위 중 일정한 경우만을 공정거래위원회에서 조사하게 하여 그 위원회로 하여금 그 결과에 따라 원사업자에게 시정조치를 명하거나 과징금을 부과하도록 규정하고 있을 뿐이어서 그 조항은 그에 위배한 원사업자와 수급사업자 간의 계약의 사법상의 효력을 부인하는 조항이라고 볼 것은 아니다.

참고문헌

국내 단행본

길기관, 『하도급분쟁의 쟁점』, 진원사, 2011.

김건식 · 노혁준 · 천경훈, 『회사법(제3판)』, 박영사, 2018.

김민경, 『국제계약과 국제적 강행규정』, 박영사, 2022.

김홍석, 『하도급거래공정화법』, 화산미디어, 2018.

김홍석 · 구상모, 『하도급법』, 화산미디어, 2010.

민생경제위원회, 『공정거래법: 하도급편』, 진원사, 2018.

법률실무연구회, 『조문별 · 쟁점별 하도급법』, 법률정보센터, 2018.

사법정책연구원, 『징벌적 손해배상의 적정한 운영방안에 관한 연구』, 사법정책연구원, 2019.

송덕수, 『물권법(제6판)』, 박영사, 2023.

_______, 『新민법강의(제14판)』, 박영사, 2021.

송정원, 『하도급거래 공정화에 관한 법률(해설)』, 나무와샘, 2000.

신동권, 『중소기업보호법』, 박영사, 2020.

오금석 외, 『대규모유통업법 이론과 실무』, 박영사, 2012.

오승돈, 『하도급법(개정판)』, 지식과감정, 2019.

윤재윤, 『건설분쟁관계법(제8판)』, 박영사, 2021.

이봉의, 『공정거래법』, 박영사, 2022.

장춘재, 조문별 하도급법 실무가이드, 삼일인포마인, 2023

정재훈, 『공정거래법 소송실무(제3판)』, 육법사, 2020.

______, 『공정거래법 소송실무(제4판)』, 육법사, 2023.

______, 「특별법상 손해배상 책임 Ⅰ: 독점규제 및 공정거래에 관한 법률」, 김용덕 편저, 『주석 민법: 채권 각칙 7(제5판)』(291-342쪽), 한국사법행정학회, 2022.

정종채, 『하도급법 해설과 쟁점』, 삼일인포마인, 2018.

______, 『2022 하도급법 해설과 쟁점』, 삼일인포마인, 2022.

중소벤처기업부, 『납품대금 연동제 해설자료』, 중소벤처기업부, 2023a.

______, 『납품대금 연동 특별약정서 가이드북』, 중소벤처기업부, 2023b.

한철수 외, 『하도급법 기업거래 실무가이드』, 공정경쟁연합회, 2020.

______, 『하도급법 기업거래 실무가이드(개정판)』, 공정경쟁연합회, 2022.

외국 단행본

나가사와 데쓰야(長澤哲也), 최재원 역, 『거래상 지위남용 규제와 하도급법: 해설과 분석』, 박영사, 2018.

鎌田明, 『下請法の実務』, 公正取引協会, 2017.

鈴木滿, 『獨占禁止法·下請法: 豊富な事例で分かる違反行為の判断基準と実務上の留意点』, 第一法規, 2019.

______, 『新下請法』, 商事法務, 2009.

白石忠志·論点体系, 『獨占禁止法』, 第一法規, 2021.

日本 公正取引協会, 『下請法ガイドブック: 研修用テキスト』, 公正取引協会, 2019.

日本 公正取引委員會, 『下請取引適正化推進講習會』, 公正取引委員会·中小企業庁, 2022. 11.

Hovenkamp, *Federal Antitrust Policy*, West, 2020.

국내 논문

강선희, "기술탈취에 대한 하도급법 적용과 그 범위에 관한 검토", 『중앙법학』 제21집 제4호, 2019.

강정희, "하도급법 위반에 따른 벌점 부과 및 입찰참가자격제한 요청 결정에 대한 쟁송법적 검토", 『경쟁법연구』 제47권, 2023.
______, "기술자료 유용행위의 개수와 과징금 부과", 사법 제63호, 2023.
김근성, "주식회사 지에스리테일의 불공정하도급거래행위에 대한 건 관련 심결례", 『경쟁저널』 제213호, 2022.
김민기, "하도급대금의 부당감액을 금지하는 하도급거래 공정화에 관한 법률 제11조 위반 시 법률관계", 『대법원판례해설』 제87호, 2011.
김홍기·안준규, "납품대금 연동제의 의미, 주요 내용 및 문제점에 대한 소고", 『경쟁저널』 제216호, 2023.
나지원, "납품대금 연동제 시행에 따른 법 집행 방향에 대한 소고", 『경쟁저널』 제216호, 2023.
문현호, "공동이행방식의 공동수급체가 체결한 하도급계약에서 과징금 산정기준이 되는 하도급대금의 의미", 『대법원판례해설』 제118호, 2018.
박성수, "하도급거래 관계에 있어서 기술탈취행이에 대한 피해구제 실효성 확보방안", 『지식재산연구』 제15권 제3호, 2020.
배윤경, "부당지원행위에 대한 소고: 특수관계인에 대한 부당한 이익제공행위와의 비교", 『대법원판례해설』 제134호, 2022.
석근배, "중소기업에 대한 기술자료 요구 및 유용행위에 관한 실무상 쟁점", 『경쟁저널』 제199호, 2019.
성경제, "대·중소기업간 상생협력을 위한 기술유용 근절 대책", 『경쟁저널』 제193호, 2017.
______, "하도급거래 공정화 지침 및 기술유용 심사지침의 이해", 『경쟁저널』 제202호, 2020.
손계준, "하도급법상 지급명령의 쟁점", 『경쟁법연구』 제33권, 2016.
손승호, "하도급법상 기술자료 요구/유용 및 경영상 정보 요구 관련 최근 동향", 『경쟁저널』 제202호, 2020.
신영수, "연성규범으로서 '표준'의 효용과 운용상의 유의점: 개정 하도급법상 표준하도급계약서를 중심으로", 『법학논고』, 2023.
오금석·강연수, "하도급법과 공정거래법상 처분시효 관련 최근 판례 평석, 경쟁저널 제213호, 2022.

윤신승, “하도급거래 공정화에 관한 법률상 하도급대금 지급의무 위반에 관한 소고”, 『경쟁법연구』 제41권, 2020.

이문성, “하도급법 위반행위 유형별 지급명령에 관한 연구”, 『경제규제와법』 제10권 제2호, 2017.

이용우, “구 하도급거래 공정화에 관한 법률 제13조의2 제8항 본문의 해석”, 『대법원판례해설』 121호, 2019.

이하나, “공정위의 기술유용행위 근절대책 추진 방향”, 『경쟁저널』 제199호, 2019.

장품, “하도급법상 하도급대금 규제에 관한 실무상 쟁점”, 『경쟁저널』 제198호, 2019.

정재훈, “대규모유통업법과 하도급법의 관계: 현행 규정의 문제점과 그 대안을 중심으로”, 『경쟁법연구』 48, 2023.

______, “하도급법상 부당한 하도급대금의 결정금지 중 경쟁입찰에서의 정당한 사유”, 『경쟁저널』 제173호, 2014.

정주미, “부당한 하도급대금 결정 행위의 위법성과 시정조치에 관한 연구”, 『외법논집』 제43권 제4호, 2019.

최승재, “기술유용행위에 대한 하도급법 적용 및 해석과 특허법 및 지식재산권법과의 비교”, 『경쟁저널』 제199호, 2019.

최재원, “우리 하도급법의 비교법적 특징: 일본 하청법과의 비교”, 『경쟁저널』 제197호, 2018.

한철수, “공정거래법 집행주체간 역할분담과 협력방안”, 2022년 경쟁법학회 추계학술대회 자료집, 2022.

______, “하도급법상 벌점제도 및 후속 제재의 문제점과 개선방향”, 『경쟁저널』 제204호, 2020.

황태희, “하도급거래에 있어서 수급사업자 보호의 실효성 제고방안에 관한 연구”, 『경쟁법연구』 제25권, 2012.

______, “하도급거래의 거래거절에 관한 위법성 판단 기준과 정당화사유”, 『경쟁법연구』 제34권, 2016.

______, “하도급법상 위법한 대금 결정의 판단 기준과 제재의 적합성 연구”, 『상사판례연구』 제32집 제2권, 2019.

찾아보기

[ㅇ]

[ㅈ]

[ㅊ]

[ㅌ]

[ㅎ]

하도급법 연구(제2판)

이론과 실무

펴낸날 1판 1쇄 2022년 7월 15일
2판 1쇄 2023년 11월 30일
지은이 정재훈
펴낸이 주소현
펴낸곳 이화여자대학교출판문화원
주소 서울특별시 서대문구 이화여대길 52(우 03760)
등록 1954년 7월 6일 제9-61호
전화 02) 3277-2965 (편집), 02) 362-6076 (마케팅)
팩스 02) 312-4312
전자우편 press@ewha.ac.kr
홈페이지 www.ewhapress.com
책임 편집 이지예
디자인 정혜진

ISBN 979-11-5890-506-4 93360
값 36,000원